中共江西省委党校 江西行政学院科研资政工程文库

兴赣策论（六）

XINGGANCELUN

主　编／曾志刚
副主编／黄样兴　徐祖荣

江西人民出版社
Jiangxi People's Publishing House
全国百佳出版社

图书在版编目（CIP）数据

兴赣策论. 六 / 曾志刚主编. -- 南昌 : 江西人民出版社, 2019.6
ISBN 978-7-210-11422-2

Ⅰ. ①兴… Ⅱ. ①曾… Ⅲ. ①区域经济发展 - 研究报告 - 江西②社会发展 - 研究报告 - 江西 Ⅳ. ①F127.56

中国版本图书馆CIP数据核字（2019）第130677号

兴赣策论. 六
曾志刚　主编
责任编辑：邓丽红
封面设计：同异文化传媒
出　　版：江西人民出版社
发　　行：各地新华书店
地　　址：江西省南昌市三经路47号附1号
编辑部电话：0791-86898702
发行部电话：0791-86898815
邮　　编：330006
网　　址：www.jxpph.com
E-mail：jxpph@tom.com　web@jxpph.com
2019年6月第1版　2019年6月第1次印刷
开　　本：787毫米 × 1092毫米　1/16
印　　张：24
字　　数：360 千字
ISBN 978-7-210-11422-2
赣版权登字-01-2019-262

定　　价：78.00元
承 印 厂：南昌市红星印刷有限公司
赣人版图书凡属印刷、装订错误，请随时向承印厂调换

目 录

在脱贫攻坚战中提升江西省志智双扶工作成效的对策建议

黄样兴 王仕国 贺志公 左乐平 赖海燕 谢乾丰

【摘要】 江西省要实现决胜全面建成小康社会，让全体老区人民共享改革开放重要成果，到2020年完成脱贫攻坚目标任务，改变传统的“授人以鱼”的“输血式”扶贫模式，提升江西省贫困人口的造血能力，“扶志+扶智”是最关键的手段。为绣好脱贫攻坚的“一针一线”，打赢脱贫攻坚这一战，江西省委党校哲学教研部课题组专门就“志智双扶”工作成效问题对安福县、峡江县和井冈山市进行了实地走访调研，并对峡江县的教育精准扶贫工作进行麻雀式解剖，以期对江西省精准扶贫工作有所启示。

习近平总书记提出“扶贫先扶志、扶贫必扶智”，要改变传统的“授人以鱼”的“输血式”扶贫模式，提升江西省贫困人口的造血能力，“扶志+扶智”是最关键的手段。贫困地区的落后与贫困人口慵懒懈怠、不思进取、自我驱动和发展能力不足有一定的关系，“志”和“智”存在短板成为制约脱贫致富的瓶颈。为贯彻省委十四届六次和七次全会精神，聚焦深度贫困地区，绣好脱贫攻坚的“一针一线”，省委党校哲学教研部课题组专门就“志智双扶”工作成效问题对安福县、峡江县和井冈山市进行了实地走访调研，查找江西省在志智双扶工作中存在的相关问题并提出有效提升的相关建议。在志智双扶过程中，教育扶贫是其中非常独特和重要的一种方式，课题组还以峡江县的教育精准扶贫工作为着眼点对江西省的教育精准扶贫工作进行麻雀式解剖，以期对江西省精准扶贫工作有所启示。

2018 年既是江西省脱贫攻坚巩固提升年，又是打赢精准脱贫三年行动攻坚战的关键一年，精准扶贫针对的就是普通扶贫措施难以脱贫的贫困人口，精准脱贫强调的一个重要原则就是要坚持激发贫困群众的内生动力，大力开展“志智双扶”。“扶志”是搭建扶贫内生动力的基石，扶志有利于促进被扶贫困人口自强；“扶智”是培育扶贫内生动力的路径，扶智有利于促进被扶贫困人口自立。精准扶贫形成内生动力，志与智二者缺一不可。因此，新时期通过“扶志 + 扶智”扶贫模式提高江西省贫困地区人口的自我发展能力，从根本上促进江西省贫困地区和贫困人口可持续发展具有重要的现实意义。

一、扶贫先扶志：催生精准扶贫的思想动力

扶志即扶思想、扶观念、扶信心，只有内心有脱贫的志气，才能从心里根除贫困依赖思想，彻底转变“等靠要”的依赖心理，生发依靠自己的勤劳和智慧脱贫致富的主动心态。如果扶贫不扶志，扶贫的目的就难以真正实现，即使贫困群众依靠外在扶持一度脱贫了，也可能再度返贫。精准扶贫的当务之急就是要充分调动贫困群众的积极性、主动性、创造性，让贫困户更新观念转变思维定式，不再被动等待外界扶贫，而是通过自己的努力谋求脱贫和追求发展，这才是让贫困户彻底脱贫的关键。

（一）当前江西省脱贫攻坚中扶志工作面临的主要问题

随着江西省脱贫攻坚的深入推进，在农村扶贫中出现了一种不愿脱贫、不想脱贫和依赖政府的懒人现象，他们安于被扶贫、争当建档立卡户，不肯摘掉贫困的帽子。这部分人的突出表现就是缺乏志气。懒人现象成为江西省推进扶贫工作的一种消极现象。因此，扶志成为江西省扶贫攻坚中需要克服的难中之难和坚中之坚的问题，扶志解决程度如何直接影响到江西省精准扶贫的成效。最近，江西省各个地方对此进行了各种积极探索，取得了一定的成效，但是，也存在诸多问题亟待解决。

1. 对“为何要扶志”问题上的思想认识不清晰

扶贫先扶志，只有激发贫困户想脱贫的内生动力和主观能动性，才能够以昂扬而积极的精神状态进行工作，从而实现脱贫。但是，对此问题，管理者和被管理对象没有高度重视。一是就作为管理者的政府而言。政府只注重各种扶贫政策对贫困户的“大水漫灌”，强调外在因素和力量对贫困户的帮扶，有的地方的扶贫工作重视从资金上、物质上帮助，忽视从观念上、技能上帮扶，而没有注意到贫困户“想不想”脱贫的层面，因此，很多扶贫政策就变成了对贫困户的“单相思”。二是就作为被管理者的贫困户而言。贫困户由于享受了优惠政策，贫困户不用付出任何劳动，只要拿着“卡”就可以享受待遇了，有了实实在在的“获得感”，从而养成了一种懒人心理，安于现状、不思进取，有的甚至缺乏主动性，久而久之养成好逸恶劳、等待帮扶的依赖性，从而丧失了依靠自力更生的奋斗脱贫的想法，当然贫困户根本没有认识到自己贫困原因是缺乏志气。另外，处于各种资源匮乏状态的贫困者，他们在经济资源获得、人际交往、社会融入等方面会处于一种弱势和边缘化的位置，因而会感受到被剥夺、被排斥，会主观认为社会的不公平、不公正，对现实中的不如意表现得更为敏感，以至于在思维方式上更容易关注事物的消极面。

2. 对“谁来扶志”问题上的主体搭配结构不协调

这主要表现为以下方面：一是扶志的主体意识不够明确，较模糊。在实际工作中，各基层政府和扶贫干部成了扶志的当然主体，而且把此项工作视为自己的任务,但是,对于到底“谁来扶志”却缺乏相关的制度和政策。二是扶志的主体结构不够完善。在“谁来扶志”中，只强调了各基层政府和扶贫干部的主体性作用，却没有充分发挥贫困户的周围群众、各种社会力量等主体作用，特别是没有充分激发贫困户自身脱贫的主体性。三是扶志的主体结构不够合理。把“扶志”的所有工作归结为各级基层政府和扶贫干部，但实际上政府本应该只起主导作用，群众和各社会力量等，特别是群众应该起到的主体作用却没有充分发挥。

3. 对“拿什么来扶志”问题上的具体内容不清晰和不系统

这主要表现为以下几个方面：一是扶志的具体内容不够清晰。在调研中发现，各地政府虽然在工作中列出了“志智双扶”举措，特别是对于扶志问题，但大都是大而化之，缺乏相关的具体举措和关键抓手。二是扶志的各项具体举措不够系统。虽然，各基层政府创新了一些扶志措施，但是，都是零零碎碎，没有把扶志的各项举措形成一个系统。三是扶志的各项举措效果不佳。有些政策本来是帮扶贫困户的，却导致贫困户享受了各种额外的福利和优惠，造成了贫困户的依赖心理，也造成了贫困户与非贫困户之间的矛盾。

4. 对“怎么样来扶志”问题上的办法不够创新

地方政府的精准脱贫工作思路还没有树立以人为本的理念，对扶贫工作如何适合人的精神世界的丰富和发展，怎样兼顾物质、精神和心理多方面的需求缺乏完整的布局和规划。各级基层政府和扶贫干部虽然认识到了“扶贫先扶志”的重要性，但是，对于到底应该用什么办法来扶志依然存在很多问题。第一，言语劝说办法居多，而实际事例激发办法较少；第二，政策扶植办法居多，而精神鼓励办法较少；第三，政府包办办法居多，而群众路线办法使用较少；第四，单一举措办法居多，而顶层设计办法较少；第五，一般政策使用居多，而党建办法使用较少。

（二）有效提升江西省扶志工作成效的对策建议

扶贫先扶志，关键是化解贫困农民与普通民众之间的“抱负差距”，消除区域性和群体性的“等靠要”思想，也就是要解决好贫困户“想脱贫”的问题。只有贫困户对脱贫有“真想法”，才会真正为贫困户发家致富提供可持续的内生动力，贫困户才会实现“真脱贫”和“脱真贫”。

1. 以扶志主体的多元化来提升工作成效

一是要加强党委政府的主导作用。党委政府在扶志工作中应该起着主导作用，这种主导作用体现为把方向、定政策、建制度、重协调和导思想等作用方面。比如，消除贫困人口的非理性决策行为，针对贫困户可能的决策偏差设计新政策、新方法，避开贫困人口在决策方面的非理性陷阱，帮助其做出更理性的决策，依靠理智的行为实现脱贫。二是要加强激发贫困户自身主体作用。采取综合措施激活贫困群众接受各种脱贫知识和智慧成果，并积极用于脱贫致富。通过干部讲政策、专家讲理念和技术、典型人物讲经验、群众共同商议发展思路和脱贫路径，不断引导贫困群众增强自我发展意识，找准脱贫致富路子，及时摆脱贫困并实现可持续性发展。还可以进一步从心理上进行专业扶志，针对贫困人口设计可操作性强的心理干预方案，通过科学、专业、有效的心理辅导，对贫困人口开展信念干预，要让贫困户充分认识到“幸福是靠自己奋斗出来”的观念的重要性，树立一种自力更生的自觉理念。三是要加强村民群众的监督和评议作用。村庄是一个熟人社会，因此，要充分发挥熟人社会的作用，其中，贫困户周围的村民群众的监督和评议对贫困户的“立志”和克服消极态度具有非常重要的作用。四是要加强社会力量的帮扶作用。社会力量包括企业和专业合作社等，贫困户与企业联姻，既可以发展生产和增加财富，也可以实现其观念的转变。五是要加强党建的作用。党员和党组织的带头示范和有力帮扶，可以说是帮助贫困户“立志”的关键抓手，要积极创建党员与贫困户结对帮扶机制。这五个方面的扶志主体的作用要有机协调起来，形成合力。

2. 以扶志措施的全域化来提升工作成效

对贫困户扶志的帮扶举措要多方面展开，应呈现出一种全域化的特点。一是要加强“产业+”的帮扶。有针对性地对贫困户进行市场需要的职业技能培训，比如，对于贫困户劳动力就业技能培训，特别是“两后生”群体的培训，要以农民急需的、实用性强的职业和工种为主，根据扶贫、异地搬迁、重大项目建设等用工需求，因地制宜、因势利导，开展钢筋工、砌筑工、电焊、维修电工、家政服务等方面的转移就业技能培训。贫困户以土地等生产要素入股企业，或培育适合贫困户自身能力的特色产业，等等。二是要加强教育的帮扶。教育是贫困户脱贫的最根本抓手。对贫困户子女的教育费用进行减免或者全免。学校和贫困户实行“小手拉大手”的活动，以小孩的朴素纯真来促进贫困户思想的转变。三是要加强医疗卫生的帮扶。贫困户有些是由于疾病导致的贫困，甚至由此导致对生活失去信心和希望。因此，对贫困户医疗救助的力度要加大。四是要加强文化的帮扶。贫困户扶志的根本解决之道在于思想观念的转变，通过优秀文化，改变贫困户的情绪、认知和态度问题，唤醒贫困户积极向上的情绪，树立起自力更生的行为意向，通过“柔软”的滋润方式打动人心，重塑其认知，摒弃对过去生活依赖的消极态度，从而培养起对未来美好生活憧憬的积极态度。因此，要充分利用各地的本土特色传统文化，通过广播、宣讲室、文化室和文化走廊等来影响贫困户。比如安福县甘洛乡就挖掘本地优秀的传统文化，建立了文化亭子，在马路边上的悬挂写上各种激励人的名言警句条幅等，倡导一种健康向上的村风民俗，这对贫困户的立志起到很好的宣传效果。还可以采用各种民间方言话剧等文化形式来教育贫困户，从而激发贫困户的脱贫动力。五是要加强法律的帮扶。有些贫困户的造成是由于子女的弃养，这就需要对其子女进行道德和相关法律法规的教育，必要时可以进行诉讼。

3. 以扶志政策的有序化来提升工作成效

一是要加强建立贫困户退出的科学考核机制。现在已经进入到了脱贫攻坚的关键期，为了完成脱贫任务，各地把各项优惠政策都“倾泻”到贫困户头上，这导致了贫困户获得了远超于非贫困户的各项福利，“获得感”骤增，因此，贫困户反而没有脱贫的动力。为此，需要建立脱贫的科学考核机制，让已经脱贫的村民退出各种优惠政策。二是要加强建立政策退出机制。有些政策对贫困户有很多补贴和优惠，但是，这些政策却没有适时从贫困户身上退出，这造成了一种奖励后进和落后的现象。优惠政策应该是对那些积极肯干的贫困户享受，而那些“不想脱贫”的人应该中止，要起到扬善惩恶的作用。三是要加强建立政策有效传导机制。好政策落实到贫困户有一个传导过程，如何使政策对贫困户起着正面激励作用且有效传导，这需要建立相应的传导机制。

4. 以扶志方法的多样化来提升工作成效

一是要加强精神激励。可以设立进步户、文明户以及幸福家庭户等荣誉，注重从正面进行积极鼓励。采取宣传、感化、灌输、引领和示范等综合性措施，引导困难群众从思想上淡化“贫困意识”，明白幸福美好生活要靠勤劳的双手经过一番奋斗来创造，促使他们摒弃“等靠要”思想，努力“主动脱贫”，树立信心、鼓足志气，最终激发贫困群众形成脱贫致富的强烈愿望，并积极用自己勤劳的双手主动摘掉贫困的“帽子”。二是要加强创新物质激励的方式方法。如爱心超市，贫困户通过自己努力奋斗获得一定成绩达到一定积分，可以到爱心超市兑换相应物品。也可以把相应的旅游资源引进到表现良好的贫困户，促进贫困户发展生产的动力。三是要加强创新群众路线方法。贫困户不想脱贫，是得到了相关利益而不愿放弃。故此，要发动村民群众去评议其行为，让正确舆论来规范贫困户的思想和行为。也可以实行家族评议会，让深具威信的家族长辈或者村庄长辈等发挥重要作用，其中，还有一个很重要的因素就是小孩的评议，其实也是具有重要作用的。四是要加强创新党建 + 的方法。党员干部与贫困户结对子，党员干部在贫困户脱贫全过程中积极参与。五是要加强各项举措的顶层设计，设计公平合理的制度，避免因制度设计不合理而助长“等靠要”的思想，避免设置过高的扶贫标准，避免提供无责任关联的“无偿”救济。把各项举措形成一揽子的规划，使得各项举措形成一个合力，产生整体性效果。

二、扶贫必扶智：催生精准扶贫的行为活力

扶智即加强思想教育和文化教育，提高贫困人口的综合素质，一方面要让贫困群众懂得“既要苦干，更要巧干”的道理，并获得脱贫的相关技能和智慧，积极加以运用，从而自主能动地脱贫；另一方面通过对贫困人口后代的教育和培训，阻断贫困的代际传递。

1. 扶智工作虚空化——虚与实问题

精准扶贫工作时间紧、任务重，为了完成目标任务，有些地方政府片面追求经济发展指标，不少乡镇在脱贫攻坚中，更注重的是如何改善和强化贫困村（户）各项基础设施建设，对扶智工作，关注度不是很高，方式方法不是很多。尽管在扶贫工作文件、通知以及工作总结中，都会有“重视和加强扶智工作”等方面的要求与内容，然而基本上处于“说起来重要、做起来次要、忙起来不要”的尴尬境地，对于怎样扶智、何人扶智、扶什么智等实际问题，缺乏相应的工作方案，从而导致扶智工作的缺位。

2. 扶智模式程式化——常规与创新问题

部分县（市、区）的扶智工作，大都采取职业技术教育和技能培训等

传统方式。例如依托本地职业技术学校（院）对贫困户子女进行帮扶性职业学历教育、通过“雨露计划”“春蕾计划”“金蓝领工程”等开展劳动力转移技能培训、举办种养殖专业技术培训班轮训贫困户等等。不可否认，这些常规性职业技术教育与技能培训，对斩断贫困的代际传递、劳动力入园务工以及发展简单型种养殖业，具有较大帮助。但是，这种过于强调覆盖面和完成率的培训活动（人数多时间短），贫困户所能掌握的技术程度非常有限，不能有效地助推贫困户致富奔小康，扶智工作大都陷于“为培训而培训”的困境。

3. 扶智供需脱节化——漫灌与滴灌问题

由于对贫困户想发展什么产业、能发展什么产业等问题搞不清楚，部分县（市、区）的扶智工作尽管有声有色，但产生的实际效果并不理想。培训内容针对性、时效性不强，没有针对不同群体和当地特色，故而很难满足贫困户需求。例如一些贫困户想依托本地资源优势发展特色种养殖业，然而政府层面又没有这方面的技术培训，所以这些贫困户因缺乏相应技术而不得不放弃意愿中的产业。另一方面，政府所提倡并大规模开展的技术培训（例如某镇为做大葡萄产业而要求所有贫困户发展该产业），部分贫困户并没有兴趣去学、去发展，但在政府统一调配下，又不得不去参加，结果是学非所用，学非所愿，原来干什么现在还是干什么，技术培训的供与需严重脱节。

4. 扶智效果短期化——短期性与长效性问题

在已实施扶智项目的县（市、区），部分贫困户利用所掌握的技术，例如果树种植、鸡鸭鱼养殖等，家庭收入明显增加，并已顺利脱贫。但是，缘于这些技术大多属于短平快式致富技术，虽然能够在较短时期内产生明显经济效益，然而由于技术含量较低、产品品质不高，加之种养规模不断扩大、市场供需不确定性等因素影响，导致经济效益逐年下降。例如某一贫困村，在政府倡导与支持下，大力发展黄桃种植业，起初由于参与户数少种植规模不大，产品批发价高达 6 元 / 斤左右，但由于种植规模逐年扩大，再加上其他村种植规模不断扩大，市场竞争力不断加剧，近两年的批发价一直徘徊在 2~3 元 / 斤，而且滞销严重，严重影响了贫困户家庭收入。目前，该村部分农户已经开始砍伐黄桃树而改种其他果树或不再管理果树。这种短期性的扶智效益，会挫伤贫困户学用致富技术的积极性和主动性。

5. 扶智接续缺席化——应付性与长期性问题

部分县（市、区）扶智工作虎头蛇尾，前期在政府大力倡导与要求下，绝大多数部门和帮扶人员能够扎扎实实地推进扶智工作，但是，缘于扶智工作的延续性强以及部分贫困户（村）相继脱贫摘帽，扶智工作也就在无形中渐趋中断甚或停止，致使贫困户在接下来的产业发展过程中，因遇到新技术难题而束手无策，措手不及，最终导致严重问题。例如某村一养殖贫困户养殖了一万多只肉鸭，因为一场由变异性病毒引起的鸭瘟（常规性治疗方法不见效），结果三千多只肉鸭死亡，损失惨重。

（二）构建完善的扶智工作机制的建议

为有效破解脱贫攻坚中扶智工作瓶颈，各地应当重视和完善以下“一、二、三、四、五”方面工作，进而构建起一套体系完善、内容丰富、组织健全、领导有方的扶智工作机制。

1. 扶持一项产业

产业是脱贫之本，产业技术则是贫困户能脱贫、会脱贫之要，只有让每一贫困户依附于某一产业，并能熟练掌握相应的技术，才能确保广大贫困户好脱贫、脱好贫。综观江西省已脱贫贫困村（户），无一不是凭借某一产业脱贫致富，无一不是凭借自身熟练的技术而把产业搞得红火，做得兴旺。扶“智能”培养精准扶贫专业技能，要注重培育贫困地区人口从事现代产业生产加工、产业延伸服务等的基本素质和专业技能，鼓励劳动就业，提高工作方式和工作效率，让贫困户掌握脱贫致富一技之长，让其在专业岗位人尽其才，充分调动其积极性、主动性、创造性，注重提高其谋生技能和专业技能，引导贫困地区群众用自己的能力和智慧实现脱贫致富。因此，各地区在探索科学扶智过程中，须要把产业扶贫和扶智工作紧密结合起来，切忌产业扶贫与扶智工作“两张皮”，厉行“产业 + 扶智”模式，以“产业”保脱贫，以“扶智”促脱贫，确保产业扶贫与扶智工作目标双赢。

2. 打造两个平台

在探索和开展科学扶智工作中，要着力打造好两个平台：一是政府平台。加大政府部门的扶持力度，从顶层设计层面改变大脑的“贫”。政府要转变执政者思想观念，通过学习培训等方式，提高执政者解读和运用扶贫政策的能力、决策能力、执行力及创新力。改变过去那种不懂政策、不会运用政策，思维固化，常常处于“等上级命令”的状态。各地区各部门在决策和发展脱贫产业过程中，要同步组织好相关专业技术人员，通过组织开展专业技术培训、科技下乡、帮扶干部进行技术帮扶等不同活动，以及通过广播电视等媒体，深入贫困户家庭，深入田间地头，向广大贫困户传授相关产业技术，确保他们以技脱贫凭技致富。二是社会平台。从社会层面搭建各种支持网络，把贫困者的营养链疏通、构建起来。通过这样的支持网络，帮扶对象将更好地融入社会，充分获取政府及各方面的资源。大力实施“合作社 + 贫困户”“能人 + 贫困户”等脱贫工作模式，让广大贫困户在发展产业实践中，自觉或潜移默化地掌握相关产业技术。

3. 突出三级领导

各县（市、区）在组织开展扶智工作中，在强化组织领导方面，要突出发挥三个层面的领导作用：一是就主要领导而言，要突出其“统筹领导”职责。针对本地区扶智工作和计划，主要领导要统筹协调和整合好各有关部门的技术资源与人员，建立健全强有力的扶智队伍、平台或渠道，确保扶智工作能够有计划、有步骤实施。二是就分管领导而言，要突出其“贴身跟进”职责。立足于本地区脱贫产业的实际情况，针对扶智工作中“扶什么智”“怎么扶”“谁去扶”等现实问题，紧密结合本地区制定出台的扶智工作方案，合理谋划，狠抓落实，排好时间表，画出路线图，确保扶智人员扶有舞台、贫困户学有平台。三是就村级领导而言，要突出其“靠前指挥”职责。扶“智囊”打造精准扶贫先锋力量，打造核心“领头羊”，培养扶贫骨干，实现脱贫攻坚战略目标。农村情况，村干部最熟悉；贫困户情况，村干部最熟悉。选派基层经验足、业务能力强的优秀年轻骨干，建好精准扶贫领导班子，制定科学的脱贫计划，深入贫困地区生产、经商带领贫困地区群众脱贫致富，发挥智囊对精准脱贫的领航作用。在扶智工作中，村干部要密切配合上级政府或部门工作要求与计划，组织好、实施好本村扶智工作，确保贫困户能够及时有效地掌握相关产业技术。

4. 严把四种关口

为保证本地区扶智工作计划落到实处，确保贫困户有一技之长，还需要严把四种关口：一是组织关。要以产业为具体依托，组织成立各种类型合作社、农民协会等特有“产业 + 贫困户 + 扶智”组织形式，把广大贫困户组织起来，确保扶智人员能够根据贫困户所从事的产业而进行有针对性的技术传授，确保贫困户学有所用、学有所效。二是资金关。贫困户通过担保、“信贷通”等方式获得的脱贫产业资金，以及政府为贫困户以入股、保底分红等方式下拨的帮扶资金要切实管理好、使用好，杜绝部分贫困户一心只想胡乱花费上级各种帮扶资金的现象，确保贫困户能够利用各类帮扶资金发展产业，进而自然而然地激发出贫困户踊跃学技术、用技术的主动性与积极性。三是科技关。积极开发贫困人口的人力资源，要让贫困群众认识到掌握一门技能的重要性，让贫困人员能“一技促脱贫”。要以合作社、农民协会等为抓手，充分考虑脱贫产业的实际情况及其发展过程中出现的问题，大力实施科技下乡、专题技术培训等扶智行动，确保贫困户不仅能够学到技术，而且能够及时解决生产中的疑难问题。四是营销关。贫困户的实际情况千差万别，所能从事产业的能力也千差万别，在帮助贫困户选择脱贫产业过程中，既要充分尊重贫困户意愿，也要组织贫困户出去走一走看一看——让他们了解什么产业项目最有发展前景，什么产业项目最切合自身实际，确保他们在接续的学技术、用技术实践中，能够学得会用得好。

5. 推广五种模式

在江西省脱贫攻坚实践中，各地区各部门因地制宜，勇于创新，探索出许多生动活泼的扶智工作模式，这些好经验好做法，对助推江西省其他地区扶智工作具有重要借鉴意义。

（1）合作社 + 扶智

通过“合作社 + 贫困户”方式，把贫困户纳入某一产业——或种或养或加工等，最终让贫困户脱贫致富。为保证贫困户顺利发展产业，合作社首先要对贫困户进行产业技术培训，从而确保他们所从事的产业能够顺利发展。例如肉牛养殖合作社，需对加入合作社的贫困户进行肉牛养殖专题技术培训，其他类型的专业合作社亦是如此。吉安县永阳镇江南村，以“基地+合作社+贫困户”方式组建井冈蜜柚合作社，按照“四统一分全覆盖”管理模式，把全村贫困户纳入其中，在井冈蜜柚日常种植和管护过程中，采取“统一种植”“统一管理”的方法，现场为群众释疑解惑，既有效解决了贫困户遇到的技术难题，也逐步提高了他们的技术能力和水平。

（2）能人+扶智

掌握了一定专业技术的人，往往能找准市场契机并从事和发展相关产业，从而成为村中致富能手。生活在这些能人身边的贫困户，往往会自发跟着他们发展相应的产业——有的是贫困户主动学习能人，有的是政府号召能人带动。针对种养实践中遇到的技术难题，贫困户会主动向能人学习相关技术或请求技术指导，出于乡情的影响，能人也会主动加以技术指导，久而久之，能人周边的贫困户也就自然而然地掌握了一定的种养技术。万安县弹前乡新桥村李杰利用肉兔养殖技术培训班所掌握的技术发展肉兔养殖业，年收入达10万元以上，成为弹前乡有名的种养能手。他致富后，不忘父老乡亲，每年为周边困难群众免费提供种兔，并给予资金扶持和技术指导，全村农户户均养兔年收入近5000元。

（3）帮扶组（干部）+扶智

驻村帮扶组（干部），在帮助贫困户发展产业实践中，需要对贫困户遇到的技术难题及时进行解决与并加以指导，这是助推贫困户脱贫致富的题中应有之义。例如遂川县委、县政府将干部学用技术与科技扶贫、产业扶贫有机结合，明确要求驻村帮扶组必须有相关产业技术人员参加，明确要求帮扶干部在进村帮扶之前必须掌握一至两项产业技术。通过手把手地教、面对面地交流，贫困户很快就能掌握相应产业发展技术，从而增强脱贫致富能力，加快脱贫致富步伐。

（4）农民讲习所+扶智

为便于向广大百姓宣传党的路线、方针和政策，以及本地区各级政府或部门有关工作部署与要求，不少村、组成立了“农民讲习所”这一特色组织（各地名称略有不同，例如有的称作“红色讲习所”“百姓讲堂”“名嘴讲堂”等）。在开展扶智工作中，不少村组（例如井冈山市神山村）充分利用这一平台，利用农闲时间，集中贫困户（农户），邀请专业技术人员，集中普及有关农业技术，并现场释疑解惑。

（5）“田教授”＋扶智

为解决传统技术培训中存在的“培训内容枯燥、培训方式单一、理论知识不实用、实用技术难进村”等常规性问题，确保扶智活动“服务群众落实易、组织群众活动易、召集群众参与易、带领群众致富易”，泰和县探索建立了“‘田教授’＋扶智”工作模式，从百姓身边优势产业、百姓身边技术能人、百姓身边实用技术、百姓身边致富能手等领域遴选一批农村实用技术人才，组建一支由县、乡、村三级“田教授”组成“田教授”服务团队伍，把课桌搬进田园，用乡土语言释疑解惑，将金点子送到田间地头，为群众打开致富之门。这种扶智方式，其实质就是依托某一致富产业，通过百姓身边人向身边百姓（贫困户）传授某一项实用产业（例如中草药种植、山羊或肉牛养殖等特色产业）技术，确保百姓（贫困户）能看得着、听得懂、学得会、用得上、引得进和富得了。这一创新扶智模式，得到中组部充分肯定，光明日报、中国改革报、人民网、江西日报、江西电视台等媒体曾加以详细报道并得到充分肯定。

三、教育精准扶贫助推志智双扶

（一）充分认识和发展教育精准扶贫在脱贫攻坚中的重要作用

2019 年是打好扶贫攻坚战的关键一年，江西省要实现决胜全面建成小康社会，让全体老区人民共享改革开放重要成果，到 2020 年完成脱贫攻坚目标任务，必须充分认识和发挥教育在扶贫攻坚中的重要作用，为实现我省整体脱贫奠定坚实基础。

1. 推进教育精准扶贫可以提升江西省贫困户的“志”和“智”

扶贫先扶志，扶贫必扶智。打赢深度贫困地区脱贫攻坚战的制胜法宝就是加强对贫困群众的“志智双扶”。江西省目前有 50.9 万贫困人口，通过对贫困家庭子女和成员的教育精准扶贫，帮助他们树立摆脱贫困困境的斗志和勇气，指导他们着力提升脱贫致富的综合素质，从而提高他们的生存和发展能力，达到“志智双扶”的目的。

2. 推进教育精准扶贫是江西省如期实现脱贫目标的重要举措

2019年是江西省脱贫攻坚巩固提升年，脱贫工作到了最吃劲的时候，要实现40万贫困人口脱贫离不开教育精准扶贫——这个战胜贫困的治本之策。教育扶贫聚焦的是“扶人之贫”，相对于其他的扶贫方式，教育扶贫直指导致贫穷落后的根源，牵住了贫困地区脱贫致富的牛鼻子，阻断贫困代际传递的重要途径，为江西省如期实现脱贫目标，为2020年全面打赢脱贫攻坚战奠定决定性的基础。

3. 推进教育精准扶贫能够有效提高江西省整体扶贫效果

脱贫以后要巩固脱贫成果，尽量避免返贫现象的发生。单纯依靠外力帮扶，贫困群众很难建立稳定的脱贫能力，也难以巩固脱贫成果。而教育精准扶贫能够激发贫困群众的内生动力，使脱贫具有可持续性，有效地提高我省整体脱贫效果，势必有助于江西省脱贫实效和质量进入全国“第一方阵”。

4. 推进教育精准扶贫为江西省实现全面同步小康社会创造条件

教育精准扶贫通过教育投入、教育资助和教育帮扶，改变着我省贫困地区的经济文化和贫困人口的整体面貌，对教育脱贫群体的各个发展阶段都有直接或间接的重要影响。它将为江西省培养更多的优秀人才，承载着数万家庭的小康梦，让广大贫困户早日过上美好生活，为江西省全面同步小康社会奠定坚实的基础。

（二）基于峡江县教育精准扶贫现状调查的问题分析

峡江县地处赣中腹地，有11个乡镇86个行政村和6个社区，总人口19万，其中，“十三五”贫困村10个，建档立卡贫困户3198户8784人。目前有3个贫困村1090户2511人未脱贫，建档立卡户学生人数1515人。为打赢精准扶贫攻坚战，峡江县立足实际，积极推进教育精准扶贫。

1. 各项资助政策得到落实，但扶贫理念尚短视

峡江县实行学校和属地乡镇双重负责管理机制，结合精准扶贫大数据平台，全面排查建档立卡贫困学生家庭情况，构建了覆盖学前教育、义务教育、高中（中职）教育贫困学生的教育精准扶贫体系。2018年全年补助

学生 6147 人，资金 473 万元。在中招政策实施中，单独拿出 7 个指标用于招收建档立卡贫困家庭子女就读师范“三定向”,做到了教育扶贫政策“全面、全程、全员”覆盖。

教育扶贫不仅仅是落实资助政策的过程，更是涉及思维理念、价值取向等观念层面的系统工程。教育扶贫理念是教育精准扶贫实践的逻辑前提和行动指南。然而，扶贫理念的非系统性，对于教育扶贫整体价值的短视，会使教育扶贫仅仅停留于完成政治任务，而导致形式化、政绩化的倾向。在制定贫困家庭学生资助政策的过程中，总体存在一定程度的思维惰性，江西省普遍没有对贫困学生资助资源的城乡结构、学龄结构和区域结构进行细分，往往会造成特级贫困学生扶贫资源配置不足，间接带来稀缺性教育扶贫资源的浪费。

2. 教师轮岗制度得到执行，但师资水准仍欠缺

峡江县重视师资培养，认真实施“国培计划”和“省培计划”，农村教师培训率均达到 100%。同时合理配置教师资源，在全县校际间实行薄弱学校与优质学校结成帮扶对子，实现县域内教师定期轮岗交流，使全县义务教育阶段学校在学校管理、师资水平、教育教学质量等方面基本达到均衡。

教育扶贫要打开贫困孩子的希望之门，师资就非常重要。然而尽管教育部出台了《关于全面深化新时代教师队伍建设改革的意见》，提出了《教师教育振兴行动计划》，江西省制定的《江西省教育扶贫工程实施方案》的相关文件中，对提高乡村教师综合素质有明确要求。但是江西省城乡教育发展不均衡，乡村教师水准欠缺是制约教育精准扶贫的重要因素。

3. 实用技术培训得到加强，但职业教育存短板

峡江县把教育精准扶贫与推进职业教育发展结合起来，依托县职校优势，整合实用技能培训项目及资源，加大新型职业农民和现代农业科技培训力度，提升农民文化素质，促进农民掌握现代农业生产技能和管理方法，提高了教育扶贫的精准力度。

职业教育是造血式扶贫的重要主体，是脱贫攻坚的有生力量，在教育精准扶贫中作用独特，不可或缺。然而纵观江西省的职业教育，不少地区

的职业学校规模较小，基础设施薄弱，学校课程内容实训设备陈旧，师资力量不够，一些学校还在学习已被市场淘汰的职业技术，难以为教育精准扶贫提供高质量的职业教育，当然也就无法吸引到贫困家庭的孩子来学习。

4. 办学条件得到改善，但社会力量有缺失

以推进城乡义务教育均衡为抓手，峡江县充分利用国家实施“校安工程”“薄改工程”机遇，不断加大对农村学校资金投入力度，重点实施农村学校标准化建设，累计投入资金近5亿元，对学校的教育用房及基础设施进行了改造。2018年投入资金3200万元用于改善贫困地区薄弱学校校舍建设，已有8所学校项目开工建设，办学条件将会得到很大改善。

目前的教育扶贫模式一定程度上还停留在传统的政府单一主体上，这种以政府自上而下的行政推动为主导的教育扶贫治理结构难以应付贫困群体日益动态化、多样化的脱贫诉求。社会主体的参与严重缺失。社会力量有着较强的灵活性，在教育扶贫开发的细微环节上是能够补齐政府教育扶贫的“短板”，发挥其比较优势的。

（三）进一步提升江西省教育精准扶贫成效的建议

峡江县教育精准扶贫存在的问题不是个案，它在江西省其他地方也普遍出现，为了更好地推进教育精准扶贫，助推江西省脱贫攻坚战取得胜利，亟须在观念转变、顶层设计、帮扶措施和主体参与等方面寻求新的治理突破。

1. 创新教育扶贫理念，引领扶贫实践

教育在扶贫攻坚战略布局中具有先导性、基础性和全局性的重要作用，江西作为一个革命老区，要在脱贫攻坚上领跑，只有创新教育扶贫理念，才能更好地完成“阻断贫困代际传递”的使命。

首先，强化江西省贫困群体的心智扶持，弱化教育行为的功利化色彩。教育不能急功近利，极度的功利追求会导致教育正常功能的缺失。在实际的扶贫实践中，教育扶贫不能停留在迎合区域社会的短期需求上，而要弘扬教育的非功利性本体价值。既聚焦当前的实际教育问题，又着眼于长远的教育大计。统筹协调，树立教育脱贫攻坚责任观，不仅要考虑孩子上得起学，还要考虑让孩子通过上学不断提高自身的素质和能力，增强其学习

的获得感和自我发展。

其次，引导贫困群体树立长期教育的理念。教育是一个复杂而长期的过程，要帮助贫困群体制定合理的教育发展规划，使其意识到升学教育并非唯一的脱贫方式，结合其实际情况制定学历教育、职业教育和技能培训相结合的终身教育规划。精准把脉贫困家庭子女的困难和需求，制定有针对性的差异化教育扶贫举措。

2. 加强顶层设计，提升乡村教师水准

制度建设是教育精准扶贫顶层设计的重要组成部分，是决定教育扶贫攻坚目标能否达成的关键。当前，亟须加强教育精准扶贫顶层设计，加快推进教育扶贫开发法制建设，系统谋划教育精准扶贫攻坚发展的制度框架，为教育精准扶贫战略实施提供法律制度保障。

首先，把习近平总书记关于扶贫工作的重要论述与江西实际紧密结合，以国家扶贫办联合各部公布的《关于开展扶贫扶志行动的意见》为指导，在国家宏观制度设计的框架下结合自身教育扶贫的实际情况和民生诉求，因地制宜推进地方立法，研制出台具有针对性的区域政策，从而推进教育精准扶贫工作平稳有序落地。

其次，采取多种措施提升教师尤其是乡村教师水准。可以探索建立教师师德荣誉等级制度，出台加强新时代师德师风建设的意见；完善实施特岗计划，吸引更多高校毕业生到乡村任教；进一步启动银龄计划，组织招募优秀退休教师到乡村支教；在地方政府支持下，尝试实行乡镇内走教制度。通过各种措施拓展乡村教师补充渠道，提高乡村教师生活待遇，统一城乡教职工编制标准，职称（职务）评聘向乡村学校倾斜，全面提升乡村教师能力素质，有效地解决乡村教师队伍建设领域存在的突出问题，吸引优秀人才到乡村学校任教，稳定乡村教师队伍，为教育扶贫奠定坚实基础。

3. 整合教育帮扶措施，完善职业教育体系

厘清贫困家庭的贫困发生根源，区别不同家庭的贫困原因、发展潜力等因素，制定一户一策、一人一策的教育扶贫措施，针对性地实施生活补贴、教育贷款、就业培训等帮扶，切实解决贫困群体接受教育中遇到的现实困难。

首先，探索形成与贫困地区区域社会特点相契合的教育结构，与区域长远规划发展相对接，减少受教育主体返贫现象的发生，减少频繁转换劳动技能而带来的教育培训成本。大力发展“互联网＋教育”，促进优质资源共享。加大应用推广人工智能、大数据等信息技术，让精准施教成为可能。大力推动“创客”教育，加强学生信息技术知识、技能、应用能力的综合培养。

其次，大力发展职业教育。把江西省的职业院校打造成为贫困地区技术技能人才培养的主要基地，为贫困地区培训技能。如赣南职业技术学院正是顺应了江西省对新时期技术技能人才培养的需求而成立的。加大对市场的调研，大力发展有本土特色的实用型教育，如南昌女子职业学校、江西服装学院等，扩大职业学校规模、推广劳动技能、加大社会培训，加快培养应用型技术技能人才，加快江西省“雨露计划”职业教育培训补助政策的落实。

4. 激活社会力量，全员参与教育扶贫

传统的政府单一主体的教育扶贫模式往往制约着教育扶贫的精准性和实效性。要充分激发全社会力量在教育扶贫领域内的活力，构建政府、企业、社会、学校、科研机构合作机制，开展新型教学模式理论和实践研究，协同推进教育精准扶贫。

首先，改变过去政府全能主义的教育扶贫管理方式。政府在多方共治的立体框架中发挥着主导作用的同时，还要激活社会力量。尽可能地满足其合理的利益诉求，充分发挥其在提升教育精准扶贫功效中的作用。可以出台各类社会组织、志愿者参与教育扶贫的政策措施，建立社会组织参与教育扶贫的相关荣誉制度，如定期对教育扶贫工作突出的民营企业、社会组织授予政府荣誉，对相关个人进行表彰，营造全社会参与教育扶贫的良好氛围。

其次，培育多元教育扶贫主体。鼓励民营企业参与教育精准扶贫，可采取企业与县乡村对接方式进行。支持各地成立地方性教育扶贫发展协会，吸引本乡本土的企业家为家乡教育扶贫做贡献。与省内省外高校合作，成立教育扶贫志愿者服务组织，吸引赣鄱学子回家乡参与志愿服务。邀请社会影响大、公信力强的基金会，结合教育精准扶贫设计相关的公募项目，汇聚并拓展多元化的社会扶贫资本，增加教育扶贫投入，弥补江西省各级地方政府在资金方面的不足，江西慈善总会“刨穷根”教育扶贫工程就起了很好的示范效应。同时积极引导社会主体，不能停留在做善事的层面，避免出现临时性、功利性的帮扶现象，通过宣传动员建立社会各方面力量参与教育扶贫的合作机制，真正发挥社会力量，形成全社会广泛参与教育扶贫攻坚格局，提升教育扶贫成效。

构建江西省协同发展的现代化产业体系研究

吴志远 吴志强 刘超勇

【摘要】构建协同发展的现代化产业体系是推动经济高质量发展、跨越式发展的重要环节。江西在现代化产业体系发展过程中取得了一些成就，但在要素协同、区域协同、制度保障三个方面存在问题仍然较为明显。因此，江西在发展现代化产业体系时，应当增强创新、金融、人才等要素的协同水平；通过统筹区域协调发展和完善产业集聚竞合机制，提升区域协同效应；优化制度保障能力，持续优化营商环境，构建全面开放新格局。

一、江西省现代化产业体系发展成绩斐然

（一）“一二三产”亮点纷呈

1. 三次产业结构不断优化

三次产业对 GDP 的贡献率呈现出第二产业贡献率大幅度下降而第三产业贡献率快速上升的态势。具体来看，表 1 数据显示，2009—2017 年第一产业对 GDP 的贡献率虽有小幅度波动，但总体较为平稳；第二产业对 GDP 的贡献率从 2009 年的 68.1% 下降到 2017 年的 47.0%，降幅达 30.98%；第三产业对 GDP 的贡献率从 2009 年的 26.9% 上升到 2017 年的 48.0%，涨幅达 78.44%。在 2016 年，第三产业对 GDP 的贡献率（47.8%）首次超过了第二产业（47.4%）。

表 1 2009—2017 年江西省三次产业对 GDP 的贡献率（%）

年份	第一产业	第二产业	第三产业	年份	第一产业	第二产业	第三产业
2009	5	68.1	26.9	2014	5	65.8	29.2
2010	3.8	71.2	25	2015	4.2	60.7	35.1
2011	4.3	67.4	28.3	2016	4.8	47.4	47.8
2012	5	66.6	28.4	2017	5	47	48
2013	5.1	65.7	29.2				

数据来源：整理自江西省统计公报。

随着工业化进程的加快推进，发展第三产业以促进三次产业结构优化是江西当前所处发展阶段的客观要求；然而，作为欠发达省份，大力发展第二产业以促进经济的持续增长仍然是当务之急。表 2 显示，1993—2016 年，伴随着第一产业占 GDP 的比重持续下降，第二、第三产业占 GDP 的比重呈现出波浪式上升的态势，且第二产业的占比略高于第三产业的占比。可以看出，江西省的三次产业结构是与当前发展阶段和省情相适应的。具体来看：第一产业占 GDP 的比重由 1993 年的 31.20% 持续降至 2017 年的 9.39%；第二产业占 GDP 的比重，由 1993 年的 39.07% 降至 2000 年的 34.98%，再攀升至 2011 年的 54.61%，之后缓慢下降至 2017 年的 47.90%；第三产业占 GDP 的比重由 1993 年的 29.74% 增长至 2000 年的 40.80%，然后下降至 2010 年的 33.03%，之后再回升至 2017 年的 42.71%。

2. 农业农村现代化的步伐不断加快

“互联网 + 现代农业”建设稳步推进。江西省以“123+N”为主要内容的智慧农业建设，不仅实现了智慧农业从无到有的突破，而且将今后 15 年智慧农业建设列入省级 PPP 合作项目，是全国“互联网 + 农业”领域第一个 PPP 项目，至 2018 年 6 月，江西省已经建成 7200 个益农信息社、80 个县级农产品电商运营中心[①]。

① 江西发展智慧农业推动乡村振兴 [EB/OL]. http://jxzx.jxnews.com.cn/system/2018/06/15/016964513.shtml, 2018-06-15.

表 2 1993—2017 年江西省三次产业占 GDP 的比重（%）

年份	第一产业	第二产业	第三产业	年份	第一产业	第二产业	第三产业
1993	31.20	39.07	29.74	2006	16.31	50.20	33.50
1994	33.15	35.67	31.17	2007	15.62	51.30	33.08
1995	32.03	34.52	33.46	2008	15.21	50.99	33.79
1996	31.21	34.14	34.65	2009	14.35	51.20	34.45
1997	29.59	34.18	36.23	2010	12.77	54.20	33.03
1998	26.19	35.36	38.45	2011	11.89	54.61	33.51
1999	25.05	35.00	39.94	2012	11.74	53.62	34.64
2000	24.22	34.98	40.80	2013	11.02	53.52	35.45
2001	23.26	36.13	40.61	2014	10.71	52.49	36.80
2002	21.87	38.43	39.70	2015	10.60	50.30	39.10
2003	19.95	42.90	37.15	2016	10.30	47.73	41.97
2004	19.22	45.31	35.46	2017	9.39	47.90	42.71
2005	17.93	47.27	34.80				

资料来源：1993—2016 年数据来自国家统计局网站，2017 年数据来自江西省统计公报。

农技推广信息化工作不断推进，至 2017 年 10 月，已覆盖江西省 94% 的县（市、区），共有 150789 户用户，其中，农户、农技人员和农业专家的用户数量分别为 138755 户、11557 户和 477 位①。

新型农业经营主体数量迸发式增长。截至 2018 年 11 月，江西省有农民专业合作社，合作社成员达到 111.85 万人；有 343 家农民合作社联合社；有 38500 个家庭农场；有 865 家省级农业产业化龙头企业（其中 40 家为国家级）②。

① 江西省数据来源于：江西省农业厅科技处．十八大以来我省农业科技发展取得的成就 [EB/OL]. http://www.jxagri.gov.cn/News.shtml?p5=341497，2017-10-16.

② 江西：10 万个新型农业经营主体助力农民脱贫致富 [EB/OL]. http://www.jx.xinhuanet.com/2018-11/06/c_1123668935.htm，2018-11-06.

3. 工业高质量发展进程不断推进

传统产业“老树发新芽”，新兴产业“新树深扎根”。近几年的钢铁行业发展就是一个生动实践，通过淘汰落后产能、化解过剩产能，积极调整产品结构，大力发展中高端产品，全省钢铁行业一举扭转了连续几年的亏损局面，2017 年全行业利润增长 122.4%。

高新技术产业发展势头良好。2011—2016 年，江西省地区 GDP 增加值的增长速度为 12.50%、11.00%、10.10%、9.70%、9.10% 和 9.00%，规模以上工业增加值的增长速度为 19.10%、14.70%、12.40%、11.80%、9.20% 和 9.00%，高新技术产业增加值的增长速度为 29.90%、17.00%、10.80%、11.90%、10.40% 和 10.80%。可以看出，江西省地区 GDP 增加值、规模以上工业增加值和高技术产业增加值的增长速度均呈现下降趋势，但高新技术产业增加值的增长速度高于地区 GDP 增加值及规模以上工业增加值的增长速度。不仅如此，2011—2016 年,高新技术产业增加值占地区 GDP 增加值的比重为 8.58%、8.98%、9.79%、10.82%、11.18%、12.78%，高新技术产业增加值占规模以上工业增加值的比重为 25.42%、23.81%、24.39%、24.88%、25.72%、30.07%，高新技术产业增加值占地区 GDP 增加值和规模以上工业增加值的比重均呈现快速攀升的趋势[①]。

4. 生产性服务业的助推器作用不断突显

表 3 显示，2015—2017 年江西省规模以上高技术服务业、科技服务业和战略性新兴服务业的营业收入增长率呈现出快速上升的趋势。其中，高技术服务业营业收入的增长率由 2015 年的 9.4% 提高到 2017 年的 15.5%，增幅达 64.89%；科技服务业营业收入的增长率由 2015 年的 8.6% 提高到 2017 年的 28.3%，增幅达 229.07%；战略性新兴服务业营业收入的增长率由 2015 年的 12.0% 提高到 2017 年的 18.5%，增幅达 54.17%。可以看出，江西省服务业服务于实体经济的能力得到大幅度提升。

① 根据《中国高技术产业统计年鉴》和《江西统计年鉴》相关数据计算而得。

表 3 2015—2017 年江西省规模以上服务业营业收入增长率（%）

	2015	2016	2017
高技术服务业	9.4	10.7	15.5
科技服务业	8.6	15.2	28.3
战略性新兴服务业	12.0	14.3	18.5

数据来源：江西省统计局网站

（二）协同效应初步显现

1. 科技创新的活力充分迸发

工业企业开展 R&D 活动的积极性大幅度提升。表 4 数据显示，2016 年，江西省规模以上工业企业有 R&D 活动的企业数量达到 2214 家，占规模以上工业企业的比重达到 21.91%，占比在中部六省中排在第一位。表 5 数据显示，2012—2016 年，江西省有 R&D 活动的规模以上工业企业单位数呈现爆发式增长，由 2012 年的 433 家增长至 2016 年的 2214 家；规模以上工业企业有 R&D 活动的占比由 2012 年的 6.39% 跃升至 2016 年的 21.91%，增幅达 242.88%。

表 4 2016 年中部六省规模以上工业企业有研发活动的占比情况

	规模以上工业企业单位数（个）	有 R&D 活动的规模以上工业企业单位数（个）	规模以上工业企业有 R&D 活动的占比（%）
江西	10106	2214	21.91%
湖南	14386	3144	21.85%
安徽	19838	3839	19.35%
湖北	16296	2979	18.28%
山西	3548	348	9.81%
河南	23679	1391	5.87%

资料来源：整理自江西、山西、安徽、河南、湖南和湖北六省统计年鉴。

表 5 2012—2016 年江西省规模以上工业企业有研发活动的占比情况

	规模以上工业企业单位数（个）	有 R&D 活动的规模以上工业企业单位数（个）	规模以上工业企业有 R&D 活动的占比（%）
2012	6773	433	6.39%
2013	7601	954	12.55%
2014	8271	1032	12.48%
2015	9226	1282	13.90%
2016	10106	2214	21.91%

资料来源：整理自江西省统计年鉴 2013-2017 年。

技术市场交易活跃。从横向与其他省份的比较来看，2016 年江西省输出技术合同数（1985 项）与成交额（79.01 亿元），以及吸纳技术合同数（3112 项）与成交额（188.10 亿元）在全国及中部六省的排名均处于中等水平。从纵向与江西省其他年份的比较来看，江西省这一指标由 2008 年的 7.76 亿元增长至 2017 年的 96.21 亿元，增幅达 1139.82%，年均增幅为 32.28%（详见表 6 和表 7）。

表 6 2016 年若干省份技术合同交易情况

	输出技术			吸纳技术		
	合同数（项）	成交额（亿元）	成交额排名	合同数（项）	成交额（亿元）	成交额排名
北京	74983	3940.98	1	55480	1753.24	1
湖北	23964	903.84	2	15038	642.03	4
陕西	21037	802.79	3	14626	359.10	9
安徽	12966	217.37	11	13011	201.67	14
湖南	3980	105.63	17	4597	102.08	24
江西	1985	79.01	18	3112	188.10	16
河南	4270	58.71	20	5762	154.05	22
山西	804	42.56	24	3104	234.08	13

资料来源：整理自 许倞，张志宏主编．2017 年全国技术市场统计年度报告 [M]. 北京：兵器工业出版社，2017.

表 7 2008—2017 年江西省技术市场成交额

年份	2008	2009	2010	2011	2012	2013	2014	2015	2016	2017
成交额（亿元）	7.76	9.79	23.05	34.19	39.78	43.06	50.76	64.85	79.01	96.21

数据来源：国家统计局网站。

农业农村科技发展水平不断进步，达到甚至略高于全国平均水平。从农业科技进步贡献率指标看，2013—2016 年江西省这一指标由 54% 提高至 57%，2012—2017 年全国这一指标由 53.5% 提高至 57.5%；从主要农作物综合机械化水平指标看，2016 年江西省这一指标为 69.5%，2017 年全国这一指标为 67%。①

2. 金融服务的效率稳步提升

金融业增加值占 GDP 的比重是描述金融业自身成长状况的重要指标。2017 年，江西省金融业增加值占 GDP 的比重在全国排 28 位、在中部六省排第 5 位，与其他省份相比，江西省金融业的成长性还有很大的增长潜力。表 9 显示，2008—2017 年，江西省金融业增加值占 GDP 的比重快速上升，由 2008 年的 1.87% 提高到 2017 年的 5.53%，十年间增幅高达 195.45%，说明江西省金融业在不断地发展壮大。

表 8 2017 年中部六省金融业增加值占 GDP 的比重（%）

地区	地区生产总值（亿元）	金融业增加值（亿元）	金融业增加值占 GDP 的比重（%）
山西省	15528.42	1320.05	8.50
湖北省	35478.09	2640.86	7.44
安徽省	27018	1663.59	6.16
河南省	44552.83	2509.19	5.63
江西省	20006.31	1107.12	5.53
湖南省	33902.96	1610.31	4.75

数据来源：国家统计局网站。

① 江西省数据来源于：江西省农业厅科技处．十八大以来我省农业科技发展取得的成就 [EB/OL]. http://www.jxagri.gov.cn/News.shtml?p5=341497，2017-10-16. 全国数据来源于：我国农业科技进步贡献率达 57.5%[EB/OL]. http://scitech.people.com.cn/n1/2018/0926/c1007-30312979.html, 2018-9-26.

表 9 2008—2017 年江西省金融业增加值占 GDP 的比重（%）

地区	地区生产总值（亿元）	金融业增加值（亿元）	金融业增加值占 GDP 的比重（%）
2008 年	6971.05	130.57	1.87
2009 年	7655.18	165.10	2.16
2010 年	9451.26	241.49	2.56
2011 年	11702.82	357.44	3.05
2012 年	12948.88	413.07	3.19
2013 年	14410.19	542.83	3.77
2014 年	15714.63	739.70	4.71
2015 年	16723.78	897.65	5.37
2016 年	18499.00	1056.30	5.71
2017 年	20006.31	1107.12	5.53

数据来源：国家统计局网站。

社会融资规模增量反映了一定时期内实体经济从金融体系获得的资金额，是体现金融服务实体经济发展水平的一个重要指标。由表 10 可以看出，尽管江西省地区社会融资规模增量与湖北、安徽、河南和湖南四省相比仍有较大差距；但是，2013—2017 年间，江西省地区社会融资规模增量呈现出增长趋势，尤其是 2017 年与 2016 年相比，增长了 37.96%。

表 10 2013—2017 年中部六省地区社会融资规模增量（亿元）

	2013	2014	2015	2016	2017
湖北	6114	5843	4248	5911	7281
安徽	4969	4262	3575	6284	7038
河南	5691	6828	5756	6824	6802
湖南	4165	3945	4196	4437	6430
江西	3898	3976	3020	3876	5347
山西	3701	3055	3048	1831	3203

资料来源：中国人民银行网站。

在直接融资方面，表 11 数据显示，2013—2017 年江西省实体经济的企业债券和非金融企业境内股票融资增量占地区社会融资规模的比重分别为8.11%、8.55%、21.49%、15.65%和2.49%，整体上呈现出增长的态势。省政府为推动企业上市而实施的“映山红行动”，成效正在逐步显现：5家企业在上海证券交易所、深圳证券交易所和香港交易所首次公开发行股票，2家企业借壳上市；截至2018年11月中旬，在证监会审核的企业5家，在香港交易所候审的企业2家，辅导备案的企业25家，“新三板”挂牌企业149家，纳入全省重点上市后备企业资源库的企业232家，在江西联合股权交易中心挂牌展示的企业4900余家。①

表11 2013—2017年中部六省企业债券增量和非金融企业境内股票融资增量占地区社会融资规模增量的比重（%）

	2013	2014	2015	2016	2017
山西	19.37	28.31	28.41	26.38	15.93
安徽	9.56	19.43	13.03	11.54	9.10
江西	8.11	8.55	21.49	15.65	2.49
河南	16.55	13.05	14.66	11.32	4.89
湖北	10.11	14.67	11.37	21.07	9.87

资料来源：根据中国人民银行网站公布的社会融资规模数据计算而得。

与此同时，金融对传统制造业改造升级的支持力度不断加大。据人民银行南昌中心支行的数据，2018年上半年，江西省制造业贷款用于技术改造的企业有1810户，合计新增56.1亿元，占全部制造业新增贷款的52.6%。

3. 人才队伍的支撑更加突显

江西省人才队伍进一步壮大，人力资源支撑实体经济发展的基础进一步夯实。表12数据显示，2008—2016年，江西省普通高等学校数量由82所增加至98所，普通高等学校在校学生数由76.42万人增加至103.9万人，普通高等学校毕（结）业生数由26.45万人降至21.33万人（2009年）后又增加至25.64万人，普通高等学校本专科授予学位数由6.33万人增加至

① 映山红行动 力推赣企上市[EB/OL]，http://jndsb.jxnews.com.cn/system/2018/11/19/017226238.shtml，2018-11-19.

11.87 万人。

表 12　江西省普通高等学校数量、在校学生数、毕（结）业生数量和授予学位数量

指标	普通高等学校数（所）	普通高等学校在校学生数（万人）	普通高等学校毕（结）业生数（万人）	普通高等学校本专科授予学位数（万人）
2008	82	76.42	26.45	6.33
2009	85	79.35	21.33	7.76
2010	85	81.65	22.59	7.65
2011	86	82.86	22.58	8.29
2012	88	85.11	23.2	9.21
2013	92	86.18	24.06	9.86
2014	95	91.64	24.03	10.93
2015	97	98.45	23.45	11.25
2016	98	103.9	25.64	11.87

数据来源：国家统计局网站。

人力资源对农业发展的制约作用得到缓解。从总量上看，据江西省农业厅科技处统计[①]，江西省拥有乡镇基层农技推广综合站 1410 个，共有农技人员 10679 名，平均每个综合站 7.57 人。从结构上看，农技人员受教育程度提高，拥有大专及以上学历的农技人员的占比由 2006 年的 27% 提高到 2017 年的 37%；拥有专业技术职称的农技人员的占比由 2006 年的 51% 提高到 2017 年的 67%。

二、现代化产业体系发展中存在的问题

要建立现代化产业体系，必须提高要素之间的协同水平，同时，要深化区域间的协同水平以提高产业发展的竞争力。但是，目前江西要素协同水平都仍然具有较大提升空间。

① 江西省数据来源于：江西省农业厅科技处．十八大以来我省农业科技发展取得的成就 [EB/OL]. http://www.jxagri.gov.cn/News.shtml?p5=341497，2017-10-16.

（一）要素协同水平亟待增强

1. 财政运行困难

财政是调节资源配置，促进经济平稳运行的重要手段。财政收入的不确定不稳定因素增多。2016 年全年财政总收入为 3143 亿元，仅比上年增长 4%，2017 年全年财政总收入为 3447.4 亿元，虽比上年增长 9.7%，但仍小于 2015 年以前的财政总收入增长率[①]。随着经济环境的不确定性加大、政策性减收等方面影响，财政收入增长出现乏力状态。

财政支出资金压力较大，2017 年江西一般公共预算支出 5123.7 亿元，超出江西全年财政总收入。其中，用于教育、社保、医疗等民生方面的支出完成 4057.9 亿元，占财政支出比重达 79.2%[②]。保工资、保运转、保基本民生等重点支出刚性增长，项目建设资金缺口大。支持打好三大攻坚战、落实供给侧结构性改革、债务付息等方面仍需要大量财政资金。

农业发展资金匮乏。农业财政支出中，对农民补贴支出占比较多，项目经费不足。设施农业推广力度不够，设施农业暂未纳入农机购置补贴范围。现代农业产业园、现代农业示范园建设资金不足。高标准农田建设资金不足部分的偿还主体不明确。

2. 创新水平仍有较大提升空间

创新动力不足。虽然工业企业开展研究与试验活动的企业积极性大幅提升，但江西省近年来全年研究与试验发展占 GDP 的比重（即 R&D 经费投入强度）仍然偏低。江西省 2017 年研究与试验发展支出为 250.1 亿元，全年研究与试验发展占 GDP 的比重为 1.2%，比全国低了 1 个百分点左右。[③] 2006—2016 年期间，江西省地区 R&D 经费投入强度在全国的排名较为靠后（排名在 17—22 名之间徘徊），在中部六省的排名也比较靠后，与中部

① 数据来源于《江西省 2017 年国民经济和社会发展统计公报》。

② 数据来源于《江西省 2017 年国民经济和社会发展统计公报》。

③ 数据来源于历年《江西省国民经济和社会发展统计公报》和《中华人民共和国国民经济和社会发展统计公报》。

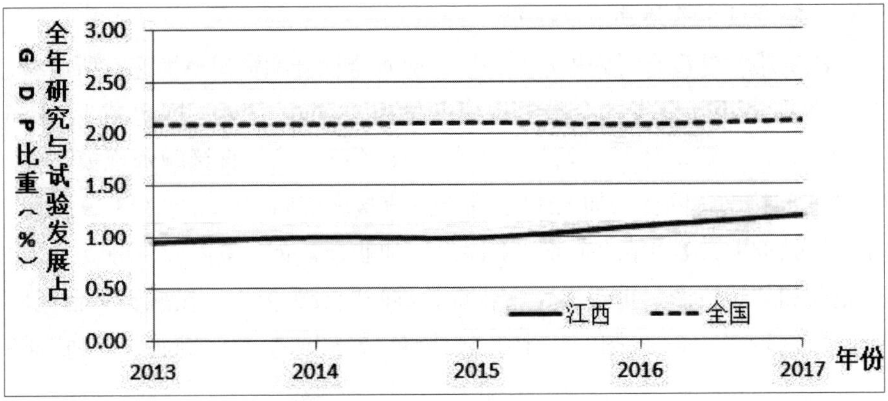

图 1 江西省与全国全年研究与试验发展占 GDP 比重

六省的平均水平的差距也有扩大趋势。①

创新成果转化有待加强。江西创新成果转化为经济效益的能力总体偏弱，2017 年江西规模以上工业企业每单位开发新产品经费能带来 14.08 单位的收入，低于全国 0.76 个单位。2017 年，江西技术市场成交额占全年研究与试验发展经费的比重为 0.38，远低于全国 0.77 的水平。②

创新创业平台有待优化。企业参与搭建众创空间等科技创新创业平台的积极性不高，协同创新和产学研合作主体间缺少利益结合点。截至 2016 年，江西省内拥有的国家级高新区数量（7 家）排在中部六省的前列，但省内国家高新区拥有的省级及以上各类研发机构数量（297 家）却排在中部六省的倒数第二位，且与湖南（1191 家）、河南（1090 家）、湖北（1036 家）和安徽（548 家）4 个中部省份存在相当大的差距；与省（市）内国家高新区省级及以上各类研发机构数量排在全国前列的江苏（3427 家）、广东（2317 家）和北京（1477 家）3 个省（市）相比，更是有着巨大的差距③。

① 2006—2008 年、2010—2016 年数据整理自《全国科技经费投入统计公报》，2009 年数据整理"第二次全国科学研究与试验发展（R&D）资源清查主要数据公报（第一号）"。

② 根据《江西省 2017 年国民经济和社会发展统计公报》及国家统计局公布的数据测算。

③ 资料来源：科技部火炬高科技产业开发中心，中科院科技战略咨询研究院中国高新区研究中心著 . 国家高新区创新能力评价报告 2017[M]. 北京：科学技术文献出版社，2017.

3. 融资效率亟须进一步提升

融资难问题没有得到根本解决。江西省全社会融资规模增速有所放缓，2018年上半年江西省社会融资规模增量为2896.66亿元，同比减少34.56亿元。间接融资仍然是江西省企业的主要融资方式，直接融资规模不大。2017年间接融资同比增加5213.71亿元；直接融资同比仅增加133.39亿元。在直接融资中,2017年的企业债券净融资和非金融企业境内股票融资[①]。农业企业和“轻资产、重资本”企业贷款难问题较为突出。投融资平台规模小且限制较多，企业难以使用到“财园信贷通”“惠农信贷通”“科贷通”的资金。

融资结构有待优化。金融服务实体经济的效能有待进一步发挥，2017年全年江西省社会融资规模增量为5347.11亿元，社会融资规模在全国排第十四位，在中部六省排名第五[②]，排名仍然较落后。制造业企业的贷款增速偏低，2018年6月末，全省制造业贷款余额同比增长7.19%，低于全省贷款增速10.99个百分点，全省制造业贷款余额占各项贷款余额比重仅为8.3%。[③]基建类贷款增长偏快，其他信贷资金存在通过通道类产品、委托贷款等方式间接流入房地产的现象，增加了房地产的风险隐患，房地产风险防控压力较大。

4. 专业人才紧缺的形势仍未得到根本性改善

人才匮乏问题严重。企业普遍存在招工难问题，不仅缺乏高级技工和专业管理人才，还缺乏一线技术工人。从调研数据看，有约73%的企业缺少中高层次技术人才，有50%的企业缺少中高层次管理人才，有约53%的企业缺少一线技工，有约29%的企业缺少一线普工，只有2.5%的企业

① 数据来源于人民银行南昌中心支行网站。

② 数据来源于人民银行南昌中心支行网站。

③ 数据来源于人民银行南昌中心支行网站。

认为其不缺人才。[1] 人才的技能水平与岗位不能完全适应，缺乏应用性、实用性技术人才。农业开发人才尤为缺乏，农业品种选育、采摘等、技术推广等专业人才不足，政府农业专职人才还常常被挪作他用。

人才选用制度不完善。人才引进方式单一，用人单位由于编制、待遇等因素的制约，无法及时补充专业型人才。人才认定与评价标准有待细化，人才配套措施不足，人才待遇落后，导致人才招不来、留不住。

5. 其他要素供给不足

工业园区的发展受到土地规模的限制，部分工业园区用地紧张，甚至已经无地可用。近几年工业园区土地使用量接近饱和，2017 年末，工业园区实际累计开发面积为 628.2 平方公里，比 2016 年仅增长 0.5%。[2] 由于土地规划限制，农村地区没有相应的土地用于农产品加工、分拣、仓储等功能设施建设。

原料价格上涨使得企业销售压力加大。2017 年，江西全省工业生产者出厂价格（PPI）增长 7.9%，工业生产者购进价格增长 7.2%，相比前几年增幅较大。除此之外，电力、物流等成本仍然偏高。

江西省农业基础设施条件仍然薄弱，现代农业发展投入不足。在高标准农田建设面临一些需要克服的挑战，如丘陵地块难以进行土地平整，农民配合度不高等。农产品田租、用工等成本上升过快，农产品销售价格接近成本价，农民种植意愿下降。气候变化导致农业生产风险加大，温室大棚农作物经营效益不佳。2016 年农业机械总动力相比 2015 年略有下降，当年实际机耕面积比 2015 年下降 16.2 万公顷，降幅约为 3.85%[3]。

农业保险具有产地属性，农业标的物不能跨地域参保。

---

① 课题组于 2017 年 5—11 月间，在江西省 6 个设区市（赣州市、吉安市、萍乡市、宜春市、新余市和上饶市）共 12 个县（市、区）开展问卷调查和深度访谈，问卷由熟悉情况的企业总经理、副总或财务负责人现场填写。被调查企业经营范围覆盖智慧农业、中医药、节能环保、新能源、新材料、智能制造、电子信息及信息服务等产业。后文利用该调研数据时，简称为“2017 年调研数据”。

② 数据来源于《江西省 2017 年国民经济和社会发展统计公报》。

③ 数据来源于《江西统计年鉴 2017》。

（二）区域协同效应有待深化

1. 区域发展协调性亟待增强

江西省各经济区域板块的辐射和引领作用不强，江西省区域经济竞争力与周边省份相比较弱，大南昌都市圈与武汉城市圈、长株潭都市区相比差距较大。

区域协调性较弱，各地区产业分布较为零散，产业分工不明确，存在同质化竞争的现象。例如，江西省锂电产业比较集中的四个设区市，锂电产业的差异性不大、互补性不强。各区域间仍存在政策优惠攀比现象，缺乏整体发展意识。

政府引导过程中，存在过分强调区域产业整合和优势品牌建设的现象，在一定程度上忽略了地方特色产业的发展，损害了地方特色产业发展的积极性。区域发展配套的财政、投资、产业、土地等政策措施不完善，资金扶持缺乏针对性。

2. 集聚效益有待进一步激发

园区产业门类较多，但配套能力不足，产业集聚度、关联度不高，未能形成鲜明的特色产业集群。

产业链不全，原材料、销售市场“两头在外”的企业较多。缺少龙头领军企业，现有龙头企业对中小企业的带动作用不强，甚至存在“以大欺小”的现象。园区企业多而不强，中小企业经营效益不高，“入规”企业少。2017 年江西规模以上工业企业单位数为 10889 个，在中部六省中仅高于山西，江西规模以上工业企业平均资产为 1.98 亿元，在中部六省中仅略高于安徽。2017 年江西规模以上工业企业单位数占企业法人单位数的比重为 2.475%，该比重低于湖南的 3.022%，安徽的 2.597%。[①] 另外，园区企业转型的内生动力不足，对人力的需求较大，高技术、高附加值的企业偏少。

三产融合水平不高，缺少大型农业加工企业，生产加工以礼品包装类居多，农产品精制加工产业较少，产品附加值低，竞争力较弱。

① 根据国家统计局公布的数据测算。

3. 产业结构仍有提升空间

区域协调发展不够，导致全省各地区经济专业化水平不高、竞争力不强。

农业生产主要以普通农作物的劳作为主，优质农作物较少。一二三产业融合度不高，多地休闲农业停留在赏花、摘果、吃农家饭的层面上，乡村旅游产业发展滞后。现代农业示范园区建设质量参差不齐，农业产业化水平较低。

工业结构质量有待加速提升。近年来的《江西省国民经济和社会发展统计公报》显示，与工业生产密切相关的电力、热力、燃气及水生产和供应业投资在减少，说明工业产业发展前景堪忧。2017 年高新技术产业增加值占规模以上工业比重为 30.9%，比 2016 年提高 0.8 个百分点；战略性新兴产业增加值占规模以上工业比重为 15.1%，比 2016 年提高 0.2 个百分点。[①] 按照 2018 年发布的《关于深入实施工业强省战略推动工业高质量发展的若干意见》中，“高新技术产业占比达到 35% 以上，战略性新兴产业占比达到 18% 以上”的目标，若仍按照 2017 年的占比提高百分点不变，高新技术产业占比于 2022 年、战略性新兴产业占比于 2031 年才能达到目标。

现代服务业发展落后。《江西省国民经济和社会发展统计公报》显示江西省批发和零售业；交通运输、仓储和邮政业；住宿和餐饮业；居民服务、修理和其他服务业等的投资增速不断减少，服务业增长乏力。江西仅有两家本土券商，且省内有意上市企业很少选择本土券商作为其保荐机构。科技、信息、物流、数据等方面的服务型企业较少。旅游服务业规模不大且不精，难以满足居民多样化的旅游需求。

（三）制度保障能力仍需提升

1. 供给侧结构性改革进入攻坚期和深水区

去产能任重道远。产能利用率是实际产出与生产能力比值，是反映产能利用情况的重要指标。表 13 数据显示，近四年我国工业产能利用率的最低值为 72.9%（2016 年第 1 季度），2018 年第 3 季度该数值提升至 76.5%；

① 数据来源于《江西省 2017 年国民经济和社会发展统计公报》。

按照国际通行标准，产能利用率在 79%~90% 之间方为正常水平，低于 79% 属于产能过剩、低于 75% 属于产能严重过剩 [①]；可以看出，2017 年和 2018 年两年的产能利用率状况优于 2015 年和 2016 年，但仍然存在产能过剩的问题。从工业行业结构分析，制造业存在产能过剩的情况，但产能利用率高于工业总体产能利用率；非金属矿物制品业、煤炭开采和洗选业、化学原料和化学制品制造业 3 个行业存在严重的产能过剩现象。水泥和平板玻璃等行业是江西省去产能工作重点关注的行业，水泥和平板玻璃在行业分类上均属于非金属矿物制品业，从全国层面看，非金属矿物制品业存在着严重的产能过剩现象（2018 年前三季度的产能利用率仅为 70.0%），江西省的去产能工作势必任重道远。

表 13 2015 年第 1 季度至 2018 年第 3 季度我国工业产能利用率（%）

2015				2016				2017				2018		
Q1	Q2	Q3	Q4	Q1	Q2	Q3	Q4	Q1	Q2	Q3	Q4	Q1	Q2	Q3
74.2	74.3	74.0	74.6	72.9	73.1	73.2	73.8	75.8	76.8	76.8	78.0	76.5	76.8	76.5

数据来源：国家统计局网站。

去杠杆任务艰巨。据人行南昌中心支行测算的数据，江西省总杠杆率由 2015 年的 194.7% 增加至 2016 年的 204.9%，2016 年江西省的总杠杆率比全国低 40.5%；不过，具体到企业的杠杆率来看，江西省企业杠杆率由 2015 年的 115.4% 增加至 2016 年的 122.0%，增幅达 6.6%，同期全国企业杠杆率的增幅仅为 0.6%，企业杠杆率的增幅高于全国平均水平，说明江西省企业负担的债务比较重 [②]。

① 我国产能过剩现状及去产能政策建议 [EB/OL]. http://www.sic.gov.cn/News/455/7349.htm, 2016-12-23.

② 江西省发改委办公室.《江西省人民政府关于积极稳妥降低企业杠杆率的实施意见》访谈 [EB/OL]. http://www.jxdpc.gov.cn/jbft/jqft/201705/t20170525_200055.htm , 2017-5-26.

表 14 2018 年我国工业产能利用率（%）

行业	三季度	前三季度
	产能利用率（%）	产能利用率（%）
工业	76.5	76.6
其中：采矿业	71.1	72.4
制造业	76.9	77.0
电力、热力、燃气及水生产和供应业	74.4	73.3
其中：煤炭开采和洗选业	70.1	71.4
石油和天然气开采业	89.3	87.9
食品制造业	75.0	75.7
纺织业	79.9	80.6
化学原料和化学制品制造业	73.7	74.8
医药制造业	76.5	77.8
化学纤维制造业	82.5	82.0
非金属矿物制品业	71.3	70.0
黑色金属冶炼和压延加工业	78.7	78.1
有色金属冶炼和压延加工业	78.8	79.2
通用设备制造业	75.5	77.4
专用设备制造业	78.4	78.9
汽车制造业	79.6	80.6
电气机械和器材制造业	77.3	77.9
计算机、通信和其他电子设备制造业	80.4	79.0

数据来源：国家统计局网站。

去库存任务繁重。表 15 数据显示，2016 年江西省商品房去化周期为 3.67 个月，其中，住宅商品房的去化周期仅为 2.72 个月，但非住宅商品房的去化周期达到 10.80 个月。可见，非住宅商品房的去库存任务还很繁重。

表 15 2016 年江西省商品房销售情况

	合计	住宅	非住宅
销售面积（平方米）	46918399	41405481	5512918
待售面积（平方米）	14345630	9382776	4962854
去化周期（待售面积 / 月均销售面积）	3.67	2.72	10.80

资料来源：江西统计年鉴 2017。

降成本仍有空间。2008—2015 年江西省规模以上工业企业主营业务收入成本率不断上升，2015 年每百元主营业务收入成本高达 88.02 元，比全国平均水平高出 4.14 元；江西省先后出台系列“降成本优环境”的举措，2017 年规模以上工业企业主营业务收入成本率降至 86.65%，说明相关政策已见成效。不过，从纵向与历史数据比较后可以看出，2017 年的指标数值仍然高于 2008—2012 年的指标数值；从横向与其他省份比较后可以看出，2017 年江西省的指标数值比全国平均水平高 4.1%，在全国和中部六省中分别排第 29 名和第 5 名。可见，江西省企业降成本仍有较大的空间。

补短板面临挑战。首当其冲的问题是技术创新水平亟待提升，在前文已做分析。另一个突出问题是污染防控压力较大，这也是技术创新能力不足产生的结果：江西省工业高耗能行业总量占比较高，2017 年六大高耗能行业[①]增加值占规模以上工业增加值比重为 36.3%，比 2016 年上升 0.3 个百分点[②]。2017 年万元 GDP 能耗虽有所下降，但全社会能源消费总量偏高，资源利用率仍有提升空间；农业方面，农作物秸秆综合利用效率不高，农业废弃物处理不到位，生态养殖和绿色农业种植规模较小。

① 六大高耗能行业包括石油加工、炼焦和核燃料加工业，化学原料和化学制品制造业，非金属矿物制品业，黑色金属冶炼和压延加工业，有色金属冶炼和压延加工业，电力、热力生产和供应业。

② 数据来源于《江西省 2017 年国民经济和社会发展统计公报》。

表 16 2008—2017 年全国规模以上工业企业主营业务收入成本率（%）

	2008	2009	2010	2011	2012	2013	2014	2015	2016	2017
北京	87.50	85.49	85.17	85.05	84.63	84.72	84.44	83.28	83.03	82.63
天津	86.87	86.50	85.31	84.21	84.50	85.26	85.53	84.64	84.13	84.41
河北	86.72	86.20	85.52	85.96	86.60	86.80	86.71	87.26	86.74	85.62
山西	79.65	82.42	80.52	80.62	83.27	84.49	85.81	86.59	83.76	80.39
内蒙古	78.13	79.29	76.54	77.33	78.61	79.48	82.30	82.84	82.82	77.39
辽宁	87.52	85.25	84.82	84.91	85.37	85.74	87.24	86.14	84.18	83.36
吉林	82.86	83.97	82.61	84.33	83.51	84.03	83.27	84.05	83.50	84.07
黑龙江	69.80	77.10	74.88	74.20	76.35	78.60	80.05	84.29	85.58	81.23
上海	87.62	84.69	83.96	84.29	84.05	82.83	82.10	80.76	79.76	80.18
江苏	86.44	86.96	86.15	86.30	86.48	86.63	86.25	85.70	85.63	85.37
浙江	88.05	86.11	85.68	85.79	86.04	85.52	85.34	84.39	83.77	83.41
安徽	83.64	83.51	83.73	85.04	84.78	85.44	86.07	86.41	86.45	85.95
福建	85.90	85.00	84.84	85.11	85.00	85.28	85.63	85.26	85.11	85.20
江西	85.63	85.27	85.23	86.26	86.54	86.93	87.75	88.02	87.52	86.65
山东	85.28	85.43	85.15	85.01	85.50	86.20	87.42	87.71	87.73	87.40
河南	83.93	84.13	83.83	84.58	85.21	85.95	86.66	87.22	87.44	87.19
湖北	82.04	82.45	83.83	84.36	84.52	84.29	84.16	84.68	84.98	84.79
湖南	79.63	80.01	79.95	79.11	79.81	80.99	82.83	81.35	81.83	81.83
广东	85.27	84.41	84.71	85.57	85.25	85.05	84.75	84.24	84.07	83.78
广西	85.71	85.03	83.45	84.36	84.92	84.91	84.85	84.13	84.45	84.28
海南	83.01	75.65	76.21	78.80	79.75	79.52	81.03	78.18	78.28	77.97
重庆	83.13	82.97	84.01	85.56	85.42	85.37	84.72	84.51	84.76	84.27
四川	82.24	82.36	82.40	82.71	81.95	83.12	83.97	84.14	84.12	83.25
贵州	77.73	78.50	77.50	76.99	75.20	76.84	77.78	78.20	79.27	78.03
云南	75.37	74.37	76.35	75.89	76.62	76.55	77.66	77.17	77.92	78.15
西藏	73.74	75.16	80.91	77.74	82.47	85.19	75.53	79.92	75.58	74.10
陕西	74.38	74.36	73.31	72.89	74.70	76.49	77.51	80.24	80.91	78.72
甘肃	84.72	82.49	81.51	83.01	84.65	86.73	87.74	89.27	87.50	85.85
青海	73.66	76.37	77.52	73.11	77.58	80.02	83.46	83.38	83.36	81.12
宁夏	84.75	82.54	84.63	83.34	85.22	85.06	85.68	86.12	83.98	83.78
新疆	71.71	74.67	71.90	73.22	75.85	77.93	78.30	80.34	80.24	78.56
全国平均	82.02	81.89	81.68	81.80	82.59	83.29	83.63	83.88	83.50	82.55

资料来源：笔者根据国家统计局网站公布的规模以上工业企业主营业务收入和成本数据计算而得。

2. 营商环境还有进一步优化的空间

政务环境的打造是堵点。据 2017 年调研数据，占比 53.33% 的受访企业反映当前的行政审批中仍然存在亟待改进的问题，受访企业认为当前行政审批中存在“部门互相推诿”“程序过于烦琐”“准入门槛过高”和“资质认证不合理”现象的占比分别为 10.00%、41.67%、18.33% 和 4.17%。

市场环境的营造是痛点。据 2017 年调研数据，占比 58.33% 的受访企业反映当前仍然存在妨碍公平竞争的现象，受访企业认为当前存在“大企业垄断”“区域市场分割”“不合理的市场准入限制”和“地方保护”的占比分别为 30.83%、20.00%、25.83% 和 17.50%；占比 55.00% 的受访企业反映当前仍然存在阻碍市场准入的现象，受访企业认为当前存在“规模限制”“从业资质认证限制”“所有制限制”和“地域市场限制”的占比分别为 26.67%、24.17%、6.67% 和 23.33%。

法治环境的铸造是难点。尽管 2017 年调研数据显示，仅有占比 16.10% 的受访企业反映其遭遇过知识产权被侵犯的情况，但这一比例仍不算低，因为很多受访企业没有研发活动或者研发活动不在江西；占比 12.07%、51.72%、31.90% 和 4.31% 的受访企业认为当前打击侵犯知识产权行为的力度“非常大”“比较大”“不够大”和“非常小”。可见，受访企业普遍认为，当前打击侵犯知识产权行为的力度仍不够大。

3. 促进企业成长的机制不健全

产业的发展，最终得依靠企业的发展。江西省服务于企业发展的体制机制还未建立健全，这在一定程度上也是导致江西省企业相对弱小的原因。

从国有企业来看，江西省国有企业实力整体不强。2017 年，江西省属 24 家国有企业平均营业收入为 184.78 亿元，平均利润为 7.59 亿元。同时期，同在中部地区的安徽省属国有企业平均营业收入为 265.23 元，平均利润为 17.08 亿元，江西省属国有企业资产总量与之相比差距较大。2017 年，江西省属企业利润总额在营业收入的比重为 4.11%，低于同时期安徽省的

6.44%[①]，说明江西省属国有企业效益偏低。

从企业数量来看，江西省企业也相对落后，2017 年，江西省企业法人单位数为 439890 个，在中部六省中仅略高于山西省；其中，私营企业法人单位数为 298909 个，在中部六省中排名最后。从全社会固定资产投资来看，江西省 2017 全社会固定资产投资为 22085.34 亿元，在中部六省中也仅高于山西。这些数据在一定程度上说明江西省企业活力不强。

为了提升江西省国有以及其他各类型所有制企业的效益，促进企业做大做强，需要有一套完整的、能够促进企业高效健康发展的保障措施。

4. 对外开放面临的挑战不断加剧

内陆口岸建设的力度还有待加强。赣州港是江西对外开放的重要平台，但还存在一些问题亟待解决：一是基础设施不够完善，例如，航空口岸和瑞金陆路口岸作业区处于建设阶段、龙南保税物流中心尚未运营；二是配套服务与保障机制不够完善，例如，提供报关报检、船代货代和供应链金融等中介服务的市场主体较少，又如，口岸专业人才匮乏的问题较为突出，赣州港近 20 位工作人员都是从南康区区直单位抽调的，无一人是科班出身或从事过直接相关的工作[②]。

中美贸易摩擦对江西省进出口产生了消极影响。从 2013—2017 年江西省进出口国别（地区）情况看，2013 年江西省对美国的出口、进口和进出口占对全球的 13.27%、3.87% 和 11.08%，2017 年相应指标数值为 17.30%、2.00% 和 13.25%。美国由江西省的第三大出口市场和第三大贸易伙伴，跃升为江西省的第一大出口市场和第二大贸易伙伴，江西省进出口活动与美国的联系日益紧密。在此背景下，江西省属于加税清单内商品上下游产业链的企业（例如机电类产品），其生产经营活动必将受到干扰。此外，美国限制向我国出口技术，将增加江西省引进美国资金和技术的困难程度。

① 根据江西及安徽省国资委网站公布的数据测算。

② 大力发挥赣州港在产业转型升级发展中的推动作用. 领导论坛，2018（11）.

表 17　2013—2017 年江西省进出口国别（地区）情况

单位：%

国别（地区）		美国	东盟	欧盟	香港	韩国
2013	出口	13.27	20.49	14.21	12.81	2.68
	进口	3.87	6.08	8.07	0.49	3.64
	进出口	11.08	17.13	12.78	9.94	2.90
2014	出口	11.71	19.59	12.95	16.80	4.30
	进口	6.56	5.00	6.60	0.38	3.29
	进出口	10.42	15.93	11.35	12.68	4.04
2015	出口	13.20	18.48	12.22	13.97	5.31
	进口	2.67	8.58	6.76	0.79	7.72
	进出口	10.89	16.31	11.02	11.08	5.84
2016	出口	16.35	17.33	9.99	12.12	5.74
	进口	2.86	9.62	6.05	0.89	11.16
	进出口	12.91	15.36	8.99	9.25	7.12
2017	出口	17.30	15.72	14.30	9.56	6.19
	进口	2.00	8.25	8.26	0.40	8.61
	进出口	13.25	13.74	12.70	7.13	6.83

资料来源：江西省商务厅网站。

省内区域间利用外资不平衡的问题比较突出。表 18 显示，2016 年，江西省外商直接投资项目主要落在吉安市（20.07%）、九江市（13.20%）、南昌市（12.68%）和上饶市（12.85%），4 个设区市的项目数合计占全省比重达到 58.80%；而景德镇市、新余市、宜春市和抚州市的项目数合计占全省比重仅为 10.21%。从实际使用外资金额看，南昌市、九江市、赣州市和上饶市合计占全省的比重达到 69.41%，景德镇市、萍乡市、新余市、鹰潭市和抚州市 5 市合计占全省的比重仅为 14.48%。

表 18 2016 年江西省外商直接投资情况

	项目数		合同外资金额		实际使用外资	
	数量（个）	占比（%）	金额（万美元）	占比（%）	金额（万美元）	占比（%）
南昌市	72	12.68	128446	17.15	288964	27.68
景德镇市	11	1.94	14846	1.98	18772	1.80
萍乡市	47	8.27	40107	5.36	33664	3.22
九江市	75	13.20	90479	12.08	180313	17.27
新余市	7	1.23	–681	–0.09	39868	3.82
鹰潭市	61	10.74	30133	4.02	26460	2.53
赣州市	68	11.97	146648	19.59	151543	14.51
吉安市	114	20.07	117441	15.68	97473	9.34
宜春市	14	2.46	76306	10.19	70769	6.78
抚州市	26	4.58	42542	5.68	32373	3.10
上饶市	73	12.85	62509	8.35	103857	9.95
全省合计	568	100.00	748776	100.00	1044056	100.00

资料来源：江西统计年鉴 2017。

三、构建江西省协同发展的现代化产业体系的建议

（一）增强要素协同水平

1. 优化财政运行机制

深化财税体制改革。优化现有的税制结构，明确中央与地方事权与支出责任。适时推出房产税，合理调整消费税等税种，优化税收来源，取消不合理税费的收取。在风险可控的情况下，优化国债发行规模。积极争取国家融资担保基金、PPP 基金支持，帮助经营主体缓解融资难题。优化产业基金运行环境，为具有较高增长潜力的企业提供专业化的投资服务。

提高政府投资效率。健全支出制度管理体系，缩减不合理财政支出。积极应对经济环境的变化，合理刺激经济增长，增加有效需求。支持园区

必要的项目设施建设，避免基础建设投资过度扩大。

加大农业发展的支出。增加农业项目经费，可将设施农业纳入农机购置补贴范围或给适当补贴，提高农业现代化水平。根据各地意愿，因地制宜开展现代农业产业园、现代农业示范园建设。优化扶贫整合资金的用途，向扶贫产业适当倾斜。引入社会资金投入到农业经营生产中，激发民间投资潜力。

2. 加强创新引领作用

优化创新创业平台建设。升级改造创新创业平台的软硬件设施，完善创新创业载体功能。对企业参与创新创业平台建设的，可适当进行财税减免。完善协同创新和产学研合作机制，协调各参与主体的利益诉求。打造创新产业集群，形成专业化、国际化的全生命周期孵化平台，充分利用众创、众包、众扶、众筹等方式，加快孵化速度。

增强企业创新活力。进一步开展研发投入后补助，鼓励企业增加研发投入。做好科技型企业梯次培育工作，形成科技型龙头企业带动，独角兽企业、瞪羚企业、高新技术企业、中小微创新型企业全面发展的良好势头。重点引进空白领域的高新技术企业。

促进科技成果转化。及时掌握重点高新技术企业的研发投入和成果产出情况，及时协调解决企业成果转化过程中面临的困难。引导企业进行技术改造，实现生产机械化、自动化、智能化。建立健全技术交易市场，通过技术转让促进企业科技转型。鼓励企业生产定制化、差异化商品，扩大创新型产品市场份额。减少无效和低端供给，鼓励企业通过调研等方式及时获得市场需求，加大创新型产品的研发。

制定品牌发展战略，做大做强优势品牌，保护壮大特色品牌。开发和保护优质种质资源，培育和推广优质品种，打造农业特色品牌。

3. 化解融资困境

优化融资结构，发挥金融服务实体经济的效能。放慢房地产贷款增长速度，化解房地产贷款过高导致的风险防控压力。加强金融监管，防止信贷资金间接流入房地产领域。坚持金融服务实体经济，促进工业特别是制造业转型升级，支持高科技产业的发展，加快新旧动能转换。

适当扩大间接融资规模，适当向制造业、中小民营企业、科技创新型企业倾斜。可以针对农业企业和“轻资产、重资本”等抵押物较少的企业制定配套的贷款方案，从业务收入、经营规模、发展前景等评估贷款额。健全完善贷款风险补偿，保持银企信息互通，丰富企业融资渠道，推动小微企业应收账款融资专项行动。

保持“财园信贷通”“惠农信贷通”“科贷通”等融资渠道的政策延续性，加强对资金使用的监管力度，在评估企业综合效益的基础上，可适当放开担保物要求的限制。

提高企业直接融资意愿，鼓励企业进行股权融资、债券融资。大力实施“映山红”行动，加快建设“金融赣军”。推动企业股份制改造，帮助拟企业解决项目审批、产权确认、企业重组或拆分等困难。

积极服务乡村振兴战略。扩大农村基础设施建设贷款和农田基本建设贷款规模。完善农村“两权”抵押贷款机制，提高农村地区金融服务的覆盖率。

4. 壮大高素质人才队伍

加强人才培养力度。注重创新性人才的培养，特别是要培养适应于高新技术产业、特色产业需求的实用性技术人才。建设一流高校，提高高校综合竞争力，以一流高校促进一流人才的聚集。高校、职业学院、科研机构可以扩大应用性、实用性人才的培养数量，定期开展人才培养，提高人才岗位技能。通过以老带新、“传帮带”“干中学”等方式，使新进职工技能水平快速提高。

加快建设乡村振兴人才队伍。适当下放政府单位用人权限，保障和落实基层用人主体自主权。培养本地专业技术人才，确保政府农业专职人员专人专岗。适度提高农业部门经费，允许农技人员通过提供增值服务收取合理报酬。

健全人才选用制度。完善人才引用政策，可通过“人才不占编”“不调档案”“不改变人事关系”等方面柔性引用人才。优化人才待遇，完善人才评价机制，拓宽人才上升通道。提高人才的政治待遇和生活待遇，保障高层次人才的住房、医疗、子女教育等需求，使人才引得来、留得住。

5. 优化其他要素供给

提高土地利用效率。对于仍有较多闲余土地的园区坚持“筑凤引巢”与“引凤引巢”相结合;对于用地紧张的园区,可根据产业发展、亩均税收、亩均产出、利用强度、投资强度等方面综合评估园内企业效益，形成优胜劣汰机制。

加强基础设施建设。做好园区道路建设，完善水、电、通信、燃气等基础设施，对企业建成的基础设施，可以给予适当补贴。对于朝阳产业以及需要扶持的产业，可适当提供差别化的电价。降低公路运输里程单价和运输保险费用，提高物流时效性。

降低农业生产成本。因地制宜推动高标准农田建设，适度扩大高标准农田建设范围，尽量避免出现留死角、平整不到位的问题。对于不愿意农村土地平整的村民，应积极做好思想引导工作。建立农村土地扭转平台，盘活农村土地使用、经营效率。鼓励农户生产经济附加值较高的农产品。规划农村农产品加工用地，建立农产品加工、分拣、仓储中心，根据不同农产品的时节性，有计划地提高用地效能。

创新农业保险业务。保险机构可综合评估农业标的物跨地域参保的可行性，根据农作物价格变化特点，制定相应的保险产品。

（二）提升区域协同效应

1. 统筹区域协调发展

发挥“一圈引领、两轴驱动、三区协同”区域发展新格局的引领支撑作用，增强南昌核心增长极、昌九一体化建设、赣江新区、苏区振兴等区域板块的融合互动，避免各地区低水平重复建设和同质化竞争。结合各地区的资源禀赋、区位条件、产业基础等情况，进行差异化产业布局，逐步形成层次清晰、优势互补、各具特色、协调发展的区域发展机制。

政府引导应当更加科学规范。区域产业整合时应注重传统特色产业和品牌的传承与发展。扶持资金和奖励资金使用应当相对集中，支持重点产业做大做强。调动各地区发展积极性，促进要素合理流动，引导各地区自我发展，提升发展效率。

抢抓“一带一路”、长江经济带、长江中游城市群等战略机遇，主动与周边省份进行对接，加强其他地区交流合作，发挥比较优势，促进经济要素、产业流入省内。

2. 完善产业集聚竞合机制

合理规划园区内产业布局，加强园区生产、经营和生活配套，促进产业集聚，形成具有地方特色、竞争优势较强、规模效益突出的优势产业集群。

补齐产业链短板。引导产业链向上下游延伸，加大对各地产业链关键环节上的政策、资金、人才支持，优化产业链。引进和培育龙头企业，一个龙头企业的存在，就能强化主导产业竞争力，推动整个产业的发展。发挥龙头企业对中小企业的带动作用，促进龙头企业与中小企业要素流动与技术合作。中小企业良性竞争，使企业做大做强，向价值链高端转移。

提高三产融合水平，培育或引进大型农业加工企业，扩大农产品精制加工产业规模。引导资金、人才等要素资源向乡村集聚，打造“休闲农业”“乡村旅游”等新型农业业态，采用“企业＋合作社＋家庭农场”等形式，促进农业向第二、三产业链条延伸。

3. 推动产业结构优化升级

主动适应新常态的发展，坚持稳中求进的工作总基调，坚持用新发展理念引领发展行动，加快培育新动能，促进新旧动能转换，推进江西高质量、跨越式发展。

优化农业产业结构，推进农业供给侧改革，提高农业产业化水平。坚持生态优先、绿色发展。积极发展现代农业，扶持休闲农业、乡村旅游等产业的发展。推广优质农作物的生产，建设农产品加工配套设施，鼓励企业对优质农作物精深加工，提高省内农产品在国内外的市场占有率。

推动工业高质量发展，提高工业生产效益。加快钢铁、有色、建材、纺织等传统产业转型升级，引导生产率较低的企业进行技术改造，提高生产效率，淘汰低端落后产能。发展高新技术产业和战略性新兴产业，培育科技创新型产业，扩大航空、中医药、新能源、智能汽车、新型电子、人工智能等特色产业规模和效益。

提升现代服务业水平，促进服务业提质提量。做大做强本土金融企业，提高金融服务实体经济的能力。扩大生产性服务业和生活性服务业的有效供给，增强科技、信息、研发等方面的服务质量，合理匹配市场需求。提高衣食住行等商品和服务质量，扩大旅游、休闲、娱乐、文化等方面的开发力度。

（三）优化制度保障能力

1. 深入推进供给侧结构性改革

去产能工作应聚焦于非金属矿物制品业等产能严重过剩的行业，去杠杆工作应重点关注非金融企业部门的负债情况，去库存工作应着重推进非住宅商品房去库存，降成本工作应积极思考如何降低不合理成本以及确保省市县“降成本优环境”政策措施执行到位，补短板工作应想方设法补上技术创新能力不足的短板。

2. 持续优化营商环境

加快推进公共服务体制改革，打造优质高效的政务环境。借助大数据的力量，加快打造“互联网+政务服务”模式。通过政务数据资源在不同层级、不同区域和不同部门的互联互通来提升行政审批效率；职能部门要重视对业务数据与用户数据的收集与分析，着力提升政务服务对市场主体多样化需求的适应性。

有效落实市场化体制改革，营造宽松有序的市场环境。行业协会要引导企业按照国家有关规范开展生产活动，遵守法律法规及行业规范的相关要求；不仅如此，行业协会及商会还应加强企业的诚信建设，引导企业自觉抵制不合法不合规的行为。

扎实推动权力运行机制改革，铸造公平正义的法治环境。有关政府职能部门要担起责任，部门之间要协同合作，加大对侵犯知识产权行为的打击力度，提升执法效率。

3. 推动江西企业高质量发展

做大做强做优国有企业。合理适当地进行国有企业混合制改革，与民营企业形成优势互补，加快建立现代企业制度，提高国有企业的竞争力与创新力。优化国有资本的投向，保持国有资产保值增值与服务公共目标的平衡。鼓励有条件的优质国有企业上市，扩大国有企业的经济活力、控制力、影响力和抗风险能力。

引导民营企业转型升级，生产符合社会需求的产品。营造公平的竞争环境，消除所有制鸿沟，在税收、信贷、土地、经营牌照等方面做到一视同仁，打破“卷帘门”“玻璃门”“旋转门”。可以适当放开市场准入，允许其他所有制企业进入电力、石油、天然气等相关行业。

深化“放管服”改革，加强对企业的分类指导，及时发布市场风险预警，政府采购时，在质量相同的情况下，可优先采购本省企业的产品。

4. 构建全面开放新格局

扩大开放始终是江西发展的必由之路、根本出路。江西省“沿海腹地、内地前沿”的区位优势明显，应当充分发挥口岸作用，扩大开放水平。各级政府之间以及不同职能部门之间要协同合作，确保口岸基础设施建设的顺利推进；做大做强口岸经济，通过财税政策积极引导提供配套服务的市场主体在口岸集聚，以校企合作办学的方式提升在岗人员的技能水平。

多措并举努力提升利用外资水平。引导外资投向航空、电子信息、LED 照明等江西省具有特色优势的主导产业和新兴产业，结合各设区市的产业发展特点，引导外资在区域间合理布局；通过税收政策和财政政策积极支持外商投资的传统产业企业进行技术改造，或者支持传统产业企业利用外资进行技术改造，推动传统产业转型升级。

乡村振兴背景下江西省干部驻村精准帮扶长效机制研究

——基于派、帮、管、服的实证调查

高莉娟 吴振华 傅李琦 张宁 吴晓俊 刘志高

【摘要】干部驻村帮扶三十多年，成效斐然，积累了很多经验，但也存在不足。学术界近年对该主题的关注，随着精准扶贫方略的推进而不断深入。既有研究在研究视角上,微观独立个案调研多,宏观整体性考量较少；在研究学科上，社会学和管理学等西方理论运用多，纵横本土的系统性建树较少;在研究主题上，精准帮扶现状考察多，精准帮扶长效机制探索较少。乡村振兴战略背景下，增强区域人村精准匹配、削减其负效应作用、注重可持续性减贫，有助于完善当前干部驻村帮扶制度，有助于提升脱贫质量，有助于对接乡村振兴战略。驻村干部，是协同推进打好脱贫攻坚战与实施乡村振兴战略的重要力量。打赢脱贫攻坚战三年，驻村干部的“选、派、管、扶”方面更加“准、实、严、细”；与此同时，选派也偶有“走样”，履职偶见“偏离”，帮扶压力“山大”，服务关系相处难。要打好精准脱贫攻坚战，为乡村振兴打下坚实基础，需进一步加大“派”的力度，增强“帮”的效果，加强“管”的措施，提高“服”的水平。

从党政机关向贫困村选派第一书记和驻村工作队，是推动脱贫攻坚、加强农村基层组织建设、巩固党在农村执政基础的重要举措。全国累计

43.5 万名第一书记，278 万名驻村帮扶干部[①]，正战斗在脱贫攻坚一线。但是近年主流媒体关于基层扶贫干部的舆情并存两种情形：一边是呼吁“送些温暖”“更多关爱”[②]，一边是批评其消极情绪和不良行为[③]。学术界对驻村帮扶制度也有两类评价：一说驻村帮扶干部是“实在亲戚”和“精准滴灌管道”[④]，充分肯定了驻村帮扶传承和弘扬了党密切联系群众的优良传统，是新时期基层党建工作的重要形式和方法，增强了扶贫开发的有效性、针对性，培养锻炼了干部，融洽了干群关系，夯实了执政基础；但另一说他们“还游离于乡村社会之外”[⑤]，驻村是“形象工程和无所作为”“对地方事务干预过多和不能发挥监督保障作用”[⑥]，甚至被诟病“工作方式已过时”[⑦]，“潜藏着巨大的治理隐患和治理危机”[⑧]。

党的十九大报告中乡村振兴战略再次强调了“建立选派第一书记工作长效机制，全面向贫困村、软弱涣散村和集体经济薄弱村党组织派出第一书记”。习近平总书记近期还指出，“2020 年全面建成小康社会之后，我们将消除绝对贫困，但相对贫困仍将长期存在。到那时，现在针对绝对贫困的脱贫攻坚举措要逐步调整为针对相对贫困的日常性帮扶措施，并纳入

---

① 数据来源：国务院扶贫办主任刘永富在 2018 年 7 月省部级领导“学习贯彻习近平新时代中国特色社会主义思想坚决打好精准脱贫攻坚战”专题研讨班上的讲话稿。

② 如，徐元锋．也给扶贫干部送些“温暖”[N]. 人民日报，2018–2–13(5)；新华社时评．给基层扶贫干部更多关爱 [EB/OL]，2018–01–15.

③ 如，新华网．扶贫攻坚遇到新问题：那些什么都不干的，政府反而去帮扶 [EB/OL]，2018–01–26；邓建胜．有扶贫点搬迁户住上 3 层别墅：扶贫工作不能这样挥霍！ [Z]. 人民日报，2018–02–05；马跃峰，姜峰．揭扶贫乱象：考核流于形式，材料多的贫困户都烦 [N]. 人民日报，2017–12–18.

④ 彭国华，李林宝．为精准扶贫建好管道——访国务院扶贫办党组书记、主任刘永富 [N]. 人民日报，2014–06–22.

⑤ 王晓毅．精准扶贫与驻村帮扶 [J]. 国家行政学院学报，2016（3）.

⑥ 王晓毅．驻村工作队要参与村庄治理 [J]. 中国老区建设，2016（15）.

⑦ 李昌金．新形势下大规模派干部长驻农村效果几何？——评当前全国各地开展的机关干部到村任第一书记活动．市县领导参阅，2015（17）.

⑧ 李鑫诚．乡村权力下沉治理模式的运行策略及其反思 [J]. 湖北社会科学，2017（4）.

乡村振兴战略架构下统筹安排。这个问题要及早谋划、早作打算”。[①] 30 多年的干部下乡帮扶实践和 20 多年的驻村干部帮扶制度，既积累了基层党建经验也肩负农村深化改革重任。本研究对我国干部驻村帮扶长效机制进行了考察与分析，并对江西省驻村干部工作机制运行进行了实证调查，提出初步的分析与思考。

一、健全干部驻村精准帮扶长效机制的背景

干部驻村帮扶制度，是指为了减贫与发展，由中央部委、各省市区党政机关、人民团体、民主党派、企事业单位派出驻村干部帮助所在村发展的政策、平台、机制和措施等。驻村精准帮扶干部，主要指第一书记和驻村工作队（组）等。

（一）制度背景：三十余年干部下乡长期化、制度化、规范化

有关研究[②] 表明，党政机关选派干部下乡扶贫，已有 30 多年的历史。20 世纪 80 年代初，国家科委、农牧渔业部、林业部、水电部、民政部、商业部等响应中央《关于帮助贫困地区尽快改变面貌的通知》的号召，派遣干部赴贫困地区帮助群众摆脱贫困；1986 年，国务院贫困地区经济开发领导小组明确提出“凡有条件的部门,都应该抽派干部,深入一片贫困地区,定点轮换常驻，重点联系和帮助工作”。[③] 其后，随着国家机关定点扶贫工作和八七扶贫攻坚计划的推进，“中央决定，要把组织党政机关干部下乡扶贫，作为一项制度，长期坚持下去”。[④] 1997 年中组部、人事部联合颁布的《关于进一步做好选派干部下乡扶贫工作的意见》，这表明干部下乡扶贫已形成一项制度。《国家八七扶贫攻坚计划（1994—2000）》《中国农村扶贫开发纲要（2001—2010）》《中国农村扶贫开发纲要（2011—2020）》中

---

① 摘自 2018 年 9 月 21 日，习近平总书记在中共中央政治局第八次集体学习讲话。

② 韩广富，周耕 . 党政机关选派干部下乡扶贫制度的建立 [J]. 理论学刊，2013（11）.

③ 国务院办公厅 . 关于转发贫困地区经济开发领导小组第二次全体会议纪要的通知 [J]. 中华人民共和国国务院公报，1986（23）.

④ 十四大以来重要文献选编（下）[M]. 北京：人民出版社，1999.

共中央国务院关于实施乡村振兴战略的意见》等重要文件，都强调了各级党政机关要把选派干部下乡扶贫作为一项制度坚持。20 多年来，干部驻村帮扶具有了长期化、制度化、规范化特点。通过对贫困村配备专职干部，推动扶贫政策在基层的执行与落实的驻村帮扶制度，是提高扶贫开发有效性针对性的重要举措；锻炼了一大批机关干部，转变了干部工作作风；培养了一大批农村人才，有助于基层乡村治理；带动了乡风文明，进一步密切了干群关系。

（二）现实背景：精准扶贫基本方略下驻村帮扶机制更精准、更有效

2013 年“精准扶贫”基本方略提出后，扶贫开发工作被纳入“五位一体”总体布局和“四个全面”战略布局，成为实现第一个百年奋斗目标的重点工程。2015 年 6 月 18 日，习近平总书记在部分省区市扶贫攻坚与“十三五”时期经济社会发展座谈会上提出“因村派人精准”，同时也指出，“选派扶贫工作队是加强基层扶贫工作的有效组织形式”。精准扶（脱）贫方略的核心要义——“六个精准”，“因村派人精准”是其中之一；干部驻村帮扶机制作为脱贫攻坚“四梁八柱”的重要内容，逐步完善了驻村帮扶工作的领导机制、管理机制、奖惩机制、保障机制等。在相关政策体系和机制的支持下，驻村干部成为动态识别、因户施策、政策宣传、产业发展、稳定脱贫的中坚力量。在这场攻坚拔寨战役中，全国 28 个省区市以不同形式开展了干部驻村帮扶，共选派 277.8 万人驻村帮扶 ①，19.5 万名优秀干部到贫困村和基层组织薄弱涣散村担任第一书记 ②；很多地方，还将下派的范围扩大到所有行政村。2017 年 12 月，中央办公厅、国务院办公厅印发《关于加强贫困村驻村工作队选派管理工作的指导意见》，各省又制定了具体的驻村第一书记和驻村工作队选派管理办法等。干部驻村精准帮扶机制覆盖全国，漫延乡村角落。

① 金慧慧 . 国务院扶贫办：十八大以来全国共选派 277.8 万人驻村帮扶 [EB/OL]. 中国网 . 中国扶贫在线，2018-01-08.

② 黄承伟 . 深刻领会习近平精准扶贫思想 坚决打赢脱贫攻坚战 [EB/OL]. 人民网，2017-08-23.

（三）战略背景：乡村振兴战略呼唤“一懂两爱”“三农”工作队伍

2018 年 9 月，习近平总书记在中共中央政治局第八次集体学习时强调，“打好脱贫攻坚战是实施乡村振兴战略的优先任务。贫困村和所在县乡当前的工作重点就是脱贫攻坚，目标不变、靶心不散、频道不换”。[①] 乡村振兴战略对精准扶贫工作提出了三方面的要求：一是宏观层面，精准扶贫是为了实现贫困地区、民族地区、边疆地区与全国同步建成小康社会的国家发展基本方略。乡村振兴战略是为了实现“让农业成为有奔头的产业，让农民成为有吸引力的职业，让农村成为安居乐业的美丽家园”。前者是后者的基础，后者是前者的愿景；二是中观层面，2018 年中央一号文件《中共中央国务院关于实施乡村振兴战略的意见》中的“三步走”“七条路径”，对“打好精准脱贫攻坚战三年行动”的协同性提出了更高要求——“必须打好精准脱贫攻坚战，走中国特色减贫之路”；三是微观层面，针对农村基层组织对愿做、能做、善做干部的极大需求，乡村振兴战略提出“打造农村基层一支懂农业、爱农村、爱农民的‘三农’工作队伍”，并再次强调“建立选派第一书记工作长效机制，全面向贫困村、软弱涣散村和集体经济薄弱村党组织派出第一书记”。选派优秀中青年干部到农村工作岗位锻炼，是拓宽“三农”干部选人渠道。2018 年 2 月 12 日，习近平总书记在成都打好精准脱贫攻坚战座谈会上的讲话中，特别强调“不放松、不停顿、不懈怠，提高脱贫质量”。强化驻村帮扶，被列为 2018 年全国扶贫工作重点之一；驻村帮扶，作为“落实脱贫攻坚责任的三项硬措施之一”，将“加大派的力度、增强帮的效果、加强管的措施、提高服的水平”[②]。

① 摘自 2018 年 9 月 21 日，习近平总书记在中共中央政治局第八次集体学习讲话。

② 2018 年 1 月 8 日，国新办举行脱贫攻坚工作新闻发布会，国务院扶贫办主任刘永富讲话要点。

二、当前干部驻村精准帮扶机制的特点

目前对干部驻村帮扶的研究存在“三多三少”[①]：一是在研究视角上，微观个案研究多，宏观整体性分析少。既有研究各自关注当地经验，缺乏对从选派、构成、工作内容、机制运行、作用发挥、制度保障等的整体描述和深入剖析；二是在研究学科上，社会学（如场域理论、结构排斥理论、嵌入理论）和管理学（如协同治理理论、接点治理、胜任力理论、公共领导力）等理论运用多，纵横系统的本土性研究（如党建）少；三是在研究主题上，干部帮扶能力和方式等调研多，公平、精准、长效的减贫机制探索较少。但是既有研究大体呈现了干部驻村精准扶贫机制的主要特点。

（一）机制主体的角色具有多重性、社会性和排斥性的特点

在新一轮脱贫攻坚时期，驻村干部被赋予精准扶贫、精准脱贫新使命。如第一书记的主要职责是“建强基层组织、推动精准扶贫、发展集体经济、办好为民实事、提升治理水平”。他们通常被赋予脱贫致富“带头人”、农村基层“主人翁”、决策参谋“好助手”、扶贫技能“内行人”、帮助脱贫“授渔人”和上传下达“联络员”等多样角色和多重责任。

相比过去的驻村干部，其工作变化，一是表现为范围扩展和社会化。如，第一书记与上级政府、派出单位、乡镇干部、村干部和村民等多元主体之间呈现多边互动，还要与市场、非政府组织打交道“穿针引线”，呈现较为复杂的社会性；二是更为制度化又非制度化。自上而下的制度性安排，使得驻村更规范，效果更明显，如在“第一书记”政策中，让扶贫工作队队长兼任第一书记，让第一书记有了村庄公共事务决策的制度性安排。但是作为外来治理力量“嵌入”当前基层社会治理，一方面满足了村治组织的羸弱和民风落后等需要，但也可能会遭遇乡镇干部与村干部之间“共谋”与“乡—村”关系的双重结构性排斥[②]。因而，有的研究认为干部驻村

① 高莉娟．乡村振兴背景下干部驻村精准扶贫研究述评与展望 [J]. 地方治理研究，2018（2）．

② 李小云，许汉泽．2020 年后扶贫工作的若干思考 [J]. 国家行政学院学报，2018（1）．

制使得乡村治理呈现出政治动员、跨部门互动和人格化交往等特征，同时使得政府动员机制从“单线动员”转向“多线动员”，资源配置机制从“弥散”到“精准”，政府组织机制从“僵化”到“弹性”。[①]

（二）机制的顶层设计具有多部门、多层级和封闭性的特点

在脱贫攻坚工作体系中，驻村帮扶机制是着重解决“谁来扶”的问题。按照“每个贫困村都要派驻工作队，每个贫困户都要有帮扶责任人”的要求，各地累计向贫困村选派43.5万名第一书记，278万名驻村干部[②]。这300多万大军，主要来自中央部委、各省市区党政机关、人民团体、民主党派、企事业单位派出；组织部门将选派工作作为其党建脱贫攻坚重要内容来抓；扶贫部门、县乡镇共同指导督促驻村干部的工作和管理。因此，派出和管理环节具有多部门、多层级参与的特点。由于各地情况不一，目前缺乏对扶贫工作队系统的管理和绩效考核的统一标准，缺乏包括培训、激励、考核、保障、评价等统筹措施，以及进行包括驻村帮扶在内的精准扶贫工作机制的改革深化思路。有的地方被指派遣过急、认可度不高、村建乏力、造成贫困村发展不平衡等问题。

尽管扶贫信息平台为实现社会扶贫资源精准化配置提供可能，但在实际工作中，帮扶单位、驻村工作队在实施精准帮扶中，与贫困村、贫困户形成了制度化、系统化的行业帮扶体系，并没能很好地与社会组织、个人等其他社会扶贫力量整合，换言之，社会扶贫力量仍然缺乏参与的制度化路径。驻村帮扶体系制度化的另一面，是这个系统又具有相对封闭性的特点。社会扶贫力量较难以制度化参与精准帮扶机制，不利于构建政府、市场、社会力量协同推进扶贫开发大格局。国务院扶贫办主任刘永富曾在肯定驻村帮扶取得积极成效的同时，指出驻村帮扶存在对基本要求认识不够到位，职能定位不够清楚，主要任务不够明确，工作开展不平衡，培训力度不足，指导督察比较弱，评估奖惩机制待完善等问题。

---

① 袁立超，王三秀．非科层化运作：“干部驻村”制度的实践逻辑[J].华中科技大学学报（社会科学版），2017（3）．

② 摘自国务院扶贫办主任刘永富在2018年7月省部级领导“学习贯彻习近平新时代中国特色社会主义思想坚决打好精准脱贫攻坚战”专题研讨班上的讲话稿。

（三）机制的具体操作具有资源化、差异化和压力化的特点

驻村工作队和驻村干部来自多部门多层级多类型，是筹集和使用扶贫资源的重要主体。各层级各派出单位的帮扶资源和权力存在较大的差异，使得资源供给和统筹资源的效果差异大，而且具有非持续性特点，存在“贫困单位帮扶贫困村（户）”现象；驻村干部的素质和能力的差异较大，特别是在精准识别、统筹运用资源、村级基层组织建设、利益协调利益联结上等能力方面参差不齐。在普遍化帮扶制度下，这种状况被认为可能会加大扶贫资源在贫困人口和贫困村的不均等分布，甚至会影响到整体扶贫资源使用效益。所以，近年来，省级层面的派驻工作更加注重改进方式方法，进一步提高资源整合能力，进一步加大统筹选派力度，进一步明确扶贫各主体分工等。有的地方还在细节上进行改进，如在进行致贫原因分析和扶贫需求调查后，再进行人村户的匹配，但到了村组层面就很难平衡兼顾。

另一方面，按照习近平总书记要求，“工作队和驻村干部要一心扑在扶贫开发工作上，强化责任要求，有效发挥作用”[①]。“五级书记抓扶贫”责任链层层传导；财政、扶贫、民政、农业、教育、卫生等职能部门，工作链横向联动。责任机制的最底端最前线，站着驻村帮扶干部。既有表彰宣传先进典型，更有严格巡视督查追责问责。2016 年，四川省召回和调整 1416 名第一书记，占该省选派总数的 12.3%，引起较大关注。随后，青海、河南、广西等省区也有召回扶贫不力的干部。随着脱贫攻坚战持续深入，长时间、高强度投身一线，“厌战”“懒怠”“畏难”“急躁”“补偿”等不良情绪悄然滋生。面对未来三年还有 3000 多万的脱贫重任，针对选人不优、管理不严、作风不实、保障不力等问题，为更好地发挥驻村工作队脱贫攻坚生力军作用，2017 年 12 月中办、国办出台《关于加强贫困村驻村工作队选派管理工作的指导意见》。“强化驻村帮扶”被列为 2018 年脱贫攻坚重点工作之一后，干部驻村具有高配、长配、精配之势。

① 中共中央党史和文献研究院编 . 习近平扶贫论述摘编（2018）[M]. 中央文献出版社，2018.

三、驻村精准帮扶长效机制的改革创新维度

目前对扶贫工作队缺少系统的研究[①]，没有把驻村干部开展工作的具体实践机制展现出来[②]，对其减贫效益仍有分歧，对减贫机制讨论较少[③]，基于此，本研究认为对驻村精准帮扶机制实践与研究可从三个维度拓展。

（一）历史维度：中国特色减贫方式的传承与创新

不同时期农村存在的主要问题和面临的突出矛盾是不同的。干部下乡制度，生于斯长于斯。干部驻村帮扶这一中国特色减贫方式，和农村基层党建重要举措，无论从历史经验、现实需要和未来战略考虑，其价值、内涵、特征、效益、模式、路径依赖及创新性，系统而进一步的实践和总结，将极大丰富我国基层治理体系。系统阐明精准扶贫中干部驻村帮扶的整体状况和机制成效，包括各阶段、各区域驻村扶贫有哪些差异与共同，在构成、规模、人选、工作内容、工作对象、作用发挥的条件、影响等有哪些区别与联系，哪些可资互鉴；第一书记和驻村工作队如何在乡镇党委领导和指导下，紧紧依靠村党组织，才能把工作做好，等等，对于进一步形成精准扶贫方略中的驻村帮扶共识和促进乡村振兴战略中的驻村帮扶制度完善具有重要意义。

干部驻村精准帮扶工作制度，是2014年国务院扶贫办下发《建立精准扶贫工作机制实施方案》六个方面的重点工作之一。"强化驻村帮扶"，有利于对接乡村振兴战略第一阶段战略目标；"三农"发展"三步走"，"打好精准脱贫攻坚战三年行动"是优先路径，驻村干部是提升"三农"干部队伍的重要组成部分；从协同治理视角重构精准扶贫工作机制，既进一步创新"因村派人精准"机制，又为乡村振兴战略提供驻村干部帮扶长效机制。

（二）现实维度：顶层设计再完善、关键环节再精准

习近平同志在2015年中央扶贫开发工作会议上指出，"在村级层面，

① 王晓毅.精准扶贫与驻村帮扶[J].国家行政学院学报，2016（3）.

② 许汉泽，李小云.精准扶贫背景下驻村机制的实践困境及其后果——以豫中J县驻村"第一书记"扶贫为例[J].江西财经大学学报，2017（3）.

③ 黄承伟，覃志敏.我国农村贫困治理体系演进与精准扶贫[J].开发研究，2015（2）.

要注重选派一批思想好、作风正、能力强的优秀年轻干部和高校毕业生到贫困村工作，根据贫困村的实际需求精准选配第一书记、精准选派驻村工作队”。[①] 在实际工作中诸多欠精准方面：一是缺少选派前的定量化评价。多为粗线条的分类，如贵州的经验做法（把科技干部配产业村、经济干部配贫困村、政法干部配乱村、党政干部配难村和退休干部回原村，而忽视精准发挥作用和可持续效果），实现选人、人村匹配、县域人村匹配、区域人村匹配等全过程的精准化较难；二是在实际的考核评估中很难定量化评估；三是精准化匹配的数据不足。包括环境、公共服务、集体经济等方面的基础数据；四是即使选派精准并不意味着效用精准。针对此，需要从两个方面更精细更专业。

在顶层设计方面，需要进一步建立健全包括选拔、培训、管理、激励、考核、保障、评价等工作机制及其落实和改革。完善驻村干部培训常态化机制、融合资金资源机制、激励机制、监测机制、考核机制等；在具体操作方面，“向对口帮扶地区选派扶贫干部和专业人才，也要突出精准，缺什么补什么，增加教育、医疗、科技、文化等方面干部和人才比例，优化扶贫干部和人才结构”。[②] 在干部驻村的“选”“派”“配”“帮”“管”“服”等环节进行优化，对机制运行进行监测；从派出单位、组织部门、贫困村、驻村干部等角度研究再精准的做法与经验，结合推广；着眼选派配置再精准、脱贫作用发挥再精准两个重点的跟踪监测并运用监测结果；对效果不佳的研究制定联合帮扶工作制度，有助于帮扶资源与脱贫需求最佳匹配，有助于提升农村治贫能力，等等。

（三）未来维度：重要方面衔接、“三位一体”协同可持续

脱贫攻坚工作正在向“注重全面推进向更加注重深度贫困地区攻坚转变，从注重减贫进度向更加注重脱贫质量转变，从以开发式扶贫为主向开发式与保障性扶贫并重转变”，这对驻村帮扶长效机制提出了更高的要求；

① 中共中央党史和文献研究院编．习近平扶贫论述摘编（2018）[M]．中央文献出版社，2018.

② 摘自 2016 年 7 月 20 日习近平同志在东西部扶贫协作座谈会上的讲话。

如何协同乡村振兴政策体系的落地和落实，如何在扶贫脱贫中促进基层治理主体在基本实现农业农村现代化的能力提升，如何促进农民主体性发挥，提高脱贫致富中的参与度和受益面，确保稳定增收、安居乐业等等，都是包括驻村干部在内的基层治理主体面临的难题。驻村扶贫有其逻辑基础、实践经验，要在遵循农村发展的规律的同时，发挥其生力军的作用。

乡村振兴战略的总体性要求，干部驻村帮扶机制要在汲取我国驻村帮扶史、精准扶贫实践经验的基础上，实现“主体、供体、载体”三位一体均衡协同的、可持续减贫与发展的效果再精准。可持续性减贫视角的强化，有利于弥补运动式治理弊端，完善驻村长效机制，为处理好实施乡村振兴战略与打好精准脱贫攻坚战的关系提供路径和方法参考。驻村干部可持续性效果，主要表现在减贫“主体、供体、载体”三位一体协同发展。干部驻村帮扶可进一步做好：促进贫困主体在机会、技能、利益、能力等方面的可持续性提高，促进供体在资源、政策、项目、信息等方面的可持续性供应，促进载体在市场、自然、生态、社会等方面的可持续性供给等。干部驻村帮扶在未来的道路上，要更加注重协同培养基层治理的内生动力、实现贫困治理的可持续性。

四、进一步提升当前干部驻村帮扶机制成效——基于江西省驻村干部的“选派、帮扶、管理、服务”调查

本课题负责人带领江西省委党校 2017 级社会学专业研究生班第一大组[①]随机选取江西省国定贫困县于都县、广昌县，非贫困县信丰县、弋阳县等地区干部驻村工作机制进行初步调查后，于 4 月 12 至 14 日集中在国定贫困县上饶县，就“选派、帮扶、管理、服务”四个重要环节进行实地调查，召开 4 个第一书记和相关部门（组织部门和扶贫部门）座谈会和 8 位扶贫工作队员的深度访谈（座谈、访谈提纲见附件 1）等。此前也通过

① 15 名研究生中有 2 名乡镇党委书记、5 位乡镇长（其中 2 名为扶贫大村长）、2 名乡镇分管扶贫干部、2 名第一书记、1 名扶贫工作队员、3 名县直机关干部。

江西行政学院第2、3、4期乡镇长脱贫攻坚研讨班，江西省委党校全省扶贫干部脱贫攻坚专题培训研讨班、全省第一书记脱贫攻坚专题培训研讨班、都昌县第一书记专题研讨班等班次的结构化研讨，就当前干部驻村工作机制运行和难点进行探讨，形成如下发现。

（一）干部驻村的“派、帮、管、服”展现新气象

截至目前，江西省选派第一书记17363人、驻村工作队15781个、工作队员30795人，实现了贫困村第一书记及驻村工作队全覆盖，软弱涣散村、集体经济薄弱村第一书记全覆盖。[①] 为切实加强第一书记及工作队等的选派、帮扶、管理、服务工作，2018年6月，出台了《江西省驻村第一书记和驻村工作队选派管理办法》，该省干部驻村呈现新特点：

一是选派着眼于“准”。为把好“选派关”，打造过硬队伍，江西省首次列出选派人选正面要求和负面清单，要求“派最能打仗的人”，“召回”违反七种情形驻村干部。县级在核准驻村第一书记和驻村工作队员人选时，从政治、品行、廉政和能力等多方面综合考察，选拔规矩意识和民主意识强、政治素质高的干部。不仅采取党群部门干部到弱村、政法部门干部到乱村、经济部门干部到穷村、农口干部到产业村的办法，因村派人；尤其是优先选派有农村工作经验、有涉农方面专业技术特长或懂市场运作规律的干部。如，2018年脱贫的上饶县做到了确保把思想好、作风正、能力强、身体好的优秀干部派下去，防止把干不成事的人派下去。全县共选派了驻村211名第一书记，实行了全县全覆盖。从精准识别到精准帮扶、精准管理，每个环节紧凑而严格，并集中开展“结对帮扶周”活动，要求全县结对帮扶干部每个月第一个星期，必须安排一天时间下村到贫困户家中开展结对帮扶工作，与贫困户话家常、谋思路，同吃同劳动，营造了浓厚的氛围。

二是制度着眼于“实”。省委组织部成立了脱贫攻坚工作组，常务副部长任组长，分管部领导任副组长，第一书记和驻村工作队工作同干部工作挂钩，统筹党建处室和干部处室共同管理。各市、县组织部门也参照省

① 数据来源：江西省委组织部在全省扶贫干部脱贫攻坚专题培训研讨班第1期学员“三带来”材料汇编。

委组织部做法，成立相应工作机构，形成党建、干部处室齐抓共管的工作合力。不少县要求第一书记驻村时间每周不少于5天，每月不少于20天，并实行“两照片一报告”的工作例会、考勤制度和外出报务等日常管理制度；有的县驻村工作期间，切实做到“五个一”，即：记好一本民情日记、建好一本工作台账、写好一篇民情调研报告、交好一批群众朋友、办好一批民生实事。有的县为了方便驻村工作队和帮扶干部开展工作，研发出了“于都扶贫”“芦溪扶贫”“黎川脱贫攻坚进行时”等APP，提供资金查询、政策解答、学习交流等功能，帮扶工作的精准度和成效进一步提高。

三是管理着眼于“严”。为确保扶贫任务按质按量完成，各级党委、政府会定期或不定期开展指导、督查、考核及考核结果运用等。对第一书记和驻村工作队实行“双考核”和“双问责”制度，即既对本人考核问责又对其所在单位进行考核和问责。有的地方采用不定期点名的方式查岗，有的在由组织和纪委部门联合查岗，有的采取明察暗访方式。对驻村干部实行严格的考核管理，定期进行通报，并与驻村干部的晋升、评优等挂钩。2018年以来，全省共提拔使用表现优秀的驻村第一书记278人、驻村队员206人。全省共召回第一书记62人，驻村工作队员31人，问责第一书记321人、驻村工作队员285人。[①]2017年上半年上饶县对已召回的8名第一书记进行了停职检查处理，下半年县纪委对4名作风不实的帮扶干部进行了严重警告或警告处理，县扶贫开发领导小组下发通报18次，县纪委、县委组织部约谈了105名乡镇党政主要领导和驻村第一书记、帮扶干部，有6名拟提拔重用的干部考核不合格没有上会研究。

四是服务着眼于“细”。对扶贫干部不仅严管，而且做到更多的关爱。在工作上，实行派出单位与第一书记责任捆绑、项目捆绑、资金捆绑等整合工作资源的做法；在经费上，实行派出单位每年给予不少于1万元的工作经费，以及生活补助、通信补贴、人身意外伤害保险等；在培训上，做到任前有培训、其间有交流、全程有指导等。上饶县在经济待遇上，落实

① 数据来源：江西省委组织部在全省扶贫干部脱贫攻坚专题培训研讨班第1期学员“三带来”材料汇编。

了县本级每名驻村第一书记每月 1200 元的生活补助和每年不少于 1 万元的工作经费，办理人身意外伤害保险；在学习保障上，把第一书记纳入全县干部教育培训计划，确保每年至少开展 2 次县级以上培训，培训时间不少于 6 天；在政治待遇上，对全县科级岗位补缺人选做到 70% 以上从优秀扶贫干部中产生，有 17 名干部因扶贫表现优秀被提拔，同时，对工作成效突出的进行奖励，评选"最美第一书记""最美村干部""最美扶贫干部"等。兴国县换届以来，提拔扶贫一线工作表现突出的干部 208 人，其中驻村第一书记、驻村工作队员、乡镇分管领导、精准办主任 96 人。

"选、派、管、扶"方面的"准、实、严、细"化，产生了好影响：一是帮扶干部管理更规范。工作队的管理更为规范和严格，对工作时间、工作任务、工作成效和工作考核等做出了明确要求，如定期上交工作总结、照片和日记，建立工作台账等，责任压实和传导不断深入；二是派出措施更完善。为针对性帮扶，第一书记和工作队结合各级政策，根据帮扶村实际情况，以及致贫原因，制定好科学的、有针对性的脱贫规划，采用有效的措施进行帮扶；三是驻村干部与帮扶对象的关系更深入。经过几年的精准扶贫，驻村工作队的帮扶意识不断增强，能够做到把贫困对象当作朋友、亲戚，常态化开展嘘寒问暖、政策落实、困难帮扶等工作，把驻村扶贫工作当作一份事业。在实践中，万安县创新驻村帮扶机制，实行"大村长制"①，目前在全省推广。

（二）当前影响干部驻村长效机制行稳致远的情况

按照《2018—2020 年省派单位定点帮扶实施方案》，近期全省新一轮省派单位定点帮扶已开始，全省有 283 家省派单位到 86 个县（市、区）的 283 个贫困村和深度贫困村开展新一轮定点帮扶贫困村工作。期待避免此前的一些情况发生：

一是选派偶有"走样"。少数地方选派时轰轰烈烈，效果却不尽如人意，

① "大村长制"主要指县级领导及相关县直单位主要负责人和乡镇党委书记、乡镇场长、人大主席等每人挂一个以上行政村，县党政班子领导再增挂一个边远山区村，担任"大村长"，对所包村脱贫攻坚工作负总责，驻村干部、村两委干部和所有帮扶干部在"大村长"带领下集中开展脱贫攻坚工作。

存在“选派”变“摊派”的现象。如有些单位为“交账”完成“挂点”任务，让一些平常表现欠佳的干部顶数或安排下属单位干部兼任；有的是“硬抽人”，做不到“抽‘硬’人”；有的驻村干部下乡次数较少，和群众沟通接触不够，驻村流于形式；有的队员在工作上未能与派出单位完全脱钩，积极性不高、主动性不强，有畏难情绪，很难创造性地开展驻村帮扶工作。精准脱贫本身就是一场攻坚战，选派人员不当，一方面易造成群众误解；另一方面，致使统筹协调和工作力度受影响，选派成本耗费巨大但效益不高。

二是帮扶工作“压力山大”。在第一书记专题座谈会上，有一位第一书记直言“困惑、迷茫、累”，还有一位用“四个没想到”道出心声：没想到扶贫任务这么艰巨、没想到扶贫压力这么大、没想到扶贫工作这么苦、没想到村里关系这么复杂。压力，主要来自“内、外、上、下”：“内”指自身压力。有的自身能力、农村经验不足，知识储备不够，找不准发展方向，理不清发展路子，无法良好“对接”、形成“共振”；“外”指外部压力。在攻坚战的大氛围下，逐级自我加压、强化督查，有的问结果不问过程，驻村干部每天加班加点忙于“入户—算账—填表—理顺逻辑关系—再入户”的循环之中。在项目建设中，事前催进度，事后查程序，规避风险难度系数大，有时如履薄冰；“上”指上级检查。上级部门到扶贫一线核查真实情况、抽查扶贫效果、纠正工作偏差，确有必要。但据反映，当前的扶贫检查还是多了点，县级层面的督查检查、市级层面的交叉检查，还有自聘第三方评估，屡次抽查核查，频繁评估评比，让人身心俱疲；“下”指群众考验。国家不断加大对贫困户的帮扶力度，受到群众广泛欢迎，但有的群众期盼略有“拔高”。一方面是非贫困户的不满，尤其是贫困边缘户；另一方面是非贫困村“插花式”贫困户帮扶力量少，享受政策少，一些集体收入少、基础设施较差的边缘村未能享受扶贫政策，造成“集体妒忌”。扶贫干部有时不得不受些怨气，甚至被误伤。

三是履职偶见“偏离”。当下干部驻村存在“老黄牛”型、“甩手掌柜”型和“鸠占鹊巢”型等现象。“甩手掌柜”“鸠占鹊巢”型的产生，主要在于少数干部思想上存在偏差：有把自己当“做客”而不“做事”。定位不准者必定会角色偏离。有的以旁观者、局外人岸上观望，敷衍被动地开展工作，只等归期一到，打道回府；有的瞻前顾后，定位为火车后面的“挂车”，不敢主动介入，甚至担心应付不了复杂局面，干砸了影响今后“前程”；有的眼高手低，心沉不下农村基层，眼瞧不起基层干部，话说不进群众百姓，琐碎的事务不愿做，复杂的事情不会做；有把自己当“镀金”而不“炼金”。少数的把基层锻炼当“跳板”，存在“驻村＝镀金＝提拔”的错误思想，简单地认为驻村就是为了丰富阅历，为日后提拔重用做铺垫。

四是社会关系处理难。驻村干部承担加强基层党组织建设、推动农村经济发展、落实精准脱贫举措等多种责任，要面对错综复杂的关系：如，与村“两委”，有的村“两委”之间长期不和，一些村干部工作不积极，有的村支书认为“第一书记”来“抢班夺权”，有抵触，有的把难事推给驻村干部；再如，与乡镇。有的乡镇当“甩手掌柜”，将大量琐碎的工作和一些不确定性的、困难大的工作摊派给驻村干部，规避责任和压力；还有与派出单位，扶贫工作只是派出单位诸多工作中的一项，派出单位能提供的支持相对有限，有时与驻村干部的诉求存在较大落差。不同单位驻村干部享受的待遇差别较大，派出单位的支持资源和力度也存在不平衡。这还不包括驻村干部依靠自己的人情寻找扶贫资源欠下的个人人情。此外，许多驻村干部因照顾家庭和联系工作的缘故，需要经常往返于贫困村、家庭和派出单位三地之间，费用开支大。

（三）进一步加强干部驻村长效机制的意见与建议

一是加“派”力度。选派讲求“人岗相适”“人村相宜”，提升干部与驻村的匹配度。要深入查找贫困村的致贫症结、深入了解选派干部特点特长，采取组织提、镇村点、干部选、双方谈、党委定的“订单式”选派方式，使选出来的驻村干部真正得到群众的认同，经得起实践的考验。派出单位与选派干部签订责任状，若在精准扶贫过程中出现履职不力、不能胜任、贪污腐化等问题致使扶贫工作受到影响的，派出单位及其相关责任人要承担连带责任，并将选派工作与相关责任人的提拔晋升、单位的绩效考评等挂钩，促使派出单位充分重视此项工作。以上饶县为例，县一级的第一书记选拔由县委常委会讨论决定，市级选派的由市委组织部发函，并建立了详细台账，有效地保证选派质量。

二是增强“帮”效。将脱贫攻坚“嵌入”基层治理。首先，机制上嵌入。有的村在驻村工作队中的队长原则由第一书记兼任的基础上，兼任乡镇党委或政府副职，这种扶贫治理架构，更有利于工作队工作的开展。有的贫困县开展“大村长”制，也有利于推动贫困村脱贫力度。其次，帮扶上嵌入。由派出单位出资结合贫困村实际培养致富能人，由致富能人带领贫困户发展产业，创办企业脱贫致富。也可鼓励派出单位干部职工到扶贫村带头发展产业、创办企业，把贫困户纳入创办的企业中，出资单位、领头发展产业的干部、贫困户实行收益分成和收益共享；第三，“落脚”与“着眼”嵌入。充分尊重群众意愿，才能找到避免“水土不服”、适应当地实际的扶贫“土方子”“金点子”。既要“雪中送炭”，解决燃眉之急，更要“授之以渔”，实现永续发展。不仅要实现短期内的脱贫，更要以发展的眼光，帮助贫困地区强基础、兴产业、优生态、塑品牌，以短期的推动力产生长期的“加速度”。

三是强“管”措施。各县（市、区）要引起重视，抽调精干力量专门从事驻村工作，切实发挥驻村工作领导小组办公室在选派监督管理考核第一书记和驻村工作队中的应有作用。建议出台工作细则，厘清责任关系。对驻村干部与乡镇党委、政府之间的工作关系和职责进行明确；制定针对挂点单位的扶贫管理办法，对帮扶措施、效果进行检查和考核；将村“两委”班子工作积极、团结与否等情况列入乡镇考核指标，对按期按质完成脱贫的村“两委”干部进行适当奖励，调动乡镇解决村“两委”问题的积极性；建议设立专门的投诉通道，让驻村干部可以反映乡镇或村将过多的责任推卸给驻村干部。总之，党委和组织部门对驻村干部要真正做到政治上激励、工作上支持、能力上培养、经验上历练、待遇上保障、心理上关怀，切实增强第一书记的荣誉感、归属感、获得感，才能让驻村干部们干得开心、拼得安心，推动驻村干部们心情舒畅、充满信心，积极作为、敢于担当。

四是提“服”水平。一方面为基层扶贫干部“减负”，立行立改脱贫攻坚中的形式主义、官僚主义突出问题，另一方面，创新对驻村干部的教育培训体系。[1]一是加强精准扶贫政策性培训。在实际选派中，具有基层经验和产业扶贫经验的人选毕竟有限，因此要进一步优化针对性履职培训，进一步融会贯通习近平扶贫工作论述精神，强化政治导向，树立正确扶贫政绩观；二是加强基层工作适应性培训。引导其尽快掌握乡村基本知识，开展调查研究，学会与群众打交道，妥善处理工作关系，着力提升全局看问题的本领、统筹资源能力、协调沟通能力、心理减压增能的能力；三是加强产业扶贫培训。建议结合各地实际组织专业人员开展产业培训，让驻村干部懂得产业发展的规律，熟悉市场运作的流程，学会如何有效规避各种风险，掌握现代经济组织尤其是农村集体经济组织运行管理的技巧，把增加贫困群众收入作为重中之重，突出当地特色，多措并举拓展群众增收渠道。基层培训突出实战化训练，以模拟式提升精准扶贫精准脱贫工作方法，以正反案例式教育加强扶贫领域作风教育，多走出门学等。总之，精准培训要注重政治导向、难题导向、需求导向和效果导向。

① 高莉娟 . 培养造就过硬干部队伍 . 江西日报，2018-12-17.

江西"智慧党建"工作的调查与思考

——以萍乡市为例

江泰然　王志强　周福振　刘　晶

[摘要] 近年来，江西各设区市特别是萍乡市积极推进"智慧党建"平台建设，旨在运用互联网思维、信息化手段实现党建工作的管理创新和工具创新，使党建工作焕发出新的生机与活力，促进党建工作的规范化、层级化、痕迹化和动态化，取得了较好成绩。要更好地推进"智慧党建"平台建设，还应当做好以下几个方面的工作：突出"智慧党建"政治功能、强化"智慧党建"服务功能、创新"智慧党建"体制机制和整合利用"智慧党建"资源。这既是基层党组织建设工作的现实需要，也是新形势下全面从严治党向基层延伸、提高党建工作科学化水平的必然要求。

"智慧党建"是党的建设的数字化、在线化和智能化，是"互联网＋党建"发展的高级阶段。"智慧党建"侧重于运用大数据分析产生新认识，预测新动向，提供新思路，是科技信息化发展的需要。以习近平同志为核心的党中央特别重视"智慧党建"的工作。2018 年 7 月 4 日，习近平总书记在全国组织工作会议上指出："要加强社会组织党的建设，探索加强新兴业态和互联网党建工作。"① 要推广"互联网＋党建""智慧党建"等做法，实现网上网下党组织都要有声音、有服务和有影响力。中共江西省委印发的《2018—2022 年江西省基层党建工作规划纲要》也指出，要加快"智慧

① 习近平出席全国组织工作会议并发表重要讲话 [N]. 人民日报，2018-07-05.

党建”步伐，运用互联网等技术手段，建立基于党建大数据的决策分析辅助体系，让党建工作更加科学高效。近年来，江西省各设区市在“智慧党建”试点基础上加快了“智慧党建”的建设工作，并取得了一定成效。比如南昌市西湖区研发了区网络党建云平台，鹰潭市“智慧党建”平台以“一张图抓党建”为牵引来推进基层党建信息化建设，宜春市“零距离·宜春”微平台探索出一种“智慧党建”的模式，吉安市构建卡、云、网、图、APP“五位一体”的“‘智慧党建’云平台”，新余市开展的“党建＋颐养之家”探索了一条具有地方特色的新时代农村居家养老服务之路，特别是萍乡市各县区开展的“智慧党建”建设的工作，取得了明显的成绩。为了更好地了解江西“智慧党建”建设的基本情况，以点带面，本课题组对“智慧党建”工作做得比较好的萍乡市进行实地调查。

一、萍乡市“智慧党建”工作的现状、做法及成效

萍乡市开展的“智慧党建”工作，取得了明显的成效。那么，何谓“智慧党建”？“智慧党建”是运用互联网产生的海量般的数据和日趋成熟的大数据分析技术等，时时、精确、动态地把握党组织和党员的基本情况、群众的基本需求，以及党的工作的未来发展趋势，通过精准施策、主动推送、流程监督、指数评价，促进党建的整体统筹、层级压缩、效率提升和自身优化，达到管理、服务和引领的定制化、精确化、个性化和智能化。这也是新形势下全面从严治党向基层延伸、提高党建工作科学化水平的必然要求。近年来，萍乡市积极推进“智慧党建”平台建设，旨在用互联网思维、信息化手段实现党建工作的管理创新和工具创新，使党建工作焕发新的生机与活力，促进党建工作的规范化、层级化、痕迹化和动态化。

（一）“智慧党建”工作的现状

自从萍乡市全市“智慧党建”管理平台开展推广应用试点以来，萍乡市湘东区、上栗县等地党委高度重视，坚持从理顺架构、健全机制、集中培训，以及分级管理、密集调度等方面入手，做到环环相扣强基础，层层压实责任，许多地方已做到了党组织和党员全覆盖。

特别值得一提的是，萍乡市湘东区运用“党建+互联网”理念，在江西省率先开发应用“智慧党建”信息管理平台，着力解决基层党建工作“底子很难澄清、过程管理混乱、考核弹性较大”等重点难题，党建信息化工作走在了全省前列。湘东区“智慧党建”平台分为电脑网页端和手机微信端，采取“一平台三层级、一支部一系统”管理模式，将全区五百多个党组织和1.6万余名党员信息纳入大数据库，实行在线管理，提供工作桌面、党组织工作、党员工作、服务活动、主题专题活动、村社区工作、督查考核、上传下达、台账统计、报表服务等。具体而言，从2016年9月湘东区“智慧党建”平台建设以来，平台入库党组织541个，其中:党（工）委23个、党总支28个、党支部490个;还有党员16441人，其中:正式党员16284人，预备党员157人。

（二）“智慧党建”工作的做法

“智慧党建”是基于当代网络信息应用技术，特别是移动互联网覆盖的党建工作形态，主要包括三个融合。一是坚持党建工作与现代信息技术的融合。它广泛采用互联网、物联网、云计算、数据分析、智能设备、社交网络等手段，实现党建信息化。二是坚持责任主体与服务对象的融合。它改变了以前的单向管理状态，注重各方参与、用户体验、以人为本、实时感知、资源共享、随时服务，实现双向互动。三是坚持党建工作与经济社会工作的融合。它发展了“党建+”理念，实现党建工作效能的最大化。具体而言，主要包括以下三个方面。

1. 加强“智慧党建”的人员培训，强化队伍建设

各个党组织的书记是“智慧党建”信息管理平台第一责任人，平台管理员、信息员、查阅员是平台具体负责人，负责平台的日常维护和信息录入等工作。兵马未动，培训教育先行，各党组织加强了对平台管理员、信息员进行日常培训、集中辅导，确保全员覆盖，督促信息上传下达，提高平台操作和党务业务水平。

第一，抓关键对象培训。党委组织部门利用机会，对基层党建督导组、各党组织副书记、组织委员、分管领导、党建办主任、党务专干等进行“智慧党建”平台的综合运用专题培训，确保基层党建督导组成员熟悉“智慧

党建”、党组织副书记明白“智慧党建”、组织委员推动“智慧党建”、党建办主任主抓“智慧党建”、党务专干精通“智慧党建”等。

第二，抓集中示范培训。通过现场演示、任务作答、上机操作、手把手教学等多种方式，多次开展“智慧党建”业务操作培训班（例如，上栗县培训了 15 期，培训 1300 多人次），确保了工作标准严格传导、工作要求严格落实，为高标准高质量推广“智慧党建”打下了坚实基础。

第三，抓分级业务培训。在集中示范培训的基础上，各党组织通过相关部门分级分批对管理员再次进行了全员轮训，其中上栗县全县 20 个党（工）委对隶属的党组织开展培训 30 多次，培训人数达 2000 多人次，做到逢会必讲、逢检必查。

第四，抓全天候在线业务解答。把管理员能熟练操作作为关键环节，在各级培训班开班签到的同时，将参与培训的管理员全部纳入各级“智慧党建”工作大微信群，方便技术交流。相关人员每天会超过 20 小时解答后台管理系统操作中的各种问题，及时向平台公司沟通反馈系统出现的各种问题。

另外，还充分发挥基层党建督导组的作用，派督导组成员进行全覆盖的“智慧党建”督导，对各个党组织特别是党支部进行督导，现场指导“智慧党建”平台的建设及应用推广。

2. 加强“智慧党建”的制度建设，健全运行机制

为了使“智慧党建”更加规范化，各地纷纷出台了一些相关制度。例如，湘东区出台了《湘东区“智慧党建”信息管理平台管理制度》，明确信息员责任；同时，还出台了《湘东区“智慧党建”信息管理平台信息上传要求》，规范各级党组织上传信息的标准。上栗县也出台了《上栗县“智慧党建”平台管理暂行办法》《上栗县“智慧党建”管理员管理办法》等，使“智慧党建”更加规范化。

第一，提前理顺架构，打牢坚实基础。事实证明，提前理顺党组织架构，有利于后期统一安排培训，有利于抓住主体责任，有利于破解重点难点问题。一些地方试点工作之初，由于系统导入的组织架构与实际情况存在偏差，出现名称不一致、归属不正确、党组织遗登等问题，导致现场培训时

临时开账号、增加党总支、合并党组织等情况，影响了培训效果和推进速度。

对此，各地根据实际情况，再次认真梳理各级组织架构，对党组织的基本情况进行全面摸排，理清各党（工）委和党总支、党支部的层属关系和排序，规范每一个党组织的全称、简称，明确各党组织性质及权限模块。管理员账号下发之后，各级管理员对系统分配权限是否准确、所辖党组织数量是否齐全、所属模块是否正确等一一进行核对，及时与技术人员协调修改，确保相关数据准确无误。

第二，健全运行机制，浓厚工作氛围。自从“智慧党建”试点工作启动以来，各地纷纷成立平台推广运用的领导机构，召开了专题部署会和推进会，明确了目标任务，压实了主体责任，切实做到了五个到位。一是责任落实到位。明确各党组织书记是第一责任人，分管领导是直接责任人，层层压实责任，推动“智慧党建”工作有效落实。二是宣传引导到位。通过公众号平台、微信群、QQ 群等多种渠道广泛宣传，通过新任村（社区）“两委”干部轮训培训班等进行推介，提高了平台知晓度，为“智慧党建”的推广应用营造了良好氛围。三是制度执行到位。建立“智慧党建”微信群等，进行实时调度、实时指导、实时审核，对工作中表现突出的党组织和管理员进行通报表扬，对录入进度相对滞后、录入信息质量不高的党组织提出改进建议，对推进工作不力的进行通报批评。四是审核把关到位。实行党组织书记、分管领导审核把关制，相关信息必须经书记或分管领导审阅后方可上传，确保信息完整真实，确保信息安全保密。五是服务保障到位。有的党组织专门借调相关人员，专门负责“智慧党建”推广应用和日常管理工作，并配备了电脑、U 盘等设备，开通服务专线，随时为各级党组织提供专业技术指导。

第三，在各级党建工作群中，党委书记、分管领导，或组织委员会常态化地提醒党务活动和工作动态要及时上传到智慧平台，形成了人人知晓“智慧党建”平台的良好工作氛围。

3. 加强“智慧党建”的督查指导，层层压实责任

各地均对“智慧党建”平台建设情况实行实地督导，对信息上报情况进行定期审核、定期通报，并且定期召开例会，汇报建设情况，以加强“智

慧党建”的落实。

第一，实行分级管理，层层压实责任。一是将“智慧党建”推广应用、上传信息、动态更新、日常维护等情况，作为各级基层党组织抓基层党建年度述职考核评议的一项重要内容。二是结合2018年省市开展的“怕、慢、假、庸、散”作风建设工作，通过党建工作督导组对基层党组织开展专项督查，用制度化手段和强硬式督导整改要求，全面推进“智慧党建”工程，持续提升基层党组织标准化规范化建设水平。三是在具体责任落实中，明确由各党组织作为主体责任单位，负责督促下辖基层党组织定期更新信息，展示党建动态，通过相互交流学习，督促落实“三会一课”“主题党日”等基本组织生活制度，解决基层党组织建设中存在的突出问题。与此同时，一些地方还切实结合当前党建工作重点，对“智慧党建”平台相关功能进行灵活运用，适当进行工作创新。例如，在“两新”功能型党组织中，由于“三会一课”无法勾选党员，上栗县指导这一类型的党组织时，从“组织生活”板块上传相关资料。又如，在系统原有的分类标签中，“智慧党建”新增了群众贴心人、扫黑除恶、党员屋场贴心会、党员活动日、党员政治生日以及基层党建督导整改等活动标签，推进了各地党建的特色工作。

第二，实时在线通报，解决相关问题。一是“智慧党建”平台初上线运行期间，实行“网警”式在线抽查，在线督导和通报，重点对上传信息不规范、无图片、无内容、无会议记录等党组织进行实时在线通报和业务指导，实行“案例”式讲解和引导，确保操作更规范。二是对各个基层党组织提出的问题进行归类整理，并将无法解决的问题及时反馈给软件开发技术人员，寻求解决办法。三是在“智慧党建”平台操作员业务更加成熟规范后，安排专职人员负责进行相关数据统计，定期从后台调取基层党组织用户登录次数、上传信息数量、“三会一课”完成率等方面大数据，依据系统后台反馈的相关数据，对各党组织上传进度、数量和质量等方面进行通报，通过表扬先进、督促后进，保障整体工作良好推进。同时，要求各基层党组织管理员要严格对照全国党员信息系统里的信息，同步更新各级党组织的党员数据，对所录入的信息数据严格把关。

第三，加强常态督促指导。在常态化督促指导中，按照“管理有层级，数据无距离”的原则，安排专人负责电话督促各个基层党组织推广进度，询问落后原因，推广排名靠前单位的好经验好办法。这样，各个基层党组织既有压力，又有动力，形成了工作合力，促进了“智慧党建”整体推进。

（三）“智慧党建”建设的成效

“智慧党建”将党建工作通过一体化网络平台集成，将纸质内容电子化，线下党建工作及服务群众工作流程化、线上化、数字化，解决了党员、群众与党组织的时空限制，从而更加有效地改进了自身建设、服务群众，使党的建设更具时代性、开放性、互动性和民主性，最大限度地激发了网络空间的正能量。

1. 通过全程纪实，日常工作更加务实

引入“智慧党建”平台，能帮助党组织不断进行党建工作的组织创新、管理创新和技术创新，更好地适应新形势下党建工作的新要求。基层党组织通过手机微信端或电脑网页端，实时向“智慧党建”平台上传“三会一课”、党员活动日等组织生活开展情况，实现了党组织日常工作痕迹化管理。通过“智慧党建”管理平台，足不出户就能直观快捷、图文并茂地掌握基层党组织各项工作任务完成情况，便于及时发现问题、传导压力、总结经验、指导改进。

2. 通过督导考核，党建考评更加科学

通过“智慧党建”建设，真正做到把党建工作“抓在平时、抓到实处、抓出成效”，有力地推动党建工作向基层延伸、向纵深发展。“智慧党建”平台对采集到的党建动态数据进行计算和汇总，以百分比的形式自动生成月度、季度、年度工作考核数据。每月月底，将平台考核数据纳入督查通报内容。每季度，派出相应的督导组对各基层党组织进行实地督导。通过月度平台考核和季度实地督导相结合，实现了从党建工作考核弹性较大到评价科学准确的转变。

3. 通过智慧办公，工作运转更加高效

平台为电脑、智能手机并行使用，构建党组织、党务工作者和党员三者良性互动的平台，实现了党建信息扁平化支撑的层级化管理，有效传导工作任务压力形成倒逼机制，推动了加强基层党建执行力建设，使党建工作向纪实、透明、规范、高效的方向发展。通过平台的上传下达、党组织关系转接、发展党员、台账统计等板块，实现高效便捷地在线办公，有效地提高了工作效率。下级党组织可通过手机或电脑方便快捷地查收上级党组织下发的文件通知，并利用平台及时上报有关材料，导出打印党员、流动党员、困难党员等花名册，以及有关报表等。

4. 通过数据存储，基础数据更加准确

通过工作桌面，及时跟踪和掌握基层党组织工作动态，实现了党建工作进程“痕迹化”管理，党建工作的相关数据准确无误。“智慧党建”平台覆盖了各级党组织和全体党员，所有数据严格按照党内统计标准录入系统，确保党组织基础数据全面翔实。上级党组织可通过“智慧党建”平台随时查看和更新下辖党组织和党员基本信息，包括党组织换届与班子成员情况、党员队伍结构情况、党员党费缴纳情况，以及党代表、困难党员、流动党员等信息，实现了对党组织和党员等基础数据的精准管理。

“智慧党建”的建设，虽然发展程度不一，并且还存在一定的问题，例如党务干部业务水平参差不齐、平台部分系统功能仍然不够健全，但是它打破了传统党建活动“限时、限地、限人”的束缚，将分散的、重复的、难于访问的党员、党组织等数据转换成集中统一的、有价值的数据。党员只要打开手机 APP，就能在线上党课、网上交党费，甚至连组织关系也可以网上转接。

二、对不断推进“智慧党建”的几点建议

在中共江西省委十四届七次全会上，省委书记刘奇指出：“要营造大抓基层的浓厚氛围，把党支部建设摆在更加突出的位置，统筹加强各领域基层党建工作，推动基层党组织全面进步、全面过硬。”[①] 抓好基层党建工作，就要重视“智慧党建”的工作。传统的党建工作受到时间、地点等条件的

① 刘勇、魏星、李冬明．省委十四届七次全会开幕 刘奇：以优异成绩庆祝新中国成立 70 周年 [N]. 江西日报，2018-12-28.

限制，无法更广泛、更深入、更全面地开展工作。加快促进信息技术与党建工作的深入融合，是时代飞速发展的客观要求，也是党建工作由传统服务到智能服务的创新提升。“智慧党建”是个新生事物，萍乡市各县区做了一个很好的探索。为了更好地发挥“智慧党建”的作用，本课题组结合全国其他地方“智慧党建”的探索情况，对江西“智慧党建”建设的工作提出以下若干个建议。

（一）突出“智慧党建”政治功能

党的建设要以政治建设为统领，智慧党建亦是如此。在突出“智慧党建”的政治功能上，要着重解决以下几个方面的问题。

1.“智慧党建”要在教育党员上下功夫

可以开设“直播课堂”。通过在线视频观看、实时在线等方式，完善党员教育平台功能。邀请专家、教授讲授精品课程，发挥网络直播覆盖面广、受众量大、方便直观等优势，将精品党课直播到基层党组织。保障“三会一课”在线运行。还可以开设“互动课堂”。创新形式，让党员教育信息化工作更有效。可以利用信息技术互动性强的特点，开设专家可以实时答疑解惑的“互动课堂”，改变传统党员教育“我说你听”的状况，为党员教育增添活力，增强党员教育的互动性，调动党员学习的积极性和主动性。

2.“智慧党建”要在管理党员上下功夫

“智慧党建”应运用大数据，加强数据的留痕、收集、统计、分析和挖掘，从大量零散、杂乱、碎片化的信息中获取有价值的信息，改变以往手工操作、人工管理等随意性、模糊性的缺点，通过量化计分、智能分析、自动提醒等实现党建管理的精确化、智能化和科学化。同时，从党员、组织、活动、教育、互动等方面多维度分析，生成党员信息统计、组织信息统计、组织生活统计、党员服务统计、党员学习统计等多种统计报表，实现活动签到、培训签到、党费缴纳、关系转接、信息查询等众多实时感知业务。为党建管理和组织决策提供切实有效的数据依据，指导党建工作创新发展，实现党建数据的智慧分析、党员质量的自动监控、党建业务的智能调控、学习活动的数字痕迹。同时，对流动党员工作更是如此，通过“智慧党建”，流动党员“人走千里一线牵，组织时刻在身边”。

3. “智慧党建”要在监督党员上下功夫

就是说，要在目前党员教育平台的基础上，建设集党员学习、管理、培训、考核、服务、监督等于一体的综合性党员教育平台，实现跨网络、手机、电视、智能终端等不同终端使用，不断提升党员监督工作的信息化、科学化水平。所有监督评价行为信息化操作，工作行为、工作过程、工作目标实时考评，考评结果实时统计与公布；完善绩效管理体系，提升督导评估效能，发挥绩效考评“指挥棒”与“航向标”作用。

（二）强化“智慧党建”服务功能

“智慧党建”要实现让数据多跑路、群众少跑腿，解决服务群众最后一公里的问题。一切与党员群众息息相关的政务服务、商务代办、信息发布都可以进入平台。

1. 提供精准化服务

服务功能，越简单越好，报表不宜太多，力戒形式主义，注意避免线上线下两套材料应付检查，“智慧党建”平台集用户授权、信息推送、数据交换、活动检索、资源共享等各种应用服务为一体，通过热线电话、短信咨询、在线留言、QQ 客服、机器人语音客服、机器人在线客服等方式提供咨询、互动服务，以统一的方式为党员群众提供“一站式”服务，实现群众、党员和党委的“一网式”涵盖，使党建工作从“粗放式”走向“精准化”。

2. 畅通党员意见表达渠道

开辟共同协商的平台，将党员群体或按地域，或按年龄，或按工种加以细分，结合各自利益诉求、成长背景、生活环境，综合经济和社会发展现状，进行广泛参与基础上的精准分类施策。增加互动环节，利用 APP 网络化和智能化优势，增设民意互动板块，建立起决策与民意互动的有机模式。如，可设置外接链接服务窗口或者二维码，党员群众通过登录或者微信“扫一扫”，就可及时反映意见和建议。并通过 APP 将问题调查情况、办理结果、群众反馈等信息及时进行推送，倒逼相关责任人履职尽责。全面落实党员群众的知情权、参与权、决策权和监督权，使党支部决策过程完全建立在知民情、了民意的基础之上，促进基层民主政治建设。

3. 简化使用操作流程

要顺应时代潮流，满足党员群众需求，让党员群众能够使用手机、平板、电视等智能终端，随时随地开展“智慧党建”工作，当然，这也要充分考虑到“智慧党建”的实用性、易用性，简化操作。目前基层党组织尤其是一些农村党支部普遍存在流动党员多、党员文化水平低、不会操作智能手机、手机流量少等问题，很大程度上影响到了“智慧党建”功能的发挥。要加强软件指导服务工作力度，采取专人电话对接指导、技术人员上门指导、发放老花镜、帮助办理大流量套餐、动员老党员子女协助安装操作等有力措施，并设置微信工作群及服务电话，及时解决党员手机端操作过程中遇到的各类问题，实现支部党员“智慧党建”使用全覆盖。

（三）创新“智慧党建”体制机制

“智慧党建”通过线上量化管理系统的搭建，实现“O2O”的党建工作模式，促进线上工作带动线下工作开展。在机制体制的创新上，以下几个方面的问题需要重视。

1. 建立健全“智慧党建”的领导管理体制

目前，很多地方都在建设或者探索建设“智慧党建”平台，但其中的领导管理体制的重中之重，一些地方的党员教育、管理、监督、服务功能还不完善，一些服务功能还没有得到充分发挥，一个重要原因就是领导管理体制不够有力。要大力推进“智慧党建”平台的教育、管理、监督、服务模块建设，充分利用“智慧党建”平台开展党员教育工作，可建立组织部门牵头，各相关部门参加的领导小组模式。应吸收各方面的力量参与、着力党务、学习、互动等功能，构建起组织管理、党员管理、党员发展、新闻管理、学习教育等一体化平台，提供一种全新的“智慧党建”模式。

2. 解决传播机制、技术模式、保障机制等方面的问题

在传播机制上，要实现资源共享，确保党建资源互联互通；在技术模式上，要注重人才的培养和引进，肯定专业人士在“智慧党建”中的突出作用，确保“智慧党建”网络建设和信息更新及时准确；在保障机制上，政府应通过财政计划设定专项资金，确保资金能够真正运用到“智慧党建”工作之中，解决“智慧党建”基础设施和人才引进的资金问题，确保“智

慧党建”工作持续开展。

3. 在激励机制上，对考核优秀的组织和个人给予奖励

在激励机制上，要针对“智慧党建”工作设置相应的绩效考核标准，通过绩效考核评价“智慧党建”质量，对考核优异的组织和个人给予相应奖励，提高“智慧党建”工作的积极性和主动性。要逐步完善“智慧党建”相关工作机制，进一步解决当前存在的问题，提高“智慧党建”工作的效率和质量。加大“智慧党建”人才队伍建设。目前，一些基层党支部“智慧党建”后台的管理运行工作主要由第一书记兼职完成，应建立一支带不走的后备队伍，避免出现兼职队伍离开后出现人才断档导致 APP 工作停滞。要积极发动支部年轻、文化程度高的党员，建立一支由网络技术人才、党务工作人才、数据分析人才组成的专职人才队伍，定期加强对上述三类人才的业务培训，提高人才作用与岗位需求的匹配度，为 APP 后续全面推行、管理维护提供强有力的人才支撑。

（四）整合利用“智慧党建”资源

“智慧党建”打破了传统党建时空上的自上而下多层级的信息交流和互动，通过信息化的工作流程、审批流转和层级优化等，党员的教育、管理、监督工作扁平化，管理层级更加简洁、交流更加便捷，提高党建工作的效率和水平。为进一步整合利用“智慧党建”资源，需要注意以下几个方面的工作。

1. 整合教育资源，让“智慧党建”信息化工作更充实

一是将网络资源进行融合。采用信息化手段，将教育资源进行整合，要统一教育资源访问入口，方便党员群众查找、下载、播放相应资源，方便党员群众开展学习。二是将多类型资源进行综合。要综合运用文字、图片、视频等多样化形式，形成新颖的党员教育内容，丰富党员教育资源，增强党员教育吸引力。党组织在开展党员教育时，要适应信息技术快速发展的形势，主动进行内容创新，着力形成主题鲜明、内容丰富、质量上乘的教育内容。三是将多部门资源进行整合。要建设党员教育云平台，将图书馆、电视台等多部门的学习资源集中到云平台上，在开放共享的基础上实现互通共享，从而有利于丰富党员教育内容，有效节约党员教育成本。

2. 加大数据的分析应用能力，让“智慧党建”信息化工作更有效

注意数据的采取分析和应用，找到“智慧党建”痛点并加以解决，通过运用大数据技术，提供全面且完整的党员党组织画像信息与分析，方便对党员和党组织进行针对性的管理、教育和宣传，分类别具体指导，分领域统筹推进，分层次组织实施。通过运用大数据技术，将党建的全量数据综合在一起进行全面分析，用真实数据来对党建考核评价得出有说服力的评估结果，为完善党建制度体系提供决策参考。强化党建精细化管理，精准性到达，精确化评判，为党建决策提供重要数据基础和决策支撑，使“智慧党建”真正成为基层党建工作的“指挥棒”和党建考核的“试金石”。

3. 重视信息资源的防护工作，让“智慧党建”信息化工作更安全

智慧党建平台涉及众多网络设备、应用服务、庞杂系统和信息资源，要高度重视数据安全、网络安全、应用安全、信息安全，特别要防止人员信息的泄漏。从软硬件运行环境、安全体系、规划管理等层面进行安全保障，做好架构安全、系统安全、数据安全、网络安全、终端安全、运行安全等安全体系设计，并开展系统安全等级测评工作，确保“智慧党建”的信息安全万无一失。

以上阐述了江西萍乡市“智慧党建”的现状、做法及成效，特别是对萍乡市湘东区的“智慧党建”的主要做法及成效进行了具体分析，同时，对如何更好地推进“智慧党建”工作提出了具体对策。本课题组通过现场走访、个别访谈、召开座谈会、观看课件、查阅材料、实地调研等形式，对萍乡市开展的“智慧党建”工作，有了一个比较全面的了解，并对如何搞好“智慧党建”工作进行了思考。我们认为，要更好地推进“智慧党建”平台建设，必须做好以下几个方面的工作：突出“智慧党建”政治功能、强化“智慧党建”服务功能、创新“智慧党建”体制机制和整合利用“智慧党建”资源。同时，还可以在基层党组织建设中，运用“VR+智慧党建”这一全新模式来开展党建信息化建设工作。这既是基层党组织建设工作的现实需要，也是新形势下全面从严治党向基层延伸、提高党建工作科学化水平的必然要求。

---

* 说明：刘晶是萍乡市委党校的老师。

设区的市立法能力建设探析

——以江西省为例

舒小庆 万高隆 张 涛

【摘要】赋予设区的市以立法权，是地方推开全面深化改革和全面依法治国的重要举措，是国家治理现代化和法治化的实践表达。出于回应地方法治建设中的现实需要，设区的市立法权的行使能够有效地应对地方治理困境。立法能力是设区的市行使立法权的前提，是影响地方质量的重要因素。就江西省而言，设区的市立法机关面临立法工作理念滞后、立法工作制度不健全、立法专业人才缺乏等问题。因此，设区的市应当加快立法能力建设，提升立法能力与水平。

一、赋予设区的市立法权的逻辑

改革开放初期，邓小平同志提出："现在立法的工作量很大……有的法规地方可以先试搞，然后总结提高，制定全国通行的法律。"[①] 由此，在党的领导下，地方立法进入崭新时期。1979 年五届全国人大二次会议通过新的《地方各级人民代表大会和地方各级人民政府组织法》，依法赋予省、自治区、直辖市人大及其常委会以地方立法权；1982 年五届全国人大五次会议通过的宪法，依法确认赋予省级人大及其常委会制定地方性法规的权力；自 1984 年至 1993 年，国务院陆续批准一系列较大的市享有地方性法

① 邓小平．邓小平文选（第二卷）．北京：人民出版社，1994：147.

规制定权；2000 年通过《立法法》，进一步赋予 4 个经济特区所在地的市地方立法权。2013 年 11 月 12 日，党的十八届三中全会通过的《中共中央关于全面深化改革若干重大问题的决定》提出："逐步增加有地方立法权的较大的市的数量。"2014 年 10 月 23 日，党的十八届四中全会通过的《中共中央关于全面推进依法治国若干重大问题的决定》进一步要求："明确地方立法权限和范围，依法赋予设区的市地方立法权。"2015 年 3 月 15 日，第十二届全国人民代表大会第三次会议通过《关于修改〈中华人民共和国立法法〉的决定》，新修改的立法法赋予所有设区的市以地方立法权。至此，我国享有设区的市地方立法权的地方总数为 322 个：除原有的 49 个外，新获地方立法权的地方数为 273 个，其中包括 239 个设区的市、30 个自治州，以及东莞市、中山市、三亚市、嘉峪关市等 4 个不设区的地级市。

从地方没有立法权，到赋予省级地方立法权，再到少数较大的市享有地方立法权，直到所有设区的市被赋予地方立法权，是一个循序渐进、不断推进的过程。赋予所有设区的市立法权，为地方法治带来新机遇。地方立法权扩容，是推开全面深化改革、全面依法治国的重要举措，蕴含深刻的理论逻辑和实践逻辑。

（一）理论逻辑

党的十八届三中全会提出，全面深化改革的总目标是："完善和发展中国特色社会主义制度，推进国家治理体系和治理能力现代化。"根据全球治理委员会的研究报告，"治理"是"各种公共的或私人的个人和机构管理其共同事务的诸多方式的总和，是使相互冲突或各不相同的利益得以调和并采取合作行动的持续过程"[①]。与"统治"不同，"治理"是一个彼此互动的管理过程，强调通过建立合作关系、协商关系、伙伴关系等，以共同目标为基础，实施对公共事务的管理[②]。基于现代治理的视角，推进国家治理体系和治理能力的现代化，不仅需要建构公权力主体和私权利主体间

---

① The Commission on Global Governance. Our Global Neigh-borhood[R]. USA：Oxford University Press, 1995:88.

② 俞可平 . 权利政治与公益政治 [M]. 北京：社会科学文献出版社，2003：65.

的横向互动合作，而且需要在央地之间、省市之间构筑纵向互动合作。在构建纵向的“合作——互动机制”的过程中，如何配置立法权，是关键问题，因为“立法权是治理体系中权力配置和利益分配的本源”[①]。在国家治理现代化要求下，进一步下放地方立法权，最大限度地调动地方治理主体的积极性，充分发挥地方立法的功能优势，对于满足地方治理需求、提高地方法治能力，形成国家法制统一与地方立法特色、国家治理权威与地方治理有效的互动格局，具有重大意义。

党的十八届四中全会提出，全面依法治国的总目标是“建设中国特色社会主义法治体系，建设社会主义法治国家”。在现代国家法治建设中，宏观性的国家法治与微观性的地方法治相结合，构成现代国家法治建设的完整图景。作为世界上最大的单一制国家，中国的中央与地方在国家法治建设中具有不同的职能定位和优势；不同层级的地方有其独特的地方性事务和治理需求。在全面依法治国的当下，地方的法治实践构成法治国家建设的“试验田”和“先行兵”，不断激发地方依法治理的活力与动力，由此成为推进法治中国建设的新的重要力量。立法是法治的首要环节，中国特色社会主义法律体系建设，始终在全国性、统一性与地方性、多样性间保持必要的张力，在“自上而下”的中央立法与“自下而上”的地方立法之间寻找某种契合[②]。作为单一制国家，坚持和维护国家的法制统一是立法的首要原则。但是，作为经济社会文化等发展水平存在重大差异的大国，国家治理实践对法律制度提出不同的需要，立法体制就应当将统一性和差异性相结合，遵循在中央的统一领导下，充分发挥地方的主动性、积极性的原则。

（二）实践逻辑

改革开放四十年来，地方立法主体不断扩容的实践证明，地方立法在推动国家法治建设方面的巨大作用。随着经济社会的发展和改革的深入，

① 徐向华．国家治理现代化视角下的《立法法》修改 [J]. 交大法学，2011（6）:45.

② 封丽霞．认真对待地方法治——以地方立法在国家法治建设中的功能定位为视角 [J]. 地方立法研究，2016（1）: 21.

越来越多的经济问题、社会问题、生态问题等也随之出现。党的十八届四中全会《决定》指出“当前矛盾风险挑战之多前所未有，改革发展稳定任务之重前所未有”，这些挑战和任务具体地呈现于地方治理实践，对地方立法提出现实要求。

首先，从改革与地方立法的关系上看，习近平总书记指出：“凡属重大改革都要于法有据。在整个改革过程中，都要高度重视运用法治思维和法治方式，发挥法治的引领和推动作用，加强对相关立法工作的协调，确保在法治轨道上推进改革。”十八届四中全会《决定》强调：“实现立法和改革决策相衔接，做到重大改革于法有据、立法主动适应改革和经济社会发展需要。实践证明行之有效的，要及时上升为法律。实践条件还不成熟、需要先行先试的，要按照法定程序做出授权。”改革开放四十年表明，中国改革起于地方、兴于地方，地方在改革上的“先行先试”，源源不断地向中央输送改革的动力和经验，地方性和多样性构成我国改革的重要特征。改革开放的经验表明，将改革成果通过立法，以法律形式予以规定，可以借助法律所具有的稳定性、规范性、权威性，确认改革成果，为改革保驾护航；以法律先行方式，通过授权立法和法律的及时立、改、废、释，可以发挥法律的引领、推动功能，可以法律促改革，实现改革决策与依法治国相统一。①“自上而下”的国家立法与“自下而上”的地方立法互补、磨合，共同推动改革时期立法格局的生成。在全面深化改革的背景下，赋予设区市以立法权，将为改革创新提供更大空间，弥补国家立法的局限与不足。

其次，从发展与地方立法的关系上看，党的十九大报告强调：“发展是解决我国一切问题的基础和关键，发展必须是科学发展，必须坚定不移贯彻创新、协调、绿色、开放、共享的发展理念。”长期以来，在“惟GDP至上”理念的指引下，地方把经济发展置于首要位置，甚至不惜牺牲环境、资源、社会代价等，发展“欠账”过多。新发展理念指引下，发展不能再执拗于经济发展，应当更多关注其他方面的发展，比如环境保护、

① 姜伟、付子堂、周尚君．全面深化改革与全面推进依法治国关系论纲[J]．中国法学，2014（6）：28.

城市管理、文化建设等，通过地方立法解决经济快速发展带来的“后遗症”。

再其次，从维稳与地方立法的关系上看，习近平总书记强调：“要强化法律在化解矛盾中的权威地位”；“对各类社会矛盾，要引导群众通过法律程序、运用法律手段解决，推动形成办事依法、遇事找法、解决问题用法、化解矛盾靠法的良好环境”。社会发展过程是一个解决社会问题和社会矛盾的过程，社会问题和社会矛盾越是得到及时、有效地解决，越有利于社会的发展。在法制统一的前提下，赋予设区的市立法权，意味着地方有权根据地方实际制定更加切合解决现实问题的地方性法规，为化解矛盾纠纷，创新社会治理提供制度保障，以满足维护社会稳定的需要。

二、设区市立法能力的现实困境——以江西省为例

2015 年 11 月 20 日和 2016 年 4 月 1 日，经江西省第十二届人民代表大会常务委员会第二十一次会议、第二十四次会议决定，分批确定 10 个设区的市人大及其常委会开始制定地方性法规。为了了解新赋予地方立法权的设区市立法能力面临的问题，通过调查问卷、实地走访等方式对这些市进行调研。调研内容包括：立法理念，人大法制委、常委会法工委人员编制，立法人员的专业背景和工作背景，立法工作机制等。通过调研立法能力现状发现，存在立法理念较滞后、立法专业人才较缺乏、立法工作经验较不足、立法工作制度较不健全等问题。立法能力与立法需求间的差距，制约设区的市立法工作的展开。

（一）立法理念滞后

立法理念反映人们对立法的认识，是指导立法活动的观念指引。在调研中，一些设区市的立法理念比较滞后，与立法所追求公共利益目标存在差距。一些设区的市借地方立法特色，将一些地方保护主义的内容写入法规，使得地方利益法制化、凝固化。一些设区的市基于相关部门主管的社会事务，对需要立法规范的事项较为熟悉，将法规起草工作交由主管部门主导。在此过程中，容易形成部门利益法制化的倾向。一些设区的市基于立法数量的追赶，急于上马立法项目，对立法的内在规律和质量要求存在

一定的认识偏差；一些设区的市领导的科学立法、民主立法的意识不强，以行政命令的方式给法规起草者设定条条框框，而其他起草部门又碍于领导的面子，不得不附和领导指示，甚至将领导的某些指示也作为地方立法的部分内容，造成的疑虑是："人治的因素可能通过法治的形式得以固化……使其地方保护主义和地方利益在法律化的掩饰下显得名正言顺"①。

（二）立法人才缺位

在第二十一次全国地方立法研讨会上，时任全国人大常委会委员长张德江强调，要高度重视立法机构和人员建设，省级人大常委会法工委应有30名左右的立法工作人员，设区的市应有10名左右的立法工作人员，才能基本满足立法工作的实际需要。目前，新赋予地方立法权的设区市人大均已成立法制委、法工委，各设区的市人大法制委编制到位数从7人到12人，常委会法工委的编制到位的人数3人到9人（如图1）。但是，有的设区市立法人员编制与人大常委会机关其他人员混编；有的设区市立法人员被长期外借，严重制约设区市立法工作正常开展。

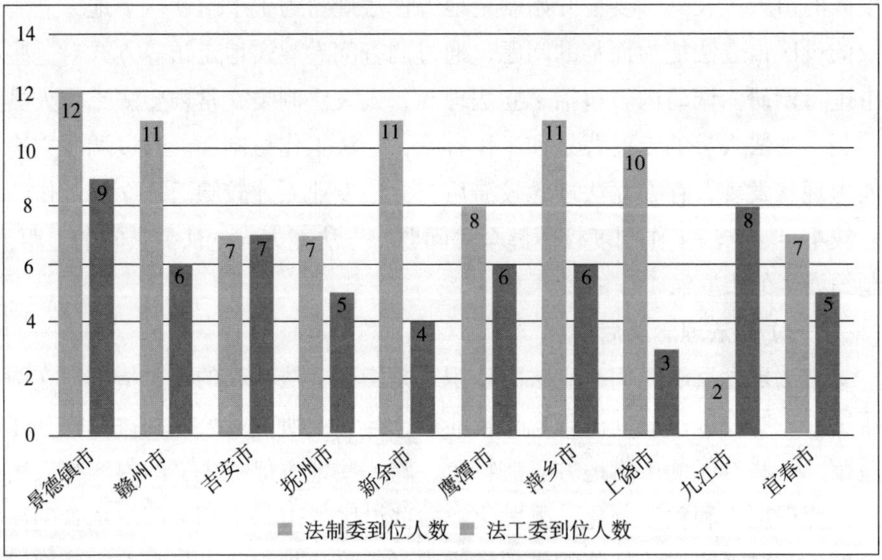

图1 立法人员的数量情况

① 张锦莉.设区的市立法工作面临的问题及对策[J].人大建设，2015（11）:45.

在立法人员的专业构成方面，新赋予地方立法权的设区市人大缺乏相当数量的立法及相关专业人员，普遍缺乏熟悉立法理论与立法实践的人才（如图2）。例如，有的设区市人大常委会法工委到位的5人中，没有一个全日制法律科班出身的人员；有的设区市人大常委会法工委人员由原先承担内务司法工作的人员转任；有的常委会法工委人员长期从事行政管理工作，缺少法律工作和立法经验，对立法程序、内容、要求及技能方面了解甚少。在立法人员的经验积累方面，新赋予地方立法权的设区的市人大及其常委会，过去除参与过省人大常委会的立法调研外，基本上没有从事过立法实践，基本不具备立法经验，对地方立法的复杂性估计不足、认识不到位。启动立法需要建立哪些工作程序？应当把握哪些立法原则？应当立哪些法？立法应当抓住哪些重点？具体条款如何规定才更加周全、更具可操作性？问题接踵而至，但由于经验不足，往往难以招架。

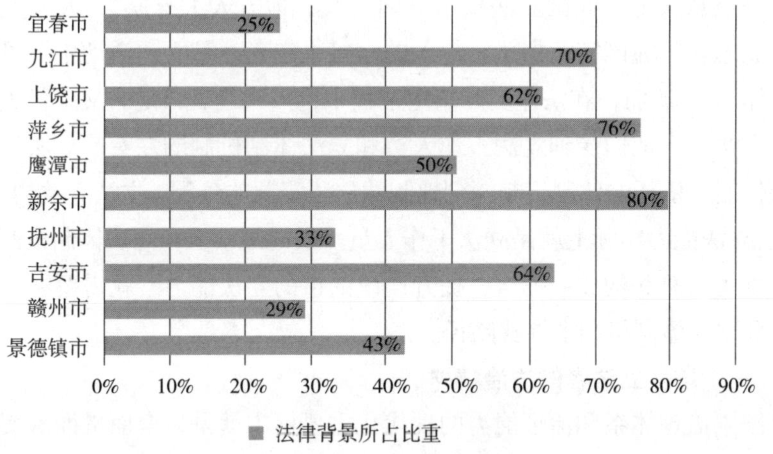

图2 立法人员的背景情况

（三）立法工作制度不健全

立法是一件严谨的工作，很多工作环节和工作程序需要环环相扣、步步衔接，因此以制度来保障程序、规范行为是必不可少的。从调研看，大部分新赋予地方立法权的设区的市，借鉴省人大常委会法工委的做法，建立相关的立法工作制度，但呈现进度不一致、缺乏系统性、制度不健全的特征。表现为：第一，设区市的立法工作制度建设进度不一致，通过将 10 个设区的市情况进行比较，立法制度建设较为完备的市制定了关于立法工作制度的地方性法规或规范性文件有 6 部，而个别设区市关于立法工作的制度或文件只有 1 部。第二，设区市立法工作制度重点围绕议事规则、工作规程、立法听证、立法技术规范和基层立法联系点等方面，缺乏系统性、协调性。第三，在协调立法的制度建设方面，目前设区市普遍建立起立法咨询专家顾问制度，而委托第三方起草法规案制度、公众参与人大立法制度、重要事项的第三方立法评估制度、重大利益调整论证咨询制度、法规规章草案公开征求意见和公众意见反馈制度等制度尚未建立。

三、加强设区的市立法能力建设的出路

一般意义上，我国立法权由全国人大和地方人大行使，“人大代表是人民意志转化为国家意志（法律）的直接决定者，是立法活动中不可替代的主体”。[①] 然而，在法律实际制定过程中，人大代表只是名义上代表人民行使立法权，他们受到立法工作人员和立法体制机制的左右。立法工作者以及他们所依托的体制机制深刻地制约立法资源的分配、立法利益的平衡。因此，立法能力实际上就是立法工作人员（人的因素）和立法体制机制（制度因素）的总和构成。那么，提升设区的市的立法能力，就需要在立法工作者和立法体制机制上寻找路径。

（一）培养立法者的法治精神

国家治理体系和治理能力的现代化主要标志就是，全面贯彻落实依法治国基本方略，用“法治精神”来构建“国家治理体系”和提升“国家治理能力”[②]。在此过程中，法治精神是制度创建的理性基础。没有健全的法

① 刘松山 . 论立法中民主原则的落实 [J]. 法商研究，1999（6）: 35.

② 莫纪宏 . 论“国家治理体系和治理能力现代化”的“法治精神”[J]. 新疆师范大学学报，2014（3）:15.

治精神，制度性的硬件难以建构，即使建构起来了也缺乏精神支撑；没有正确理性的法治精神指导，制度性的硬件可能出现恶法或笨法[①]。因此，培育立法者的法治精神是制定良善之法的重要保证，也是推进立法能力现代化的必然要求。立法者的法治精神是指立法者尊重宪法和法律的最高权威，维护法制的高度统一，维护形式法治与实质法治的统一的主观意识。法治必须被信仰，否则将形同虚设；培育立法者的法治精神，首要的是将法治本身隐含的精神灌输到立法者中去，使得法治精神内化为立法者的法治意识、法治观念。其次，要将法治思维和法治方式运用于立法的全过程，遵循权力行使的合法性要求、程序正当性要求，超越部门利益和地方保护主义的狭隘眼界。最后，以制度正义为价值理念，形成国家与社会、政府与人民、权力与权利、公共领域与私人领域的良性互动，从而达到立法过程整体的稳定、平衡与和谐；将法治精神制度化，通过制度的运行影响立法行为。

（二）加快地方立法人才培养

加快地方立法人才培养是科学立法、民主立法的必然要求。立法是一门科学，良法是一种精密度极高的科学产品。党的十八届四中全会明确提出“立法精细化”的要求，立法精细化要求立法工作队伍的专业化。目前，在设区的市立法起步阶段，立法工作人员具有法律专业知识背景比较少，应当加快地方立法人才培养。

第一，健全人才培养机制，针对在职的立法工作人员，应当建立有效的深造机制，在保留职务和待遇的情况下，鼓励现职立法工作人员到高校或科研机构进行立法理论知识的学习，并结合自身立法工作提出研究计划和研究成果；将立法培训工作常规化、常态化，有组织地对立法工作人员进行专业知识和专业技能的集训。第二，创新人才交流机制，立法本身是一项综合性很强的工作，需要复合型人才的参与，应当有意识地在立法机关、行政机关、司法机关和律师事务所等法律职业共同体内部进行交流，通过人才互聘、任职交流等，加强地方人大与高校、科研院所的联系、交

① 江必新．法治精神的属性、内涵与弘扬 [J]. 法学家，2013（4）：5.

流和沟通。第三，完善人才储备机制，将地方立法人才培养列入教育培养体系，尤其在高等教育的法学专业中，积极探索高层次地方立法人才培养模式。从强调培养法官式、律师式的诉讼型人才培养模式，转向培养立法决策型人才培养模式，促使法学毕业生能够胜任地方人大立法事务。

（三）完善立法工作制度

党的十八届四中全会指出：完善党对立法工作中重大问题决策的程序，健全有立法权的人大主导立法工作的体制机制。立法工作制度的完善，管长远的重要举措，必须积极探索完善相关制度，通过制度创新推进设区市立法工作走上法治化轨道，做到科学立法、民主立法和依法立法的有机统一。

首先，立法活动是一项复杂的大工程，涉及党委、人大及其常委会、政府、社会、公众等方面。一方面，建立健全政府层面定期沟通联络机制，加强人大及其常委会与党委、政府之间的沟通；另一方面，健全立法机关与社会公众沟通机制，完善人大征询立法意见机制，通过建立基层立法联系点、联系人制度、重大利益调整论证咨询机制，健全法规草案公开征求意见和公众意见采纳情况反馈机制，不断拓宽公众有序参与立法的渠道。其次，探索建立法规草案审议辩论制度，借鉴法庭庭审辩论制度模式，组织人大常委会组成人员对法规草案中一些重大问题存在较大分歧意见的，在分组会议或全体会议进行辩论；探索创新审批方式，可以考虑在省人大常委会会议上对一类的设区的市的地方性法规进行打包审议，以缓解审议压力，提高审议效率。探索实施立法评估机制，从制定立法计划、立法征集到立项起草、调查研究、立法协商、评估论证到最后的会议审议、颁布实施、检查监督、跟踪问效等环节入手，构建起设区市地方人大立法整个过程的监测评估体系。最后，省人大常委会及其法工委担负起对地市人大立法审查和监督指导的责任，要逐步将事前把关、事中审查、事后督导制度化、法治化。

（四）加强立法智库建设

专业的立法智库为立法机关与社会之间实现互动交流提供平台，有利于增强协同立法的实际效果，构成协同立法的重要中介。立法的过程本身是将社会利益和社会资源进行制度化重新安排的过程，具有高度的专业化、技术化。因此，发达国家立法能力建设的重要经验之一就是推动立法的中立化、专业化和智库化，都比较重视将立法智库作为重要的立法参与方[①]。

党的十八届四中全会提出“科学立法”的要求，以及“发挥立法的引领和推动作用，必须抓住提高立法质量这个关键”。在推进设区市的科学立法进程中，建立专业化的立法智库，具有重要意义。通过建设专业立法智库，为立法项目的提出、立法规划的设计、立法起草、立法论证、立法咨询提供社会服务，为进行立法理论研究、完善立法技术和程序、开展立法资料收集和比较等提供智力支持。十八届四中全会提出立法改革的许多任务，如开展立法协商，推动重要立法事项的第三方评估，探索建立有关国家机关、社会团体、专家学者等对立法中涉及的重大利益调整论证咨询机制，探索委托第三方起草法律法规草案等，都可以由立法智库承担。通过立法智库平台的建设，充分发挥专家学者在立法起草、立法论证、立法预测、立法评估、立法修改、立法解释等方面的重要作用，可在一定程度上弥补设区的市立法能力不足、立法效率和立法质量不高等方面的欠缺；由于立法智库作为第三方参与立法，其专业化的能力、中立化的立场，也有利于增强设区市立法的公信力。

① 李林．全面深化改革应当加强立法能力建设[J]. 探索与争鸣，2017（8）:27-28.

以现代治理推进江西省秀美乡村建设研究

——以丰城市“一户一宅”管理模式为例

李才平　黄毅峰　陶国根　钟国辉

【摘要】丰城市按照省委、省政府“整洁美丽、和谐宜居”的工作要求，探索“一户一宅”农村宅基地管理模式，有效推进了秀美乡村建设，加快了乡村振兴步伐，取得了较好成效。一是盘活了闲置土地，有效地保护了耕地；二是彰显了生态宜居，推进了新村建设；三是体现了公平正义，促进了乡风文明；四是加强了村民自治，推动了各项工作。

丰城市按照省委、省政府“整洁美丽、和谐宜居”的工作要求，探索“一户一宅”农村宅基地管理模式，有效地推进了秀美乡村建设，加快了乡村振兴步伐。丰城市在全市698个新农村建设点及88个贫困村组推行农村宅基地管理工作。目前，全市31个村已实现拆除退出宅基地1430宗、退出面积162940平方米，征收有偿使用费13宗、面积1467平方米，竞价择位39宗、面积4703.47平方米；“七改三网”等基础设施建设有序跟进，呈现群众积极性增高、农村环境变美、乡风村风文明、农业发展向好的新气象。

一、主要做法

（一）坚持政府引导，采用“三个优先”

丰城市委、市政府专门下发了《关于进一步规范农村宅基地管理的实施方案》，明确工作原则、目标、任务和责任，把工作列为“书记工程”，市、乡两级主要领导亲自抓。为增强干事信心，在项目安排和资金支持等方面实行“三个优先”：一是涉农政策扶持优先，整合涉农项目资金，工作推进到哪里，资金配套就跟进到哪里；二是秀美乡村定点村庄优先，把宅基地管理作为新农村秀美乡村建设的前提，突破新农村定额补助标准，村庄基础设施总投资按照市财政奖补 80%、农村自筹 20%（含投工投劳）的比例进行统筹；三是项目招商选点优先，结合农业新兴业态发展，对休闲农业、观光农业、旅游农业、体验农业等项目选点的村组优先支持。

（二）坚持思想先行，赢得群众支持

加强宅基地管理涉及千家万户，没有群众的理解支持难以开展。丰城市把群众思想政治工作放在首位，帮助群众提高认识、转变观念。对常年在家的村民，依托农民讲师团，用通俗的语言、鲜活的事例广泛开展宣讲，并召开群众大会，集中宣传解释宅基地属集体所有、按规划用地、建新宅必须拆旧宅等政策。同时，组织群众代表外出参观体验，亲身感受“一户一宅”的益处，让广大村民形成“坚持‘一户一宅’原则，不是政府与民争利，而是政府予民实惠”的共识。对外出打工的村民，通过打电话、发微信群、发朋友圈等方式反复进行宣传发动、沟通交流。对极少数无动于衷的村民则多次上门入户，因人施策，动员社会各界做工作。耐心细致向群众说明目的意义、讲清政策要求、描绘美好前景。

（三）坚持群众主导，激发参与热情

坚持群众的事情群众自己办，按照“民事、民办、民议”的原则，各村成立民情理事会，理事会成员由群众自主推选公认度高、公信力好、公益心强的村民组成；采取信息公开、资金公开、监督公开的方式，在基层党组织的领导下，负责宣传动员、危旧房拆除、资金收支、宅基地分配、监督管理等一切事务。为了让理事会放心放胆，凡是理事会对村民的合理承诺，乡镇党委政府坚决予以支持，让理事会敢于承诺、能兑现承诺。让理事会干得顺心、群众觉得放心。理事会办事公道、坚持原则，取得广大群众高度信任，引领绝大多数群众舍小家、顾大家，自觉落实“一户一宅”政策，积极参与秀美乡村建设。

（四）坚持以人为本，做好“四篇文章”

如何拆得了？拆完怎么安？新村怎么建？资金哪里来？面对一系列难题，丰城市坚持以人为本，做好“拆、安、建、筹”四篇文章。

1. 满足合理诉求，破解“拆”的难题

实行“一户一宅”，最大的难点就是如何能拆除闲旧房屋。丰城市在前期做好思想工作的基础上，采取三种方式破解“拆”的难题。一是补、免、助。针对困难户、低保户、残疾户、重点优抚对象等对拆迁有顾虑的人群，根据自身实际情况给予拆旧补贴，建房应缴纳的费用全部免除，优先安排农村危房改造等救助项目。二是解决实际困难。把解决思想问题与解决实际困难结合起来，在解决实际困难的同时，让由实际困难引发的思想问题迎刃而解。如，同田乡新联村彭家组，家家户户饲养了猪、牛等家畜，一听村里要“宅改”，担心家畜没饲养场所，反对声音较多，丰城市采取规划集中建设家畜饲养区的方式打消了他们的顾虑，用实际行动取得了群众的支持。三是发挥带头作用。由干部、党员、知名人士带头拆除，示范带动广大群众。小港镇沙埂村是一个有6000人口的大村庄，村中有危旧房和空房700余栋，其中集中连片的正房459幢、附房243幢，为让村民吃上定心丸，在拆除旧房时由理事会按房屋建造年限、构造质量等标准评估补偿，二十世纪八九十年代的砖木结构每平方米补200元，老旧房每平方米补100元，附房每平方米补60至80元，空地每平方米补50元。镇、村干部广泛听取民意，先后召开500人以上群众大会4次，理事会成员会议12次。理事会成员纷纷发挥示范带头作用，该村党支部书记兼理事会名誉理事长周浩然，第一个签字拆除自家200多平方米的老宅。在村干部及理事会的感召下，短短1个月时间，共拆除正房360多幢、附房200多间，盘活闲置土地6万多平方米，可规划宅基地400多宗。

2. 分类灵活施策，消除“安”的顾虑

实行“一户一宅”，重点是拆除旧房后村民住房怎么安排。按照轻重缓急原则，丰城市从四个方面着手。一是已新建房屋的村民，严格按照“一户一宅”，不允许再建，只给予拆房补偿。二是拆除了旧房而没有建新房的村民，根据意愿可以优先购买统一规划后的宅基地建房，面积每户不得超过 120 平方米。三是凡居住在危旧房的孤寡老人愿意进入敬老院的安排进敬老院，不愿意进入敬老院的及贫困户作为精准扶贫对象安排永久性安置房。四是在外地工作逢年过节需要回乡居住的群体，根据村民意见进行人性化考虑，既可申请宅基地，也可按要求采取统一建房或由集体调换更好住房的办法妥善安置。白土镇中山村对无能力建新房的五保户、低保户等首先安排永久性安置房，房屋产权和宅基地归村集体属有，根据需要共计划建 10 套，每套 70 平方米，目前已建 4 套；对一般困难户进行临时性过渡安置，以限期租金补偿的方式租住在村民及亲戚家中，同时申请危房改造资金，优先安排宅基地构建新房；对有新房屋居住者在规划范围内的旧房无条件拆除，不再安排宅基地；对少数在外工作的，无论户籍在哪里，村里拆了他们的老房子同样预留宅基地，只要是中山村民愿回来盖房子的都安排宅基地。

3. 统一规划设计，确立“建”的标准

实行“一户一宅”，核心是建设。丰城市主要抓好三个方面。一是科学规划建设标准。聘请专业人士进行规划设计，按照统一图纸设计、统一房屋层高、统一巷道修建等要求对符合条件建新房的实行“一户一宅”，每宅占地面积不超过 120 平方米。在方式方法上统筹安排，严格按照“申请建房—上户核实—村组公示—分宅基地—统一建设”的程序进行操作。二是突出配套设施建设。按照秀美乡村建设要求，退出土地面积在可保障 15 年新增人口建房的基础上，按功能划分出文化休闲区、牲畜养殖区、集体经济培育区、新建房土地预留区，在村内新修环村公路和通村主干道，全面实现“七改三网”，建设污水处理中心，设立“垃圾银行”将垃圾进行分类处置。三是注重打造农村特色文化。按照留住乡愁的要求，根据各村的历史渊源、传统文化、村风民情等，打造“一村一品”特色文化，建立村史博物馆，创作一首村歌。

4. 拓宽资金来源，突破“筹”的瓶颈

实行“一户一宅”，最紧迫的是资金。丰城市积极拓宽资金筹集渠道。一是拍卖宅基地。退出的宅基地归集体所有，按照规划进行拍卖，通过找差价的方式，所得结余款留存集体。二是给予政策支持。“一户一宅”试点的村全部列入新农村建设点，能够列入中心村建设的将根据村点规模按一定标准进行补贴，不能列入中心村的按一般建设村点进行补贴，在用地指标、减免税费等方面予以政策倾斜。三是捆绑项目资金。对各项目资金捆绑使用，用地指标可用于文化中心、休闲广场、集镇建设等民生设施，对试点村的农业基础设施建设、土地整治、扶贫开发、农业综合开发、农业产业培育等项目上给予优先立项和安排扶持资金，在排水、广电、通讯、建房审批等方面适当降低试点村建设税费成本，保障农村宅基地管理的顺畅高效。四是村民自筹和捐款。充分调动村民筹资筹劳，发动具有一定经济实力、热心公益事业的村民慷慨解囊，踊跃捐资。沙埂村在不到 2 个月时间内，就收到村民自愿捐款近 50 万元，村前池塘、进村公路修缮一新。

二、取得的成效

（一）盘活了闲置土地，有效地保护了耕地

实行“一户一宅”，土地有序退出、有偿使用，最明显、最直接的成效就是极大地保护了土地资源，短短三个多月时间，31 个村拆除 1400 多栋破旧农房，退出土地面积 250 多亩；同时，盘活了闲置土地，对一些闲置废弃的厕所、禽畜舍、老队屋及无合法权属来源的建筑物，实行无偿退出，然后将闲置土地纳入总体规划，大量闲置宅基地得到释放。仅小港镇沙梗村就在老村拆除旧房 400 多栋、附属房近 200 栋，腾出宅基地 60000 多平方米（近百亩），完全可以满足全村今后 20 年农户建房的刚性需求，确保了该村两代人建房不再占用一寸耕地。秀市镇新街村通过加强宅基地管理，退出旧宅基地 10 余亩用于“增减挂”项目。

（二）彰显了生态宜居，推进了新村建设

“空心村”多为“旧、破、乱”的砖木老房，随着这些旧房的拆除，一是彻底消除了消防安全隐患，再也不用为火灾和倒塌而造成的安全事故提心吊胆。二是让一大批破旧的危房、栏舍纷纷“退位”，腾出来的宅基地重新科学规划，有力地改观了村容村貌。三是结合秀美乡村建设，“七改三网”积极跟进，基础设施不断完善和提升，仅目前试点的 31 个村就

完成改水1490户，改厕1418户，道路硬化22.92公里，改塘14口，改沟5978米，村庄绿化植树6300多株，安装LED太阳能路灯331个，新建修缮文化活动场所12个，村村配齐专业保洁人员，真正让农户实现了“住一幢舒适房，走一条平坦路，喝一口干净水，有一套靓丽房”。董家镇席家村拆除59幢破旧房屋后，加强基础设施建设，被列为丰城市全面小康美丽乡村示范区的示范村庄，知名企业浙江联众公司、贵澳集团已双双落户该村，打造温泉度假和生态农旅项目。

（三）体现了公平正义，促进了乡风文明

建房争地，一直是农村引发邻里纠纷和宗族矛盾的主要“燃点”和隐患，现在实行“一户一宅”，统一规划、统一层高、统一面积、统一朝向，收缴费用、竞价择位、规划建设等认真做到公平公正公开，公平正义得到充分体现。一是广大农户心平气顺。邻里和睦，再也不因为面积大小、房屋高矮、通风采光等问题产生矛盾，发生纠纷。二是文明建房蔚然成风。在择地建房过程中，群众相互帮助、相互谦让，严格按照村里的规划和要求施工，在一定程度上杜绝了建房攀比风。洛市镇上堆村有两户经济条件较好的村民，原本准备投资百万建房，后来按村里标准，建房款不到30万元。三是增强了法制和卫生意识。通过组织广大干部群众学习《中华人民共和国土地管理法》等有关法律法规，私下交易宅基地、非法占用耕地、违规开窗建房等行为得到有效遏制；随着基础设施不断完善，村庄保洁人员配备到位，广大村民讲文明、树新风、爱卫生、守村规的多了，乱堆乱放、乱扔乱倒、乱搭乱建的少了，村容村貌根本改观，村风民风明显好转。

（四）加强了村民自治，推动了各项工作

从全市31个试点村来看，通过加强农村宅基地管理，基层民主自治得到进一步加强，真正有人管事、有人做事、有章可循。民情理事会全程参与宣传教育动员、拆迁规划择地等工作，镇村两级放手，广大群众放心，这种“让群众去做群众工作”的办法，增强了村民的集体观念和主人翁意识。小港镇沙埂村是个有6000多人口的典型大村庄，有40名村民组成四个理事会，不但在“一户一宅”管理工作中发挥重要作用，还集体研究制定《村规民约》，充当了民事调解、帮困扶贫、红白喜事操办、各项活动组织等多方面管理的编外“村干部”。同时，民情理事会还成了密切干群关系的桥梁和纽带、村“两委”班子的得力助手，全村上下，营造了党员干部带头，理事会成员驱动，广大村民跟进的良好工作氛围，有力地推动了各项中心工作，沙埂村的新村建设、农业生产、环境治理、精准扶贫、信访维稳等均列小港镇乃至全市前茅。

三、几点启示

（一）要致力转变群众观念

转变群众观念，是顺利推行“一户一宅”的前提。在农村“土地是私人的，宅基地是祖业”的老旧观念根深蒂固，这是“一户一宅”法规在我国基层难于有效推行的症结，也是开展工作的难点所在。对此，丰城市秉持“先通思想后动工作”的理念，把做通群众思想放在首位，致力打破群众的老旧思想，让群众认可“土地是集体的，宅基地是大家的”正确观念，从思想源头上让群众认可“一户一宅”。例如在6000多人口的小港镇沙梗村，工作开展始终未出现一起群众阻挠、越级上访事件，很大程度是得益于耐心细致地开展了群众思想政治工作，让群众树立了“一户一宅”观念。

（二）要顺应群众合理诉求

解决群众合理诉求，是顺利推进“一户一宅”的保证。丰城市在试点工作中，将解决群众诉求贯穿工作始终。优先高标准制定规划，让群众能够展望未来美好发展前景；精心打造“一村一品”“一村一特”秀美乡村，大力投入农村基础设施建设，让群众住舒心房、走平坦路、喝干净水；民主制定落实附着物补偿办法、家畜饲养办法、困难人员安置办法等，让群众保持正常的生产生活。正是用美好的期许、实际的投入、充足的保障，解决群众诉求，消除群众担忧，群众才会逐步地由开始的理解支持变为积极主动参与。

（三）要选优配强工作队伍

选优配强工作队伍，是顺利推行“一户一宅”的关键。本课题组认为，做好宅基地管理工作，民情理事会队伍、村级班子队伍至关重要。民情理事会成员一定要选好，政治素质要过硬，要能够扎实当好党和政府联系沟通群众的桥梁纽带，发挥好先锋模范作用；公道正派要过硬，能够始终坚持公平公正的原则，切实做到一把尺子量到底、一个方案管到底、一个标准执行到底，切实无私心、不谋私利。村级班子队伍一定要配强，要在群众当中威望高，群众对村级班子充分信任支持。小港镇沙梗村村“两委”班子 2015 年底搭建后，在任职不到两年时间，开展了大量务实有效的工作，其中，为本村筹集了 500 多万元用于各项民生事业，村民得到了很多实实在在的实惠，赢得了村民的一致信任支持。当村民听到“村干部”要推行“一户一宅”后，大多数村民相信是件大好事，纷纷支持赞成，工作阻力比想象中的小了很多。

充分有效地激活企业家精神，助推江西经济高质量跨越式发展

程家健 刘 勇 何文靓

【摘 要】当前，我国经济进入发展新常态，努力推动经济高质量发展，是保持经济平稳有序健康发展、实现新旧动能转换的必然选择。在贯彻落实中央对于高质量发展的决策部署基础上，立足于经济欠发达的省情实际，中共江西省委在十四届六次全会上把“推进高质量跨越式发展”作为当前经济发展的“首要战略”，以期顺利实现经济发展升级并与全国同步建成小康社会。企业家精神作为经济发展中最为活跃、最具创造力的生产要素，是决定区域经济发展的关键，充分有效地激活企业家精神，对江西经济实现高质量跨越式发展至关重要。

本课题首先立足于宏观经济政策环境，分析了当前江西经济发展阶段转换与企业家精神的时代价值，指出充分有效地激活企业家精神，是助推江西高质量跨越式发展的关键。接下来，从企业家精神的核心内涵以及企业家精神助推江西高质量跨越式发展的路径等理论层面分析了企业家精神如何助力经济实现高质量跨越式发展。最后，从增强企业家精神的内生动力机制、完善企业家精神的外部发展环境、筑牢激活企业家精神的法治根基、充分发挥企业家在创新中的主体作用、着力为企业家营造良好的营商环境等五个方面提出了相应的政策建议，以期充分有效地激活企业家精神，助力江西经济实现高质量跨越式发展。

一、江西经济发展阶段的转换与企业家精神的时代价值

（一）江西高质量跨越式发展的时代背景与现实选择

习近平总书记在党的十九大报告中明确指出：“我国经济已经由高速增长阶段转向高质量发展阶段。”紧接着，在十九大之后召开的首个经济工作会议上，中央再次强调“我国经济发展进入新时代，推动高质量发展是当前和今后一个时期确定发展思路、制定经济政策、实施宏观调控的根本要求”，这些表述意味着“高质量发展”作为一个核心概念，正式进入到中国经济政策意涵的表达之中，在未来很长一段时间内，中国经济发展的着力点将更加注重质的提升，而绝不是仅仅考虑量的增长。

2016 年，习近平总书记在江西考察期间，一针见血地指出：“发展不足仍然是江西的主要矛盾，必须主动适应经济发展新常态，向改革开放要动力，向创新创业要活力，向特色优势要竞争力，奋力夺取全面坚持小康社会决胜阶段新胜利。”在深刻理解习近平总书记重要指示精神的基础上，结合当前中国经济发展的宏观大势，江西省委十四届六次全会提出将“推进高质量跨越式发展”作为江西发展的“首要战略”：“高质量发展对标中央要求，事关发展方式、经济结构、增长动力的深刻变革；跨越式发展是江西作为欠发达地区奋起直追、同步小康的现实选择。”[①] 这一战略部署充分考量了当前中国经济发展阶段转换的客观现实，并立足江西实际、解决江西问题、引领江西发展，充分体现了江西的特点、时代的特征和改革的特质。毫不夸张地说,“高质量跨越式”发展就是“高质量”发展的江西解读。

这里，需要特别指出的是，中国经济发展阶段正在由高速增长“转向”高质量发展，而非“转为”，也就是说我们的经济发展阶段，并没有完全转变过来，还处于新旧动能机制胶着的渐进性改善之中，而这对于江西这样一个欠发达地区的省份而言，更是如此。当前，就总体而言，江西正进入到工业化中后期阶段，该阶段的经济体将不可避免地处于转变生产方式、

① 刘奇．从更高层次贯彻落实习近平总书记重要要求共绘新时代江西物华天宝人杰地灵新画卷——在省委十四届六次全体（扩大）会议上的讲话 [N]. 江西日报，2018.7.30.

优化经济结构、转化增长动力的攻关期。

对于下一阶段的江西而言，如何能够从工业化中后期切换到全面完成工业化，进入到高质量跨越式发展阶段是江西在新时代亟待解决的现实经济命题。回答好这个新时代的江西经济命题，有两个关键节点不容回避：其一，如何构建起支撑江西经济实现高质量跨越式发展的经济增长方式？其二，江西经济如何实现由高速增长阶段到高质量跨越式发展阶段的“转换”？

课题组认为：经济的高速增长阶段对应的是单纯将 GDP 作为衡量经济发展水平的表征的经济发展阶段，也可以说是社会主义市场经济起步或者说是不完善阶段，在这样的历史阶段，由于经济运行主体发育不成熟、市场经济体系的建立亦需要过程，因此，以政府来主导域内经济体系的运行就成为必然选择。而这一点，对于欠发达地区的江西而言，这一经济发展的特性尤为突出：因为根据区域经济学的“循环积累因果理论”，一旦一个地区落后的局面形成，那么要素的“虹吸效应”将会进一步恶化其发展环境，形成一种“锁定”效应，从而陷入贫困的纳什均衡之中，也就是说，区域内的任何一个微观经济主体（企业、家庭等），事实上没有动力和能力去改变这个均衡，而此时，就需要地方政府实施经济职能，发挥地方政府的“企业家精神”以助推当地经济的增长。因此，在中西部欠发达地区的地方经济发展规划中，经常会出现类似于“以重大项目建设为抓手”的表述。需要指出的是，由于政府主导经济体系的运行，其从事经济活动的目标并非如企业一般，是以利润为导向的市场化倾向，而是追求当期政府财政收入和政绩的最大化，这就决定了这种经济运行体系的低效率和粗放式。

当前，伴随着中国经济进入“新常态”，以往在宏观上支撑中国经济高速增长的人口、资源等要素禀赋条件发生了新的变化，加上环境承载能力日趋接近上限，中国经济发展的红利正在逐渐缩小，以往单纯依靠规模扩张的粗放型、低效率增长模式已然变得不可持续，经济的增长方式须要切换到注重投入产出效率和经济效益提升的发展阶段，也就是高质量发展阶段。利润化、效率导向下的经济体系下，价值规律这一市场经济的基本规律在经济体系的运行中将会充分发挥“优胜劣汰”的威力，把经济效率低下的微观经济主体“出清”，实现资源的高效配置。

对于经济欠发达省份而言，意味着发展的环境和条件将发生深刻变化，以往在经济发展进程中的结构性矛盾会愈加凸显，这对其以往形成的以政府为主导的经济发展模式形成了前所未有的挑战。关于这一结构性问题，刘奇书记在省委十四届六次全会上用“三个并存”进行了精准概括：“现阶段，江西在发展进程中还面临诸多深层次问题：发展不充分与发展质量不高并存，加快经济发展与加强生态环境保护的问题并存，基础设施滞后等‘硬环境’不足与思想观念滞后等‘软环境’不优的问题并存。”①

如何应对上述挑战？党的十八届三中全会给出了明确的思路——“两手论”：“使市场在资源配置中起决定性作用”和“更好地发挥政府作用”，作为习近平新时代中国特色社会主义经济思想总结归纳出的“七个坚持”之一，这个“坚持”明确了未来中国经济体制改革所要借助的体制机制，那就是“有效市场 + 有为政府”。中国经济能否实现高质量发展，取决于市场与政府作用边界的清晰界定和作为高质量产品或服务的供给主体——企业主体作用能否发挥。以往，中国经济特别是欠发达地区的经济运行效率不高，其最根本原因就在于缺乏提供有效供给的主体——企业及企业家。

（二）企业家精神是助推江西高质量跨越式发展的关键

中国特色社会主义进入新时代，必定是以中国经济“转向”高质量发展作为支撑。所谓经济高质量发展，是指能够更好地满足人民群众日益增长的美好生活需要的发展，是体现新发展理念（创新、协调、绿色、开放、共享发展）的发展，更是以劳动生产率和全要素生产率的提高为表征的发展，这种经济增长模式呈现的突出特征是：生产要素投入少、资源配置效率高、资源环境成本低、经济社会效益好。②

以企业作为经济体系运行主体的经济增长模式是一种严格面向市场、

① 刘奇.从更高层次贯彻落实习近平总书记重要要求共绘新时代江西物华天宝人杰地灵新画卷——在省委十四届六次全体（扩大）会议上的讲话[N].江西日报，2018-7-30.

② 曾铖，郭兵，罗守贵.企业家精神与经济增长方式转变关系的文献述评[J].上海经济研究，2015（12）.

全面体现价值规律的经济增长方式。因此，在中国经济高质量发展阶段，经济增长方式将由以往的“政府主导型”向“企业家主导型”转变，这点在近几年的经济发展实践当中也得到了屡次验证：2016年5月，“权威人士”在人民日报头版头条专门向市场喊话，“让企业家既有‘恒产’又有‘恒心’”“不要盲目翻旧账、使创业者有安全感”；2016年11月底，中共中央、国务院发布《关于完善产权保护制度依法保护产权的意见》，直接从最要害的产权保护入手，提出要“甄别纠正一批社会反映强烈的产权纠纷申诉案件，剖析一批侵害产权的案例”；同时，要“以发展眼光客观看待和依法妥善处理改革开放以来各类企业特别是民营企业经营过程中存在的不规范问题”，首次提出“妥善处理历史产权旧案”，也被认为是对处置企业家“原罪”的方向性指引；2016年中央经济工作会议上，中央强调要“稳定民营企业家信心”“保护企业家精神，支持企业家专心创新创业”；2018年9月25日，中央以专门文件的形式下发了《中共中央国务院关于营造企业家健康成长环境弘扬优秀企业家精神更好地发挥企业家作用的意见》，在顶层设计层面首次明确了企业家精神的地位和价值。

民营经济土壤是企业家精神涵养最为充分的领域，2018年11月1日，习近平总书记亲自召开民营企业座谈会，并在会上着重强调：“民营经济是社会主义市场经济发展的重要成果，是推动社会主义市场经济发展的重要力量，是推进供给侧结构性改革、推动高质量发展、建设现代化经济体系的重要主体，也是我们党长期执政、团结带领全国人民实现‘两个一百年’奋斗目标和中华民族伟大复兴中国梦的重要力量。”[①]

高质量发展的新时代是中国经济新的经济发展阶段，在这个新的阶段，我们发展经济的着力点将更加聚焦到满足人民日益增长的美好生活这个真实的“需要”，而并非以往在经济的高速增长阶段，仅仅关注经济发展的数字。人民的美好生活的需要在经济层面所表现出来更多的是经济发展的质量特性，而经济发展质量的内容所表现出来的多维性和丰富性（比如对社会公平正义、对环境生态等的要求），要求我们的经济发展战略和模式

① 习近平．在民营企业家座谈会上的讲话．新华网，2018-11-1.

选择的高度创新性，而这一要求与以“创新”为内核的企业家精神是完全契合的。在经济体系实际运行过程中，作为创新活动的参与者和引领者——企业家，通过发挥其企业家精神，创建新企业、创造新模式、运用新技术、制造新产品、开拓新市场，在不断提升企业的核心竞争力的同时，不断推动全社会新技术、新产业、新业态的蓬勃发展，为整个社会提供动力之源。

当前，中央倡导加强企业家队伍建设，激发和保护企业家精神，其实是希望通过构筑“以企业为基础的经济增长方式”形成和强化能够推动高质量发展的新的经济发展方式、结构和动力状态。[①]

当前，要使“市场在资源配置中起决定性作用”，激活市场的活力，唤醒企业家精神，关键在于处理好“政府与市场的关系”这一核心命题，通过政府的自我革命，转变职能，将该放的权放到位，该营造的环境营造好，该制定的规则制定好，充分有效地激活企业家精神，让中国经济舞台上的企业家能够有更高的学习能力、更多的创新机会，能够在中国经济体系的运行过程中发挥基础性的作用。

具体联系到江西的经济发展，亦是如此。正如刘奇书记在省委十四届六次全会上的讲话中所指出的：“推进江西高质量跨越式发展必须把创新摆在核心位置，深入实施科技强省、工业强省战略，以科技创新引领产业创新，做优做强做大主导产业、特色产业，加快形成以创新为支撑的现代化经济体系。”要加快构建“以创新为支撑的现代化经济体系”，必然要求充分发挥企业家精神的主体性作用，进一步增强企业创新主体意识，主动适应科技变革，舍得投入研发，增品种、提品质、创品牌，让产品服务迭代速度跟上需求升级节奏，最终赢得市场竞争。

从某种程度上说，江西经济落后与企业家精神缺失，特别是民营经济发展滞后有很大的关系。仅以邻省浙江为例，浙江国土面积为10.55万平方公里，仅为江西省国土面积的63.2%，自然资源禀赋也并不比江西好，但改革开放以来，浙江经济突飞猛进，一举成为中国经济最具活力的省份

① 任保平，郭晗．红变化背景下中国经济发展方式转变的路径转型[J]. 西北大学学报，2012（5）.

之一，众所周知，其发展“秘诀”之一就是以民营经济的“遍地开花”式发展带动了县域经济的快速起飞，进而形成了特点鲜明的“浙江经验”：截至 2018 年 6 月底，浙江民营企业总数超过 193 万家，民营经济创造增加值 3.4 万亿元；在 2018 年全国民营企业 500 强中，浙江有 93 家民营企业入围，占总数的近五分之一，连续 20 年位居全国第一；浙江民营经济创造了全省 56% 的税收、65% 的生产总值、77% 的外贸出口、80% 的就业岗位和 90% 的新增就业；在浙江 429 家上市公司中，民营企业占比达到 84%，全省 7700 家股份制企业中，民营企业占比达 95%。[①] 以上数据充分展示了浙江民营经济强大的竞争力和良好发展态势。民营经济迅速崛起，已成为推动浙江经济社会发展的根本动力，也是浙江改革开放过程中名副其实的“金名片”。

反观江西，截至 2017 年底，全省民营企业总数仅为 54.4 万户，民营经济创造增加值仅为 1.2 万亿元。在 2018 年全国民营企业 500 强中，江西仅有 6 家民营企业入选，与浙江的差距相当明显。虽然近年来江西民营经济发展迅速，但总的来看，江西民营经济“规模不大、实力不强”的特点十分突出，即使是与周边中部省份相比，仍有较大差距：从发展总量看，湖北、湖南两省民营经济增加值均超过了 2 万亿元，安徽为 1.6 万亿元；湖北、安徽、河南民营企业 100 强入围门槛分别为 19 亿元、24 亿元和 17 亿元，而江西仅为 14 亿元；从发展质量看，江西民营企业创新能力弱，拥有授权专利数量少，研发投入比例低。2017 年，江西只有 27 家企业研发投入比超过 5%，极大地制约了民营企业做大做强的空间[②]。

综上所述，只有努力培育包括民营企业在内的各类企业发展，凸显企业家的主体作用，才能充分有效地激活企业精神，对接好江西发展潜力以及资源禀赋，助力江西实现经济高质量跨越式发展，共同绘就新时代物华天宝、人杰地灵的江西新画卷。

① 张金如 .2018 浙江中小企业发展报告 [M]. 浙江工商大学出版社，2018.

② 江西省工信委公布的公开数据 .

二、充分有效地激活企业家精神，助推江西经济高质量跨越式发展的路径分析

习近平总书记明确指出："全面深化改革，就是要激发市场蕴藏的活力，而市场的活力来自人，特别是来自企业家，来自企业家精神。"刘奇书记在2018年11月8日召开的民营企业家座谈会上也强调："民营企业最大的机遇来自民营企业家本身。"他还结合江西经济发展实际，对广大民营企业家提出殷切希望："要志存高远、胸怀大局，大力弘扬企业家精神，做爱国敬业、守法经营、创业创新、回报社会的典范。要坚守主业、扎根实业，持续做强专业、做优特色、做精产品，加快培育竞争优势，推动企业上规模、上档次、成品牌，致力打造百年'老店'。要高度重视创新，以市场为导向，加强技术创新、管理创新、商业模式创新，促进企业持续健康发展。要珍视自己的社会形象，坚持守法经营、诚信经营，坚持绿色发展，热心公益事业，把追求企业经济效益与追求社会效益结合起来，以良好的企业形象提升品牌价值。"在紧接着召开的省委十四届七次全会上，刘奇书记再次强调，"民营经济是经济发展的源头活水，支持民营经济发展是经济体制改革的重要内容。要营造法治化制度环境，构建亲清政商关系，激发和保护企业家精神，保护民营企业家的人身安全和财产安全，让广大企业家坚定信心向前走、心无旁骛谋发展"。[①]

（一）企业家精神的核心内涵

企业家是经济活动的重要主体，在一定程度上甚至决定了经济增长的质量，企业家精神是企业家行为的高度概括，是经济发展的重要源泉。中国改革开放四十年的历史，从本质上讲是企业不断发展壮大、进行科技探索，助推中国经济实现产业升级的过程。倘若从企业家的角度来理解经济增长，我们不难得出这样的结论：经济的增长绝不是"在给定目标下如何配置既定的稀缺资源"的问题，或者说不是"罗宾斯最大化问题"，企业家的创造性活动是不断"发现新的目标和新的手段"，目标和手段都不是

① 刘奇．在省委十四届七次全体会议（扩大）会议第一次全体会议上的讲话）.2018.12.

既定的，企业家的生产可能性边界不是事先就可以确定的，经济的增长应该更多地体现在企业家"发现、利用、创造"新的机会或组合，而不是停留在对既定资源的使用上。

"企业家"一词源于法文，原意是带有"冒险家"的意思。在现实经济生活中，一般的职业经理人是并不能被称为"企业家"的，而只有那些具有创新思想、开拓出创新业绩，并具有"企业家精神特质"（冒险、执着、警觉、机敏等）的企业领导者，我们才可将其称为"企业家"，因此，企业家是一种稀缺的社会资源。目前西方经济学界对企业家精神的讨论大致可以划分为三大流派，具体见表 1。

表 1 西方经济学界对"企业家精神"的认识

学派类别	代表人物	核心观点
德国派	熊彼特（1934）、鲍莫尔（1968）	该学派主要聚焦企业家精神内核中的"创新性"。其中，熊彼特强调企业家的创新者角色，认为企业家是经济中的打破市场供求均衡的"破坏性力量"；鲍莫尔认为："企业家的角色并不都是建设性和创新性的，企业家精神在生产性和非生产性活动之间的配置对经济的创新具有深刻影响。"
芝加哥派	奈特（1921）、舒尔茨（1980）	该学派主要聚焦企业家的风险承担能力和冒险精神以及应付市场失衡的能力。其中，奈特将企业家与风险承担者连接起来，强调企业家是处理未来不确定性的主体；舒尔茨认为经济的长期增长是一个充斥着各种类型失衡的过程，企业家的才能就是应对失衡的能力。
奥地利派	米塞斯（1951）、科兹纳（1979）	该学派主要聚焦企业家对市场机会的识别能力。其中，米塞斯认为："由于市场的不完美，人类行为的结果常常是不确定的，企业家就是努力消除蕴藏在人们行为中的不确定性的行动者"；科兹纳则指出："新古典经济学描绘的均衡世界不可能自动实现，市场常常处于非均衡状态，正是这种非均衡状态的存在才使得企业家有用武之地。"

在社会主义市场经济语境下，企业家精神有着特定的内涵，这里，我们参照中共中央、国务院《关于营造企业家健康成长环境弘扬优秀企业家

精神更好发挥企业家作用的意见》中所做出的定义，即将其归纳为36个字：爱国敬业、遵纪守法、艰苦奋斗、创新发展、专注品质、追求卓越、履行责任、敢于担当、服务社会。而在江西这一特定地域而言，又可将其凝练为“厚德实干、义利天下”的赣商精神。

从企业家内涵的界定当中不难看出，企业家精神从长远来看是经济增长的内生动力之源，从短期来看能够影响新兴企业和新兴产业的蓬勃发展。能否激活企业家精神，充分发挥其在整个经济生产活动中，特别是在资源配置的微观层面所占据的分量，将是中国经济发展阶段实现由“高速增长”到“高质量发展”切换的关键。

（二）企业家精神助推江西高质量跨越式发展的路径分析

中国经济进入高质量发展的新时代，而江西省则进入了高质量跨越式发展阶段：对内，江西的诸多改革，特别是供给侧结构性改革向纵深推进；对外，江西面临着融入“一带一路”建设、对接“长江经济带”等重大任务。省内外的经济发展新的形势，需要江西凸显创新引领，要求其站在新一轮技术革命和产业变革“风口”上，改造提升传统产业、培育发展新动能，促进经济社会可持续发展。

在省委十四届六次全会上，省委做出了“创新引领是江西发展的第一动力”的战略决策。所谓“创新发展是第一动力”的工作方针是对“为什么创新”“在哪些领域创新”以及“如何促进创新”的总体谋划。江西要想将这一工作方针真正落到实处，就必须聚焦回应企业家这一创新主体的发展诉求。

从本质上来讲，“企业家精神就是社会的创新精神，是整个社会发展的策动力量”（熊彼特）。企业家作为现代市场经济中的一种特殊要素资源，是“创新者”群体中的领头者，其作用的发挥不仅能够对个体企业的发展实现引领，而且对社会整体的进步亦具有杠杆地位的作用。[①] 对于江西而言，要将具体的工作方针转化为企业的创新活动，政府就必须理解企业家、尊重企业家、爱护企业家、支持企业家，尤其是要激发和保护企业家精神，

① 郭凯明，余靖雯，龚六堂．人口转变、企业家精神与经济增长[J]. 经济学，2016（11）.

让在赣的企业深刻感受到其自身发展与江西发展休戚相关、命运与共，要通过建立完善各种制度，构建起企业家与江西经济发展之间的共生关系，即“企业强，则江西强”“江西强，企业会更强”。

现阶段，江西正转向高质量跨越式发展的新阶段，高质量发展有高质量发展的产业，比如航空、电子信息、装备制造、中医药、新能源、新材料等主导产业方兴未艾，这为在赣的企业家的发展提供了更加多维的高质量平台。正所谓“政府搭台，企业唱戏”，为了充分发挥企业家在江西经济高质量、跨越式的作用，近年来，省委相继出台了一系列相关政策，努力实现企业发展与省委产业政策的对接。此外，为了最大限度地培育和呵护企业家精神，省委在多个重要会议上强调要打造政策最优、成本最低、服务最好、办事最快的“四最”营商环境，充分激发企业家干事创业的活力。

客观地说，企业家存在于市场经济的每一个角落，企业家精神本身也存在于市场经济内每个社会成员的个体之中，而只不过当它被某些因素约束或遮掩时，没有显性化。而当我们最大限度地将制约企业家精神的因素移除后，企业家精神被唤醒之后就会在中国特色社会主义市场经济中发挥出神奇的威力。①

从本质上来讲，企业家及其企业家精神是市场经济制度的一种体现形式，它的显性化程度是受一定社会现行经济制度和政策制约的。作为一个经济活力相对欠缺的后发地区——江西，推动经济发展是第一要务，这一要务实现的一个重要因素就是要促使出现一个企业家精神供给不断增加的局面，这将大大释放地区的经济发展活力。

综合上述分析，就现阶段而言，课题组认为，江西可以从以下三个维度入手，来充分激活企业家精神：

1. 市场化程度

严格按照市场规律构建企业家精神“显性化”机制。经济发展的实践证明，企业家精神不是靠人工开发出来的，它是无数的企业家在残酷的市场竞争中通过无数个成功与失败的历练、不断“试错”调整而沉淀下来的。

① 张军扩. 高质量发展需要大力弘扬企业家精神 [J]. 中国发展观察，2018（8）

唯有充分发挥价值规律"优胜劣汰"的机制，形成"良币驱逐劣币"的健康市场经济环境才能激活企业家精神，让企业家们创新的密度和深度越来越大。激发企业家精神，需要权利平等、机会平等、规则平等的市场环境。就现阶段江西经济发展现状而言，民营企业投资的"玻璃门""旋转门""弹簧门"等现象依然存在，且个别地方政府"新官要理旧账"的诚信意识仍有较大改善空间。强化企业家公平竞争权益保障，依法清理废除妨碍统一市场公平竞争的各项规定和做法。促进各种所有制经济依法依规平等使用生产要素、公开公平公正参与市场竞争、同等受到法律保护。

2. 法治化程度

正如习近平总书记在民营企业座谈会上强调的："弘扬企业家精神，安全是基本保障。"良好的制度环境是企业家精神涵养的沃土，也是激活企业家精神、充分发挥企业家作用的保障。长期以来，困扰企业界和中国经济运行质量的一个突出问题就是，低信任的商业环境和某些企业的失信行为，究其原因，本源则在于企业家契约精神丧失。众所周知，契约精神是现代商业文明的核心特征，主要体现在契约自由、平等缔约、契约信守和契约救济四个方面，是构建现代化市场经济体系的基石，也是企业家精神培育的制度"软环境"。

诺斯的研究表明："社会没有能力形成一套有效的、低成本的契约执行体系是第三世界国家经济停滞不前和现在经济不发达的最主要根源。"企业家精神是企业家行为的高度抽象概括，这些行为在很大程度上会受到所在社会的制度约束和导引。而社会成员发挥企业家才能积极投身于市场经济进行创新创业的过程，其实也就是个人或者说公司财富的积累过程，对这些财富进行保护其实就是在保护企业家精神不被伤害、不被灭掉。回顾中国改革开放四十年，中国经济奇迹的创造就是因为我们在顶层设计层面的"市场化导向"，对产权进行保护、鼓励创新创业以及稳定的政策预期等，唯有对企业家的正当收益进行保护，形成稳定的心理预期，才会更多地激活企业家的创新创业行为。

3. 文化氛围

行为经济学认为，企业家精神就其本质，是人的一种行为特征——"机敏”，具有这种品质的人能够以其这种特有的禀赋，发现普通人没有意识到的“利润机会”，并通过对“利润机会”的把握，产生改变或创新的行为，从而重新界定了整个经济运行的手段与框架。企业精神的本质就是“发现新的资源、技术或手段”，而这些“新的资源、技术或其他手段”能够满足人们的需要，它是商业文化土壤中滋养出的一种产物。基于企业家精神所抽象出来的行为（比如求新、求异等）是一种与中国传统农耕文化格格不入的行为。商业文化影响的人们有着更大的交际范围，这有助于解决信息的不对称和发现新的机会，此外，商业文化还意味着人们将会面临很多“不确定性”，因而对失败也更为包容，这些都有利于企业家精神的孕育。反观农耕文化，农耕文化下人们的活动范围比较局限（比如血缘、家庭等），这就容易形成信息的不对称，不能够及时把握新的机会或可能，此外，农业的发展常常在遭遇自然灾害，在强大的自然威力面前，人们通常选择集体面对，注重集体的“关系”，忽视个人的选择，这就导致人们不敢进行创新，农耕文化氛围下，人们通常表现为“羊群行为”的特质——从众、随大流，这些特质就大大抑制了企业精神的培育。

经济学家斯蒂格利茨在谈及发展中国家经济问题时曾明确指出：“在很多发展中国家，一个关键性问题就是缺少企业家。”因此，课题组以为：就目前江西而言，整个社会对企业家精神培育的力量相对来说是薄弱的。未能有效激活企业家精神的原因，主要在于对企业家精神激活的制度性约束，也就是说，现阶段，在理念认识层面，无论是高层还是社会层面就要激发和保护企业家精神已经形成了共识，但是在制度建设方面，我们是滞后的，迄今为止，我们还尚未形成能够很好地激发和保护企业家精神的制度环境，如果在接下来的全面深化改革过程中，我们能够提供这一有效制度供给，以相关政策环境的不断优化来充分激活企业家精神，江西经济的高质量跨越式发展必然会水到渠成。

三、充分有效地激活企业家精神，助推江西经济高质量跨越式发展的政策建议

有效地激活企业家精神，充分发挥企业家作用，是新形势下推动江西经济高质量跨越式发展的重要途径和关键举措，因此，在当前和今后很长一段时期，既要进一步增强企业家精神的内生动力机制，又要着力完善企业家精神的外部发展环境，筑牢培育企业家精神的法治根基，充分发挥企业家在创新中的主体作用，着力为企业家营造良好的营商环境，为企业家精神的有效激活、为江西经济高质量跨越式发展奠定坚实基础。

（一）以“36字核心内涵”为准绳，增强企业家精神的内生动力机制

在《中共中央国务院关于营造企业家健康成长环境，弘扬优秀企业家精神，更好发挥企业家作用的意见》当中，用“三个弘扬”、36个字对新时代企业家精神的内涵进行了精准概括，即爱国敬业、遵纪守法、艰苦奋斗的精神；创新发展、专注品质、追求卓越的精神；履行责任、敢于担当、服务社会的精神。[①]

“36字核心内涵”既是高层对广大企业家群体的关爱与期待，同时也为企业家提供了相应的对标准绳，因此，江西企业家首先要以此为基准，勤练内功，增强企业家精神的内生动力机制，以更好地助推江西经济高质量跨越式发展。

首先，江西企业家要培育浓厚的家国情怀，使“爱国敬业、遵纪守法、艰苦奋斗”成为企业实现健康稳定可持续发展的必要基础：爱国敬业是企业家做人做事的道德底线；遵纪守法是企业家经营管理的底线；艰苦奋斗是企业家基业长青的保障。习近平总书记在全国政协十二届四次会议工商界委员联组会上，希望广大民营企业家“做爱国敬业、守法经营、创业创新、回报社会的典范”，并提出加快构建“亲”“清”新型政商关系，既体现了总书记对民营企业家的亲切关怀，同时也对民营企业家提出了新的道

① 潘刚．弘扬优秀企业家精神，做新时代的实干家．http://www.xinhuanet.com/2017-10/03/c_1121759700.htm，新华网

德纪律要求，因此，江西企业家要始终保持对党和国家的无限热爱，以法律为准绳，清清白白守住政商关系底线，清清楚楚做好企业经营管理事务，为企业长远发展奠定坚实基础。

其次，江西企业家要培育不竭的发展源泉，使“创新发展、专注品质、追求卓越”成为企业提升核心竞争力和市场活力的主要根源：当前，我国经济正处于转型升级和新旧动能转换的关键期，江西也处在奋力推动高质量发展的窗口期，作为最具活力的经济主体，企业家特别是民营企业家在体制机制创新上有着独到优势，应该成为推动新旧动能转换的中坚力量。具体来说，江西企业家要秉持“创新为核、品质为基”的理念，在推动经济发展新旧动能转换和转型升级的同时，不断追求卓越，只有这样才能培育出更多有竞争力的企业，从而助力江西经济在国内外经济舞台上扮演更加重要的角色。

最后，江西企业家要培育强烈的责任担当，使“履行责任、敢于担当、服务社会”成为推动经济高质量发展和社会进步的重要保障。广大企业家应当具备长远眼光和大局意识，不仅要自信自立，加快自身发展，也要饮水思源，积极承担和履行社会责任。发展壮大实体经济是推动江西经济高质量发展的重要根基，也是全面建成小康社会的根本保障，然而，当前实体经济的发展面临着较为复杂的形势和诸多挑战，迫切需要在全社会倡导“干在实处、注重实效”的企业家精神，形成“全力支持企业家发展”“人人争当企业家”的舆论氛围。

（二）以“四个方面”为抓手，着力完善企业家精神的外部发展环境

1. 切实保护企业家的各种产权

要充分培育和激发企业家精神，首要在于让企业家拥有良好的稳定预期，而良好的稳定预期又取决于他们的财产权和知识产权等各类产权能否得到有效的尊重与保护，否则，企业家就难以形成较强的创新和创业动力。产权制度是社会主义市场经济持续稳定健康发展的基石，同时也是社会主义基本经济制度的重要组成部分，近年来，国家层面高度重视产权保护工作，并制定出台了一系列产权保护的相关政策，使全社会产权保护意识得以不断提升，产权保护力度得以不断加强。接下来，江西要按照“全面保

护、平等保护、依法保护、共同参与、标本兼治”原则，重点针对产权保护过程中的突出问题和薄弱环节，采取扎实有效措施，完善产权保护制度，织密产权保护屏障，尽早让企业家们吃下“定心丸”。

2. 充分尊重企业家的经营自主权

市场经济条件下，经营自主权是企业家充分展现自身才能的必要前提，也是有效地激发企业家精神的基础条件。在经济新旧动能转换和转型升级的关键时期，政府可以通过政策激励引导产业升级方向，也可以通过质量、安全、环保标准等提出产业升级要求，但在符合国家法律法规和各项规章制度的前提下，产能是否过剩？落后产能如何淘汰？产品服务如何升级？这些问题都应该由企业家做出判断和选择，政府不能越俎代庖。此外，企业战略选择、干部任用、薪酬激励等方面的经营管理决策，也要充分尊重企业家的自主权，不管是民营企业还是国有企业都应该做到这一点，这样才能不断提升企业的核心竞争力。

3. 加快构建公平公正的市场环境

当前，改革已经深入推进到“深水区”，各种所有制尤其是民营经济的经济产权和合法利益应该得到切实保护，要让他们依法享有平等使用生产要素、公平公正参与市场竞争、法律地位平等等多项权利，真正构建起各类经济主体公平公正参与竞争的市场环境。公平公正的市场竞争环境，既包括公平获得资金、技术、人才等各类生产要素的机会，又包括平等享有税费减免、政府采购、政策扶持、市场准入等各种外部环境的条件。公平公正的市场竞争环境会激励企业家主动创新和加强管理，进而提高产品服务质量，提高核心竞争力，反过来，如果市场环境不公平，就会逼迫企业借助非法手段获取竞争优势，将守法企业淘汰出市场。

4. 努力维护稳定健康的市场秩序

借助市场途径来有效地激发企业家精神，进而实现经济高质量发展，一个非常重要的前提，就是政府相关职能部门要努力维护稳定健康的市场秩序：一是要及时制定和执行质量、安全和环保标准，严格市场准入门槛，强化监管监督责任。如果相关的标准违法不究、执法不严，就会出现“违法者成本过低而守法者成本过高”的现象；二要进一步树立相关部门在产品检验检测、认证认可等方面的监管权威性，提高他们的社会公信力，借助他们的声音来减少市场竞争中信息不对称的困境，促进产品的“优胜劣汰”，进而真正实现优质优价；三是坚决打击假冒伪劣、侵犯知识产权等行为，加大惩罚力度，让违法者没有在市场上生存的条件和空间。

（三）以构建新型政商关系为宗旨，筑牢激活企业家精神的法治根基

激活企业家精神，既要让企业家聚焦于企业发展，同时政府也要以构建“亲”“清”新型政商关系为宗旨，不断完善法律法规体系，让遵法守法的企业获得充分保障，让违法犯法的企业淘汰出局，进而使企业家们能够全身心地投入到企业发展当中，专注企业创新创业，完善经营管理制度，从而为社会创造出更多具有吸引力的产品服务，助推经济实现高质量发展。

筑牢法治根基，是推动企业家开展诚信经营的关键[①]。俗话说：“人无信不立，企无信不兴。”就是说企业必须将诚信作为立企之本，才能获取长久收益。然而，在现实经济活动中，失信企业却可以在短时间内获利，甚至将守信企业逼出市场，导致企业失信行为时有发生。需要完善相关法律法规和制度体系，以法治思维约束企业家行为，加大对企业失信行为惩戒力度，以对其他失信企业产生警诫效应。

筑牢法治根基，是推动企业家履行社会责任的重要基础。企业与社会的关系密不可分：社会发展离不开企业的兴旺发达，企业发展为经济高质量发展提供了源源不断的动力，反过来，如果没有社会为企业提供各类要素支撑，企业也无法生存发展下去。所以，企业家要对社会心存感激，同时承担起自己应当履行的社会责任，通过多种途径回报社会，进而为企业树立正面形象，赢得更多社会公众的支持。要让企业家们主动承担更多社会责任，同样需要不断强化相关法律法规和制度体系的建设，形成良好的社会法治氛围。

要进一步明确政府与企业的关系，真正确立企业家的主体地位。在经济发展过程中，政府与企业有着千丝万缕的联系：既要承担宏观层面的制定完善经济体制、法律法规、产业政策等职责，也有中观层面的产业园区

① 徐航．用法治培育和守护企业家精神．人民论坛，2017（11）．

建设、行业准入许可以及微观层面的直接投资等活动，甚至有些地方政府还为企业提供了融资担保等金融支持。这种联系，一方面为企业发展提供了动力支撑，有力地促进了经济社会快速发展；另一方面可能会导致政企关系不健康甚至是寻租腐败。

加强法治建设，激活企业家精神：一是要加快建设统一市场，尽量破除地方保护主义，使企业能够在全省、全国乃至全世界范围内做大做强；二是要规范产业规划政策，杜绝借助产业政策为企业牟取私利的行为，同时避免“一放就乱,一抓就死”情况的发生,让企业家自行做出正确的决策；三是要明确地方政府职责，约束其干预经济活动的行为，完善其服务市场经济的功能，以更好地发挥监督者和服务者的角色。

（四）以弘扬创新精神为核心，充分发挥企业家在创新中的主体作用

鼓励企业创新，就是要激发企业家的创新精神，这是企业发展壮大的根本。有了企业家,才能集聚分散的创新要素,促使科技成果完成市场转化,促进头脑革命变成现实，进而促进江西经济实现高质量跨越式发展，因此，实施创新驱动战略，必须充分尊重、保护和弘扬企业家精神，最大程度发挥企业家在创新中的主体和引领作用，既要不断深化改革，借助市场手段形成公平的竞争环境，调动企业创新的积极性，又要增加对企业创新研发的支持力度，并通过完善法制和公正司法为企业创新清除障碍。

1. 坚定不移以创新为灵魂，促进企业实现发展新旧动能转换

企业家首先要有足够的创新精神，善于在组织内部营造创新气氛，激发全体员工在产品、服务、技术、理念以及商业模式等多个方面开展自发和自主创新，通过创新能力的增强来不断打造新的竞争优势，进而更好促进企业发展。

2. 坚定不移以效益为导向，促进企业实现多重效益共提升

实现高质量跨越式发展，意味着企业家要从过去纯粹看重产出转向注重多重效益：既要追求经济效益，不断提高企业经营管理水平和资源利用效率，提高全要素生产率；又要兼顾社会效益，更好地满足多元化社会发展和员工的多种现实需求；更要衡量生态效益，在生产经营中要保护好江西的“绿水青山”，确保经济活动的可持续发展。

3. 坚定不移以质量为根本，促进企业实现质量变革

企业要专注于自己最擅长的领域，积极培育“以质取胜”的战略眼光，调整优化产品结构，扎实开展品质提升行动，有效地提高产品质量层次，培育高质量和高标准的企业品牌，促进企业向产业价值链的中高端不断延伸。[①]当然，推动经济高质量跨越式发展是一项复杂的系统工程，需要政府相关部门努力为企业家服务，营造良好的外部发展环境。

（五）以强化正向激励为突破点，着力为企业家营造良好的营商环境

眼下，我国经济正处在优化经济结构、转变发展方式、新旧动能转换的关键时期，企业发展也正面临着“爬坡过坎、滚石上山”的巨大压力期，在此背景下，需要强化对企业家的正向激励导向，营造良好的营商环境，充分调动企业家们干事创业的积极性、主动性和创造性。[②]

1. 强化正向激励导向

首先，要确立企业的市场主体属性，建立健全与社会主义市场经济相适应的企业家管理机制，最大限度地激活企业家精神，更好地发挥企业家作用；其次，要树立正确的用人导向，对敢负责、勇担当、善作为、业绩好的企业家，及时予以提拔重用。另外，从多个维度建立容错纠错机制，为那些敢担当、做实事、有公心的企业家撑腰鼓劲，使他们的创新后顾无忧；最后，要完善企业家薪酬分配和激励机制，对贡献突出的企业家及时予以表彰。在国有企业当中建立完善既区别于党政领导干部、又充分体现国企特点的企业家薪酬管理制度，从而更好地激活企业家精神，不断释放他们干事创业的活力，助推经济高质量跨越式发展。

2. 营造良好的营商环境

江西要牢固树立“营商环境就是生产力”的理念，加快打造政策最优、成本最低、服务最好、办事最快的“四最”营商环境：一是加快放管服改革力度，完善政府服务，提高办事效率，最大限度地方便企业办事，降低

---

① 甘兰芳，杨文才. 激发和弘扬企业家精神要着力做好四个结合 [J]. 决策探索，2018（10）.

② 马建堂. 推动改革创新，弘扬企业家精神，促进高质量发展 [J]. 中国发展观察，2018（16）.

办事成本；二是加大对基础平台和共性技术等研发的财政投入力度，完善创新创业的制度环境，激励产学研用成果更好地开展市场转化；三是通过深化改革和鼓励竞争，尽可能地降低企业生产经营成本和税费负担，让企业“轻装上阵”；四是建立健全与新动能培育转换相关的法律法规和政策体系，促进经济发展新旧动能转换，为高新技术产业发展提供保障；五是完善政府调控，以振兴实体经济为导向，严防资金脱实向虚，抑制投机炒作和资产泡沫，为实体经济发展保驾护航；六是在全社会大力倡导“崇尚创新、宽容失败”的舆论氛围，让社会公众敢于创新创业。通过上述政策环境的不断完善，最大化拓展江西企业家创新创业的空间，进而有效激发其创新创业的积极性，让企业家精神在赣鄱大地生根发芽、开花结果。

江西生态文化产业发展研究

胡长生 邱祥阳 廖太燕 汤翔鹤 钟莉君

【摘要】生态文化产业以自然生态为基础，以文化创意为内涵，以提供多样化的生态文化产品和生态文化服务为载体，以促进人与自然和谐为最高理念，向消费者传播生态、绿色、文明的理念与意识，努力追求生态、文化、经济协调发展的新兴产业。生态文化产业是绿色产业、文化产业的高度融合与高级形态，是未来绿色产业、文化产业的发展趋势与主流方向，也是江西厚植文化底蕴，实现产业转型与绿色发展的重要路径。课题组在深入抚州、上饶、鹰潭、景德镇等地调研的基础上，针对江西省推进生态文化产业发展问题思考的前置逻辑，生态文化产业发展的现状和推进江西生态文化产业发展的路径选择进行了较为深入的分析。

一、问题思考的前置逻辑

第一，基于江西生态优势转变为发展优势的文化考量。习近平总书记2016年2月在视察江西时指出“江西生态秀美、名胜甚多，绿色生态是江西最大财富、最大优势、最大品牌，一定要保护好，做好治山理水、显山露水的文章，走出一条经济发展和生态文明水平提高相辅相成、相得益彰的路子。打造美丽中国‘江西样板’”。通常而言，将生态优势转变为发展优势，其实内含两种路径选择，其一是充分发挥生态优势对于生产要素的巨大吸引力，其二是促进生态优势直接转变为经济发展优势。一方面，自然生态环境是人类经济社会发展的重要资源，保护和改善自然生态环境就是支撑和促进生产力发展。绿水青山是金山银山的底气与底蕴，绿水青山的治山理水，金山银山的显山露水，必然要以优美的绿水青山作为基础与前提；另一方面，金山银山是绿水青山的衍生与导引，即在保护绿水青山中可以获取金山银山，必须将保护绿水青山作为新的经济社会发展的支点。必须充分发挥良好的生态环境转化为直接的生产要素的功效，同时不断提升以优美的生态环境对于稀缺要素的吸引和集聚作用。树立和践行绿水青山就是金山银山的理念，应当不断以优美生态集聚生产要素，实现生态优势向经济优势的间接转化。为此，我们应当源源不断地将优美生态转变为直接的生产要素，实现生态优势向经济优势的直接转化。协调两山关系以优美的生态环境吸引和凝聚人才、技术、项目、投资等各项生产要素并实现其结构性的优化组合，充分彰显绿色吸引力和生态生产力。与此同时，应树立和践行绿水青山就是金山银山的理念，不断将优美生态转变为直接的生产要素，实现生态优势向经济优势的直接转化。良好的自然生态环境是直接的生产要素，既是自然财富，也是经济财富和社会财富。诸如“海绵城市”“生态产品”“空气罐头”“绿色银行”等范畴，形象地诠释了绿水青山与金山银山、生态与经济之间的内在逻辑与实践关联。我们应当持续推进信息化、新型工业化、城镇化、农业现代化、绿色化的同步协调与相互促进，促使生态优势转变为发展优势，将“颜值”转变为“价值”，将生态的“绿叶子”转变为百姓的“钱袋子”，实现绿水青山与金山银山的相互转化、相互促进，两者相得益彰。

第二，生态文化产业展现了良好的发展前景。生态文化产业是生态产业化和文化产业化交叉发展所形成的新兴产业，能够带来巨大的生态效益、文化效益、社会效益和经济效益，业已展现出蓬勃发展生机。生态文化产业强调自然生态环境和文化特征，凭借生态优势、依靠文化理念，以保护自然生态环境和文化遗产为前提，对自然生态资源和文化资源进行保护、修复、开发利用，依托新型产业运营模式，实现自然生态文化资源、文化创意元素和市场经济效果“三位一体”。对于江西而言，因地制宜发展生态农业，利用农业资源开发休闲、旅游、观光等产业，增强生态优势、彰显文化魅力、增加社会经济收入，推进产业转型升级；融合产业链，实现价值最大化，弘扬生态文化，实现城乡互融互动，推动城乡统筹等。20世纪 90 年代后期，荷兰、德国、英国、日本等国家开始发展生态文化产业，目前生态文化产业已在全球范围内蓬勃发展，成为一种能够带来巨大生态效益和经济效益的发展模式。尤其近年来，中国很多地区诸如北京、上海、广州、天津、南京等地，开展了有益的尝试并积累了可资借鉴的做法与经验。

第三，江西具有得天独厚的生态资源与文化资源优势，为江西的生态文化产业提供了良好的发展基础。江西具有生态优势及其品牌效应，文化底蕴深厚，红色文化、古色文化、历史文化交相辉映，江西大力推进生态文化产业发展可以尽显独特的生态优势和文化底蕴。庐山天下悠、三清天下秀、龙虎天下绝，是江西山清水秀、优美自然生态的生动写照。江西的生态优势主要体现为，森林覆盖率高、水资源丰富且质量好、空气质量较好、湿地众多、生物多样性丰富、生态环境状况指数高等。江西森林覆盖率达到 63.1%，远高于 20% 的全国平均水平，有林地面积 918.8 万公顷，天然林面积 565.88 万公顷，均位列我国前茅；江西境内水系发达又相对独立，水资源总量为 1565 亿立方米，人均占有量比全国高出 70%，全省形成了“五河一湖”的完整水系格局，全省地表水水质总体良好，Ⅰ～Ⅲ类水质断面达标率为 81.4%；江西设区市环境空气质量优良天数比例为 86.4%。目前全省已建各级自然保护区 159 处，占全省国土面积的 6.4%，其中有 15 处国家级自然保护区；生物资源种类也位居我国前列，有高等植物 5117 种，列入《国家重点野生植物名录（第一批）》的植物有 55 种，有 600 种两栖类、鸟类、兽类野生动物列入《国家保护的有益的或者有重要经济、科学研究价值的陆生野生动物名录》。我们应当坚持生态优先、绿色发展，加快推进国家生态文明试验区建设，坚决打好污染防治攻坚战，做好治山理水、显山露水的文章，以更高标准打造美丽中国“江西样板”，让绿色成为江西发展最亮丽的底色，给子孙后代留下“落霞与孤鹜齐飞，秋水共长天一色”的绿色生态和美好环境。

生态文化产业是从事生态文化产品生产和提供生态文化服务的经营性行业，是工业社会后期的一个新兴产业，是实现生态文明的重要载体，也是经济社会持续健康发展的根本保证，以及建设资源节约型、环境友好型社会的必然选择和未来经济健康有序发展的重要引擎，其发展前景无可限量。我们应当千方百计地提升生态的质量与效益，在实现低碳发展、循环发展、绿色发展的进程中，不断彰显自然资源的生态效益、经济效益和社会效益，大力发展绿色食品产业、生态休闲产业和森林旅游产业，为民众提供更多的生态产品和服务。概言之，生态文化产业应当成为生态文明的宏大叙事，融合生态优势与文化资源使之成为公众喜闻乐见的生态文化产品和服务，从而为民众所认可、所接纳、所共享。

二、江西生态文化产业发展的现状

（一）生态建设的现状及其不足

自党的十八大，江西全省上下认真贯彻落实习近平生态文明思想，特别是习近平总书记对江西工作的重要要求，全面贯彻打造美丽中国“江西样板”的重要指示精神，举全省之力推进国家生态文明试验区建设，取得显著成效。江西生态优势进一步彰显，环境质量进一步提升，森林覆盖率稳定在 63.1%，设区市城区空气质量优良率 86.4%，主要河流监测断面水质达标率 81.4%，均远高于全国平均水平；资源利用效率进一步提高，万元 GDP 能耗同比下降 4.9% 左右；生态文明制度体系进一步健全，河长制、全流域生态补偿等制度取得重要突破，走在全国前列，在全国生态文明建设格局中的地位进一步提升。在保持生态环境质量巩固提升的同时，经济发展实现量质双升，主要经济指标增速保持在全国“第一方阵”，生态与经济发展更加协调，初步探索出一条具有江西特色的绿色发展的新路。

一是深入贯彻落实习近平总书记关于打造美丽中国“江西样板”的重要要求，生态文明理念已成为全省上下的价值认同与自觉行动[①]。省委十四届六次全体（扩大）会议再次重申了“绿色崛起”的工作要求，并强调了要千方百计提升生态质量与效益，生态立省的战略举措与格局更加鲜明。同时强化组织领导，基本构建了高层次、全方位统筹推进机制。省委发挥牵头抓总的重要作用，统揽全局；省人大加强立法，持续监督推进；省政

① 胡长生等 . 习近平新时代生态文明观的理论贡献 [J]. 求实，2018（6）.

府抓好谋划推进，统一组织实施；省政协以及各民主党派深入开展相关调研，积极建言献策；省直部门和市县建立“一把手”负责制，生态文明建设融入经济社会发展各领域和全过程。国家生态文明试验区（江西）实施方案确立了“四区定位”即打造山水林田湖综合治理样板区、中部地区绿色崛起试验区、生态环境保护管理制度创新区、生态扶贫共享发展示范区。强化了政策保障与项目支持，全面推进十大工程包60个重点工程建设，重点调度的100个生态文明项目进展顺利；陆续出台水效领跑者引领行动计划、林业改革发展十条措施等21项政策文件，强化试点支撑，鼓励市县结合实际开展创新试验。

二是创新体制机制，加快建构生态文明制度“四梁八柱”。江西坚持“对标对表”，结合江西实际，提出了六大制度体系的基本框架，即构建山水林田湖系统保护与综合治理制度体系、构建最严格的环境保护与监管体系、构建促进绿色产业发展的制度体系、构建环境治理和生态保护市场体系、构建绿色共享共治制度体系、构建全过程的生态文明绩效考核和责任追究制度体系。同时重点推进了12项制度建设，取得积极成效，初步形成了“源头严防、过程严管、后果严惩”的生态文明“四梁八柱”制度框架。首先建立健全了“源头严防”的制度体系。建立生态保护红线制度，划定保护范围5.52万平方公里，占全省国土面积的33.1%，成为全国第三个正式发布生态保护红线的省份；建立水资源红线制度，制定“十三五”水资源消耗总量和强度双控行动工作方案，下达全省水资源管理红线控制指标；启动江西—广东东江跨流域生态保护补偿试点，国家和江西—广东两省每年安排补偿资金5亿元；充分发挥“指挥棒”的重要作用，完善考核评价机制，优化市县科学发展综合考核评价体系，进一步提高生态文明在考核中的权重。

三是筑牢生态屏障，努力打造山水林田湖草生命共同体。运用系统思维，牢固树立自然生态的生命共同体理念。江西省把鄱阳湖流域作为山水林田湖一体的独立生态系统，在深入总结山江湖工程成功经验的基础上，着力恢复提升自然生态功能。突出系统治理，推进流域综合管控。尊重自然生态空间的完整性，着力推进统一规划、统一监管、统一执法，整合省直各部门涉及河湖保护管理行政执法职能，建立日常巡查、情况通报和责任落实制度，建立省级环境执法与环境司法衔接机制。

四是推动转型升级，积极探索绿色低碳循环发展路径。坚持把发展绿色产业、促进产业绿色化，作为促进经济发展与资源环境相协调的基本途径，不断提高经济发展质量、效益和水平。做好产业发展“加减法”。在新动能培育上做“加法”，制定创新型省份建设实施意见，推动形成创新发展政策体系，打造一系列的国家级创新平台和载体。在传统动能改造上做“减法”，积极化解钢铁、煤炭过剩产能。围绕将生态优势转化为经济优势，着力促进生态资源资产化、生态资产资本化、生态资本价值化。加快生态资源与产业对接，实施绿色生态农业“十大行动”，倡导与践行“生态 + 旅游”“生态 + 大健康”理念，加大力度创建国家级生态旅游示范区、省级生态旅游示范区。

五是以中央环保督查问题整改为总抓手，着力解决涉及群众切身利益的突出环境问题，着力解决群众反映突出的环境问题，努力增加人民群众对优美生态的幸福感、获得感和安全感。通过狠抓中央环保督查问题整改，切实加大环境执法力度，深入实施“净空”行动。全面完成 158 个重点行业大气污染限期治理项目，全省所有统调火电机组全部配套建设脱硫脱硝设施。基本完成钢铁、水泥行业脱硝设施建设，全面达到国家要求。淘汰黄标车及老旧车 8.18 万辆，超额完成国家下达任务。推进大气环境监测体系建设，建成省级和南昌、九江的空气质量预报预警体系。积极发展清洁能源，风电、光伏发电装机容量分别突破 140 万千瓦和 180 万千瓦。出台江西省大气污染防治条例。完成农村日供水 1000 吨（含）以上的饮用水水源保护区划定工作，所有集中式饮用水源地水质均达到国家标准。加强城市黑臭水体整治，排查出 26 个黑臭水体，完成整治项目 2 个、开工 15 个。新建改建城镇和工业园区各类污水管网 1535 公里，全省城市污水处理率达到 88%。深入实施“净土”行动。推进 7 个重点防控区重金属污染监测、治理与修复工程建设，完成整治项目 146 个，重点行业重金属污染物排放量连续三年下降。推广测土配方施肥，减少不合理化肥施用量 9.7 万吨。全面划分畜禽养殖禁养区、限养区和适养区，关停（搬迁）禁养区内畜禽养殖场 13879 家。基本建成农村生活垃圾“户分类、村收集、乡转运、县处理”的处理体系，全省城镇生活垃圾无害化处理率达到 80.7%。

六是高位推进生态文明建设，突出抓好生态立法，先后制定修订《江西省大气污染防治条例》《江西省水资源条例》等 6 部地方性法规，为全省生态文明建设提供了更加完备的法律保障。突出抓好监督检查，开展环境保护法、水污染防治法等执法检查。突出抓好建言建议，创新开展“环保赣江行”活动，推动打造美丽中国“江西样板”建议列入全国人大重点督办件，组织香港特区全国人大代表对东江源保护与生态补偿进行调研，引导各级人大代表积极建议，提高了生态文明建设的舆论关注度和群众参与度，在全社会营造了良好氛围。

同时，我们也清醒地认识到，江西省生态文明建设和环境保护还面临不少困难和问题，突出表现在三个方面：一是环境保护的压力仍然较大。鄱阳湖水质保护压力加大，流域部分河段水质有下降趋势。大气污染治理不平衡，部分城市“雾霾”发生频率和持续时间有所增加。农村环境压力仍然较大。环境状况与人民群众的期待还有较大差距。二是发展与保护的矛盾仍然突出。在工业化、城镇化加速推进过程中，资源能源消耗与污染物排放总量仍在增加，环境容量压力较大。一些地方在处理经济发展与环境保护方面存在一手硬、一手软现象，个别地方环境执法不严、生态文明意识不强。少数企业环保意识薄弱，偷排现象时有发生。三是生态文明建设的基础仍然不强。历史欠账较多，污水垃圾处理等基础设施建设相对滞后、配套不全。生态文明建设的信息与技术支撑体系还不完善，环境监管职能交叉重叠、错位越位缺位等现象仍然存在，多部门协同联动机制还不健全。我们针对工业园区污水处理、畜禽养殖污染、危险废物处置能力不足、矿山开采破坏生态、高污染高排放项目控制、小散乱污企业泛滥问题，加大生态环境治理的力度。

（二）文化产业发展的成绩及其不足

第一，江西的文化建设迈出坚实步伐。文化产业发展有新业绩，艺术创作生产有新成果，文化遗产保护有新亮点，公共文化服务体系建设有新进展。2016 年中国省市文化产业发展指数显示，江西省文化产业发展指数居全国前列。江西文化产业综合指数全国第九，生产力指数位居第七，驱动力指数位居第十。“十二五”期间，全省文化产业主营收入从2010年的844亿元，增长到2015年的2460亿元，年均增速达24%。2016年，在经济下行压力加大的背景下，全省文化产业继续保持良好态势，全省文化产业法人单位主营业务收入2800亿元，同比增长14.4%；增加值680亿元，同比增长10.7%，占GDP比为3.75%，文化产业正向着成为江西省支柱性产业不断迈进。以江西出版集团为骨干的文化企业不断发展壮大，该集团连续八届荣获全国“文化企业30强”，并位列全国同行业第二，创出历史最好成绩。大江网、风尚购物、江西画店、巨网科技等一批文化企业快速成长，先后成功在新三板上市。在第十二届深圳文博会上，江西省文化产品现场交易额及订单达1.6亿元，同比增长17%，江西省委宣传部和江西展区双双荣获大会组委会颁发的优秀组织奖和优秀展示奖。文化产业发展有新业绩。在深入调研的基础上，制定印发《江西省文化产业发展“十三五”规划》。深入推进文化金融合作，6个项目入选2016年中央财政文化产业发展专项资金扶持项目，南昌市入选国家首批文化消费试点城市，4部动漫作品入选2016年文化部弘扬社会主义核心价值观动漫扶持计划。

第二，江西突破地理空间的局限，充分发挥政策的导向引领作用，规范市场对文化产业资源的有效配置。2016年，全省文化市场经营单位8020家，比上年末的7051家，增加969家；从业人员42297人，比上年末的37262人，增加了5035人。年末全省共有娱乐场所2776个，比上年末的2702个，增加了74个；从业人员1.7338万人，比上年末的1.6578万人，增加了0.076万人；全年营业总收入146335.4万元，比上年末的126367.6万元，增加了19967.8万元；营业利润51694.2万元，比上年末的47233.9万元，增加了4461.3万元。互联网上网服务营业场所4893个，比上年末的4122个，增加了771个；从业人员1723.5万人，比上年末的1655.5万人，增加了68万人，全年营业总收入170440.1万元，比上年末的136021.3万元，增加了34418.8万元；营业利润65688.0万元，比上年末的53457.3万元，增加了12230.7万元。

2017年江西文化产业发展状况，在体量上，江西成为区域范围内仅次于山东的文化大省，作为长江中游文化产业第一大省，2017 年江西在文化市场、公共文化服务、古村落、文化遗产、创意设计、乡村振兴等领域先后下发了至少 22 个政策文件，促进文化大繁荣大发展。作为中部省份，江西既不靠海，也不沿边，尽管缺乏全面融入“一带一路”建设的区位优势，但作为承接东部沿海产业转移的“主战场”，如何盘活好文化创意资源不失为快速发展文化产业的有效途径。由表 1 可见，江西省各地文化产业呈现出增长的态势。

表 1　地市文化产业营业收入

地区	2015 年上半年营业收入			2016 年上半年营业收入		
	绝对值（亿元）	同比增长（%）	占比（%）	绝对值（亿元）	同比增长（%）	占比（%）
合 计	672.59	15.0	100.0	774.92	15.2	100.0
南昌市	172.04	11.4	25.6	197.24	14.7	25.5
景德镇市	41.30	14.1	6.1	51.44	24.6	6.6
萍乡市	76.72	20.5	11.4	86.19	12.3	11.1
九江市	88.76	28.9	13.2	101.74	14.6	13.1
新余市	21.31	9.3	3.2	25.22	18.4	3.3
鹰潭市	11.45	13.3	1.7	15.56	35.9	2.0
赣州市	58.08	15.2	8.6	64.75	11.5	8.4
吉安市	68.95	12.0	10.3	81.30	17.9	10.5
宜春市	58.81	14.6	8.7	68.80	17.0	8.9
抚州市	25.60	15.0	3.8	25.74	0.6	3.3
上饶市	49.57	6.2	7.4	56.94	14.9	7.3

数据来源：江西省 2016 年相关统计资料。

当然，江西省与北京、上海、江苏、广东等一线地区，文化产业发展的水平存在明显不足，与山东、湖南、福建、四川、河南等省份相较也具有相当差距。主要表现为，整体水平不高、产业层次较低、创意内容不够、区域不平衡性突出等。诚然集中体现在文化产业增加值对于经济发展的贡献率不强，离 5% 的支柱性产业的要求还有相当距离，从表 2 列出的数据比较中我们可见一斑。

表 2　六省文化产业增加值占比比较

地区	项目	2012 年	2013 年	2014 年	2015 年	2016 年
山东省	文化产业增加值（亿元）	—	2015	2200	2481	2481
	占 GDP 比重（%）	—	3.65	—	3.94	3.94
江西省	文化产业增加值（亿元）	—	1578	2061.3	—	—
	占 GDP 比重（%）	3.15	3.5	3.69	—	—
湖南省	文化创意产业增加值（亿元）	1175.79	1354.23	1513.86	1707.18	1911.26
	占 GDP 比重（%）	5.3	5.5	5.6	5.9	6.1
福建省	文化产业增加值（亿元）	>1000	1180	—	1050	—
	占 GDP 比重（%）	约 5.0	5.4	—	4.1	—
四川省	文化产业增加值（亿元）	936.44	—	1059.4	>1200	1323.78
	占 GDP 比重（%）	3.92	—	3.71	≈ 4	4.02
河南省	文化产业增加值（亿元）	670	815.69	984.66	1111.87	—
	占 GDP 比重（%）	2.26	2.53	2.82	>3.0	—

数据来源：国家文化部 2017 年相关统计资料。

（三）生态文化产业有所发展但明显不足

一是生态文化产业空间格局的初步形成。江西以区域资源为依托，构建“三带、四板块”的空间布局。形成特色鲜明、优势互补、重点突出、辐射带动能力强的生态文化产业发展格局。“三带”即沪昆高速沿线文化产业增长带、京九铁路沿线生态文化产业增长带、向莆铁路沿线文化产业增长带。沪昆高速沿线生态文化产业增长带主要依托上饶、鹰潭、新余、宜春、萍乡，重点发展文化 + 旅游、文化 + 科技、动漫游戏及包装设计等产业；京九铁路生态文化产业带主要依托九江、吉安和赣州，重点发展红色旅游、客家旅游、影视制作、印刷出版、文化休闲等产业。向莆铁路沿线生态文化产业增长带主要依托南昌、抚州，重点发展高端创意与设计、动漫游戏、文化会展、工艺美术等产业。“四板块”即昌九核心板块、赣南等原中央苏区板块、赣东北板块、赣西板块，板块中布局若干个特色生态文化产业。

二是江西省生态文化旅游成效明显。2017年江西省抚州大觉山、上饶龟峰景区成功创建国家5A级旅游景区，全省5A级景区增至10个，数量迈进全国前十。稳步推进南昌滕王阁景区、萍乡武功山景区5A级旅游景区创建进程。支持帮助仙女湖、庐山西海、婺源篁岭创5A工作。江西铅山武夷山成功列入世界文化与自然双遗产名录、宜春市明月山温汤晋升国家级旅游度假区、婺源荣获“中国优秀国际乡村旅游目的地”、大余丫山被评为第三届中国乡村旅游创客示范基地、东鄱阳湖湿地公园荣膺国家湿地旅游示范基地、上饶荣获国家中医药健康旅游示范区等，一大批国字号品牌助推旅游强省建设。江西2017年接待国内旅游者57253.5万人次，比上年增长21.6%；国内旅游收入6435.1亿元，比上年增长28.9%。接待入境旅游者188.9万人次，比上年增长3.9%；国际旅游外汇收入6.3亿美元，比上年增长7.8%。纵观2013—2017年江西省国内旅游情况，旅游人次和收入不断增长，其中国内旅游收入年均复合增长率为36.32%，十分迅速。2017年江西省国内旅游总收入突破6000亿元，比上年增长5.73%。在入境旅游方面，江西省入境旅游游客和收入处于稳中有涨状态，2017年旅游外汇收入达6.3亿美元，共接待入境游客188.9万人次。充分体现了江西“红色旅游、乡村旅游、入境旅游、智慧旅游”的四位一体生态文化旅游格局。2017年共新签约旅游项目218个，其中亿元以上项目176个，签约资金2158.37亿元；全年共组织实施重点旅游项目569个，其中亿元以上项目402个，投资总额3843.55亿元，完成投资621.54亿元。

三是科技介入的生态文化项目日渐增多。精心打造的大型山水实景演出剧目《寻梦龙虎山》，表现了龙虎山丹山碧水的旖旎风光，源远流长、博大精深的道教文化以及神秘的古越民族风情等，让观众放牧心灵，领略龙虎山的风景、文韵。历经两年多的艰辛筹备，国内首创的集游园体验与沉浸交互表演相结合的大型实景文化演出《寻梦牡丹亭》，在江西抚州文昌里公演。《寻梦牡丹亭》是依托4A级旅游景区——梦湖景区和汤显祖剧作《牡丹亭》打造的主题游园式实景演出，借助现场设置的156米长、9米高的山水文化墙，重点表达出明代的世俗风情生活，充分展现了融合文化与生态的生态文化产业明显特征。也是继《井冈山》《梦里老家》与《寻梦龙虎山》之后，江西省第4台大型实景演出项目。伴随旅游业的发展，消费者更多地追求文化性、互动式旅游产品，井冈山、婺源、龙虎山等地实景演出，已成为旅游地和景区不可或缺的旅游项目。

毋庸置疑，由于观念和系统治理尚有不足，基础设施建设、历史欠账、生态观念、绿色产业发展等方面仍然相对不足，江西生态文化产业具有较大的提升空间。由于生态文化建设标准不明晰、体系不完善，因而生态文化产业多为新兴产业，发展过程中存在的主要问题表现为：一是对生态文化产业建设认识不够。在许多地方，生态文化产业建设刚刚起步，一些领导对生态文化在推动全民族文化素质提高中发挥的引领作用认识不足，支持力度也不大。二是对生态文化产业发展投入不足。生态文化产业建设战线长、领域广、内容多，既有宏观管理的内容，也有基础建设的内容，还有思想意识的内容，一些地方虽然加大了对生态文化产业的投入，但规模都很有限，严重制约生态文化产业建设向纵深发展。三是对生产经营载体建设力度不够。由于缺乏对生态文化产业载体的明确定位，对于自然人文景观是否能够建设成为生态文化载体的判定和载体所应具有的标准的衡量还不够成熟，森林、湿地公园、生态文化知识教育基地、生态科普教育基地、生态文化展览馆、生态民族风情园等载体的建设都有待于进一步推动。四是生态文化产业层次总体上有待于提升。生态文化产业从整体上讲，还存在规模小、结构单一、产品市场竞争力不强等问题，大多数生态文化企业只重眼前利益，生产的产品多是简单的外在加工，对潜在的文化价值开发不够。与此同时，生态文化产品与服务的消费不足是制约江西省生态文化产业发展的关键因素。近年来，江西省生态文化消费在内的文化消费略有上升，但总体水平偏低。江西文化贸易出口量不高，生态文化产品出口则更低。生态文化产品和服务的消费不足，已经严重制约江西省生态文化产业发展。

三、江西推进生态文化产业发展的路径选择

贯彻落实省委、省政府关于加快文化强省建设精神的要求，牢固树立与践行绿水青山就是金山银山的理念，不断实现江西生态优势与文化积淀的有机融合，进一步倡导和践行“生态＋文化＋……”的发展理念，持续促进江西的生态文化产业发展。

（一）持续打响江西的生态品牌，为促进生态文化产业发展奠定基础

良好的自然生态环境是生态文化产业的物质基础，必须牢固树立和践行绿水青山就是金山银山的理念。我们应当不断推进江西的国家生态文明试验区建设，进一步提升江西的生态品质与效益，做好治山理水和显山露水两篇文章，逐步将江西的生态财富、优势、品牌转变为促进江西经济社会发展的效益、支撑、底气，以保护兴发展，以发展促保护，持续实现江西山清水秀的生态效益、社会效益和经济效益。我们必须坚持高起点规划、高标准建设，推动“生态＋文化”模式的形成并使之落地，推进江西红色文化、古色文化、绿色文化“三色文化”的融合，促进地区文化中心、文化遗址、非物质文化遗产与江西绿水青山的高度融合，要将江西历史文化元素融入生态文明建设，厚植江西的生态文化底蕴，把宝贵的江西历史文化资源从沉睡中唤起。

第一，以“文化四分法”的逻辑范式打造美丽乡村，促进全省农村的生态文化产业发展。美丽乡村是乡村振兴发展的基础、农村经济的基石、村民生活的基本，要让美丽乡村成为村民遵循与践行的价值理念、道德观念。以文化为支持，以思想为引领，进一步张扬四分法观照下的生态文化对于建设美丽乡村的观念教化、制度规化、行为感化与物质美化的激励功能和作用，是当下推进美丽乡村建设的重要实践路径。建设美丽乡村既是促进国家生态治理的重要内容与基础，更是推进农业农村现代化建设的重要抓手。党的十九大报告对乡村振兴战略的擘画，为美丽乡村建设指出了明确的方向，规定了实践的内涵。习近平总书记强调：“有相当一个时期，农村环境遭到了破坏，农村建设被人们所忽视，这种破坏和忽视最终阻碍

了经济社会的发展，使人们付出了很大代价。”[①] 加强农村生态建设、环境保护和综合整治，努力建设美丽乡村，充分发挥乡村生态文化对于美丽乡村建设的理念支撑、制度规范、行为典范、物质外化作用。

一是以价值认同与观念创新为主要内容，不断培育乡村环境治理的理念文化，为推进美丽乡村建设提供理念支撑。美丽乡村建设由心灵美而环境美，进而生活美，心灵美可以转化为环境美的内在驱动，环境美为生活美奠定良好的生态基础，为美丽乡村建设提供生态基础和环境平台。美丽乡村建设是一场涉及思维方式、生产方式和生活方式的伟大变革，是一项基于价值认同、理念支撑和村民广泛参与的艰巨性系统工程。随着我国乡村振兴战略的实施，村民从祈求温饱到谋求环保，从渴望生存到渴求生态，从讲求生活水平到追求生活品质，对生态环境质量的诉求越来越强烈，心理诉求与现实状况的反差，使得美丽乡村的短板愈发突出。毋庸置疑，村民不同程度地对生态环境保护形势、资源能源挑战、生态利益共享等方面存在认识偏差,从而在美丽乡村建设的价值认同与“两山”协调上失之偏颇，影响了村民参与生态治理的自觉性与主动性。为此必须牢固树立和践行绿水青山就是金山银山的理念，树立要把我们美丽乡村的生态“颜值”转变为经济的“价值”，把山前屋后的“绿叶子”转化为子子孙孙的“钱袋子”的崭新发展理念。要大力加强乡村环境质量及其保护知识的宣传与教育，形式可以喜闻乐见、灵活多样，如利用知识科普、公益讲座、文化宣传栏（墙）等形式，不断增强村民的环境危机意识、环保知识教化与生态情感认同；还要通过政策引导和鼓励以农村生态环境保护为内容的文学和影视作品的艺术创作，利用艺术形象在全社会营造“保护生态环境光荣，破坏生态环境可耻”的良好舆论氛围。

二是以完善制度与落实制度为主要抓手，不断培育乡村环境治理的制度文化，为推进美丽乡村建设展现制度规范。卓有成效的乡村环境治理依赖于有效的制度保障。由于农村环境污染存在累积效应，乡村环境质量的优劣不仅取决于有效应对当年废弃物排放的“流量”，而且还取决于妥

① 习近平 . 之江新语 [M]. 杭州：浙江人民出版社，2007:47.

善处理历年累积在环境中的污染物“存量”。当前农村面源污染问题突出，其主要来源是生活污水污染、种植业废弃物、养殖业废弃物、建筑废弃物、农村施肥等；它具有分散性、隐蔽性、随机性、空间异质性等特点；其主要原因在于意识薄弱、技术缺乏、人才不足、设施不全、政策乏力、投入不够等。我们应当全面深化生态文明体制改革，以“保护者受益、受益者补偿、污染者赔偿”为遵循原则的制度设计，不断建立和完善最严格、最严密的制度设计。美丽乡村建设的制度安排，应当做到在程度上做到威严，在内容上做到全面，在过程上做到衔接，形成全体村民的制度认同与制度思维。好的制度安排不能只是文件中的内容、墙壁上的标语、嘴巴里的口号，而应当成为实践的规制、行动的规约和工作的规范，方能取得预期的善治效果。与此同时，应当充分发挥乡规民约的规制作用，体现美丽乡村建设要求，进一步完善乡规民约，在乡规民约中凸显节俭惜福、节俭持家，“一粥一饭当思来之不易，半丝半缕恒念物力维艰”等传统美德。在借鉴河长制、湖长制、林长制等制度探索经验与做法的基础上，积极探索和施行乡村的路长制、山长制、街长制等美丽乡村建设责任制，并使其落地生根开花结果。尤其是由实践而形成的制度理念与范式，是培育形成主体合力的生态制度文化的重要内容和重要载体。

三是以榜样示范与先进带动为主要路径，不断培育乡村环境治理的行为文化，为推进美丽乡村建设树立行为典范。在观念文化认同和制度文化内化于心的基础上，做到在实践中外化于行，以此促进形成美丽乡村的价值取向、道德内省，先进带动、榜样示范，才能将生态行为文化贯彻于村民的具体实践中，形成强大的精神动力与行动合力。充分发掘和展现乡贤文化中所蕴藏的文化基因，张扬乡村历代先贤的典型示范作用。乡贤文化是乡村历史积淀和传承而来的文化底蕴，往往通过乡村历代先贤的乐善好施、修桥补路、扬善抑恶等高尚言行体现出来。榜样的力量是无穷的，身边的榜样是最好的示范。高尚的乡贤品行是主旋律的历史注解，是正能量的具象写照，村民理解得了、体会得到、学得了样。同时，积极倡导节约资源、保护环境行为并使之成为人们的行为习惯养成。应当按照“生产发展、生活富裕、村风文明、村容整洁、管理民生”的原则思路，不断践行绿色发展与创新发展理念，坚持“少动几锹土、不砍一棵树”，倡导“三宜三不宜”原则即宜低不宜高、宜旧不宜新、宜藏不宜露。重中之重是必须深入践行绿水青山就是金山银山的理念，将美丽乡村的生态优势转变为经济优势，倡导和践行“生态 + ”理念，推行生态 + 农业、生态 + 乡村旅游、生态 + 乡村休闲、生态 + 乡村养老等模式。美丽乡村建设工作按照“一乡一特色、一乡一风情、一乡一产业”的发展思路，立足乡村区位、资源禀赋、产业特色、历史文化、民俗风情等要素，注重服务功能、建筑风格、田园风貌和自然景观的融合发展，为美丽乡村建设注入持久生命力。

四是以秀美乡村与共享成果为主要载体，不断培育乡村环境治理的物质文化，为推进美丽乡村建设彰显物质外化。我们要继续按照“水生态+新农村建设+绿色生活方式”的标准，着力抓好生态文明示范村镇点和新农村示范点建设，全力打好农村环境卫生整治、美丽乡村建设、农民建房整治三大持久战，让我们的乡村看得见山、望得见水、记得住乡愁。作为一个系统工程，美丽乡村建设需要调动各阶层、各领域、各种力量的参与和联动。从深层基础而言，不断提高村民的生态保护意识，营造村民践行生态文化的良好氛围，让人们在日常生活中做到知行合一。由理念而制度、行为再到物质，由内而外，内与外之间相互促进、相得益彰，生态物质文化作为生态文化外显的表征，是培育生态文化的物质具象与重要平台。美丽乡村建设的物质成就如蓝天碧水青山，人们看得见摸得着感受得到，尤其是人们能够分享到，容易唤起和激发人们内心的生态情结与情感依存，增强投身于美丽乡村建设的自觉性与自信心。通过美丽乡村建设成果向村民推广生态文化所蕴藏的理念支撑、制度范式与行为典范。美丽乡村建设中应当界分和处理好生态环境问题中的“流量”和“存量”之间的关系，乡村生态治理既要关注“流量”，也要重视“存量”。当然，不同的乡村也存在差异性。主要经营生态旅游的乡村，“流量”问题是关注的重点；集中于乡村生产建设解决“存量”问题首当其冲。应当依托乡村绿水青山、田园风光、特色农产品，实施“一乡一业”“一村一品”“一村一韵”和名优农产品品牌战略，引导带动村民发展绿色生态休闲观光产业，打造出特色鲜明、竞相发展的乡村经济。发展绿色产业、丰富文娱活动、完善配套功能、改善人居环境等，以协调发展理念为思想引领，着力构建全域发展新格局，努力打造绿色、洁净的美丽家园。以看得见、摸得着、分享得了的美丽乡村建设的器物文化成果，进一步为推进美丽乡村建设提供深厚的生态物质文化。

第二，持续推进制度的先行先试。不断创新制度保障，持续进行制度的先行先试。协调两山关系，制度具有根本性、全局性、稳定性和长期性，应当按照“先行先试”的重要原则，体现“制度创新”的总体要求，致力于制度的体系创新、内容创新与实施方式创新。首先，加大制度的体系创新力度，重在制度的系统性上做文章。积极推进“六大体系”的建立健全，即加快构建山水林田湖草系统保护与综合治理制度体系、最严格的环境保护与监管体系、促进绿色产业发展的制度体系、环境治理和生态保护市场体系、绿色共享共治制度体系、全过程的生态文明绩效考核和责任追究制度体系。其次，加快制度的内容创新步伐，重在制度的合理性上做文章。按照“源头严防、过程严管、后果严惩、奖惩结合”的要求，在源头上，建立生态保护红线制度、水资源红线制度、土地资源红线制度，出台开发区节约集约利用土地考核办法；在过程上，完善环境管理与督察制度，推进流域水环境监测事权改革，完善上收流域断面水质自动监测事权管理，出台环境保护督察方案，基本建立市县城乡生活垃圾一体化处理、一个部门管理、一个主体运营的新机制；在后果上，完善考核评价机制，优化市县科学发展综合考核评价体系，建立生态文明建设评价指标体系，探索自然资源资产负债表及离任审计制度，出台党政领导干部自然资源资产离任审计实施意见，完善生态环境损害责任追究制度，尽快出台党政领导干部生态环境损害责任追究实施细则，建立体现绿色发展、科学发展理念的政绩考评标准和制度，建立精准追责机制。再其次，积极探索制度的实施方式的创新，重在制度的有效落实上做文章。按照对山水林田湖草进行系统性保护用途管制和整体性生态修复的要求，建立生态文明建设和环境保护综合协调管理机构；完善五级“河长制”，建立健全区域与流域相结合的五级河长制组织体系和区域、流域、部门协作联动机制；践行“大生态”理念，完善全流域生态补偿制度，进一步探索实行全省江河的全流域生态补偿，以及促进江西—广东东江跨流域生态保护补偿方法的实施；建立全省主要污染物初始排污权核定与分配技术规范、排污权出让收入管理实施办法。同时，探索建立“飞地园区”的产业补偿机制，将生态文明建设各项任务完成情况与财政转移支付、生态补偿等资金安排相衔接，与各类评优创先相结合的做法与经验，坚持突出生态政绩、以生态效益论补充等原则，不断强化制度的范式引领与规约导向作用。

第三，不断促进生态治理客体的系统性整合。协调两山关系必须推进生态治理客体的系统性整合。应当认识到，自然生态环境是一个内生性的系统性客体，协调两山关系必须克服对环境治理客体的人为碎片化与孤岛性，不断整合环境治理的系统性客体。诚如习近平所言：“如果种树的只管种树，治水的只管治水，护田的单纯护田，很容易顾此失彼，最终造成生态的系统性破坏。”必须按照自然生态环境的固有规律，综合考量生态环境的诸因素，统筹山川上下，协同地面内外，着力于系统治理、综合保护和整体修复。江西处于长江中下游，应按照中央的统一部署，流域上下一盘棋，对于长江的生态环境治理必须落实“共抓大保护，不搞大开发”的战略举措，同心勠力、精准发力、形成合力。生态环境问题牵一发而动全身，生态环境治理不能“头痛医头，脚痛医脚”，而应当按照系统思维进行综合施治。我们必须增强江西“五河一湖”即抚河、修河、饶河、信江、赣江和鄱阳湖全流域水系的综合治理力度。人为地分割自然环境的整体性，“九龙治水”，其结果必然是“到处无水”。过去时常存在“前面是国家自然保护区，后面是国家森林公园；北边是国家地质公园，南边是国家风景旅游区”的现象。在实践中必然导致“有利都来争，无钱均靠边”的怪相频发，“责任不明确、工作互推诿”的乱象迭出。唯有保持江西绿水青山的系统性，厘清山川系统性的治理思维，综合系统性的协调主体，整合系统性的协调客体，方能有效地推进江西的治山理水与显山露水。

第四，充分发挥企业的关键性主体作用。必须强化企业责任，充分发挥企业在统筹协调两山关系实践中的关键性主体作用。协调两山关系实现生态文明，既是转变发展方式推进高质量发展的要求，也是企业提升核心竞争力促进自身发展的需要。党的十九大报告要求，“构建政府为主导、企业为主体、社会组织和公众共同参与的环境治理体系”。[①] 在广义上确立了协调两山关系的主体系统性理路。政府、企业、社会组织与公众是协调两山关系的重要主体，其中政府是统筹协调两山关系的引导性主体，社会组织与公众是基础性主体，而企业是关键性主体。企业依赖于资本而得以生存和发展，企业资本存在着天然的“逆生态”经济理性：追求自身利益的最大化而忽视生态环境承载能力，在实现经济利益私人化的同时导致企业生态成本的社会化，从而降减企业的生态效益。粗放增长方式无疑持续地放大了资源的稀缺性，表现为企业生产的负外部性问题尤为突出，集中体现为对环境的污染与生态的破坏。制度经济学所设计的税收机制、排放权体制及其实践给予我们诸多启发。破解生态环境问题的关键环节在于，必须通过诸如江西碳排放权的设置与交易、税收的设立与实施，努力实现社会成本的私人化或外部成本的内部化，解决企业生产经营的负外部性问题，才能弥合社会成本与企业成本之间的巨大裂变，进而倒逼企业进行技术革新、提高生产效能、优化产品结构、规制排放行为，从而为解决生态破坏与环境污染问题找到重要的突破口，使之成为协调两山关系的稳定器与压舱石。同时充分发挥江西省各级政府对于企业的生态引导性作用：创新产业政策，支持鼓励绿色产业加快发展，控制资源型产业生产能力，加快淘汰落后产能；创新价格政策，建立反映市场供求、资源稀缺程度和环境损害成本的价格形成机制；同时通过法律宣传教育、监管力度、加大责任追究力度、环境信用制度，督促企业履行职责，引导江西企业切实担当起应尽的生态责任与社会义务。

（二）不断厚植发展的文化底蕴，为促进生态文化产业发展提供内涵

按照省委、省政府出台的《关于加快文化强省建设的实施意见》的要求，正确处理文化产业发展中的政府与市场、继承与创新、改革与发展、事业与产业的“四大关系”，持续推进社会主义核心价值体系、优秀传统文化传承体系、基本公共文化服务体系、现代文化产业体系、文化发展保障体

① 习近平. 决胜全面建成小康社会 夺取新时代中国特色社会主义伟大胜利 [R]. 北京：人民出版社，2017：51.

系“五大体系”建设，推动文化强省建设取得重要进展，2020年文化产业成为江西省支柱性产业，增加值占全省GDP比重达到5%，到2025年把江西建设成为在全国具有较大影响的文化强省，文化产业成为重要支柱性产业。围绕《实施意见》确立的八大任务和30多条战略举措，重点致力于：一是施文艺精品创作计划、丰富现代文艺传播渠道、打造文艺创作展演平台、创新文艺创作评价激励机制，推动革命历史题材、现实题材、江西地域题材创作，支持组建剧场院线、电影院线、演艺联盟、展览联盟，推动抚州“中国戏曲之都”建设及赣南和赣西采茶戏、赣东北赣剧等地方戏曲振兴发展。建设“中国文艺评论（江西）基地”。二是提升公共文化服务水平。包括完善公共文化设施网络、提升文化惠民效能、创新公共文化服务运行机制3项具体举措。强调提出，逐步形成主城区和中心镇15分钟、一般村镇20分钟的“公共文化服务圈”，实现市有文化馆、图书馆、博物馆、美术馆四馆，县有文化馆、图书馆、博物馆三馆。三是推动江西文化“走出去”。包括加强对外文化交流、扩大对外文化贸易两项具体举措。其中提出，加快省部共建葡萄牙里斯本海外中国文化中心建设，建立江西省重点文化出口企业、项目名录和产品数据库。四是实现文化产业高质量发展。包括壮大文化市场主体、打造数字文化产业高地等6项具体举措。其中提出，实施企业上市“映山红行动”，争取3至5家文化企业上市，扶持文化企业上市，将对我们文化强省起到很好的资金支持和示范带动作用。重点打造南昌世界VR产业基地，支持上饶数字文化产业基地建设，培育数字文化产业集群。五是围绕“杜鹃红”“青花蓝”“香樟绿”“马蹄金”等地域文化特色发展全域旅游，建设国家红色教育旅游、绿色生态旅游和历史文化旅游目的地。江西旅游发展真的潜力无限的，有风景，有文物，有历史，有故事，我们通过文化艺术交流、展品博览会等形式把这些文化推出去。同时着力于打造一批非常有特色的旅游产业园，像景德镇的陶溪川，南昌的699文化产业园，形成文化产业集群式的发展将为我们带来品牌效益、文化效益、社会效益和经济效益。

（三）深入践行“生态＋文化”理念，为促进生态文化产业发展彰显活力

深入倡导和践行“生态＋文化”的发展理念，有效而持续地推动与促进江西的生态文化产业发展。一是我们应当尽快制定生态文化产业发展的战略规划，优化区域布局，科学制定和实施战略规划，明确生态文化产业发展的目标、方针、思路、重点和措施。通过创新驱动、需求拉动、示范带动、资金保证等方法促进生态文化产业发展，不断建立健全创新体系，打造具有自主知识产权的企业和品牌。适应现代社会追求新、美、绿的消费特点，加快培育新颖文化与生态相结合的新型市场。

二是加强政策支持，加快生态文化产业的发展。推进生态文化产业发展创新，需要政府树立正确的生态价值观、健康的生态消费观和积极的生态政绩观，努力满足城乡居民对生态文化产品和服务的需求。各级政府在发展生态文化产业方面应发挥主导作用，打造生态文化资源转化的政策引擎和制度平台，积极完善和落实优惠政策，在土地使用、贷款发放、税收减免、财政支持等方面给予倾斜，推动生态文化产业快速发展。

三是依靠科技进步，创新生态文化复合产业。文化产业不仅是一种生态环保型产业，更重要的是一种依赖技术的高科技产业，增强生态文化产业的活力，要着力打造文化、生态和科技深度融合的生态文化产业，打造生态文化产业品牌。“文化产业是科技与文化高度交融的产物，科技是提升文化核心竞争力的重要手段，科技竞争力是文化产业核心竞争力的重要组成部分。”[①] 通过将生态文化资源与高新技术相结合，培育和发展蓝色生态旅游、绿色生态休闲、生态动漫影视、生态型人居建筑，提升生态工业、生态农业、生态林业等领域产业文化内涵与资源附加值，促进传统文化产业、现代服务业和生态城镇人居建设等产业提升与发展。目前，江西文化与科技融合不够，更谈不上生态、文化、科技的相互交融。我们要根据《国家文化科技创新工程纲要》，加大生态文化与生态科技融合力度，通过生态科技创新引领生态文化产业发展，提高生态出版、生态印刷、生态传媒、

① 黄娟 . 论文化建设与生态文明建设协调发展 [J]. 鄱阳湖学刊，2015（2）.

生态影视、生态演艺、生态网络、生态动漫等领域的技术装备水平，增强生态文化产业核心竞争力；将重大生态文化科技项目纳入国家相关科技发展规划和计划，如依托汤显祖国际文化节、鹰潭国家道教文化培训基地等载体建立生态文化和生态科技融合的示范基地；健全以企业为主体、市场为导向、产学研相结合的生态文化技术创新体系，培育一批特色鲜明、创新能力强的生态文化科技型企业，示范和引领省内企业生态文化化与文化生态化的融合发展之路。

四是注重人才培养，为持续发展提供智力支持。目前江西高素质、复合型生态文化产业人才的缺乏，已成为制约江西生态文化产业发展的关键因素。创新生态文化产业发展模式，应当着力培养善于开拓生态文化新领域的拔尖创新型人才、掌握现代传媒技术的专家型人才和懂得生态经济经营和文化产业管理的复合型人才。要营造宽松和谐的发展环境，充分调动广大生态文化工作者的积极性，使他们的才华有展示的舞台、能力有创造的空间，为不断涌现高质量的生态文化产品和服务提供智力保障。

五是加强开展生态文化的交流与合作，着力提升生态文化的软实力。我们缺少像迪士尼、时代华纳这样的著名跨国文化公司，民营文化企业规模小、抗风险差、拉动有限、融资难等问题突出。国外发达国家的生态文化软实力经过多年的积累和发展，形成了战略谋划、政策扶持、多元投入、内外并举的一整套较为成熟的运作模式，是我们发展生态文化产业的借鉴与参照。通过加强生态文化的国际交流与合作，学习西方先进的生态科学技术，借鉴国外发展生态文化产业的有益经验。同时，加强江西生态文化的对外传播，让江西的生态文化走出江西甚至走出国门，增强江西生态文化产品的国际影响力，提升江西生态文化的自信心与软实力。

六是鼓励和扶持企业进行跨领域、跨区域的广泛深入的合作。我们需要选择竞争力强的生态文化企业或集团，推动其跨地区、跨行业、跨领域联合或重组，使其发展成为具有国际竞争力的大型生态文化企业集团；扶持和培育一批中小民营生态文化企业，使其与大型生态文化企业集团形成协作分工、优势互补的良好产业格局，政府要加强管理、提供服务，引导其良性发展；推动生态文化产业与生态资本市场成功对接，引导社会资本进入生态文化产业，形成以政府资金为引导、以企业投入为基础、以银行信贷和民间资金为主体、以股市融资和境外资金为补充的多元化生态文化产业投融资体系。建设一批具有重大示范效应和带动作用的典型项目，构建多方式、多元化的融资渠道，不断加大对生态文化产业的资金投入与项目支撑。

同时，增强“生态+文化+科技”的发展理念，深度融合文化与科技，为江西生态文化产业发展提供智力支撑。不断促进文化和科技深度融合，推动传统文化产业的创造性转化与创新性发展，大力培养文化产业创新人才。一是加大文化与科技融合的政策扶持力度。相关部门要积极推进制定文化与科技融合发展的专项政策文件，建立健全覆盖土地使用、人才引进、税收减免和政府资金投入等方面的专项性条款。应尽可能简化审批手续、优化审批服务，对文化科技企业在投资核准、土地使用、财税政策、融资服务、对外贸易等方面，给予优惠待遇。二是加大文化和科技融合企业的培育力度。应围绕产业龙头企业、核心企业，积极培育新兴文化产业和文化科技企业，打造创新型的产业集群。一方面要以骨干文化企业为重点，加快培育发展文化创意、数字出版、移动多媒体、动漫游戏等新兴文化业态，另一方面要积极培育文化领域高新技术企业，鼓励和支持多元化投入建设文化科技企业孵化器。围绕数字出版、印刷、网络、动漫游戏、工艺美术等重点领域，支持文化科技企业和高校、科研机构建立产业技术创新战略联盟，形成以龙头企业为核心的产学研合作体系。支持骨干企业建设重点实验室和工程（技术）研究中心、企业技术中心，打造文化科技创新服务平台。三是加大文化传统产业的创新力度。应以高新技术改造和提升传统文化产业，加强研发具有自主知识产权的软件、技术化产品和关键元器件等，侧重文化科技成果产业化推进，突破传统文化产品制造、传播和消费等环节的关键技术，通过核心技术研发打破传统文化产业发展瓶颈，实现可持续发展。同时加大文化产业创新人才的培养力度。应培养和建立一支既懂市场又懂管理的复合型经营管理人才队伍，鼓励各类院校开设相关专业培养文化产业人才，如游戏设计、动漫设计、工业设计、数字传媒、数字出版等文化和科技融合的产业领域人才的培养。促进产、学、研的深度融合，提高文化产业创新人才培养的适应性和针对性。要将科技紧密地融合于文化产业的发展，加大科技作用明显的工业设计、数字内容（包括数字影音、数字动漫、网络游戏、数字出版）等领域的创新，研发所需要软件、网络等信息技术，发挥科技在文化产业中的支撑作用。同时加大新兴文化业态的发展，促进科技与文化产业的深度融合。提高文化的科技含量。推动科学技术的广泛应用，将高新技术成果与文化产业结合起来，提高文化研究成果的市场转化率。运用现代科技手段开发民族文化资源，改造传统文化产业，实现题材和表现手法的多样化，催生新的生态文化业态。

我们要以文化提升旅游的内涵质量，以旅游扩大文化的传播消费，挖掘江西历史文化和地域文化资源，建设旅游文化名街、名村、名镇，发展红色文化游、历史文化游、道教文化游、生态文化游、乡村休闲游等多种旅游形式。努力打造原中央苏区红色文化游、井冈山红色与生态文化游、龙虎山和三清山道教文化游、赣南客家风情游、新余仙女文化游等一批特色文化旅游品牌。高标准建设景德镇御窑厂遗址、南昌海昏侯墓园遗址等文化旅游聚集区，实施非遗进景区工程。此外，为促进演艺业繁荣，江西省将通过政府购买服务、原创剧目补贴、以奖代补等方式，扶持演艺企业创作生产，增强面向市场、服务群众的能力。借力赣台经贸文化合作交流、景德镇陶瓷博览会、中国（抚州）汤显祖艺术节等国际展会、赛事，拓宽生态文化产品和服务贸易渠道。此外，江西省还将加快与文化部合作共建葡萄牙中国文化中心，建设非洲中国文化基地，构建中华文化海外展示体验综合平台、对外文化交流基地和对外招商引资活动的窗口，持续促进江西生态文化产业走出去、走向世界。

乡村振兴背景下城乡融合发展研究

张剑萍 温 焜 王建刚 涂凯宇 饶国栋 吴 晔

【摘要】党的十九大做出了实施乡村振兴战略的重大部署，提出要建立健全城乡融合发展的体制机制和政策体系，加快推进农业农村现代化。乡村振兴是新时代“三农”工作的总抓手，城乡融合发展是实现乡村振兴的有力举措。现阶段城乡发展过程中存在城乡发展基础差距较大，城乡要素的自由流动机制尚未建立，城乡基本公共服务均等化的任务艰巨等问题。因此要以农业产业兴旺为基础，推进城乡要素优化配置和基本公共服务均等化，同时要以生态宜居为关键要求，多措并举来推动城乡融合发展。

一、前言

党的十九大报告提出实施乡村振兴战略，把农业农村放在了优先发展的位置，这是新时代实现农业农村现代化的重大原则和方针，乡村振兴强调要建立健全城乡融合发展体制机制和政策体系，在新时代为构建新型的工农城乡关系指出了方向和路径。没有农业农村的现代化，就没有国家的现代化。现阶段存在城乡二元结构，城市和乡村在经济发展，基础设施和基本公共服务方面还存在巨大差距，城乡要素自由流动的机制还没完全形成。因此在乡村振兴背景下城乡融合发展要构建城乡要素顺畅的流动机制，在产业发展、环境治理、公共服务等方面大力推动农村和城市的融合，为乡村振兴打下坚实的基础。

二、乡村振兴战略实施的重要性

新时期我国社会主要矛盾已发生重大转变，最突出的就是城乡发展不平衡。在推进全面建成小康社会和建设社会主义现代化强国的征程中，乡村的振兴与发展是我国突破经济发展瓶颈的强大动力。城乡之间发展不平衡、农村发展不全面，是目前我国社会突出的主要矛盾。实施振兴乡村战略，体现了新时期我国农民的期盼，显现了目前我国社会的主要矛盾，着眼于实现“两个一百年”奋斗目标和中华民族伟大复兴中国梦的伟大目标。这项战略的实施不仅是推动农业农村繁荣进步的重大部署，也是推进新型城镇化加速实现的重要措施。

党的十九大开启了乡村振兴的新征程。实施乡村振兴战略，是党的十九大对以往提出的重要农村战略的全面总结和升华；实施乡村振兴战略，是中国面向未来三十多年的伟大目标。在党中央的统一领导下，全国要一盘棋，统筹规划，必须把实施农村振兴战略作为一项长远和全局的重要工作、一个重要目标、一个重要抓手。我们要统一思想，提高认识，加强组织领导，积极推动，精心安排，努力贯彻落实乡村振兴战略。对于实施过程中遇到的具体难题，要勇敢面对和全力妥善解决，为全面实现小康社会和夺取新时代中国特色社会主义伟大胜利提供有力的支撑和做出应有的贡献。

（一）乡村振兴战略的实施是解决新时代社会主要矛盾的有力抓手

党的十九大提出，新时代我国社会主要矛盾已经转化为人民日益增长的美好生活需要和不平衡不充分的发展之间的矛盾。中国工业化和城市化的快速进程，使得城市和乡村差距拉大，而且许多农村也出现不平衡的发展。在经济落后的广大农村，这种不平衡矛盾突显特别厉害，广大农民提高教科文卫发展水平和共享改革发展成果的不充分等，农业农村的发展变成了矛盾的主要方面。从决胜全面建成小康社会，到基本实现社会主义现代化，再到建成社会主义现代化强国，解决这一新的社会主要矛盾就要实施乡村振兴战略。

（二）乡村振兴战略的实施是补齐城乡发展不平衡短板的有效途径

党的十九大报告坚持问题导向，正视农业农村发展的阶段性特征和面临的突出问题，明确提出实施乡村振兴战略。改革开放以来，中国全面深化城市改革，城市的发展取得了明显的效果，城镇化和工业化进程不断推进。然而，我国农业农村的改革发展相对落后，出现了不少严重影响和阻碍国家经济社会全面发展的问题。城市和乡村发展的不平衡影响了国家经济社会发展节奏，成为弱项和短板①。只有高度重视农业、农村和农民的发展问题，全面地从根本上找到解决问题的方法和路径，实施乡村振兴战略才能补齐这块短板。

（三）乡村振兴战略的实施是全面建成小康社会的重要保证

党的十九大报告把乡村振兴战略作为党和国家重大战略，这是根据我国社会目前发展的实际情况而确定的长远大计，是我国全面实现小康，迈向社会主义现代化强国的需要，是中国特色社会主义建设进入新时代的客观要求。习近平总书记在中央农村工作会议上指出，小康不小康，关键看老乡；各方面显示，农村发展滞后是全面建成小康社会的短板。到2020年，全面建成小康社会决胜期的三年时间里，发展农业和农村的任务十分艰难，要坚持乡村全面振兴，推动农业全面升级、农村全面进步、农民全面发展；要合理设定阶段性目标，科学规划，全面提升农业农村的发展速度和水平，努力实现农村小康社会。

（四）乡村振兴战略的实施是建设现代化强国的战略举措

习近平同志指出，农业强不强、农村美不美、农民富不富，决定着全面小康社会的成色和社会主义现代化的质量。我们的现代化是指工业与城市的现代化、农业农村的现代化。离开了农业农村的现代化，中国的现代化就不是完整的、全面的和牢固的现代化。加快推进农业农村现代化，从根本上解决好农业农村农民问题，这就是党中央提出的乡村振兴战略的实施。广大农村是和谐美丽富裕中国的重要载体，农业农村现代化是全面现代化的重要体现，也是全面实现现代化的薄弱环节和问题所在②。把乡村振

① 湖南省中国特色社会主义理论体系研究中心．实施乡村振兴战略，走城乡融合发展之路[J]．求是，2018（3）：33–36.

② 秦中春．实施乡村振兴战略的意义与重点[J]．新经济导刊，2017（12）：80–85.

兴战略的实施作为新时代“三农”工作的新目标和总抓手，以更高要求、更高标准来推进农业农村现代化建设，努力贯彻落实好乡村振兴战略。

三、推进城乡融合发展中面临的主要问题

在2003年党的十六届三中全会提出五个统筹的战略布局中，我们国家开始明确把统筹城乡发展放到了五个统筹的首位。随后在2012年党的十八大报告中党中央提出了“推动城乡发展一体化”的构想，对城乡关系进行了新的诠释和阐述，明确要求我们国家要构建以城带乡、城乡一体的新型城乡关系。

对于城乡关系的认识是一个不断进步的过程，从一开始提出“统筹城乡发展”，然后到“城乡发展一体化”，再到现在提出要“城乡融合发展”，这一方面表明我们国家长期以来都非常重视发展良好的城乡关系，政策一脉相承，在新时代又通过优化现实目标和路径，使城乡关系发展能更加符合新时代的发展特征和具体要求，开拓创新了城乡关系发展的内容和深度。为构建城乡关系我国提出要城乡统筹，更多的是强调发挥政府的作用，这就要求政府成为城乡资源分配的统筹者①。而城乡发展一体化更多的是强调一体化的目标，以这种目标导向来明确城乡关系的发展图景。后来在十九大提出城乡融合，就是要构建融合互动和共建共享的城乡机制，强调城市和乡村的平等地位，提出了通过城乡共荣来优化城乡关系，指出了实现形式和途径。结合城乡发展的历史脉络和近年来城乡关系的相关理论成果，认为当今推进城乡融合发展面临的问题主要集中在以下几个方面：

（一）城乡发展基础差距较大

1. 城镇化水平不高，中心城市的辐射带动作用不强

推动城乡融合的一个力量就是城镇化，可以说城镇化水平是衡量一个国家和地区经济发展水平的关键性指标，没有良好的经济发展水平作为基础，城乡融合发展也就成了无源之水，无本之木。改革开放40年来，我们

① 陈文胜．中国迎来了城乡融合发展的新时代[J]．红旗文稿，2018（10）：19-20.

国家常住人口城镇化率为 58.52%，比 1978 年末上升 40.6 个百分点，年均上升 1 个百分点。这样的速度令世界瞩目，但是和西方发达国家 80%~90% 的城镇率相比，我国差距还很大，特别是常住人口的城镇率和户籍人口的城镇化率还有较大的缺口，这些都需要花大力气去弥补。西方发达国家较高的城镇化率使得在乡村的人口能有较宽裕的资源水平，这样城乡差异较小，城乡发展在城镇化率的助推下实现了较好融合[①]。

2. 城乡经济发展差距较大

改革开放 40 年，我国的现代化建设取得了世界瞩目的成就。“中国奇迹”的创造在于大力推进工业化的发展，工业聚集在城市，工业需要的生产资料和劳动力却源源不断从农村流出，这样的“剪刀差”导致农村资源流出严重，农村不断补贴城市，而工业对农村的“反哺”不足，所以城乡发展的差距就这样被不断拉大。直至今日我们国家城乡劳动生产率、固定资产投资等方面都存在较大差距。2017 年我国居民人均可支配收入 36396 元，而农村居民人均可支配收入仅为 13432 元。城镇居民人均生活消费支出中位数是 33834 元；农村居民人均生活消费支出 11969 元。虽然 2010 年开始农村居民收入的增长率高过城镇居民，但是由于两者历史形成的差距较大，城乡居民收入的鸿沟还是很大，城乡发展的不均衡依然突出。

3. 城乡基础设施差距较大

我们国家城乡在基础设施方面差距较大。特别是农村的公交、污水处理、垃圾集中处理、安全饮水等方面基础比较薄弱。虽然近年来各级政府通过各种项目加大了对农村基础设施的投入力度，通过新农村建设、脱贫攻坚和美丽乡村建设等措施来加大农村教育、医疗、环境等方面的投资，也取得了明显的成效，但由于历史欠账较多，相对城市而言水平还偏低。2017 年，全社会固定资产基础设施投资中，城镇投资的总额为 571668 万元，而对农村基础设施投资仅为 150801 万元，城镇是农村的 3.8 倍。而且在农村社会事业建设方面存在重数量轻质量，重短期效果，做“盆景”现象还依然存在，有些地方忽视农村公共项目的维护、维修，难以达到可持续发

① 何红 . 城乡融合发展的核心内容与路径分析 [J]. 农业经济，2018（2）：90–91.

展的目标。

（二）城乡要素的自由流动机制尚未建立

城乡的要素流动可以看作是一种产权的交易，充分运用市场机制进行调节，才能达到资源和要素的最优配置。城乡要素只有通过市场主体的自由交易、通过竞争与有偿交换才能让资源产生最佳的效益。然而，由于我国资源要素市场化发育不充分，水平还不高，特别是还没有建立健全城乡一体化的要素市场体系。尤其是农村的要素市场发展落后，没有市场机制这个平台就严重制约了农村资源要素的合理流动和优化配置。根据相关的理论研究和西方发达国家城乡发展的经验来看，在工业化中后期，由于资源要素为了发挥效益都向城市聚集，达到一定程度后会溢出，城市的资源积聚效益就会变为扩散效益，城市的资源要素就会向农村扩散。当然这种扩散效益是通过市场机制来实现的，市场对资源要素的流动起决定性作用，从而达到资源的有效配置。很显然，我国现在提出要发挥市场在资源配置过程中的决定性作用就是要不断完善市场机制，克服政府对要素资源的过度干预，打破行政权力对市场机制的干扰[①]。扭曲的市场就阻碍了城乡要素的顺畅流动，资源向城市聚集过度产生明显的虹吸效应，让农村的资源和生产要素不断地流向城市，城乡之间差距将会越来越大。城乡市场要形成要素的双向流动才能促进城乡的融合发展。

我国的城乡二元结构是长期形成的，现在它成了城乡融合发展的主要障碍。近年来虽然我国农业现代化的推进速度在加快，农业的劳动生产率也在提高，在农业基础设施等方面国家也在加大对农业的投入，但是城乡二元结构的格局没有发生根本性改变。

首先，劳动力自由流动受限，农民进城的门槛较高。虽然近年来各级政府推动户籍改革力度在加强，农民进城就业的环境在改善，农民工社会保障也更加到位。这些有利的因素改善了劳动力向城市流动的外在环境，降低了农民在城市就业的成本。但是在住房、子女教育方面还存在很强的

① 郭素芳 . 城乡要素双向流动框架下乡村振兴的内在逻辑和保障机制 [J]. 天津行政学院学报，2018（5）：33–39.

制度壁垒，农民家庭整体融入城市的制度环境依然没有形成。

其次，金融市场存在藩篱，资金在城乡间还未形成双向流动机制。虽然随着经济社会发展，我们国家金融市场迅猛发展，规模也在不断扩大，但是金融资源在农村的有效供给存在不足，城乡金融机构分布失衡，农村的资金外流严重，金融资源弃农进城，这对农业农村的发展造成极大的负面影响。同时城市资本进入农村的渠道还未打通，资本进入农村存在制度障碍。

再其次，城乡土地市场失衡，城乡同地不同权阻碍土地要素流动。土地既是农村发展最重要的资源之一，也是经济活动中最基本的生产要素。现存的城乡二元土地市场导致同地不同权，城市土地财政成了刺激城市大规模扩张的内在动力，这样的结果就是土地城镇化速度加速狂奔，而人口城镇化速度却远远落后。如果农民无法和城市居民一样同等地分享城镇化发展的收益和好处，就必然加剧城乡发展不平衡。城乡土地市场失衡另一方面也造成了土地利用效率不高，城市高房价等问题突出。农村现有的土地制度抑制了土地承包经营权的流转，农村土地的流动性不强。只有农业流动性增强才能促进用地规模化，才能够更多吸引城市工商资本投资于农村领域。虽然近来我们国家创新了土地制度，通过土地“三权分治”来增强土地的流动性，通过土地流转实现农业的快速发展，但是由于农村土地产权模糊和权能残缺问题始终存在，这样土地流转和规模化经营还是存在很大的制约因素。

（三）城乡基本公共服务均等化的任务艰巨

城乡融合发展的核心内容之一就是通过城市基本公共服务向农村延伸和溢出，从而实现城乡基本公共服务均等化。近年来，我国在推进农村基本公共服务全覆盖方面取得了非常显著的成绩，特别是在医疗设施、养老保险、义务教育等方面实现了城乡全覆盖。但是，城乡基本公共服务的水平和质量差距依然很大，政府对农村基本公共服务的投入依然不足，农村基本公共服务体系不完善、水平较低，城乡公共资源分配不均等现象依然存在，基本公共服务领域以城带乡的联动机制尚未建立，特别是教育发展不均衡和卫生发展不均衡等问题对农村的长远发展影响非常大。

农村教育事业发展落后。随着农村义务教育条件的不断改善，各级政府也加大了对城乡教育均衡发展的投入，相关教育部门通过各种方式方法提高农村教师的素质和水平，城乡义务教育差距在不断缩小，农村人口受教育的水平在不断提高，这对于农村的长远发展至关重要。但是城市的积聚效应使得城市教育资源相对集中，教育设备设施比较完备，教师素质和能力水平相对较高，好的老师都不愿意留在农村，由于城市人口密度高存在教育配置的规模效应，政府对教育的投入也向城市倾斜。没有政策倾斜，好的师资在农村留不住，教育资源和设备在农村产出效率低使得城乡教育差距将越来越大[①]。

农村医疗卫生条件差距较大。城市聚集了优质的医疗卫生资源，好的医疗设备和设施都集中在城市的大医院。而农村的医疗卫生设施设备投入不足，医疗人才缺乏，很多乡镇医院都留不住年轻医生，农村医疗技术人员年龄老化严重。数据统计表明，城市每千人口执业医师达到 2.96 人，而农村仅为 1 人，农村只有城市水平的三分之一，农村医疗卫生资源缺乏导致农村医疗服务量也仅为全国总量的 1/8。很多农村居民不怕路远进城看病求医。虽然经过加大对农村医疗卫生的投入，已初步建立起了统一的城乡居民社会保障体制，但社会保险城乡二元化还很突出，社会保险运营机制城乡分割的局面还没有太大改变。在部分农村地区，公共医疗卫生资源的供应还十分有限，还有些地区安全的饮用水还没解决，这都是巨大的隐患。虽然近年来全面推行“新农合”，但农村居民保险费用不断增加，报销项目范围有限，特别是异地就医报销比例不高，农村居民的就医压力依旧很大。

基本社会保障制度是保障人民生活、调节社会分配的一项基本制度。整合城乡居民基本社会保障体系的重点是加快建立健全农村的基本医疗保险制度、大病保险制度、基本养老保险制度和最低生活保障制度。这不仅需要实现城乡整合，而且应当逐步实现基础保险的全国统筹，因为农民工流动性较大，基础保险的省际不统筹和不流动对流动农民工的利益侵害很大。

① 陈炎兵 . 实施乡村振兴战略推动城乡融合发展 [J]. 中国经济导刊，2017（12）：52–53.

农村养老服务业差距也很突出。这是城乡融合中应该关注的未来趋势。城市老龄化工作已经得到了各级政府的重视，很多相关的项目提到了议事日程上来，但农村老龄化问题和农村老年人社会服务工作却尚未破题。农村青壮年的大规模外出务工，年老农民工回乡务农，这种“青出老返”型就业路径和趋势导致农村的老龄化程度和问题远远大于城市，未来乡村的老龄化问题会更加严峻。

四、推进城乡融合发展的路径探讨

城乡融合是一个系统性工程，需要产业的支撑，也要有要素和自由流动。城乡融合既要有物理空间的融合，也需要文化的黏合。我国应该多措并举，破除城乡发展的壁垒，系统性推进城乡融合发展。

（一）以农业产业兴旺为基础，推动城乡产业融合发展

发展现代农业是推动农村发展的基础，农业产业兴旺是城乡融合发展的重要标志。高质量推进农村产业发展，从而增强农村的“造血”功能和内在发展的动力。只有强有力的农业为基础，才能让农村获取足够的发展能力，才能通过农村的内驱力来达到城乡的融合发展。

一是优化城乡产业布局。农业要区别于工业，要立足农业功能性差异，给城市提供绿色生态的农产品。要合理安排城乡的产业功能布局，发挥农村的独特优势，推动城乡产业良性互动，高度融合。通过“空间换地”提高土地集约利用率和产出效益。在我国土地资源紧缺的背景下，要大力推广种养结合、立体种养等循环农业模式。通过加快土地流转，发展适度规模经营来发挥规模效益，优化产业布局。

二是通过农业供给侧结构性改革优化农业产业结构，提升农业产出效益。农产品供给已经从过去的总量不足转变为结构性矛盾，低端粗加工农产品多，高质量的品牌农产品少。为此，必须从供给侧改革着手，转变农业的发展方式，提高农业的全要素生产率，提升农业的创新力和国际竞争力，走上一条质量兴农之路。通过品牌强农行动来促进农药的转型升级。通过全面推行农业标准化生产，减少化肥农药使用量，发展生态农产品。

以“三品一标”农产品建设为基础，结合农业品牌孵化、提升和整合，从而构建以企业品牌为主体，区域公用品牌为龙头的农产品品牌体系。

三是要运用高新科技来提升农业的产出效率。在我们国家土地资源非常不宽裕的背景下，要发展现代农业，就必须发挥技术效应来提升农业产出的水平。要坚持实施“机械替人”行动，通过机械化水平的提升来增加农业的技术含量和水平。要深化和农业科研院所的合作，通过协同合作来推进先进农业技术成果转化。由于设施农业有聚能、高产、高效的优势，可以通过发展设施农业来提高农业的产量和水平，积极推进现代农业园区智能化建设，提升农业的整合效应。通过加快农业新技术、新工艺的推广应用，来提升农业的产出效益。要通过“电商换市”，运用最新的信息技术服务于农业，通过农业信息化的变革与创新来提升农业的附加值。

四是要积极推动一二三产业融合发展。要发展农业精深加工业，通过和现代流通业融合，来延伸产业链和价值链，从而提高农业的附加值。特别要推动农业与旅游、教育、文化、康养等第三产业结合起来。通过挖掘农村独特的生态优势，比如绿水青山、田园风光、乡土文化等，打造一批农旅结合项目。通过三产的融合发展对农村的生态环境重新定价，也能提升农业的附加值，从而推动农业的跨越式发展，形成居民增收的新支点和新渠道。

（二）以自由流动为目标，推进城乡要素优化配置

要推进城乡融合发展，就要推动资源要素在城乡之间有效配置，就是要破除制约城乡要素资源高效流动的藩篱，就要通过资源要素流动来全面激活市场，从而激活农村发展的主体，为农村发展注入内驱力，为农业增值注入新动能[①]。

一是要充分保障农村土地要素流动，促进资产要素优化配置。要积极深化农村集体产权制度改革，让农村土地要素能够高效匹配。要建立健全农村产权交易市场来促进土地要素自由流通。要继续对农村集体资产进行清产核资，大力发展农村集体经济。要积极探索利用集体建设用地使用权，

① 徐祥临 . 新时代城乡关系与推进之路 [J]. 国家治理 ,2018（4）：18–21.

农村房屋，林地等要素进入土地市场，通过抵押融资达到有效配置。通过探索农村产权抵押融资，以土地流转收益贷款等多种形式促进土地要素达到优化配置，为城乡融合发展注入强大动力。还要坚持推进农村土地“三权分置”改革，引导土地承包经营权规范流转，促进农业适度规模经营，从而为城乡融合发展提供坚实的基础。

二是要大力激活城乡资本要素流动，拓展农村金融支持与投融资渠道。要建立农村资本投入保障机制，用真金白银体现农业农村优先发展的原则，体现对农村的倾斜和重视，真正实现城市反哺农村，从而为城乡融合提供坚实的保障。要创新农村投融资制度，对农村财政优先保障，发挥财政资金的杠杆作用；农村要金融重点倾斜，发挥资本的导向作用；还要鼓励社会积极参与，这样的多元投入格局，才能确保农村资金投入力度能不断增强，金融资本投入总量能持续增加。要优化农村金融机构和业务的布局，探索建立适合我们国家农村发展的金融体系。通过金融产品的创新规范发展农村合作金融，通过构建适合农业农村实际的信用体系来给农村提供足够的金融服务，解决农民短期资金周转需求，也解决农村的长远发展。

三是要高效汇聚农村需要的人才要素，鼓励高素质人才“上山下乡”。农村的发展，城乡融合的推进关键需要人才的流动和有效配置。要积极破解农村发展的人才制约，通过智力、技术、管理下乡来给农村输血，通过培养造就乡土人才来为农村发展固本。要营造良好的创业环境，鼓励支持各类人才投身农村。城乡融合就是要政策制度城乡一致，公共服务城乡一体，就业机会城乡均等。要探索建立城乡融合的户籍管理体制，为人力资源在城乡有效流动提供制度保障。

（三）以农村治理有效为重点，推进城乡基本公共服务均等化

推进城乡基本公共服务均等化是城乡融合发展的核心和重点，通过城镇基本公共服务向农村延伸，来达到城乡的均衡发展。首先要推进城乡教育融合均衡发展。要根据人口的动态检测数据来科学安排教育资源，优化教育布局。要通过城乡教育集团化和平台化，均衡配置城乡教育资源，通过城乡教师交流研训平台建设缩小城乡差距。要通过互联网等先进技术的运用让城乡的孩子都能享受公平而高质的教育。特别要重视农村基础教育的发展，努力提高农村学校软硬件设置水平。

其次，努力实现城乡医疗卫生服务的均等化。通过推动农村环境综合治理，农村饮用水源保护，生活垃圾处理等方面来改善农村的人居环境和卫生水平。要加大农村医疗服务的资金投入，通过农村卫生院和村级卫生室标准化建设，来提高农村医疗设施等硬件条件；通过选派农村医务人员到城市大医院交流学习等多种管理机制，来提升农村医疗卫生人才队伍的水平和能力。同时，要形成城市医疗资源对农村的支持体系，通过结对帮扶等多种举措来支持农村的医疗卫生建设。

第三，要加快构建城乡一体的社会保障体系。要在巩固和提高城乡社会保障并轨成果的基础上，建立更加公平和可持续的社会保障制度。要合理统筹好城乡各类群体的不同保障待遇，既要覆盖全面，也要城乡统筹。城乡基本养老保险城乡并轨要加速，城乡养老保障上的差距要缩小。要建立城乡统筹的居民大病保险制度，要推进城乡社会保障体系可持续发展。

（四）以生态宜居为关键，推动城乡生态环境融合发展

生态宜居是城乡融合的关键，是给农村环境“塑形”。要充分发挥农村环境建设在城乡生态融合中的引领作用，努力形成以城带乡、以乡促城的生态格局，通过建立健全城乡生态文明体制机制，来实现城乡地理方面的融合。古村古镇、古迹古韵是我国宝贵的财富和资源。通过城乡环境的综合治理，切实改善城乡生态人居环境，从而为实现城乡融合打下坚实的基础。

1. 优化城乡规划布局

从城乡规划二元割裂走向一体融合，要打破行政区划和层级方面的障碍，注重城乡空间方面的横向衔接和有机联系。通过城乡规划、土地规划等“多规合一”，来科学合理布局，通过城乡生产、生活、生态空间的优化，来构筑城乡生态合理边界与秩序。通过农村山水林田湖路草的综合治理，形成资源节约、环境友好的城乡生态系统。通过创新城乡生态补偿机制，来形成城乡和谐的人居环境。通过明确环境保护功能分区，确定基本生态控制线，来推进城乡一体的环境刚性保护机制。通过用地结构调整、国土开发空间优化，来引导土地等生产要素合理配置和功能分区，从而形成布局合理、层级分明、职能明确的城乡空间格局。

城乡环境的优化需要规划先行。要立足各地城市和乡村的实际情况，编制城乡建设规划。村庄的规划要符合农村实际，既要满足村民需求，又要凸显乡村特色。规划内容要明确生活污水处理、生活垃圾处理、饮用水源地保护等环境保护项目的实施方案，要规划城乡风貌管控要求和范围，要合理区分生产生活区域，统筹生产生活项目建设。根据城乡人居环境现状，规划编制要兼顾中长期发展需要，分类确定整治重点，分步实施。以环境整治项目为重点，全面提升人居环境质量。同时，编制的农村建设规划要通俗易懂，主要项目要达到可实施的深度，相关要求可纳入村规民约进行管理。充分发挥其保护和改善城乡人居环境的指导作用。

2. 加强城乡环境综合整治

深入实施农村环境改善提升行动，全面实施农村生活污水治理工程。要加大农业面源污染治理力度，实施化肥、农药“零增长”行动，同时对于畜禽养殖场所进行综合治理。对于农村垃圾要就地分类减量和资源回收利用。探索适合中国城乡的处理机制和体系。交通便利且转运距离较近的村庄，生活垃圾可按照“户分类、村收集、镇转运、县处理”的方式处理；其他村庄的生活垃圾可通过适当方式就近处理。离城镇较远且人口较多的村庄，可建设村级污水集中处理设施，人口较少的村庄可建设户用污水处理设施。推进非规模化畜禽粪便综合治理与利用，推动农村家庭改厕，全面实施无害化卫生厕所改造任务，通过厕所革命让城市和农村拥有一样文明的生活方式和良好环境体验。

建立和完善政府主导、村民参与、社会支持的投入机制，推进城乡人居环境的改善。国家投资要重点向贫困地区倾斜。要以县级为主加强涉农资金整合，统筹安排、形成合力。建立引导激励机制，鼓励社会资本和调动村民参与建设和改善农村人居环境。建立村庄垃圾和污水处理等环保设施的长效管护制度，提高管护人员或组织素质，逐步将管理责任落实到人，确保已建环保设施稳定运行，发挥作用。比如，可以建立村民自治组织，引导村民参与农村人居环境的监管和治理，自己管理村庄环保事务。又比如，基层政府可以通过委托、承包、采购等方式向社会购买村庄规划建设、垃圾收运处理和污水处理设施运营等环保服务[①]。

3. 推进城乡生态文明建设

生态文明建设是系统工程，要加强农业资源保护，严格保护耕地，既要扩大耕地轮作休耕制度试点，也要加强湿地保护与修复，确保农业的根基能够可持续。要完善生态补偿政策，从而提升生态补偿资金的利用效率。要大力保护一些拥有悠久历史和深厚文化底蕴的名镇名村，着力打造一批有特色的秀美乡村。探索以产业为支撑的美丽宜居小镇建设模式，从而形成景观优美、出行便捷、服务完善、居住舒适的城乡宜居环境。

生态文明还是个长久的工程，特别需要提升农村居民的环境意识。新时代宣传活动，要有创新的手段。宣传的对象是人。人在哪里，宣传就要到达哪里。在农村要以身边的事为素材，编印宣传材料，进村入户，对村民进行环保宣传。面对舆论环境和传播方式的深刻变化，必须用富有时代特色、体现实践要求的方法，精准定位受众，创新方法手段，可以通过微信公众号、APP 客户端等形式来开展全方位宣传，提升村民环境意识，教育村民养成文明健康的生活习惯，维护和改善人居环境，提升自己的生活质量，达到宣传教育效果。要利用对儿童的环保教育来影响一家人，改变几代人。

城与乡是知识功能不同的区域而已，城乡是生命的共同体。城乡要相互依存，相互融合从而互促共荣。城市的繁荣离不开乡村提供的物质基础和保障，乡村的复兴也离不开城市的引领和支持。城乡融合发展是实现乡村振兴和全面现代化的重要保障。为此推进城乡融合发展，要树立城乡一体观念，把农业农村放在优先发展的位置，通过推动城乡要素、产业、社会等方面的融合，来实现城乡共享共荣的局面。

---

① 温焜 . 走好乡村污水治理这条路 [N]. 学习时报，2018-05-28.

重振赣茶品牌，推动江西茶产业高质量发展的思考与建议

郭金丰 李 维 孙志杰 张文君 尤 鑫

【摘要】近年来江西茶产业发展迅速，市场规模同步扩大，“四绿一红”品牌整合也取得了较好成效，但与浙江、贵州、福建等产茶大省强省相比，“缺品牌、产品增加值低、龙头企业带动力不强”等问题仍显突出。建议从以下方面推动江西茶产业高质量跨越式发展：一是实施品牌统一建设工程，尤其是强化江西特色商标注册；二是实现农业、商务、质检等部门合理分工，提升赣茶品质、培育赣茶品牌；三是制定江西省生态茶园建设标准，充分挖掘江西省生态资源潜力；四是创新江西茶产业发展，做优做大做强赣茶文化与生态旅游；五是出台支持茶叶企业高质量发展政策，复兴传统制茶工艺并开发黄茶、白茶等新品类茶。

习近平总书记早在2003年就指出，“一片叶子，成就了一个产业，富裕了一方百姓”[①]。江西省委书记刘奇在省委十四届七次全会上强调，“农业强不强、农村美不美、农民富不富，直接决定着富裕美丽幸福现代化江西建设的成色”。江西茶历史久远，且凭借文化优势名闻天下。茶叶种植遍布江西全省11个设区市70多个县（市、区），现有“婺绿”“浮红”“宁红”“赣

① 2003年4月9日，时任浙江省委书记习近平在安吉调研生态县建设时称赞安吉白茶产业绿色富民的成效。（《人民日报》2018年10月19日第3版《扶贫茶苗运往扶贫一线》）

炒青”“饶绿”等5大产茶区，种植区大多分布在高山丘陵地区，是带动山区贫困农民脱贫致富的重要产业。2015年江西省出台了《关于推进全省茶叶品牌整合的实施意见》，确立了“四绿一红”的跨越式发展战略，茶产业发展迅速，龙头企业的品牌和实力都有了较快的提升。然而近两年来，茶产业以及国内外经济形势等发生了较大变化，实现跨越式发展面临新机遇、新挑战。顺势而为，及时出台和调整相关政策，对江西处于上升关键期的茶叶产业极具紧迫性。课题组赴遂川、上犹、崇义等县深入实地调研，发现作为重要茶叶产区，江西茶产业“缺品牌、效益低、带动农民脱贫增收能力不强”等问题仍很突出。虽然历史文化丰富和生态环境优越是江西茶产业品牌可依托的特色优势，但目前很难实现产业效益与农民增收的共赢。本文从产业实际出发，特别关注茶文化、茶旅游等新的品牌塑造方式，为提升全国消费者对江西茶品牌的认知度与忠诚度、推进江西茶产业高质量发展提出切实可行的政策优化建议。

一、江西茶产业发展现状分析

“产业兴旺”作为新时代乡村振兴战略的核心内容，要求切实推动江西茶产业效率变革和质量变革，在山区农民脱贫增收中发挥更大作用。不论从茶叶种植、加工与贸易历史还是从优良生态环境优势来看，江西在发展茶产业上都有得天独厚的优势。当前农业供给侧改革深入推进，从江西茶产业发展情况看，近年来增长迅速市场规模不断扩大，“四绿一红”品牌整合建设取得了较好成效，但与浙江、贵州、福建、湖北等产茶大省强省相比，“缺品牌、产品增加值低、龙头企业带动力不强”等问题仍很严重，江西茶仍然走的是“规模扩张型”发展路径，重规模轻质量缺品牌的问题未得到根本扭转。

（一）茶产业种植面积与产值增长迅速

在政府政策引导和居民收入不断增长等因素的共同作用下，江西茶叶种植面积、产量与产值都大幅增加（详见表1）。2017年江西茶园种植面积为104.4千公顷，占全国的比重为3.6%，排名全国第11位，与

2013 年相比增加了 31.8 千公顷，增幅达 43.8%，与之相对应，茶叶产量在 2017 年也达到 6.5 万吨，占全国的比重为 2.48%，比 2013 年增加了 2.2 万吨。

表 1　近年来江西茶园及茶叶产量情况

	茶园面积（千公顷）	占全国的比重（%）	茶叶产量（万吨）	占全国的比重（%）
2013	72.6	3.07	4.3	2.28
2014	78.1	3.09	4.71	2.3
2015	85.1	3.22	5.19	2.28
2016	90.1	3.31	5.8	2.51
2017	104.4	3.66	6.1	2.48
2018	–	–	6.5	2.49

数据来源：历年《中国统计年鉴》及 2018 年江西省国民经济和社会发展统计公报。

从各地区种植面积看，上饶、吉安、九江、赣州、景德镇五市属于产茶大市，合计占全省茶叶种植和产量的 80% 以上。从变化情况看，这五个产茶大市的茶园面积均有较大幅度扩张，其中九江市比 2013 年增加了一倍以上，此外景德镇、吉安、上饶增幅均超过 30%，这也显示出近年来国内茶叶市场需求相对扩大产生的拉动效应，此外各级政府对于扩大茶园面积规模均提供了一定的补贴，也会刺激茶叶种植场扩大种植规模。与之相对应，上饶、吉安、九江、景德镇四市的产量增幅均接近或超过 50%，而这四市也是江西“四绿一红”（狗牯脑茶、婺源绿茶、庐山云雾茶、浮梁茶、宁红茶）品牌所在地，因此江西省政府的品牌支持补贴政策以及各市县相关配套政策对于这些区域所在的茶叶企业扩张规模有较大的激励作用（见表 2）。

表 2　近年来江西各地茶园及茶叶产量情况

	2013		2017					
	茶园面积	茶叶产量	茶园面积			茶叶产量		
	绝对数（公顷）	绝对数（吨）	绝对数（公顷）	占全省的比重（%）	相比2013年增幅(%)	绝对数（吨）	占全省的比重（%）	相比2013年增幅(%)
南昌市	1548	1729	1381	1.4	-10.79	1917	3.12	10.87
景德镇市	8137	6273	10867	11.03	33.55	9174	14.94	46.25
萍乡市	435	313	510	0.52	17.24	350	0.57	11.82
九江市	8257	5780	16884	17.13	104.48	8710	14.19	50.69
新余市	470	240	239	0.24	-49.15	310	0.5	29.17
鹰潭市	350	107	504	0.51	44.00	131	0.21	22.43
赣州市	11177	4060	13875	14.09	24.14	5143	8.38	26.67
吉安市	12827	3843	17871	18.14	39.32	6914	11.26	79.91
宜春市	8246	5026	9801	9.95	18.86	5785	9.42	15.10
抚州市	4245	2656	4623	4.67	8.90	2566	4.18	-3.39
上饶市	16899	12972	21989	22.32	30.12	20399	33.22	57.25
全省合计	72591	42999	98544	100	-	61399	100	-

数据来源：历年《江西统计年鉴》及2018年江西省国民经济和社会发展统计公报。

从茶产业产值数据看（见表3），江西近年来茶叶产值增长迅速，四年时间增幅超过一半，表明后发劲头明显；从横向比较来看，在五个中部茶叶主产省中位列末位，2017年茶产业产值仅相当于湖北省的十分之一，与湖南、河南、安徽的绝对差距也较大。特别是如果比较单位面积的产值指标，差距会变得更大。2017年江西茶园每公顷产值仅为1.42万元，是全国平均值的29.28%，仅相当于河南的17.49%，这也表明提升江西茶产业单位产值极为迫切，否则仅仅靠奖补措施来实现茶园面积到2020年达到260万亩的目标将会非常困难。

表3 2013—2017年我国中部茶叶主产省产值情况

单位：亿元

	2013	2014	2015	2016	2017	2017年相对于2013年增幅（%）	2017年单位面积产值（万元/公顷）
安徽	47.2	51.8	54.1	53.7	53.1	12.5	3.21
江西	9.6	11.1	12.6	13.9	14.8	54.17	1.42
河南	152.6	183.4	190	155.7	94	–38.4	8.12
湖北	110.8	128.3	131.5	138.5	149	34.48	5.26
湖南	118.2	137.9	100.9	105.9	110.5	–6.51	7.09
全国	1058.8	1237.1	1300.6	1360	1380.6	30.39	4.85

数据来源：历年《中国农村统计年鉴》。

（二）经营模式以茶场主导为主

在赣南重要产茶大县上犹和崇义调研时我们了解到，江西茶产业总体存在附加值不高、“有市无价”现象，目前“茶农—基地—龙头企业”缺乏有效整合机制，经营模式还是以茶叶企业老板种茶—采茶—销茶“一条龙”包打天下为主，结果就是单个茶叶企业利润微薄，茶场单位面积的产量和效益提高非常缓慢，面对当前劳动力成本快速上升的压力，企业对于工艺提升和品牌开发显得力不从心。不少投资者在将资金投入茶叶种植经营领域后发现市场竞争激烈，最终“血本无归”。

茶产业的规模、主导产品线的特色以及科技支撑和品牌建设都将影响到茶产业综合实力。一项对17个茶叶主产省综合实力的研究成果表明①，江西茶产业的综合实力位列第13位，特别是驰名商标分排名上列倒数第4位；在全部264个县域综合实力排名中，遂川位列第25位，修水县、婺源县、庐山区、铜鼓县、浮梁县、上犹县、上饶县、铅山县和资溪县分别位列第60、67、84、123、130、137、173、197和229位。茶可以分为绿茶、红茶、黄茶、白茶、黑茶、乌龙茶六大类。江西属于长江流域产区，所产茶以绿茶和红茶为主，2017年分别占全部茶叶产量的80.33%和11.66%，其余零

① 陈富桥等.茶产业区域发展综合实力评估研究.中国农业资源与区划，2017（12）.

星有茶场制作白茶、乌龙茶等品类。由于绿茶和红茶在全国各茶产区均有出品，且不乏竹叶青、吴裕泰、绿剑、文新等全国知名品牌产品，因此江西绿茶和红茶在全国市场上面临激烈的市场竞争，导致大部分茶叶企业营销目标市场仍是本地市场。从茶叶加工业情况看，目前江西各类茶叶加工企业共计上万家,仅“四绿一红”产区就有国家级农业产业化龙头企业 1 家、省级 23 家、市级 41 家。总体而言,还是以茶场“种茶—采茶—制茶—销茶”一体化为主，许多企业规模较小，年产值均为百万元左右，以中高档的礼品茶为主。

江西在 2017 年底出台了《江西省茶产业发展工程实施方案》，从政府部门制定的发展目标看还是追求规模扩张，到 2020 年“实现全省茶园面积达到 260 万亩”，对应的奖补政策是“对集中连片 100 亩以上规模种植龙头企业、农民合作社、家庭农场、种植大户，每亩省级财政补助 400 元，市、县（区）按省、市、县 1∶0.5∶1 的比例联动安排财政补助资金”，这意味着财政资金支持大部分用于激励企业扩大茶园规模。但课题组通过对部分茶叶企业老板面对面访谈了解到，企业对政府的需求主要是提供中介服务支持帮助在采茶季招募茶工，提供茶叶采种剪方面的机械化信息，由于茶场处于深山老林，村里公路没有延伸到企业茶园基地，这种基础设施不完善大大制约了茶园企业开发乡村旅游等方面的发展。他们纷纷反映，当前市场相对饱和，企业不愿意扩大茶园面积，更多期望在原有规模基础上降低生产成本，提高加工茶叶品质，企业效益提高后自然愿意扩大茶园面积。特别是江西“四绿一红”品牌整合中，过于重视支持企业通过参加博览会展览传播品牌，但企业反映参加的大多数茶业博览会价值不大，难以真正发挥打开市场渠道作用，认为还是应着眼于“好茶—好品牌—好形象”的整个链条，通过质量提升为江西茶品牌塑造提供好的产品基础。

（三）江西茶品牌价值有了较大幅度的提升

茶叶作为重要经济作物，其品牌塑造涉及“区域农产品公用品牌和区域企业产品品牌”两个层面，公用品牌如江西茶等全省茶品牌以及狗牯脑、婺源绿茶等区域性品牌，其外部性特征要求地方政府在品牌塑造、维护乃至提升上发挥作用，同时公用品牌与产品品牌两者的紧密相关性又意味着要发挥企业的主动性，通过塑造产品品牌能提升公用品牌的知名度和美誉度。围绕江西茶公用品牌培育，江西省委、省政府出台了《关于推进全省茶叶品牌整合的实施意见》（赣府厅发〔2015〕22号），评比筛选出“四绿一红”五大省级重点品牌，目标是“五年内打造1至3个全国茶叶知名品牌”。出台的具体举措主要包括：一是在资金投入上，每年整合各类资金1亿元集中扶持，2015—2017年三年间累计投入省财政专项资金2亿元，市县财政投入5000万元，有力地支持品牌整合行动；二是在基地建设上，以标准化有机茶园基地建设提升茶叶品质，为品牌塑造奠定基础，支持建设各类生态标准茶园4766公顷，有4833公顷茶园获得国家三品（无公害农产品、绿色食品、有机农产品）认证基地。特别是支持“四绿一红”品牌整合产区新建各类标准茶园15个，高标准示范茶园3个，物联网茶园5个，休闲观光科普茶园2个，专业科教基地茶园3个；三是在品牌宣传上，以“江西茶 香天下”为江西茶叶宣传总广告语，在中央电视台等媒体播发宣传片，支持企业在昌北机场、高铁高速等投放广告，同时围绕“进京、入沪、下粤、上网、跨洋”五大方向，通过组织茶叶企业参展巡展，线上线下联动营销，奖补开设实体店、网上旗舰店、电商平台和出口茶叶企业等，推动江西茶叶真正走向全国市场。2017年江西省国资委与浮梁县浮瑶仙芝茶业公司共同出资1.67亿元组建江西茶业集团有限公司，此外江西旅游集团2015年出资组建江西省高山茶投资有限公司，未来有望成为带动江西茶产业的龙头企业。

从区域公用品牌塑造的效果看，江西目前茶叶品牌市场价值最大的是庐山云雾茶，2018年达到23.15亿元，比2016年增长了29.62%；排在第二位的是浮梁茶，全国排名已从2016年的第34位提升至2018年的第25位，品牌价值增幅达46.7%，此外狗牯脑茶、婺源绿茶、修水宁红茶品牌价值也有较大幅度提升（见表4）。这显示出江西实施“四绿一红”品牌整合行动带来的积极效果，通过品质管控加品牌传播的高投入，总体上江西区域公用品牌的市场认可度和传播力都有了显著提升。当然需要看到的是，江西排位最高的庐山云雾茶品牌价值仅仅相当于全国品牌价值最大的普洱茶的三分之一，特别是随着近年来四川、福建、贵州等省茶叶规模扩大，新品牌不断涌现，这也给江西公用品牌塑造提出了更高要求。尽管我们正在大力宣传“江西茶 香天下”，但在外地消费者认知中，对江西茶的总体印象还不够清晰，大多数被调查者并没有将之与江西悠久的茶文化和优良的生态环境结合起来。

表 4　2016—2018 年江西茶叶区域公用品牌市场价值统计

		2016 年		2017 年		2018 年		2018 年相对于 2016 年品牌价值增幅（%）
		品牌价值（亿元）	排位	品牌价值（亿元）	排位	品牌价值（亿元）	排位	
江西	庐山云雾茶	17.86	23	19.91	22	23.15	19	29.62
	浮梁茶	14.56	34	17.11	30	21.36	25	46.7
	狗牯脑茶	14.45	36	15.42	36	19.63	32	35.85
	婺源绿茶	13.44	42	15.86	34	17.34	41	29.02
	修水宁红茶	11.18	54	12.49	50	14.04	51	25.58
	双井绿	7.47	75	7.49	75	7.52	79	0.67
	资溪白茶	2.81	88	2.91	87	2.9	90	3.2
全国	普洱茶	57.09	3	60	1	64.1	1	12.28
	信阳毛尖	57.33	2	59.91	2	63.52	2	10.8
	洞庭山碧螺春	–	–	–	–	42.06	3	–
	福鼎白茶	33.8	4	35.53	3	38.26	4	13.2
	大佛龙井	31.77	5	34.94	4	38.23	5	20.33
	安溪铁观音	60.04	1	–	–	–	–	–

数据来源：胡晓云等，2016、2017、2018 中国茶叶区域公用品牌价值评估报告。

注：– 标示本年该区域公用品牌未参评。

从企业产品品牌塑造情况看，2018 年江西有 5 家企业进入全国茶叶企业产品品牌百强榜，排位最高的婺源县鄣公山茶叶实业有限公司的“鄣公山”品牌，价值达 4.2 亿元，其次是浮梁县浮瑶仙芝茶叶有限公司的两个产品品牌，合计 4.5 亿元；从不同年度变动情况看，江西茶叶企业品牌按价值排位变动较大，相对而言还没有真正出现具有全国影响力能够带动整个江西茶产业的知名企业，与之形成鲜明对比的是，全国排名前十位的茶叶企业产品品牌较为固定，基本形成了“强者恒强”的竞争格局，这也意味着江西茶叶企业要想真正开发出能够挤进全国前十位的产品品牌难度极大（见表5）。

表5 2016—2018年江西茶叶企业产品品牌市场价值统计

	企业名称	品牌名称	2016年		2017年		2018年		品牌价值增幅（%）
			品牌价值（亿元）	排位	品牌价值（亿元）	排位	品牌价值（亿元）	排位	
江西	婺源县鄣公山茶叶实业有限公司	鄣公山	–	–	–	–	4.2	23	
	浮梁县浮瑶仙芝茶业有限公司	浮瑶仙芝	2.3	60	–	–	2.74	50	19.13
	浮梁县浮瑶仙芝茶业有限公司	浮红	1.89	79	–	–	1.76	67	–6.88
	上犹犹江绿月	犹江绿月	–	–	–	–	1.5	75	–
	江西三山实业有限公司	玉山怀玉	–	–	0.654	91	0.94	95	–
	江西省宁红集团有限公司	宁红	3.52	24	3.63	27	–	–	–
全国	北京吴裕泰茶业股份有限公司	吴裕泰	12.77	1	14.73	1	15.51	1	21.46
	福建新坦洋集团股份有限公司	新坦洋	8.26	7	8.97	4	10.85	2	31.36
	湖北汉家刘氏茶业股份有限公司	汉家刘氏	7.14	10	7.86	7	9.67	3	35.43
	湖北采花茶业有限公司	采花	9.23	3	9.25	2	9.5	4	2.93
	闽榕茶业有限公司	崟露	7.47	8	8.06	6	9.43	5	26.24
	安徽茶叶进出口有限公司	吉祥鸟	8.87	4	9.13	3	9.23	6	4.06
	浙江更香有机茶业开发有限公司	更香茗茶	8.68	5	8.68	5	8.84	7	1.84
	四川省茶叶集团股份有限公司	叙府	9.73	2	–	–	–	–	–

数据来源：胡晓云等，2016、2017、2018中国茶叶企业产品品牌价值评估报告。

注：–标示本年该企业产品品牌未参评。品牌价值增幅以2016年为基数。

从江西茶业企业参与的国内外博览会获奖情况看，2018 年 5 月在杭州举办的全国最高级别的茶叶博览会——第二届中国国际茶叶博览会共计颁发金奖 108 名，其中江西有 3 个产品获得绿茶金奖，2 个产品获得红茶金奖,分别占全国的 4.8% 和 9.5%。在全部 62 个绿茶金奖中,浙江共有 15 个,其次是安徽 8 个，贵州 7 个，湖北 6 个，可以看出与安徽、湖北等相邻省份相比，总体上江西茶业名牌还不多，还仅仅是停留在传统优势企业的明星产品，制茶工艺创新和新品牌开发比较欠缺。

二、江西茶产业跨越式发展面临的新机遇、新挑战

（一）我国茶产业出口转内销趋势明显，打造品牌、提升赣茶品质迫在眉睫

印度、越南等新兴茶叶大国廉价倾销，挤压我国茶叶国际生存空间。与中国同纬度、适合茶叶种植的印度、斯里兰卡等新兴茶叶国家，近年来茶叶种植规模逐年扩大，并对国际中低端茶叶市场形成倾销，日益侵蚀日本、欧盟、美国等我国传统主销市场，我国茶商被迫转战非洲、中东等薄利、非主流市场。受中美贸易战等不利影响,加上人民币汇率波动明显加剧,这将降低我国茶叶国际市场竞争力，出口转内销趋势明显。刘学忠、李中华[①]指出茶产业供给侧目前最突出的问题是茶园面积增长过快，使得库存量不断增加，这也导致在茶叶消费增长动力不足的双重压力下，企业利润空间被大大压缩。管曦等[②]认为中国茶产业处于产量和规模不断螺旋式上升的阶段，产能过剩风险非常大。

国内茶叶供给能力逐年提升，然而国际市场出口量下降，供大于求，难免引发国内市场价格战，应提升江西茶叶品牌与质量，以此规避价格战。“十二五”期间特别是近几年，云南、贵州、福建等茶叶大省低质低效茶增产了近一倍。面对新挑战，江西应大力推进茶产业供给侧结构性改革，

---

① 刘学忠，李中华 . 茶产业供给侧存在的问题分析及对策 . 林业经济 ,2019（1）.

② 管曦等 . 中国茶产业的发展思考及其对策研究 . 中国茶叶 ,2018（12）.

从原来的增产为主转移到稳定产量、提高品质上来，特别是要提高品牌意识，从茶园建设、种植、管理到加工乃至包装进行全方位品牌培育。充分利用江西污染少、大部分茶叶长在自然保护无人区的生态优势，提升赣茶品质，专注于高山有机茶等高端市场，才能有效规避中低端市场价格肉搏战。

（二）茶文化与区域特色文化的交汇融合构成江西茶叶跨越式发展的软实力

茶道是中华传统文化的载体，也是其主要组成部分。江西是佛道儒三教正统、理学大省，茶道文化最盛行。其中，鹰潭龙虎山道教，培育了天师道茶；九江的禅宗和朱程理学，发展禅茶文化、庐山文化，孕育了庐山云雾茶、浮梁茶；赣州的阳明心学，造就了“清凉可口，回味甘甜”的赣南绿茶。在革命时期，茶叶是重要的战略物资。其中，狗牯脑茶为井冈山革命根据地的生存、发展做出了不可磨灭的贡献，成为红色文化的一部分。井冈山革命根据地军民对狗牯脑茶一致好评，成就了“毛泽东赞茶、邓小平问茶、康克清找茶”的红色佳话。更为重要的是，狗牯脑茶实现了茶叶换银圆的财政战略，有效地缓解了根据地革命经费短缺问题，是名副其实的“红茶”。

早在2007年浙江省农业厅调研组[①]即提出了浙江绿茶品牌战略，围绕把“浙江绿茶”打造成“中国绿茶的代表”这一高标准，提出优选培养若干重量级品牌军团，并认为品牌运作应从政府运作向行业协会、龙头企业运作过渡，率先提出将茶产业与文化、旅游业有机结合，推出“茶文化”“茶乡游”“休闲观光茶园”等项目设施。对中华传统文化发源、发展与传承，江西省处于核心位置，并形成了独特的禅茶文化、道茶文化、理学文化等，为江西省茶叶跨越式发展提供文化支撑。江西理学文化，造就了赣茶严肃、执拗、有把持的圣贤气象；禅茶文化，塑造了赣茶的清净典雅、包容分享；道茶文化，孕育了赣茶虚静恬淡、顺其自然，三者造就了赣茶端庄大方、细腻甜润。此外，红色文化与“红茶”的注入，为赣茶注入新的生机，彰

---

① 浙江省农业厅调研组. 浙江绿茶品牌战略研究. 中国茶叶加工，2007（2）.

显了赣茶的浓性泼辣、朴实率真。在茶道复兴之际，江西拥有无比绝伦的文化软实力，为江西茶产业跨越式发展提供强力支撑。

（三）茶叶逐步定位为生态消费品，生产过程追求手工工艺趋势明显

近些年来，茶叶消费逐步从荣誉性消费转变为生态性消费，依靠传媒广告效应，满足虚荣、盲目攀比等为导向和目的的低俗消费策略逐步被绿色健康生态消费理念所替代。茶叶逐步定位于轻奢侈品，品质代替设计，成为第一追求。去工业化，推崇传统手工制茶，是茶叶消费市场的另一重要变化。目前，除了摘茶环节外，茶叶生产均可实现机械化、工业化。然而，相比较于传统手工制茶，机械制茶品质普遍较低。因为前者基于世代相传经验，传承了独特加工工艺和独特风味，塑造了多元化、包容性的茶文化和中华传统文化。这是机器制茶所不能比的。

茶叶消费转向生态化，消费者倾向于选择崇尚自然、追求健康，在追求生活舒适的同时注重环保，推动茶叶文化的可持续传承与发展。江西省茶叶加工工艺资源丰富，能够有效满足生态消费需求，拥有茶叶注册品牌600多个，非注册品牌5000多个，茶农100多万户，形成了体系完备、特色鲜明的茶叶加工生产体系。关注品质，形成高端化、国际化、多元化的产品格局，才是江西茶产业兴盛之道。

（四）茶产业监管体系分工日益细化、专业化，传统手工制茶工艺合法性问题日益突出

伴随着政府部门机构职能调整，茶产业监管体系正从农业部门监管种植、加工与营销等茶叶产业全过程的单线管理模式转变为农业部门、商务部门、市场监督管理部门等多部门分工监管的立体管理模式。其中，加工与营销管理职能逐步移交给市场监督管理局和商务部门，茶叶安全生产的权责由农业部门移交到食药监部门，传统手工制茶工艺面临食品安全问题。近三年，国家市场监督管理总局对茶叶产品安全标准提出更高要求，发布了一系列标准，对茶叶重金属含量、农业残留、加工环境、厂房及设备、加工设备与工具等做出规范要求。监管体系的变化，提升了茶叶品质，但是对小规模传统手工制茶的茶农造成生存危机，如何化危机为转机，是江西省面临的重要难题。江西省为丘陵地带，以高山茶为主，除了农药污染外，茶叶最大的污染来自茶叶加工污染。江西茶叶种植规模化程度较低，分布“小散远”，茶叶加工整体水平不高、管理相对粗放，近90%的茶叶加工以传统手工艺为主，茶叶存在较大质量安全隐患与问题。创新现行茶叶监管体系，实现茶农保留传统制茶工艺的同时，满足食品安全标准，是江西省跨越式发展的关键一步。

（五）茶产业面临严重生态危机，江西的生态优势为实现江西茶叶跨越式发展提供了牢固的生态基石

在国内一些茶叶主产区，违背生态学规律，茶园大面积连片种植，且相互间缺乏森林植被隔离带，严重打破当地生态平衡，导致西南地区传统茶叶大省的一些茶园或面临毁灭性威胁。以木虱为典型的传染疾病，已造成局部区域内一些大面积茶园的毁灭。然而，这不是个案，现代农业将多元化森林系统彻底改造为单一化人工生态系统，某些生存能力较强的生物存活下来了，并充当大自然惩罚人类的“工具”。

江西省茶园生态环境质量整体较高，茶产业后备用地充足，存在较大生态优势，为实现江西茶叶跨越式发展提供了牢固的生态基石。西南和中南等传统茶叶种植大省的生态危机，既是江西茶叶跨越式发展的机遇，对江西也是警示。在这方面，贵州茶产业的探索经验值得借鉴。贵州将茶产业确定为支柱产业之一，目前是全国茶园面积最大的省份，2017年相比2012年增加了20万公顷，仅五年间增量部分即相当于江西全部茶园的两倍。贵州省按照欧盟出口认证标准制定本地品牌茶质量标准体系，在发展中主打“高山无污染有机茶”品牌，成功跻身全国茶产业“第一集团”①。

三、推进江西茶产业高质量跨越式发展的政策建议

当前茶产业作为江西富民产业发展最核心的在于攻克“有品类无品牌”的难题。与西湖龙井、竹叶青等全国知名品牌对比发现，不论是江西茶区

① 2019年全国两会期间贵州省委书记孙志刚亲自为贵州茶代言，“如果大家要喝没有污染的茶就到贵州来”。(《贵州日报》2019年3月7日第1版《以茶相邀彰显贵州生态自信》)

域公用品牌还是知名企业产品品牌，在省外消费者心目中的形象都与全国知名品牌有较大差距。良好的生态和久远的历史是江西茶产业发展的优势和根基，为将优势转化为竞争力，需要以品牌重振为中心，采取系列措施推进江西茶产业高质量发展。

（一）实施品牌统一建设工程，强化江西特色商标注册

一是建议省商务厅、省农村农业厅等相关业务主管部门，推动江西省茶叶协会注册江西省“高山茶”“高山生态茶”等公共品牌，同时对县域注册茶叶公用品牌等给予奖补；二是构建公用品牌使用“会员制”“俱乐部”等收费机制，统一管理避免作为公共品牌被滥用；三是在国家茶叶质量标准的基础上，建立江西省茶叶质量最低标准。通过“母子品牌（区域公用品牌与企业产品品牌）”共同开发，重振“赣茶品牌”，关键是做好企业运用公用品牌行为的规制与管理，防止个别企业“劣币驱逐良币”损害区域公用品牌。积极运用自媒体、宗教等宣传媒介，实现江西茶文化宣传的新突破，为江西省茶叶跨越式发展提供软实力支撑。与时俱进创新宣传平台，在重视会展、文化节等传统平台的同时，建立抖音、快手、秒怕、熊猫 TV 等短视频、直播平台的主体宣传地位;改变政府单一主体宣传模式，激发民营经济宣传活力，彻底改变小微型茶叶企业广告费零支出现状；实现宗教职能新突破，强化宗教场所、宗教职员茶文化宣传功能，新增宗教场所茶叶营销职能，深入整理挖掘江西茶禅文化，推广云居禅茶等特色品牌；引导红色旅游，发掘红色故事，将之与茶文化旅游结合起来；可以学习借鉴贵州等地经验，在上海、北京等地设立赣茶集中展示销售中心，引入江西各地茶叶企业和茶叶品种，成为江西茶叶产品推广、宣传策划、市场对接、文化普及等于一体的常驻式综合性产销对接平台。同时围绕“一带一路”沿线国家，组织开展江西茶产品和茶文化宣传推介活动，总结推广宁红茶在 2018 年成为雅加达亚运会唯一指定茶叶品牌的经验，支持江西茶叶企业特别是红茶“走出去”开拓国际市场，提升与相关国家的贸易份额。建议将江西茶叶博览会举办地由南昌改为婺源、遂川、浮梁、修水等产茶大县，通过实地参访提升外地宾客对江西产茶县的了解。

（二）创新茶产业管理体制机制，为江西省茶叶跨越式发展构建制度支撑

一是借助本轮机构改革，将茶叶种植、加工、营销等相关职能分别由农村农业部门、市场监督管理部门和商务部门行使；二是市场监督管理局提高抽检频率与规模，建立江西省茶叶品质安全网。实现传统炒茶工艺与现代食品安全融合的突破，确保传统手能够传承与发展，为江西省茶产业跨越式发展提供技术支撑；三是在省级层面，由市场监督局牵头，联合农业部门，针对炒茶场所、设备与流程及茶叶包装等，开展制茶工艺培训，确保传统家庭作坊茶场符合国家茶叶标准（2018）质量标准；四是针对茶叶生计农户，即没有雇佣其他劳动力、家庭经营面积小于十亩、超过60%的家庭总收入来源于茶叶，实施选择性检验，重点监测农药残留、重金属污染。

（三）制定江西省生态茶园建设标准，充分挖掘江西省生态资源潜力

2018年1月，江西人民政府发布江西省茶产业发展工程实施方案，对江西省茶园数量进行了规划，但是对茶园质量缺乏明确规定，建议出台省内《生态茶园标准》。目前，国家对生态茶园缺乏明细标准，个别省份正在积极筹划区域内生态茶园标准，可参考广东省《生态茶园标准（2018）》。此外，建议出台《生态茶园建设工程规范》，对生态茶园建设施工给予详细固定，确保全省生态茶园落到实处，可参考山东省《绿色生态茶园建设技术规程（2018）》。应通过加强地方市场监管对个别茶叶企业以陈茶假装新茶、乱标等级、以非原产地茶混作原产地茶等行为进行规制，加大对原产地和区域公用品牌的保护，对茶区域公用品牌证明商标、地理标志保护产品官方专用标志使用等制定相关管理办法，统一标识共同维护，督促企业加强品质管理提升公用品牌市场价值。

（四）做优做大做强赣茶文化与生态旅游，整合赣茶产业资源助推脱贫攻坚

江西省茶区大多分布在山区，茶产业比较效益高，是江西传统优势产业。而茶区大部分既是茶叶主产区，也是脱贫攻坚重点地区。要充分发挥茶叶主产区比较优势和良好生态优势，坚持改革创新、绿色发展，支持推

广茶园机采、机剪、机耕、机防的相关技术，加快江西茶产业转型升级，大力推动向规模化、标准化、品牌化发展，成为助推宜茶贫困地区脱贫攻坚和促进第三产业融合发展的有力抓手。围绕茶旅结合做文章，以吸引社会资本投资茶庄园建设为突破口，打造一批集茶园观光、茶事体验、茶文化研学为一体的生态茶园基地。学习借鉴浙江等地“低丘缓坡开发利用经验”，按照“依山就势、点状布局、垂直开发”的思路，通过点状供地方式满足茶场加工用房、生态旅游等用地需求。借助 2019 年 3 月“万里茶道”被国家文物局列入“中国世界文化遗产预备名单”的契机，在“万里茶道第一镇”铅山县河口镇开展贡茶、“河邦茶师”等传统茶文化开发。

（五）出台支持茶叶企业高质量发展政策，复兴传统制茶工艺并开发黄茶、白茶等新品类

当前江西茶叶企业大多数是制作绿茶红茶，面临来自省内外的激烈市场竞争，特别是贵州等省份茶产量激增的背景下更应未雨绸缪提前做好应对市场变化的准备。应学习借鉴浙江、湖南等地经验，在赣西、赣南等适宜产区开发白茶、黄茶等高附加值产品，一方面支持企业从省外引入高水平制茶师，帮助企业在色香味形等方面提升茶叶品质；另一方面通过复兴江西历史久远的传统制茶工艺，以此作为市场推广宣传的内容。针对一些地方茶叶企业数量多、规模小的现实，推广“集群引才、联合攻关”模式，开展茶叶企业对接科技、对接人才、对接金融的“三对接”活动，组建专家顾问团队对茶园病虫害防治、残留农药降解等难题会诊问诊，联合科技管理部门设立省级科技专项，开展全省茶产业集群共性“卡脖子”技术攻关。

新时代江西党建智库建设的现状、问题与对策

冯志峰 万华颖 谈慧娟 张明龙 付高生 罗家为 王 恬 廖光徽

【摘要】党的十九大报告做出“中国特色社会主义进入新时代”的重大判断，明确提出“深入推进党的建设新的伟大工程”“加强中国特色新型智库建设”。党的建设新的伟大工程呼唤并催生了新时代党建智库，新时代党建智库又积极促进了新时代党建研究水平的提高、有力地推动了全面从严治党向纵深发展。科学发挥新时代江西党建智库作用，是从更高层次落实全面从严治党要求、提高党的建设质量、把党建设得更加坚强有力的现实需要。因此，从理论层面厘清党建智库的概念、特征，有助于探究其发展轨迹，从实践层面检视党建智库建设的新问题，有助于运用新方法探索新时代江西党建智库建设的有效路径，更好地把握新时代江西党建智库建设的规律，不断以高质量研究成果为江西实现高质量跨越式发展提供智力支撑。

智库，也称“思想库”“智囊团”，是通过出谋划策、集思广益为党和政府提供有价值的决策咨询的研究机构。进入新时代，我国各地各类智库包括党建智库在推动改革开放和建设中国特色社会主义伟大事业等方面做出了重大贡献。党建智库，主要是“针对党建工作进行理论探索和实践研

究，提供资政服务的专业性智囊机构”①。党建智库研究目标的政治性更明显，主要服务于新时代党的建设伟大实践的需要；研究内容政策性更强烈，凡是党的建设涉及的内容都是其研究范畴；研究方法的科学性更突出，不仅研究视野的广度、观察问题的高度和理论分析的深度具有前瞻性，而且凸显出不同于纯学理研究的实用性。

2018 年 11 月，中共中央组织部印发《关于进一步发挥全国党建研究会党建高端智库作用的意见》，对新时代党建智库建设提出了明确要求、做出了战略部署、进行了全面规划。因此，新时代江西党建智库建设必须牢牢把握党的领导权，坚持用习近平新时代中国特色社会主义思想武装头脑，围绕新时代党的建设总要求，找准定位、明确靶向、遵循规律、积极作为，适应新发展、检视新问题、把握新要求、探索新路径，以高质量的研究成果为推进新时代党的建设伟大实践提供智力支撑。

一、新时代党建智库建设要困知勉行适应新发展

十八大以来，党中央在推进全面从严治党过程中，越发重视新时代党建智库作用的发挥。2016 年 3 月 23 日，习近平总书记就全国党建研究会第六次会员代表大会召开做出重要指示时强调，要“发挥党建高端智库作用，深入研究党建理论和实际问题”，充分体现了党中央对党建研究工作和党建智库建设的高度重视和殷切期望。党的十九大为新时代党建工作提供了新机遇、指明了新方向、提出了新要求，鲜明体现出“党建智库始终与政党建设息息相关”②。因此，加强新时代党建智库建设，是破解党建实际工作难题的内在要求，“是推进全面从严治党的现实需要，也是探索党的建设规律、构建中国化的马克思主义党建理论体系的根本举措”③，更是不断提高党的建设质量的必由之路。

① 胡洪彬．党建智库建设：功能、评价与完善．中国特色社会主义研究，2017（4）．

② 王永志．英国党建智库及其运行机制．理论视野，2016（12）．

③ 谢忠平．大力建设新型党建智库．党政论坛，2017（8）．

（一）加强新时代党建智库建设是贯彻习近平总书记关于党的建设重要论述的重要抓手

党的十八大以来，习近平总书记围绕全面从严治党的主线，针对党的建设问题提出了一系列内涵丰富、特色鲜明的新观点、新思想、新举措，科学系统地回答了新时代党的建设为什么抓、谁来抓、抓什么、怎么抓等一系列带有方向性、根本性、全局性、战略性的重大问题，是中国共产党领导中国人民长期奋斗历史逻辑、理论逻辑、实践逻辑的必然结果，鲜活地再现了中国共产党的辉煌成就。

习近平总书记关于党的建设重要论述，是一个“思想深邃、内涵丰富、逻辑严密的科学理论体系，为新的历史条件下坚持党的领导、加强党的建设、全面从严治党提供了根本遵循”①。新时代党建智库的研究工作，必须深入学习、研究和宣传习近平总书记关于党建的重要论述，把握时代特征，回答时代课题，掌握贯穿其中的立场观点方法，以此丰富和发展中国化的马克思主义党建理论体系，为取得新经验、新成果、新突破提供理论支撑。

思想是行动的先导，发挥党建高端智库作用，是落实全面从严治党要求、提高党的建设质量的现实需要。因此，加强新时代党建智库建设必须把握时代脉搏，用与时俱进的党的建设思想即习近平总书记关于党的建设重要论述精神指导新时代鲜活的党建实践，为解决党的建设过程中的重大问题建言献策，不断提高党的建设质量，毫不动摇地把党建设得更加坚强有力。

（二）加强新时代党建智库建设是深入推进党的建设新的伟大工程的重要支撑

“一个伟大的时代必然产生一批有影响力的智库，一批有影响力的智库必然影响这个伟大的时代。”目前，中国特色社会主义已经进入新时代，要实现中华民族伟大复兴的中国梦，必须坚定不移地推进党的建设新的伟大工程。新时代党建智库正是在此背景下应运而生。在新的历史方位和伟

---

① 余国琦．关于推进党建高端智库健康发展的几点思考．中国延安干部学院学报，2016（5）．

大进程中，党建智库是党建理论走向创新的源泉，也是党建政策的参与者和推动者。

新时代党建智库要客观分析、真实记载、悉心总结党的建设新的伟大工程的得与失、成功与经验，为后代乃至人类政治文明提供历史印记。新时代面临新机遇、新挑战，正是新时代党建智库大有作为的大好时机。习近平总书记指出："'谋于前才可不惑于后。'作出决策之前，先听他个八面来风，兼听各种意见，深入了解所面临问题的本质，找出规律，谋而后断；一旦作出决议，在解决问题过程没有结束之前，不作主体更改。"[①] 由此可知，党建智库在推动理论形成过程中发挥着积极作用，一定程度上成为党委政府政策的"孵化器"。学术界一般认为，党建理论体系的形成需要满足四个条件，即"确立正确的世界观、方法论做基础；提出要回答的中心问题；围绕中心问题阐发一系列观点；阐明各观点的内在联系，使之在逻辑上达到自洽"，[②] 才能更好地用于指导实践推动工作取得扎扎实实的成效。

因此，加强新时代党建智库建设，要以马克思主义为指导，始终坚持习近平新时代中国特色社会主义思想，以全面从严治党为主线，把握社会发展大局，紧紧围绕政治建设、思想建设、组织建设、作风建设、纪律建设、制度建设和反腐败斗争等领域全面展开研究，树立大局意识和责任意识，从探索和阐述党的自身建设规律中提出新观点、新理论，并对此做出严密、科学的论证。

（三）加强新时代党建智库建设是提高党的执政能力和领导水平的重要智源

党的十九大报告明确提出，"党政军民学，东西南北中，党是领导一切的。"[③] 目前，我国正进入全面建成小康社会的决胜期，同时"国内经济发展处于结构调整阵痛期、增长速度换挡期，全面深化改革处于攻坚闯关

① 习近平．摆脱贫困．福建人民出版社，1992：35-36.

② 姚桓．深化党建智库研究的意义、任务和方法．中共中央党校学报，2018（1）.

③ 习近平．决胜全面建成小康社会 夺取新时代中国特色社会主义伟大胜利——在中国共产党第十九次全国代表大会上的报告．人民出版社，2017（20）.

克难期，社会建设处于深层次矛盾凸显期”，[1] 党中央所面临的国内外环境正经历着深刻变化，各种新的矛盾与挑战也愈来愈集中，我们党的建设面临着许多亟待解决的新老难题以及需要清除的“顽固病灶”，风险考验的严峻和难度都是前所未有的，因此对党的执政能力和领导水平也提出更高的要求。

这既是新时代党建工作面临的现实挑战，也是当前党建研究的当务之急。新时代有新问题，新问题呈现出“涉及面广、复杂性高、糅合性强、解决难度大”的特征，需要科学运用新思想、新战略、新举措才能加以有效解决，这就必然离不开新时代党建智库的建言献策。新时代我们党增强拒腐防变能力、破解党建难题、做出正确决策的关键在于深入研究党的建设的重大理论和现实问题，“以思想创新和实践创新来解决新问题”，[2] 这也离不开新时代党建智库的咨询研究。

“智力资源是一个国家、一个民族的宝贵资源。”[3] 实际上，政智之间的良性互动既有利于集中智库的智慧服务国家、服务社会，也有利于开辟建言献策的制度性渠道，在对话交流中增强社会凝聚力。党建智库必须立足新时代特征、遵循党的执政规律、突出专业化水平、着眼前瞻性应用性，以服务决策为导向，谋大局、提建议、助决策，推进国家治理体系和治理能力的现代化。

（四）加强新时代党建智库建设是提升中国特色社会主义国家软实力的重要平台

当前，我们正处于国际体系和国际秩序深度调整的新时期，处于全球治理体系变革的新时代，各国之间既有合作也有斗争，世界经济发展放缓、霸权主义有恃无恐、贫富差距日益增大等问题愈来愈突显，不同国家的意识形态、发展道路、思想文化的交锋也愈来愈剧烈。“智库是国家软实力

---

① 王勇．基层党建智库建设的问题与对策．重庆行政，2016（12）．

② 姚桓．深化党建智库研究的意义、任务和方法．中共中央党校学报，2018（1）．

③ 马建堂．推进新时代国家高端智库建设．人民日报，2018－11－13．

和话语权的重要标志”，[①] 是影响国家综合实力的重要力量。

作为国家软实力的重要载体，智库越来越成为经济社会发展和国际竞争力的重要因素，在对外交往中发挥着不可替代的作用。由于我国政治经济地位的提升，正在不断接近风云变幻的世界舞台中央，如何科学把握世界发展的局势，在国际规则的制定中发声，积极参与全球治理体系的建设，离不开新时代智库建设，尤其是加强新时代党建智库建设。就此而言，“党建智库是中国特色新型智库体系的重要组成部分，发挥党建智库作用是建设中国特色新型智库体系的内在要求”。[②]

大力推进新时代党建智库建设不仅仅是深化党建理论体系尤其是习近平总书记关于党的建设重要论述精神的必然要求，而且是全面推进党的建设新的伟大工程、提升党的执政能力和领导本领的现实需要，同时也是我们党走向国际舞台的重要支撑。不可否认，我国党建智库建设总体比西方起步晚，在推进党建智库的过程中既要学习吸收国外智库建设的成功经验，也要结合世情、国情、党情、民情、舆情构建具有中国特色的党建智库体系，着力搭建智库交流平台与国外相关智库进行对话合作，推动形成新型的“智库外交”格局。一方面，将我党的执政理念、执政经验和方略通过国际舞台传递到世界各个角落，提出管党治党的“中国经验”和“中国方案”；另一方面，与世界各国相互交流，通过“中国故事”“中国主张”“中国智慧”“中国方略”来加强文化互鉴，提升中国的国际话语权，为我国经济社会高质量发展赢得良好的国际环境。

二、新时代党建智库建设要实事求是检视新问题

2013 年党的十八届三中全会报告中明确提出，“加强中国特色新型智库建设，建立健全决策咨询制度”。自《关于加强中国特色新型智库建设

---

① 余国琦 . 关于推进党建高端智库健康发展的几点思考 . 中国延安干部学院学报，2016（5）.

② 中组部 . 关于进一步发挥全国党建研究会党建高端智库作用的意见 . 中国组织人事报，2018－11－12.

的意见》发布以来，在党和国家的高度重视下，部分研究机构已初步具备智库的特征，为新时代党建智库建设奠定了基础。2015 年 11 月，习近平总书记主持召开中央全面深化改革领导小组第十八次会议，审议通过了《国家高端智库建设试点工作方案》，极大地推动了党建智库建设进程。

（一）新时代党建智库建设的现有成效

目前，我国党建智库建设在类型层次、活动开展、人才建设、制度健全等方面取得了突破性进展，党建智库的顶层设计和配套政策相继出台，各级各类党建智库初步形成了党建研究网络，通过“聚智参谋、辅政参谋”为各级党委政府科学决策提供了高质量的智力支持。

1. 精准定位重其智，初步形成具有中国特色的多元化党建智库格局

“发挥党建高端智库作用”，既是习近平总书记对全国党建研究会提出的新定位，也体现了对我国党建智库建设的高度重视。根据职能定位、组织属性与运行机制，我国党建智库主要可划分为如下四种类型：

一是各级党委与政府内部的党建智库，如各地各级党委相应设立的相关政策研究室、党史研究室等。这些机构在党委领导下研究社会重大理论、重点问题，为党委、政府提供决策咨询，在一定程度上充当着“参谋”的作用。

二是各级各类党校、社科院、行政学院的党建智库，这类智库在政策研究和服务方式上具有相对独立性，既具有理论研究优势又具有实地调研的学员优势。例如，江西省委党校新时代党建创新与江西实践研究所被列入江西新型智库建设试点单位，以高质量决策咨询研究工作为江西革命老区发展点燃更多智慧火花、贡献更多真知灼见。

三是高等院校内设的党建智库，具有研究功底扎实、研究人员专业、研究质量较高等特点。例如，北京大学廉政研究中心、清华大学廉政与治理研究中心、中国人民大学当代中国政党研究中心、复旦大学政党建设与发展研究中心、山东大学政党研究所等，党建智库建设成效显著。

四是社会领域内的党建智库，通常关注与自身专业、行业相关的基层党建主题。例如，2018 年 5 月 11 日北京南法信地区成立“社会领域党建智库”，智库成员涵盖 44 家“回家”报到的基层党组织书记。2018 年 6 月 14 日，全国基层党建研究中心、北京先锋城市基层党建研究中心、新时代基层党建智库专家委员会携手中国知网建设“党建智库共建单位”，将CNKI大数据技术与创新模式引入党建智库建设过程，实现了党建智库建设的优势互补、强强联合。

2. 筑巢引凤聚其智，紧紧抓住人才队伍建设的“关键点”

无论从国家层面还是各地各部门，新时代大规模“引才”政策大大提升了党建智库的研究能力。在人员构成上，不仅吸纳本地区党建研究专家，也邀请中央和省级层面的权威学者；不仅注重理论研究方面的行家，也关注一线基层实践者。中共中央党校通过与国外知名智库合作等形式培养青年研究者的国际视野，[①] 聚集了一大批优秀党建研究人才。

2018 年 2 月 27 日，北京市成立“首都党建智库”，组建了 14 人的智库学术委员会和 40 名智库特聘专家，采取项目制形式，开展理论研究、经验总结、实际操作、政策评估和特色课题五类研究，党建智库品牌日益凸显。

2018 年 7 月 1 日，由江西省委组织部联合省委党校、省社科院以及南昌大学等五所高校人才力量成立的“江西省基层党建协同创新中心”，形成了集理论研究、创新实践、党建服务、人才培养为一体的融合多元化党建智库类型的基层党建协同创新平台，走出了一条党建智库创新之路。

3. 服务实践用其智，不断发挥党建智库的“外脑”功能

新时代党建智库为各级党委、政府、学术界和主流媒体提供了一个理性的、开放的政策讨论空间，不仅提升了政策共同体的包容性和互动性，而且提升了党委政府建智库用智库的积极性与有效性。全国党建研究会自 1992 年成立以来，坚持正确的政治方向，紧紧围绕党中央各项决策部署，着力聚焦党建相关的重大理论和实际问题，提供了大量指导党建工作的“活材料”、促进党建工作的“金点子”，极大地提升了党建研究工作水平。

2016 年 3 月 22 日，习近平总书记对全国党建研究会做出重要指示，要求发挥党建高端智库作用。随后，各地区、各领域、各系统的党建智库都注重将党建研究的理论成果转化为指导工作的有形依托，党建决策咨询

① 建设党建高端智库，服务党的事业发展 . 中国组织人事报，2016 - 6 - 15.

制度也逐渐健全，部分党建研究机构已经成为各级党组织党建决策的“外脑”。

2018 年 10 月 18 日，江西省成立的“新时代江西党建创新与江西实践研究所”，引导各级党组织和广大党员坚持“党建 +”理念谋创新，推动基层党建工作与中央、省委的重大决策同频共振，与基层党建工作有机融合，以担当为帆、实干为桨，不断提出加强基层党建的好点子，积极促进了基层党建工作出特色、出亮点、出成效。

4. 主动作为展其智，显著提升党建智库的社会影响力

党建智库建设通过基层党组织人才培养基地的建立、成果发布会的举办、各类学术研讨会和座谈会的召开，课题调研的开展、专著论文的出版、党建研究年度报告的撰写，以及党务政务网络、微信、微博等新媒体平台的开辟，交流党建研究的最新成果和动态，宣传政策主张，传播价值理念，引导社会舆论，构建了更加宽泛、更为有效、更有影响的党建理论传播体系。

例如，以“改革攻坚、开放提升、加快推进江西高质量跨越式发展”为主题的 2018 江西智库峰会在南昌举行，邀请全国知名专家学者指点迷津。通过借助智库“外脑”，发挥“思想库”功能，搭建了一个碰撞思想、深入交流的高层次平台，为江西高质量跨越式发展提供了有益思路。

特别是 2018 世界 VR 产业大会在南昌开幕，江西省围绕党的建设主要内容，依托 VR、AR、AI 以及智能人机交互、互联网等领先科技，多形式、多渠道打造“智慧党建”平台。这种党建平台采用虚拟现实技术，打破时空限制，以沉浸式、互动性的体验学习方式，让党的历史“活起来”、让党建信息“动起来”、让党建成果“用起来”，社会反响很好。

（二）新时代党建智库建设的现实困境

在各级党委与政府的大力支持下，我国各类党建智库发展态势良好，在“发声音、育人才、给对策、出成果”方面取得了较好成绩。面对新时代新任务新要求，党建智库作用发挥仍存在诸多制约因素，既有来自需求方的决策部门的原因，也有来自供给方的智库本身的原因。

1. 党建研究机构多而不强，源于“合智”效应不明显

一方面，由于职能定位、发展目标和承担任务的差异，各地党建智库

条块分割、各自为政，彼此之间沟通交流不够顺畅，多限于同类型、同层级、同行业、同领域、同地域党建智库进行互动，联动协同创新研究不够，党建智库呈现出力量分散、多而不强的特征，使各方的研究成果不深入、不全面。多数党建智库属于非独立智库，人事和财务都受到隶属机构的严格控制，缺乏真正的独立“事权”。由于管理体制的属地化、部门化，不同类型党建智库对同一课题进行重复研究，多头化、同质化现象严重，造成物质与智力资源的双重浪费。

另一方面，各地党委政府更多重视官方与半官方党建智库建设，以解决重大决策问题，对于民间党建智库则缺乏相应的信任，缺乏有效的信息联通机制，导致该类型党建智库科研人员难以及时掌握党委政府关心的主要问题，这必然对党建研究的“合智”效应产生阻碍。

2. 党建研究人员勤而不优，源于“引智”渠道不畅通

党建智库研究课题的政治性、思想性较强，需要研究人员具备专业化的学术研究能力。目前，一些党建智库机构的身份定位模糊，研究人员的素质参差不齐，不少研究人员为兼职。根据“中国智库索引”数据，“有一半智库的全职人员数量低于兼职人员数量，特别是高校智库，全职研究员数量只占全部研究员数量的三分之一左右”，[①]一定程度上不利于党建智库专业化的发展。

从人才结构看，缺少杰出的领军人才和专家型人才，高端专家供不应求，尤其是对青年党建研究人才的吸引力不足。同时，官方党建智库选拔人才讲究级别、资历，体制外的优秀专家难以引进。缺乏聚才“引智”制度，人才汇集、培养机制尚未健全，人才动力和活力有待进一步激发，人才“请进来”和“走出去”落实不到位。

目前，部分党建智库存在人才断层的问题，[②]有权威性的40、50后学者退休后，60、70后有影响力的学者并不多，80后的研究人员对问题的

① 南京大学中国智库研究与评价中心、光明日报智库研究与发布中心联合课题组.2017年CTTI来源智库发展报告.光明日报，2018－1－4.

② 祝灵君.如何提升党建智库的研究能力.光明日报，2017－3－23.

敏锐度更高、理论基础更好，但缺乏实践经验，人才青黄不接的问题突出。

3. 党建研究作品博而不精，源于“献智”能力不匹配

党建智库不只是纯粹的理论研究，其主要功能在于聚焦国家和地方社会经济发展的现实问题，提出有效的解决方案，为党的建设建言献策。近年来，党建智库研究人员积极开展党建理论研究，完成了大量作品但却难出精品。究其原因：党建智库研究人员创新意识不够强，重数量轻质量、重形式轻内容，同时也未经过科学的学术训练，研究与实践脱节多浮于表面，缺乏足够的“献智”能力。

研究人员存在“点题做研究”的惯性，以及“等靠要”的思维方式，难以主动、有针对性地对党的建设存在的问题进行研究。有的仅仅将研究视野放在对党委与政府的政策、观点、思想的阐释解读方面，有的进行纯粹文本式的理论研究，有的套用西方理论与实践进行所谓的创新研究，有的直接是“书斋里的对策研究”，对党委政府的咨询需求捕捉不准，对社情民意缺乏真正了解，对决策需求的指向性、对策性、精准性把握不够，对研究问题的见解存在着片面化、碎片化、同质化现象。

这些党建智库建设过程中的问题，导致一些党建智库提供的思想产品缺乏科学性、战略性、前瞻性，难以推出党建研究精品，从而削弱了党建智库的决策影响力。

4. 党建研究成果华而不实，源于“转智”机制不完善

党建智库的研究成果未能充分转化为工作实践，呈现重研究、轻转化，决策应用不活的缺陷。出现这些现象的原因主要在于：作为提供智库产品的党建智库与作为需要决策建议的党政机关间缺乏有效、通畅的信息沟通机制，尚未形成稳定的党建咨询需求市场和科学的成果转化利用机制，存在身份壁垒和流动障碍问题，彼此的“黏合度”不高、对接的有效性缺失，导致决策需求与研究成果相脱节，在一定程度上损害了党建智库的声誉。

科研院所等事业单位党建智库由于在权力位阶、话语权方面处于弱势地位，其研究成果难以得到重视，往往变成“一纸空文”无法转化利用，智库“智囊团”和“思想库”的作用难以发挥。有的地区与部门对智库专家的建议重视不足甚至排斥，对智库成果关注重视不多、贯彻执行不力，

出台重大政策、项目时凭经验办事的现象时有发生，这不仅影响了党建研究工作者的积极性，也造成了党建智库资政决策功能的弱化。另外，党建智库研究成果报告制度、评价机制、考核机制，以及经费保障机制的不健全，都成为阻碍研究成果转化为实践的制约因素。

目前，大多数党建智库建设仍然属于探索阶段，针对新时代党建问题呈现出的综合性、复杂性、整体性特征，新时代党建智库必须通过联合作战达到“合智”效应、拓宽渠道加大引智力度、加强研究人员创新意识提高献智能力、健全运行机制保障转智实现。

三、新时代党建智库建设要遵循规律把握新要求

新时代党建智库具有其独特性，研究人员不仅要在中国化马克思主义党建理论体系指导下进行理论探索，还要适应实践要求有针对性地解决新时代江西党建智库建设中存在的问题，才能发挥其应有的作用，形成不断开拓富裕美丽幸福现代化江西建设的新境界，共绘新时代江西物华天宝、人杰地灵新画卷的磅礴伟力。

（一）正确处理好提高政治站位与开展独立研究的关系

新时代党建智库必须姓党、爱党、护党、为党，必须旗帜鲜明地讲政治立场，从维护党和人民根本利益的立场出发，打造“党离不开人民、人民离不开党”的命运共同体，为党的建设事业服务。各地党建智库只有将政治意识贯穿各项工作的始终，以大党建的视角思考问题、展开研究、提出对策，才能有所作为。同时，建设党建高端智库，必须以马克思主义的立场、观点和方法来解决党的事业发展产生的各种问题和矛盾，为构建中国化马克思主义党建理论体系、学科体系和话语体系提供智力支持。如果党建智库研究人员丧失政治立场，其研究性质必将受到扭曲。

作为思想库，智库是“从事与力图影响公共政策的多学科研究的独立组织”。党建智库并不属于行政机关，是一种相对独立于政治体制外的政策研究和咨询机构，因此不能用单纯的行政思维、行政手段束缚其开展研究，而应采取灵活、自由、开放的运行模式。目前，我国党建智库尤其是

官方和半官方党建智库，与党委和政府联系紧密，他们大多开展的是“命题”研究，自身研究的独立性难以体现。当然，这种独立性并不意味着党建智库研究被西方智库“政治中立”的倡导所迷惑，沉迷于西方智库倡导的多党轮流执政民主论，并以此作为否定党对智库领导的借口。

新时代江西党建智库建设必须突破固定的行政体制框架与研究独立性间的制约关系，坚定政治立场，提高底线思维能力，坚持和加强党的建设，聚焦基层党建过程中出现的新问题，通过可靠的证据、严密的逻辑、科学的论证从真实、客观的事实中寻找问题的答案，为提高基层党组织的执政能力提供科学的对策建议。

（二）正确处理好坚持价值引领与把握实践导向的关系

党建理论不仅是反映中国共产党人政治品格、价值追求的科学理论，而且是引领价值取向的思想武器。具有中国特色的党建理论体系，是我们党在新时代不断提高执政能力、领导经济社会发展能力、服务群众能力、应对国际复杂局面能力、引导社会舆论能力的过程中所形成的重大理论成果。

新时代党建智库因党而立、因党而兴、因党而强，必须在坚持科学理论和实践研究的基础上，从党和人民利益的立场把握社会治理规律、把握社会价值导向，宣传党建理论与实践工作的成效，营造风清气正的社会舆论环境。当前，面对国内外各种文化思想交融、国内缺乏统一而协调价值取向的问题，新时代党建智库必须通过开展研究报告、举办研讨会等形式来传播研究成果，阐述和强调先进正确的理念、澄清和辨析重大的是非问题、评论和判别各种社会思潮，以引导社会公众思想、凝聚人心，承担起价值引领的责任与使命。

新时代江西党建智库建设，必须将实事求是的科学研究和正确的价值引领统一起来，才能坚定正确的研究方向。不讲研究的科学性，必然会导致思想僵化和教条主义，让社会公众在复杂多变的局势中迷失方向；无视研究的价值取向，则会导致党失去安身立命之所，偏离正道陷入危险之境。

（三）正确处理好典型个案分析与系统比较研究的关系

新时代江西党建智库在研究中要发挥自身优势，采取个案研究与比较研究相统一的方法，从特殊经验提升到一般规律，从一般经验具体到特殊实践，激发智库的创造力，全面加快推动新时代党建智库建设的进程。

通常而言，一种是微观层面国内范围的比较，党建智库要通过对党建工作进行个案研究、比较分析，综合考虑不同方案的科学性、可行性、可操作性、实用性，为决策咨询提供参考依据。在学习比较中汲取他人之长，结合实际情况进行改革创新，推动形成党建智库工作的科学化、特色化和专业化。由于层级、地区、领域、单位等特性差异，党建工作面临的问题虽有相似但做法、经验各异，解决办法虽不同却仍有普遍之规。同时，各类党建智库都独具特色，官方和半官方党建智库在科研项目申报、人才队伍建设、研究成果转化等方面具有天然优势，主要涉及国计民生的重大战略问题；民间党建智库不在体制内，形式灵活、研究独立、创新性强，主要侧重经济社会发展中的具体问题，但因缺乏政策支持和资金人才，影响力较为有限。因此，党建智库要基于自身党建问题展开研究，加强部门、学科、领域、智库间的协作，既保持自身特色又取长补短，形成研究合力。

另一种是宏观层面国际范围的比较，由于各国历史文化与意识形态的差异，国外的政党制度、政党执政理念和运行机制等方面都有别于我国，党建智库要善于比较研究，在差异性中找相通之处，在对比分析中认识和发挥我国的制度优势。美国著名兰德公司的调查研究组（SRG）在创新调查计划、数据收集、方法研究等方面具有相当影响力[①]，西欧作为"近代党建智库的发源地"[②]，它们都在党建智库的组织管理体系和运行机制等方面积累了丰富的成功经验。因此，党建智库必须在坚持我国根本制度的基础上加强国际交流合作，遵循"以我为主、为我所用"的原则，秉持开放的态度，建立中外智库交流合作机制，加强与世界其他国家、国际组织对接，了解国外政党治国理政和政党建设的情况，吸收有益做法同时避免其弊端，

① RAND Survey Research Group（SRG）[EB/OL]. [2015-11-18]. http://www.rand.org/srg.html.

② 王永志．西欧国家党建智库及其建设经验述论——以英、法、德三国为例．理论导刊，2017（6）.

不断提高党的自身建设水平。

（四）正确处理好开展调查研究与运用数据分析的关系

调查研究是智库生产链的重要一环，调研的质量将直接影响智库的长远发展。新时代江西党建智库要紧紧围绕党的建设面临的重大理论和实践问题开展专题调研，既要结合文献收集、问卷调查、广泛访谈、网络调查、电话调查等方式了解社情民意，也要采用重点调查、座谈会、实地调查等形式深入研究。前者受众面较广，能够掌握更多的数据和材料，但无法在“点”上进行深入；后者因接受调查的人数有限无法在“面”上展开，且调查者易受主观因素的影响，也具有一定的局限性。新时代江西党建智库要依不同的研究课题，使用合理有效的调查方式，注意选取样本的代表性、科学性和全面性，了解不同群体的意见，从“点”的特殊性到“面”的普遍性，从“面”的覆盖扩展到“点”的深入，保证调查研究结果的真实性和可靠性。

为适应当今社会信息网络化特征，新时代江西党建智库不仅要“善于使用抽样调查、数据库管理、‘假设—建模—验证’模式等传统方法”[①]，还要尝试以数据信息为基础进行专业政策分析。运用大数据、云计算、物联网等新技术，广泛收集党情民意，针对党建中的相关问题进行大范围的数据汇总、统计和分析，运用数理统计方法对各种不同意见的比例、变化做定量分析，从数据中寻找相互关系和变化规律，提高新时代党建智库决策咨询的针对性、实用性和准确性。

当然，我们不能完全用数据说话，以量化分析全面代替质化分析，因为定量之类的数据分析不可能完全取代深入实际、深入群众、深入基层的实地调查。新时代江西党建智库研究人员要勤于走出机关、走进一线，紧扣经济社会发展的实际问题进行深度思考、深度研究。要将调查研究与数据分析相结合，既深入了解典型特殊情况，又明确掌握真实可靠的数据，在数据中寻找依据验证，在实践中寻找原因对策，才能得出有效的对策。

① 董伟，胡燕．提升基层党建智库传播力的路径选择．中共珠海市委党校珠海市行政学院学报，2018（3）．

四、新时代党建智库建设要与时俱进探索新路径

面对当前党建智库建设跟不上、不适应的问题，我们必须从党和国家事业发展全局的战略高度，把握新时代党建智库建设规律，采取有力措施运用有效方法探索新路径，打造机制科学、运转高效、能力过硬、务实管用的新时代江西党建智库，能够在应用研究和决策咨询方面展现新作为，真正成为党委和政府“用得上、靠得住、说得好、传得开”的高端“智囊”。

（一）以科学理念找准科学定位，坚持问题导向

“智库生存的第一要素，就是能够提出科学正确的思想观点”[①]，科学地解决现实问题。建设高质量的新时代江西党建智库，必须立足于我国基本国情，坚持党管智库的原则，以学习、研究、宣传、阐释习近平总书记关于党的建设重要论述为主线，明确“造福人民是新时代党建智库工作的初心，提升政治站位意识是新时代党建智库建设的要求”，以新时代江西党建智库工作精准定位为切入点，以需求和问题为研究导向，围绕党的建设重大理论问题、现实问题、实践总结，关注突出矛盾和社会热点重点难点焦点问题，形成强烈的问题意识，精准发力，加强创新性、前瞻性、对策性研究，提炼具有理论深度和切实可行的研究报告，推出质量高、效果好、叫得响的研究成果，为各级党委决策提供解决方案的参考选项。

坚持问题导向，“要善于发现问题、敢于正视问题”[②]，善于提出解决问题的“金点子”。党建智库不能只是传声筒、解说者、诠释者，要讲真话、谏诤言、出新招，涉“深水区”、啃“硬骨头”，不回避、不掩盖党建工作中的任何问题。否则，党建智库建设只能是原地踏步、驻足不前，甚至失去党建智库的资格。新时代江西党建智库，既要关注理论问题，又要关注实践问题，总结经验促进实践。既要关注现实性问题，又要关注前瞻性问题，在研究的基础上做出预判。既要关注基本问题，又要关注敏感问题，在“研

① 张志强，苏娜．国际智库发展趋势特点与我国新型智库建设．智库理论与实践，2016（1）．

② 谢忠平．加强中国特色新型党建智库的思考．实事求是，2017（4）．

究无禁区、宣传有纪律”的原则下，破除陈旧落后、不合时宜的思想观念，搬开党的建设事业进程中的“绊脚石”。

坚持问题导向，要科学分析问题、研究问题。党建智库要紧跟时代声音、贴近工作实际，深入研究长期未得到解决的难点问题和干部群众普遍关注的热点、难点、焦点问题，用科学的思维和方法来分析问题、研究问题，敢于担当、深入实际、独立思考，庖丁解牛找准切入点，对症下药解决疑难杂症。同时，党建研究需要加强与其他学科的交流才能拓宽研究视野，需要综合使用大样本调查、实地调研、大数据等科学方法才能创新解决党建领域的理论与实践问题。用好大数据的利器，善于获取数据、分析数据、运用数据，才能得出科学结论，提升服务经济社会发展、防范化解风险的能力，以此作为增强自身的学术含量和理论说服力的依据。

坚持问题导向，要追着问题，深入实践找答案。新时代党建智库的责任在于为党建决策提供高质量的智力产品，而高质量的智力产品并非拍脑袋就可以想出来，人民群众的实践才是检验产品质量如何的根本。因此，党建智库要在基层、一线中寻求真实具体的问题，在实践中发现探索突破问题的思路，在人民群众的智慧中找到解决问题的方法，提供行之有据、行之有效的对策建议，为党中央国务院、各级党委政府科学决策建言献策。

为此，新时代江西党建智库要树立问题导向，以服务党的决策为宗旨，以政策研究咨询为方向，以完善研究机制为重点，以创新研究方法为动力，研究党的建设理论和实际问题，特别是全局性、战略性、现实性、实践性的问题，谋在关键处、参到点子上、推出好政策、务求见成效，提高各级党委政府决策科学化、民主化和制度化水平。

（二）以科学定位推进科学研究，集聚高端人才

人才的积聚是推进党建智库走向新型化建设的重要根基，高质量的智力成果必须靠高水平的人才。不盘活人力资源，就难以有效推动新时代党建智库建设的各项工作。新时代江西党建智库要树立人才强库的理念，把握人才使用规律，以人才库建设带动思想库建设。坚持党管人才原则，加强党建智库研究人才队伍建设，确立人才引领发展的战略地位，以宽广的视野选拔培育人才，推进优秀党建研究人才集聚与培育机制，聚众力、汇众智、集众策，锻造一支高素质的科研人才队伍，绝不做“无智之库”。

首先，树立多层次上下联动、多学科交叉互补、多领域交流合作的研究理念，让党建智库人才交流“活起来”。以聚合模式整合研究力量，结合不同类型党建智库的专业特色和研究优势，汇集专家智库的强大合力形成“群岛”，构建党建智库共同体，打出党建智库建设的“组合拳”，不断破解疑难问题，真正做到联合研究、多角度建言献策。增强各级党委与政府研究机构智库的服务决策能力，紧抓党委与政府亟须解决的具有根本性、全局性和战略性的问题，推动政策制定与咨询论证的舆论引导作用；发挥地方社科院、党校、行政学院等智库的综合研究优势，围绕地方经济社会发展需求的热点难点问题，提高研究的针对性和时效性；借助高校智库学科完备、理论功底扎实的科研组合优势，促进教学科研与决策咨询的有效结合。在总体上形成定位明确、梯次发展、特色鲜明、布局合理的新型党建智库体系，统筹资源、协同攻关，聚焦问题、形成合力，构建横向联通、纵向贯通、协同创新、全面攻坚的智库联盟。

其次，构建多层级的骨干人才选拔模式，以首席专家负责制为主导，鼓励中青年科研人才，引导基层党建工作者参与智库建设，让党建智库人才自身成长“强起来”。根据党和政府的决策咨询需求，针对党建研究跨学科特点的需要，按照政治立场坚定、理论功底扎实、学术造诣深厚、实践经验丰富的标准，选拔党建智库的首席专家，以“1+X”研究方式释放“领头雁”所带来的“雁阵效应”，发挥党建研究工作的骨干引领作用。大力实施引才引智工程，吸引优秀中青年研究人才，在课题申报、团队组建、经费投入等方面予以倾斜，赋予他们合理的研究程序决策权、经费支配权、资源调动权，培养一支具有潜力和实力的后备军。智库研究者要敏锐把握现实需求，着力解决“卡脖子”问题、开拓“未知领域”，让自己“活”起来，力争打造一个专兼结合、梯次配备、内外互补、结构合理、人才聚集、长效突出的“政学产研用”相结合的“党建智库共同体”。

第三，优化人才培养机制，让党建智库人才管理“转起来”。党委与政府要实施党建智库人才培养规划，将用好智库现有人才和引进人才有机结合起来，采用“传、帮、带”的人才培养运行机制，培养更多的党建研究帅才，实现优秀人才脱颖而出、千里马竞相奔腾的良好局面。加强教育培训、开展研讨交流、出国访问留学、支持挂职锻炼等方式，对人才进行多形式、多渠道、多层次的能力培养，使党建智库研究人员不仅深谙党的建设运行规律，又具备党的实际工作经验；不仅是“理论的传播者”，更是“思想的引导者”“实践的研究者”。加大党建研究项目方面的资金投入，建立集聚跨学科、跨专业、跨领域创新人才队伍和平台，深化人才评价机制和激励政策，完善以品德、业绩、贡献为主导的薪酬制度，切实做到以待遇留人、以事业留人、以感情留人，让党建智库人才留得住、用得好、见实效。

（三）以科学研究提供科学咨询，夯实理论基础

研究的目的在于应用，智库的作用就在于献计献策。科学研究是提供科学咨询的基础。推进科学研究，必须形成科学的课题研究选题、协调合作机制，有的放矢地筛选课题、形成选题、思考难题、完成命题，推动形成理论有据、运行有制、实践有效的党建智库运行机制。

为提高研究的科学性，需加强党建智库研究人员的“硬件”和“软件”建设。党建智库研究领域融合了理论分析与实证调研，因此要重视自身学术基础理论、决策理论的“软件配置”，还应提升研究方法现代化、技术手段创新化的“硬件配置”。研究人员在提高科研能力的同时，通过调研报告、热点分析、舆情检测、人工智能等细化党建智库的研究方向，采用定量分析、统计分析、模型分析等研究方法，运用云计算、互联网、大数据等技术手段抓取党建的热点难点焦点，建立“群智、舆情、公众云”大数据①，以及党建调研案例、基层党组织制度创新案例等数据库，以线上大数据资源为广大党建智库提供数据管理服务，打造信息化、智能化平台，对党建制度体系的运行状况、党员干部的思想动态等做出综合评估，为决策咨询提供方法论支持。整合学术研究资源，解决研究“孤岛”问题，逐渐深入智库建设运行的核心问题，在把握智库建设的规律中不断提升科研能力。

为提高研究的针对性，需完善党建智库研究选题的现实性。加强选题

---

① 王永志，张亚勇 . 中国特色新型党建智库建设：内涵、困境与对策 . 理论导刊，2018（7）.

策划和项目遴选机制，深入开展调研和数据抽样调查，了解和掌握实际情况，围绕党的建设和社会治理的难点问题开展“政策型”“参谋型”调研，聚焦地方经济发展的实际问题开展“民意型”“经验型”调研。同时，及时了解党委与政府的重大决策需求信息，积极参加有关部门组织的论证会、座谈会、协商会、听证会等活动，拓宽决策咨询服务方式。要坚持“开门办智库，开放搞研究”，走向社会、走进机关、走近企业、走入党员干部之中，探索出“社会出题、联合调查、共同研究、成果共享”的科研新路子。

为提高研究的实效性，需健全党建智库研究课题的协调合作机制。遵循我国智库发展规律和决策咨询工作规律，借鉴国际成熟的经验，消除学科、专业、领域、地域之间的壁垒，统筹配置研究资源，搭建研究交流平台，搞好区域布局、专业布局、层级布局，避免研究分散封闭、交叉重复的现象，实现党建智库资源的有效配置和集成创新。创新智库内部的组织形式和管理方式，加大政策供给的力度，建立健全有效的治理机制、供需之间的沟通联系机制、互联互通的信息共享机制、持续稳定的经费投入机制、广泛的合作交流机制，通过上下结合、内外结合、集思广益、服务对策来提升科学研究咨询水平，增强党建智库研究的前瞻性。

（四）以科学咨询支撑科学决策，促进学以致用

党建智库发展的核心竞争力，在于能提供决策者所需要的对策建议。众所周知，任何智库的资源都是有限的，党建智库也不例外。党建智库建设既要“向上看”瞄准学术前沿，又要“向下看”瞄准自身特色。这就内在地要求党建智库建设必须具有错位发展的差异化意识，引导每个智库注重建设自己的品牌产品和旗舰产品，这样才能形成自身的研究特色，也才能逐渐确立自己研究的核心竞争力，逐渐形成党建智库研究的名牌产品。提供科学咨询是党建智库建设的应有之义，打造决策咨询精品就是要寻求智库研究成果有效需求和有效供给的平衡点。因此，对党委政府主要工作理解得不全面、不及时或不透彻，决策咨询就会“失真”“失分”或“失效”。对一些重大问题的敏感性不够、前瞻性不够、系统研究不够、理论思维不够，决策咨询就会“失声”“失责”和“失实”。这就要求新时代党建智库必须推出更新、更快、更好的研究成果，通过研究“新问题”、形成“新理念”、结合“新情况”、探索“新路径”、提出“新对策”，善于用简练通俗、精准鲜活的语言表达出研究成果，既进行政策宣讲又为党委、政府提供决策咨询，更能有效地发挥党建智库资政谏言的内在功能。

党建智库既要向上提供决策咨询，也要向下将服务转向社会，通过联学共建，为国家部委“接地气”，为基层单位“接天线”，构建党建智库社会服务的立体化全方位的格局。当前，新时代江西党建智库建设要注重在上层决策机构和下层政策受众间搭建桥梁，建立相应的党建研究基地和党建信息收集基地，及时收集汇总各地党建动态信息，将服务决策和服务社会公众相结合，推动各级职能部门的政策细化，积极探索社会基层的工作模式，从而优化决策方案、提升决策质量、落实决策措施，确保决策能够转化成实践、打造成品牌。一方面，党建智库通过深入群众，集中梳理、提炼转化群众智慧，广泛运用民智，为党委与政府的决策提供新视角、新思路、新路径，提出新方案；另一方面，党建智库要正确解读党委政府的重大决策，从产生背景、具体内容、实际操作等不同层面做好决策话语转换的工作，增强人民群众对国家重大决策、战略部署的政治认同、思想认同和情感认同。

为此，新时代江西党建智库研究必须从规模总量的大众化转变为产品层次的合理化，从一般性、粗放式的对策建议转向引领性、精准化的思想战略，以回应重大现实问题为努力方向，坚持传统方法创新与现代技术相融合，坚持沉下去与走出去相结合，推动理论研究与应用研究相吻合，坚持“用中国理论阐释中国实践，用中国实践升华中国理论”，才能科学有效地增强研究结论的说服性、决策的针对性、成果的前瞻性，不断做好决策咨询工作，提升新时代江西党建智库的研究水平。

（五）以科学决策引领科学发展，实现成果转化

研究的目的全在于运用，评判标准最重要的是看理论研究产生的实践效果。成果质量是党建智库的声誉所在，也是党建智库的生命线。各级党建智库的主要职能，无论是干部培训、思想引领、理论建设，还是决策咨询，都需要研以致用、加强研究成果的转化，“把党建优势转化为发展优势，把党建资源转化为发展资源，把党建研究成果转化为发展成果”[①]，才能发挥党建智库智慧产品的效益和价值，有效地证明党建智库的研究实力和建设成效，不断提高新时代江西党建智库的政策影响力、学术影响力、社会影响力。

健全党建智库研究成果的报告机制，加强党建智库与党委决策之间的沟通衔接、双向互动，形成常态化的专家智库政策议题和决策事项的意见征集机制、信息沟通反馈机制，推动形成既有直通车又有联络点、普送专送相结合的资政成果报送运行机制，通过内参、研讨会、网络期刊、党建年度报告等方式汇总研究成果以指导实际工作，让高质量的研究成果及时呈现在决策者面前。健全党建智库成果的评价机制，从专家评定成果质量转变为由被党委政府采纳应用、被实践证明采用来评判成果价值，既要有专家、民调的主观评价，也要有数据指标的客观依据，构建以质量创新和实际贡献为导向的多方位、开放性的综合评价指标体系。健全专项经费管理机制，扩大党建智库内部治理的自主权，实施多元化、多渠道、多层次的经费保障体系，以打造精品为主导，基于理论性、政策性、实践性的标准对成果进行等级评定，既注重集体攻关、协同作战也承认独立创新、个人贡献。新时代党建智库要完善成果奖励机制，切实将成果研究与运用转化、成果奖励与应用评价统一起来，激发党建研究活力，坚决避免“研而不议，议而不决，决而不行，行而不力”的“假大空”研究现象，推出务实管用的研究成果。

党建智库的研究成果能够发挥舆论引导、社会服务的职能，具有“融媒体”的时代功能，能够积极广泛地影响各方面的观点。新时代党建智库要与媒体融合发展，释放媒体智库潜能，主动抢占思想舆论阵地。为积极回应社会舆论，做好现实问题的解疑释惑工作，新时代党建智库要主动加强与媒体的互动，进行党建智库研究成果的发布和宣传平台建设，根据研究成果的性质选择合理的媒体传播形式，强化党建智库成果的推介力度，扩大党建智库成果的受众面和社会影响力，不断夯实党建决策的民意基础、

① 梅定国．加强新时代党建智库建设．中国教育报，2018-6-7.

现实基础和决策基础。要抓住新媒体迅猛发展的机遇，科学研判、审时度势，强化“互联网 +”的思维，打造“智库型”媒体。一方面，完善信息共享机制，加强党建信息化建设，推进全国党的建设方面数据资源整合和开放共享，推动技术融合、业务融合、数据融合，建立健全党建研究人才库、党建研究机构数据库等，通过大数据等理念和技术，构建全国党建智库建设方面的信息资源共建共享体系，实现跨层级、跨地域、跨系统、跨部门、跨业务党建信息的即时更新、协同管理和精准服务，为各地党建智库的决策咨询提供科学精准的信息来源、数据支撑和统计分析。另一方面，新时代党建智库要充分运用中英文网站、微信、微博、APP、邮件订阅推送“脑力”，将研究成果以文字、音频、图像、视频等形式进行即时的、广泛的、全方面有效传播，打好组合拳、弘扬主旋律、传播正能量、做出新奉献，加大党建智库成果的转化率，让党的思想理论成为新时代网络空间最强音和主旋律。党建智库也可以借鉴国外智库的做法，先对一些社会热点难点焦点问题提出备选解决方案，然后通过媒体的“滚锅效应”形成社会共识，选定最为有效的实施方案。

智者必前瞻，策为天下先。新时代江西党建智库是党建思想、党建理论和党建知识的研究者、提供者、传播者。面对新时代新使命新要求，党建智库建设要秉持资政报国的情怀，突出问题导向、供需导向，聚焦国家和地方经济社会发展的“进行时”现实问题、突出矛盾和热点难点，关注意识形态领域的新动向，提升预测预判、善谋远谋的决策咨询能力，加强“未来时”前瞻性研究、对策性研究，构建“党建话语”、凝聚“党建人才”、突显“党建特色”，推出一批有质量、有分量、有能量的“党建成果”。同时，党建智库建设既要遵循智库建设规律，又要联系自身实际，从现实中找问题，从实践中寻答案，从创新中求突破，切实担当党委政府“决策方案的建言者、政策效果的评估者、社会舆论的引导者”的重任，促使党建研究成果实现“主意变主张、文章变文件、对策变政策、智库变宝库”的决策咨询目标，真正发挥新时代党建智库资政建言的功能，不断助力江西省经济社会实现高质量发展、跨越式发展，让人民生活得更加幸福美好。

南昌市对接融入“一带一路”建设研究

陶东阳 钟爱保 刘俊燕 李淑兰 张 桔 刘 敏

【摘要】“一带一路”是我国新时代对外开放的新举措，为我国的对外开放指明了前进的方向。南昌自2015年入选“一带一路”的重要节点城市以来，在省委、省政府和相关业务部门的指导下，主动对接融入“一带一路”建设，在通道、口岸以及重点工程等基础设施建设上取得了一些成绩，同时也存在着一些地理、产业、环境等方面的制约因素。因此，南昌对接融入“一带一路”建设应该找出差距，补足短板，为建设富裕美丽幸福现代化南昌样板、做大做强做优大南昌都市圈，抢抓发展的机遇。

2019年，习近平在第二届“一带一路”国际合作高峰论坛开幕式主旨演讲中指出，共建“一带一路”，顺应经济全球化的历史潮流，顺应全球治理体系变革的时代要求，顺应各国人民过上更好的日子的强烈愿望。面向未来，我们要聚焦重点、深耕细作，共同绘制精谨细腻的“工笔画”，推动共建“一带一路”沿着高质量发展方向不断前进。“一带一路”是新时代我国对外开放的新举措，吹响了我国对外开放向全方位发展的号角，也为江西省和南昌市指明了对外开放的方向。

从国内来看，南昌是“一带一路”国内重要节点城市之一。2015年3月28日，在国家“一带一路”倡议白皮书中公布了国内“一带一路”建设的25个重要节点城市，南昌就是其中之一。3年过去了，入选“一带一路”国内重要节点城市给南昌带来了哪些新机遇？南昌是如何对接“一带一路”

建设的？今后南昌又将如何搭上“一带一路”建设这个顺风车？针对这些问题，省党校成立了相关的课题组，通过搜集资料、走访调研、专题座谈和实地考察等方式，形成以下书面报告。

一、南昌对接融入“一带一路”建设的重要意义

“一带一路”是我国今后对外开放的顶层设计。中共中央国务院《关于建立更加有效的区域协调发展新机制的意见》中又明确，要以“一带一路”建设助推沿海、内陆、沿边地区协同开放，以国际经济合作走廊为主骨架加强重大基础设施互联互通，构建统筹国内国际、协调国内东中西和南北方的区域发展新格局。[①] 可见，“一带一路”倡议不仅是中国提供给世界的方案，也是我国推动国内建设，协调国内沿海、内陆和沿边地区共同开放的总设计。

通常来看，国内“一带一路”的主要参与地区是西北五省和沿海的一些省份。早在 2015 年 3 月 28 日，国家发改委、外交部、商务部联合发布的《推动共建丝绸之路经济带和 21 世纪海上丝绸之路的愿景与行动》中，就明确了我国 18 个省份在“一带一路”中的地位与任务。在这份文件中，也对南昌在“一带一路”中的地位和作用予以了明确，即南昌作为其中一个重要节点城市的地位和作用被确立了下来。可以说，南昌在“一带一路”建设中具有重要的作用，南昌对接融入“一带一路”建设是具有重要意义的。

1. 从国家层面来看，南昌对接融入“一带一路”建设具有重要的战略意义

众所周知，1978 年党的十一届三中全会开启了我国对外开放的历史征程。从 1979 年开始，我国先后成立了 5 个经济特区，开放和开发了 14 个沿海港口城市和上海浦东新区，与此同时，也开放和开发了一批沿江城市和内陆的省会城市。但是，回顾改革开放四十年来我国的对外开放政策和

---

① 中共中央国务院．关于建立更加有效的区域协调发展新机制的意见，2018－11－18，http://www.gov.cn/xinwen/2018-11/29/content_5344537.htm

经济发展现状，其重点仍然是在东南沿海，尤其是广东、福建、江苏、浙江和上海等几个沿海省市，包括江西省在内的中西部地区始终扮演的是战略“大后方”的角色。虽然西部大开发的战略也提出十几年了，但是，中西部地区与沿海地区的发展不平衡问题仍然是越来越严重。从2013年习近平总书记提出了“一带一路”的五年发展情况来看，“一带一路”与1978年的改革开放不一样，“一带一路”是更深层次的对外开放，它的起点不都是沿海发达的省市，更重要的使命之一就是承担着中西部地区对外开放的职责。因此，从国家层面来看，南昌作为江西的省会城市，对接融入“一带一路”建设是具有重要的战略意义的。

江西省在“一带一路”建设中的定位是战略腹地支撑。江西不沿边、不靠海，是典型的内陆地区，江西对接“一带一路”建设就是以南昌作为重要节点城市为契机的。在国家“一带一路”白皮书中，明确了内陆地区应该充分“利用内陆纵深广阔、人力资源丰富、产业基础较好的优势，依托长江中游城市群、成渝城市群、中原城市群、呼包鄂榆城市群、哈长城市群等重点区域，推动区域互动合作和产业集聚发展，打造重庆西部开发开放重要支撑和成都、郑州、武汉、长沙、南昌、合肥等内陆开放型经济高地。”[①]可见，此白皮书对包括南昌在内的内陆地区的开放态势给出了指导性意见，也对南昌作为重要节点城市的战略性地位给予了定位，包括南昌在内的中西部地区从战略“大后方”成了新一轮对外开放的“前沿阵地”，南昌对接融入“一带一路”对国家来说具有重要的战略意义。

2. 从省级层面来看，南昌对接融入“一带一路”建设具有重要的引领作用

历史上，江西为古丝绸之路的建设做出了重要的贡献，古丝绸之路上的重要商品如瓷器、茶叶、丝绸等有很多都是出自江西，可以说，江西在古丝绸之路上具有重要的地位，是古丝绸之路上重要的商品集散地和商品输出地。2018年的江西省委十四届六次全体（扩大）会议明确了，要以

① 国家发展改革委、外交部、商务部．推动共建丝绸之路经济带和21世纪海上丝绸之路的愿景与行动，2015－3－28.

更大力度、更实举措在内陆开放上求突破，加强向外对接、深度融合。以融入“一带一路”建设为引领，充分利用毗邻长三角、珠三角和闽东南三角的区位优势，对接“长江经济带”，拓展大开放格局，构筑大开放支撑，培育大开放主体，整体提升江西省开放层次和水平，更好地融入全国乃至全球产业分工和市场体系。

“一带一路”倡议给古老的丝绸之路赋予了新的时代内涵，为中国与世界带来了新的历史机遇，也为江西在新时代的开放指明了方向。南昌作为江西的省会城市，地理上一直是整个江西耕地、人口、经济和文化的中心，因此，作为“一带一路”的重要节点城市，南昌对接融入“一带一路”建设对全省来说具有重要的引领作用，是引领其他地市主动对接融入“一带一路”建设的重要引擎，可以起到以点带面的作用。

3. 从市级层面来看，南昌对接融入“一带一路”建设具有重要的现实意义

“一带一路”是全面的更高水平的对外开放，是改革开放进入新时代的战略方向。从对外开放的程度来看，南昌与沿海发达地区的差距很大，甚至是跟长江中游城市群的一些城市相比也有不小的差距。2017 年南昌地区内企业（含中央、省属公司）实现进出口总值 669.20 亿元，全市实际利用外资 31.81 亿美元[①]；同时，武汉全年地区进出口总额 1936.20 亿元，实际利用外资 96.47 亿美元[②]；长沙全市进出口总额（海关口径）938.02 亿元人民币，实际利用外资金额 52.50 亿美元[③]。从以上进出口值和利用外资两项数据来看，南昌与长江中游的武汉、长沙的差距还是比较大的。近几年，虽然南昌大有发展，也有大发展，但是，武汉和长沙的发展速度更快、对外开放步子更大。因此，无论是对标长三角，还是对标长江中游城市群，

---

① 南昌市统计局 . 南昌市 2017 年国民经济和社会发展统计公报（2018 年 3 月 26 日），http://www.nc.gov.cn/ncszf/tjgb/201804/7QDLSMEH9VB8CAI1B54CLY7P2WQGUXXS.shtml.

② 武汉市统计局、国家统计局武汉调查队 .2017 年武汉市国民经济和社会发展统计公报（2018 年 4 月 2 日），http://www.whtj.gov.cn/details.aspx?id=3957.

③ 长沙市统计局 .2017 年长沙市国民经济和社会发展统计公报[1]（2018 年 4 月 4 日），http://www.changsha.gov.cn/xxgk/szfxxgkml/tjxx/tjgb_8754/201804/t20180404_2204913.html.

南昌对接融入“一带一路”建设都具有重要的现实意义。

总体来看，“一带一路”是中国对外开放在新时代的升级版，是中国经济在新时代的顶层设计，是中国在新时代继续全面深化改革开放的重大战略举措。南昌作为“一带一路”在国内的重要节点城市之一，主动对接融入“一带一路”建设是具有重要的战略意义、引领作用和现实意义的。这是一次补齐短板、补足差距的重要机会，南昌应以“一带一路”为抓手，加快基础设施建设和通道建设，促进南昌市的产业结构升级，推动南昌市经济发展向更高水平、更好质量发展。

二、南昌对接融入“一带一路”建设的现状和制约因素

“一带一路”是新时代我国对外开放和经济发展的顶层设计，需要每个地区每个部门根据自己不同的情况主动对接融入，只有每个地区和每个部门都主动对接融入，才能在全国形成一盘棋，才能让中国在纷繁复杂的国际形势面前把改革开放的步子走得更稳、更踏实。所以，南昌作为“一带一路”在国内的重要节点城市，也应该根据本地的实际情况，找出短板，瞄准机遇，主动对接融入“一带一路”建设当中去。

（一）当前南昌对接融入“一带一路”建设的现状

自2015年成为“一带一路”重要节点城市以来，南昌市在省委、省政府和相关业务部门的指导下，积极对接融入“一带一路”建设。2018年，南昌市就参与了赣京绿色金融合作推介会、赣深和赣港经贸合作活动，中欧（南昌—莫斯科）国际铁路货运班列正式运行，航空口岸、国际联运、通关便利化等各项工作持续提升，“引进来、走出去”步伐更加稳健。参照国家信息中心“一带一路”大数据中心编著的《“一带一路”大数据报告（2016）》，省市参与度指数按照“基础—行动—效果”三个层次构建评价模型，重点从政策环境、设施配套、经贸合作、人文交流、综合影响五个维度，评价各省区市“一带一路”建设参与情况及实施效果[①]。根

① 国家信息中心“一带一路”大数据中心编著．“一带一路”大数据报告（2016）．

据以上参考因素，综合考量南昌入选“一带一路”重要节点城市以来的各项数据，南昌市主动对接融入“一带一路”建设取得了以下成绩，主要表现在以下几个方面。

1. 组织机制基本建立完善

组织机制包括组织架构和政策制度等保障措施。南昌作为重要节点城市，与国家和省里推进“一带一路”建设工作基本同步，从2015年开始部署，不仅成立了相关的机构，而且制定了相应的保障措施以对接融入“一带一路”建设。与国家和省里把“一带一路”建设办公室设在发改委一样，南昌市推进“一带一路”建设工作领导小组办公室也是设在市发改委，由发改委区域经济合作处负责协调，同时会同市工信委、市商务局、市投资促进局以及相关区县共同推进“一带一路”的相关工作。除了组织机构外，南昌市还相继出台了一些相关的扶持政策，对本地企业参与“一带一路”建设给予额外的补助。例如：由市商务局、市投资促进局会同市财政局制定了《南昌市外经贸发展扶持资金使用管理办法》，本专项资金主要用于支持县（区）、开发区（新区）（南昌经济技术开发区、临空经济区除外）外经贸事业发展、支持企业境外参展、取得体系认证、投保出口信用保险、外贸综合服务平台、支持企业“走出去”以及参与“一带一路”建设的补助。其中，对本市企业在“一带一路”沿线国家对外承包工程、对外直接投资上额外增加了不超过5万元的支持，对外派劳务人员等方面给予了每派出1人再给予100元的小额补助等。

2. 外经贸合作逐步打开局面

“一带一路”倡议提出五年来，在习近平新时代中国特色社会主义思想的指引下，国家和省里都在不遗余力地推进“一带一路”建设，在政策沟通、设施联通、贸易畅通、资金融通、民心相通等各个领域都取得了显著成效，尤其是在经贸合作领域。商务部副部长钱克明在2018年8月份的“一带一路”建设5周年的新闻发布会上说，“五年来，中国对沿线国家直接投资超过700亿美元，年均增长7.2%，在沿线国家新签对外承包工程合同额超过5000亿美元，年均增长19.2%。”

在国家对外经贸合作取得显著成绩的同时，南昌的对外经贸也在随之逐步打开局面。根据南昌市近三年来的国民经济指标情况来看，2016 年，南昌地区内企业（含中央、省属企业）实现进出口总值 94.07 亿美元，全市实际利用外资 30.65 亿美元，同比增长 13.25%[①]；2017 年，南昌地区内企业（含中央、省属公司）实现进出口总值 669.20 亿元，全市实际利用外资 31.81 亿美元；2018 年 1—8 月，南昌地区内企业（含中央、省属公司）实现进出口总值 507.45 亿元，同比增长 18.2%，全市实际利用外资 22.77 亿美元，同比增长 10.4%。[②] 从以上近三年来南昌市的进出口总值和实际利用外资情况来看，南昌市的外经贸合作的体量应该是在逐年增长的。

3. 平台建设逐步有序展开

2018 年，省委、省政府对南昌打造“一带一路”重要节点城市的定位是，强化南昌内陆开放型经济高地作用，着力推进南昌国际航空港、南昌综合保税区等平台建设，加强高端装备制造、新一代信息技术、现代服务业等领域的国际合作，引领带动全省参与“一带一路”建设。“一带一路”本身就是一个为世界经济持续发展动能提供解决方案的一个平台，而推动“一带一路”建设的落地也需要搭建一系列的平台。自 2015 年开始，南昌市作为重要节点城市，在省委、省政府和省里相关业务部门的指导下，统筹整合自身的资源优势，一方面是逐步有序地开展了平台建设，另一方面是积极参与其他的平台推广。

为积极融入国家“一带一路”建设，服务全省开放型经济发展，南昌市在铁路口岸、电子口岸等平台建设工作方面正在逐步推进。2016 年，南昌市提出在向塘建设南昌铁路口岸；2016 年 9 月，南昌县政府与江西储备物资管理局签订南昌铁路口岸战略合作框架协议，以江西储备物资管理局 933 库区作为南昌铁路口岸一期建设，将向塘物流园铁路口岸作业区作为南昌铁路口岸二期，待二期正式投入运营后，933 库区将作为配套区。2016 年 11 月 23 日，海关总署正式发布《关于印发〈国家口岸发展“十三五”

① 南昌市统计局 .2017 南昌统计年鉴 . 中国统计出版社，2018：6.

② 2018 年 1—8 月南昌市主要经济指标情况 http://www.nc.gov.cn/ncszf/sjfb/201809/IG4GAD53V2JHYF1E7QJEAK8QV2R5JH8A.shtml.

规划〉的通知》(署岸函字〔2016〕111号),明确将南昌铁路口岸对外开放纳入国家口岸发展“十三五”规划。2017年,国家铁总将向塘物流基地列为国家一级铁路物流基地,按国家一级物流基地标准规划建设向塘物流基地和铁路口岸。目前,南昌铁路口岸一期工程已于2017年11月22日通过验收并正式投入运营,南昌铁路口岸二期工程也于2018年正式开工建设。另外,据悉南昌市电子商务跨境口岸方案也正在紧锣密鼓的敲定当中,未来,南昌市将在“一带一路”平台建设上更加地行稳致远。

除此之外,南昌市还主动地参与到与“一带一路”相关的平台中,积极地推广向世界其他国家和国家的其他省市推介南昌,积极引导南昌市的企业加入“走出去”企业战略合作联盟。例如,2018年10月12日,“一带一路”江西企业走进非洲国际发展论坛在南昌举行。此次论坛以“江西企业抱团走进非洲”为主题,旨在让更多江西企业了解非洲、走向非洲,推动江西优势产业“抱团出海”,为江西企业在非洲发展提供更好的服务。省委常委、南昌市委书记、江西省国际经济文化交流中心理事长殷美根就出席论坛并致辞。非洲大陆也是南昌市企业今后“走出去”开拓市场的一个重要方向。江西邦盛科技有限公司已经在埃及建厂投入生产,这是南昌市民营企业中走进非洲的一个成功案例。

4. 通道建设进展比较迅速

改革开放四十年来的一条重要经验就是“要想富,先修路”。对于“一带一路”建设来说,无论是陆上丝绸之路,还是海上丝绸之路,都要先打开通道才有可能开展其他合作或者进行其他领域的建设。自2015年以来,包括南昌在内的40多个城市都稳定开行了中欧班列线路,共有包括赣欧班列在内的65条线路,最长线路的里程超过了1.3万公里,截至2018年8月底开行已突破10000多列,通达欧洲14个国家和42个城市。据铁路总公司2018年5月份的相关数据表明,中欧班列的回程比例升至去程的67%,比2017年同期提高17个百分点。[①] 因此可以说,从国家层面来看,中欧班列已经进入了常态化的运营。

① 大数据解读“一带一路”成果清单,https://www.sohu.com/a/233443031_228433.

与此同时，南昌作为“一带一路”的重要节点城市，也在积极地打通连接“一带一路”国家和其他重要节点城市的海上通道、陆上通道和空中通道。以南昌市为例，在对接“丝绸之路经济带”方面，先后开通了南昌—鹿特丹赣欧国际货运班列（2015 年 11 月 24 日开通）、向塘—河内赣欧（亚）国际货运班列（2017 年 11 月 22 日）、南昌—莫斯科中欧国际货运班列（2018 年 4 月 20 日）等 3 条国际直达班列；在对接“21 世纪海上丝绸之路”方面，先后开通了南昌向塘—深圳盐田港（2017 年 2 月 15 日），南昌向塘—宁波北仑港（2017 年 4 月 20 日）、南昌向塘—厦门高崎港（2018 年 3 月 9 日）等 4 条铁海联运外贸班列。截至目前，南昌县 2017 年共首发开通了各类货运班列 6 条，南昌（向塘）铁路口岸已开通 4 条铁海联运出口线路、3 条国际直达班列，形成了对接国家“一带一路”的双通道格局。

（二）当前南昌对接融入“一带一路”建设的制约因素

经过 3 年多的时间，可以发现，南昌对接融入“一带一路”建设是取得了一些成绩，但是，在看到成绩的同时，我们也要摸清情况，明晰自身的一些短板。因此，在调研中我们发现，当前南昌对接融入“一带一路”建设还存在着以下一些制约因素。

1. 地理位置不突出，区位劣势需突破

“一带一路”刚提出的时候，就天然地形成了两个核心区域，一个是以新疆为核心的陆上丝绸之路，一个是以福建为核心的海上丝绸之路。其他的省市如陕西、河南也在积极地对接融入“一带一路”建设。而作为中部省会城市的南昌，在 2015 年成为“一带一路”重要节点城市以后，也对自身的地理位置做了一些考察的。从地图上看，南昌对接融入“一带一路”建设有三条路，第一条是对接中欧班列，从西北方向，经新疆、内蒙古边境口岸，连接中亚、俄罗斯，通达中东欧、欧盟；第二条是对接海上丝绸之路，从东南方向，经上海、宁波、厦门、深圳等沿海港口，连接海上丝绸之路，通达东盟、南亚，并延伸至南太平洋、非洲、欧洲等国家；第三条是对接中亚班列，从西南方向，经云南、广西边境口岸，通达越南、老挝、泰国、印度等东盟及南亚国家。但是，从国家的整个版图来看，南昌虽然是重要的节点城市，但其在“一带一路”中的地理位置并不突出，没有如

新疆和福建那样的区位优势，而只是众多节点城市的其中之一。这也是影响我们对接融入“一带一路”建设积极性的重要制约因素之一。

2. 配套政策不完善，营商环境需优化

配套政策包括机构设置和激励机制等内容。当前，南昌市的鼓励政策主要有“江西省外经贸发展专项资金管理办法”和“南昌市外经贸发展专项资金管理办法”，这些文件对市属企业在“一带一路”沿线国家的投资是有额外配套的。但是，根据调研情况来看，当前南昌市在“一带一路”相关工作中的配套政策还存在主动性不够和力度不强的问题。例如，南昌市设立了“一带一路”建设办公室，但是办公室并不是独立的部门，跟省里一样设在发改委的区域合作处，由区域合作处负责协调各业务部门的“一带一路”相关工作，对企业在“一带一路”沿线的“走出去”上的扶持工作还是比较被动，基本上是以配合省里相关业务部门的工作为主。

配套政策的优劣是影响营商环境的重要因素。营商环境是近十年来世界各国政府都比较重视的一个问题。世界银行最新发布的《2019 年营商环境报告》显示，我国营商环境总体评价在 190 个经济体中位列 46 位，较上一年上升 32 位，体现出我国营商环境改善的成绩。破解企业投资生产经营中的“堵点”“痛点”，加快打造市场化、法治化、国际化营商环境，增强企业发展信心和竞争力，11 月 8 日，国务院办公厅正式印发《关于聚焦企业关切进一步推动优化营商环境政策落实的通知》。[①]

打造良好的营商环境是建设现代化经济体系、促进高质量发展的重要基础。根据最近粤港澳大湾区研究院发布的《2018 年中国城市营商环境评价报告》[②]来看，在全国 35 个城市中，南昌的营商环境排名第 20 位，与 2017 年的第 17 位相比下降了 3 个排名。而同属于长江中游城市群的武汉和长沙，2017 年的排名分别是第 10 位和第 20 位，2018 年的排名则分别是第 10 位和第 9 位，长沙的营商环境在一年之内进入到全国前 10 名，这是值得思考，也是值得我们学习的地方。

---

① 中国进一步优化营商环 ,http://www.gov.cn/xinwen/2018-11/10/content_5339016.htm.

② 粤港澳大湾区研究院 .2018 年中国城市营商环境评价报告，https://static.21jingji.com/file/2018 城市营商环境 .pdf.

3. 产业结构不优，产业竞争力需提升

近些年来，南昌市一直很重视优化产业结构。从 2017 年以来，“强攻产业、决战工业”初见成效，四大战略性新兴支柱产业保持了较好的发展势头。例如在电子信息产业方面，2017 年成功引进的国内前五名 ODM 企业及努比亚和小辣椒等整机生产厂商，实现了从整机到产业配套全覆盖，90% 的一级配套零部件可以实现本地采购。

但是，从总体来看，优化产业结构，提高产业竞争力仍是任重而道远。南昌全市有 7 个省及省以上工业园区，2017 年累计完成主营业务收入 5386.34 亿元。其中，高新技术产业开发区是以生物医药、电子信息、新材料、机电、航空等为五大主导产业，2017 年实现主营业务收入 2141.46 亿元[①]，约占全市主营业务收入的 39.75%；经济技术开发区是以电子信息、新能源汽车及汽车零部件、医药食品、新材料、家电等为五大主导产业，2017 年主营业务收入首次突破千亿大关达到 1083.25 亿元[②]，约占全市主营业务收入的 20.11%。小蓝经济技术开发区的五大行业则分别是食品饮料业、轻纺服装、医药医器、汽车汽配、电机电器，2017 年全年实现主营业务收入 1136 亿元（含江铃股份）[③]，约占全市主营业务收入的 21.09%。可见，以上 3 个经济技术开发区的主营业务收入占了全市 7 个省及省以上工业园区主营业务收入的 80.95%，仅从这几个区的主营业务行业来看，在医药、新材料、机电等几个行业存在产业趋同化的倾向。产业趋同化会造成产业的低水平同质化竞争，这对一个地方的产业发展和产业升级做大做强是非常不利的。

另外，从长江中游城市群的横向比较来看，南昌与武汉、长沙之间也都在不同程度上存在产业低水平同质化竞争，存在着产业层次较低、链条较短、配套能力不足、现代物流和服务业发展滞后、产品技术含量和增值

① 南昌国家高新技术产业开发区 2017 年国民经济和社会发展统计公报，http://www.nc.gov.cn/ncszf/tjgb/201805/69K6MNYC98GXYMOW9T8ZVZ6B4S2LWVQ0.shtml.

② 南昌经济技术开发区 2017 年国民经济和社会发展统计公报，http://www.nc.gov.cn/ncszf/tjgb/201805/LUWN3PVILENWMLWD8E1T3VAT83RECJ84.shtml.

③ 南昌县 2017 年国民经济和社会发展统计公报，http://www.nc.gov.cn/ncszf/tjgb/201805/1LL6BKQBFSAG2SG2GXJF7WJ6D3F32B8W.shtml.

率不高、企业自主创新能力不强、缺少在国际市场上有影响力的自主品牌等种种问题，严重制约了产业的竞争力。

4. 班列建设有“痛”点，通道建设需提质

中欧班列是“一带一路”建设上一道亮丽的风景线，也是加强“一带一路”各国联系的一个重要纽带。对于我国中西部地区来说，不沿边不靠海是制掣肘各地区对外开放的一个最大实际，开通中欧班列则给中西部省区市带来了一个新的希望。“一带一路”在国内设立了诸多个重要节点城市，这就意味着，每一个节点城市都是“一带一路”网格中的重要组成部分，而中欧班列则让这些城市从闭塞的内陆腹地走向了中国开放的前沿阵地。这也是我们积极推动中欧班列建设的一个重要原因。赣欧班列就是在这样的背景下推出的。

赣欧班列不仅是江西省“一带一路”建设中的重要内容，而且是南昌市重点打造的对接融入“一带一路”建设的重要方面。从 2017 年 2 月 15 日至 2018 年 10 月底，从南昌县开行的货运班列累计 420 列，到 2018 年基本实现了赣欧（南昌—莫斯科）班列的常态化运行。稳定开行的赣欧班列，不断拓展和优化的出口通道，为全市乃至全省优质产品走出国门、走向世界提供了一条低价、便捷的大通道。赣欧班列的开行，让身处内陆腹地的南昌成了对外开放的前沿，但是，班列的开行也存在着突出的盈利难题，也是最大的“痛”点所在，那就是班列的单程化问题。目前，赣欧班列都是开出去的，没有开回来的。因为没有回程货或者回程货少，很多中欧班列都是单向运输，单向运输的物流成本太高很难进行市场化的运行。如果是为了培育市场，短期内的运输可以依靠财政补贴，而长期的单向运输对市场和政府来说都是不利的。例如，武汉最初开通首趟“汉新欧”的时候是没有财政补贴的，但是首趟班列跑完后，当时主要的货运企业富士康就表示运价成本太高要离开，直到武汉市政府出台了一系列优惠政策和补贴措施后，“汉新欧”才得以重新开行。南昌市自从开通赣欧班列后，也对开行的货物进行财政补贴，据了解，对于班列的配套资金扶持办法是按照省、市、县各 1∶0.5∶0.5 的比例分担的，仅南昌县 2018 年市财政就预计需要拨付 3000 多万元的扶持资金。赣欧班列的稳定开行对南昌来说具有

重要的现实意义，但是，赣欧班列的持续稳定开行需要提升质量。

5. 企业“走出去”实力不强，做大做强需扶持

据了解，在“一带一路”的大环境下，当前南昌市企业“走出去”的业务主要是对外投资和承接工程。在对外投资方面，民营企业“走出去”投资的有江西3L医用制品集团股份有限公司、江西邦盛科技有限公司、江西京九电源科技有限公司、江西人之初营养科技股份有限公司、江西省华美食品工业有限公司等5家企业，国有企业有南昌市国金工业投资有限公司、江西直方数控动力有限公司等2家企业。在承接工程方面，有南昌外建、南昌三建、南昌国际经济等，尤其是在能源电力、工程设备采购安装、水利建设等领域业务呈现出较好发展态势。

虽然，在“一带一路”大环境的推动下，南昌市企业“走出去”取得了一定的成绩。但是，总体来看，当前南昌市企业在“一带一路”沿线“走出去”时有以下几点特征：一是，“走出去”企业大多数为中小民营企业，规模实力不强，人员流动快，抗风险能力较差，容易受海外形势变化影响，如外币汇率波动、东道国政局不稳、当地投资贸易保护政策等。二是，部分企业境外投资仍停留于低层次扩大商品出口的水平，局限于赴海外设立贸易公司，尚未计划在当地投资建厂，如纺织服装生产、铝合金型材制造等优势产业。三是，“走出去”企业投资情绪过热，普遍缺乏国际化运作经验，轻视尽职调查，风险评估不全面，项目计划多年难以启动。四是，“走出去”的项目发展前景虽好，但见效慢、存在较大的经营风险，对外投资的回报率偏低，难以获得有力的金融支持。五是，当前南昌市每年实际投入到“一带一路”沿线国家的扶持资金不大。目前每年五六百万美元，其中绝大部分是投入到中欧班列的建设中，而企业获得的“走出去”投资和建设上的扶持资金比例很小。

三、当前南昌对接融入“一带一路”建设的对策思考

当前，全国各地很多省市都在积极对接融入“一带一路”建设，尤其是我们中西部省市更是如此。但是，中西部省市对接融入“一带一路”更

多的还是停留在省级层面，主要是由各省委省政府和相关的业务部门在推动。到了市级层面，则多是被动应对相关的业务工作。所以，当前南昌对接融入“一带一路”建设应该从主动性上多下功夫。从调研组搜集到的资料可以发现，当前赣州市在主动对接融入“一带一路”建设上做了很多工作，从《赣州市对接融入“一带一路”建设2018年工作要点》（赣市府办字〔2018〕38号）[①]来看，赣州市为了成为“一带一路”上的重要节点城市，制定了详细的方案和措施，并细分了对应的相关责任建设单位，聚集全市之力主动对接融入“一带一路”。“一带一路”成了赣州市对外开放，发展外向型经济的一个推手。

由此可见，与“一带一路”核心区域相比，南昌对接融入“一带一路”建设是有差距的；与主动对接融入“一带一路”建设的城市相比，南昌也是有可以补足的空间的。但是，差距与机遇往往也是相生相伴的，我们要承认差距，主动出击，面对机遇，有所作为。

1. 要挖掘南昌的历史文化，打造具有南昌特色的“一带一路”名片

地理条件是先天的，要突破先天的地理区位可以从其他地方找补平衡。从对接融入“一带一路”建设来看，应该挖掘南昌的历史文化，打造具有南昌特色的“一带一路”名片。南昌是不缺历史不缺文化的地方，但是，南昌却是长期没有国家5A级景区的省会城市，直到2018年11月，滕王阁才正式升格为国家5A级景区。南昌市还有大量的历史文化资源、红色教育资源待开发推广。近期，蚂蜂窝发布了2017年“一带一路”国内城市旅游热度排行榜（参见表1），依据蚂蜂窝大数据平台上各城市的搜索热度、景点数量、问答数量等指标，对“一带一路”规划中26个重要节点城市2017年以来的旅游产业发展进行了盘点。根据表1中的数据可以发现，南昌在“一带一路”国内城市旅游热度排行榜上的排名是不太理想的。

众所周知，江西与“一带一路”的渊源很深，在历史上江西的茶叶、瓷器、夏布等均是古丝绸之路的大宗商品，因而在历史上江西一度成为古

① 赣州市人民政府办公厅关于印发《赣州市对接融入“一带一路”建设2018年工作要点》的通知，http://xxgk.ganzhou.gov.cn/c100444/201804/10f3e970f11a48ee91415397b5b0bfeb.shtml.

表 1　2017 年“一带一路”国内城市旅游热度排行榜 ①

排名	城市	热度	热度增长	景点数量	问答
1	上海	4443228	48.6%	755	13352
2	三亚	4431975	14.5%	124	17198
3	厦门	3422862	21.1%	299	23182
4	成都	3329547	71.6%	652	14721
5	重庆	3237883	77.9%	539	8858
6	广州	2957891	7.1%	495	8002
7	西安	2090333	89.5%	333	10399
8	武汉	1399342	163.1%	323	4870
9	深圳	1332610	53.9%	699	4188
10	天津	1109570	236.8%	364	2857
11	长沙	1020164	82.6%	728	3795
12	青岛	960287	300.8%	391	8126
13	大连	549615	405.7%	266	4323
14	宁波	443055	66.6%	342	846
15	海口	364605	-18.1%	56	1056
16	福州	296262	-6.4%	298	962
17	汕头	292595	50.2%	115	445
18	舟山	238898	190.1%	251	983
19	泉州	223690	5.3%	222	372
20	西宁	180017	530.8%	82	2771
21	南昌	157148	71.2%	126	495
22	郑州	154314	169.8%	181	673
23	合肥	150519	118.5%	179	464
24	兰州	120060	273.5%	49	957
25	烟台	89978	331.8%	176	591
26	湛江	80645	9.9%	67	254

数据来源：蚂蜂窝数据研究中心

① 2017 年“一带一路”国内城市旅游热度排行榜,http://static.nfapp.southcn.com/content/201705/16/c426212.html.

丝绸之路上的重要商品集散地和重要通道。但是南昌与古丝绸之路的渊源却鲜有人知。事实上，在古丝绸之路上的南昌扮演了重要的角色，不仅南来北往的商人聚集此地，而且由于水运的发达造就了一位与西方的马可·波罗齐名的航海家汪大渊。可惜的是，国内多数人都知道郑和下西洋，却不知比郑和早下西洋70多年的航海家汪大渊与其《岛夷志略》。《岛夷志略》是汪大渊根据其航海游历所见的各国社会、经济、文化、风俗等书写而成的，被收入影响中国的100本书中。2017年7月，为纪念这位南昌籍的历史名人，结合大象湖改造工程，南昌市青云谱区政府与市园林局共同规划建设了汪大渊纪念广场。汪大渊纪念广场虽然是建成了，但是关于汪大渊的研究和宣传工作并没有结束，要不断挖掘南昌与古丝绸之路的历史文化渊源，充分利用南昌丰富的红色资源和生态优势，联合构建跨省无障碍旅游区，建立互为旅游目的地客源联动机制，打造具有南昌特色的“一带一路”新名片。

2. 要优化相关的配套政策，提升南昌对接融入“一带一路”的营商水平

国务院总理李克强11月28日主持召开了国务院常务会议。会议指出，建立企业参与营商环境政策制定的工作机制，支持开展第三方评估，打造市场化、法治化、国际化营商环境。会议决定，按照国际可比、对标世行、中国特色原则，围绕与市场主体密切相关的开办企业、办理建筑许可、获得信贷、纳税、办理破产等方面和知识产权保护等，开展中国营商环境评价，逐步在全国推开，推动出台更多优化营商环境的硬举措，让企业有切身感受，使中国继续成为中外投资发展的热土。根据最近粤港澳大湾区研究院发布的“2018年中国城市营商环境评价报告”来看，南昌2018年的营商环境排名比2017年还有所下降。不论是从南昌发展来看，还是从南昌对接融入“一带一路”建设来看，营商环境都是一个重要的评价指标。本课题组从调研中发现，市级层面在“一带一路”上的配套政策是没有完善的，在相关工作上也是比较被动的。

因此，南昌在对接融入“一带一路”建设的时候，应从优化营商环境和提升营商环境水平上下功夫，进一步降低企业成本、减轻企业负担，积极为企业争取国家、省里各类政策资金，严谨慎用行政处罚权力和行政强

制措施，营造公平竞争的市场环境，从而打造出政策最优、成本最低、服务最好、办事最快的营商环境。

3. 要创造对外开放的便利条件，建立“一带一路”综合服务平台

在“一带一路”建设推进的前五年中，国有企业作为“排头兵”走在了“一带一路”建设的前线，取得了显著的成绩。但是，仅“一带一路”沿线国家就有 64 个，每一个国家的情况都不一样，无论是国有企业还是民营企业毕竟只是市场主体，在“一带一路”沿线国家进行投资、建设会受到诸多因素的限制，有的是客观原因，有的是主观原因，这就需要我国政府提供一些综合服务才能更好地推动企业参与“一带一路”建设。

我们在调研中发现，南昌的企业对“走出去”参与“一带一路”建设的积极性还是比较高的，但是，企业在“走出去”的过程中，也面临着一些困境和障碍。根据课题组调研民营企业的情况来看，主要存在以下一些困境和障碍：一是资金不足，融资困难。民营企业的对外投资往往都会受到资金不足和融资困难的苦恼，尤其是当企业在外要扩大经营规模和追加投资的时候，这种问题就比较突出。二是缺乏海外业务经验和法律知识，投资有盲目性风险。比如因为看到市内的同类企业去孟加拉投资收效较好后京九集团才决定试着走出去，到孟加拉去投资，但是由于对当地的法律法规不太了解，虽然投资前景比较看好，但是成本远远高于预期。三是商务签的时间成本太长。这是本课题组调研中发现的一个普遍问题，需要国家相关部门的支持。四是缺乏专业的国际贸易人才。省里每年都会举办相关的“走出去”人才培训，但是收效不大，有的刚刚培养起来的人才总是留不住。

当前，南昌正在打造全国首个“内陆服务平台型”综保区，江西省也搭建了一些与企业“走出去”相关的平台，如江西走出去信息服务平台会推送一些与“走出去”相关的政策和信息。但是平台的服务能力还是不够强，推送一些相关的政策和信息服务还是不定时的。而这些平台功能到了市一级层面就更加弱化了。因此，我们建议，南昌市政府部门应牵头建立相关的“一带一路”综合服务平台，为企业“走出去”参与“一带一路”建设提供从政策咨询、资金支持、规范行为、后续保障等一条龙服务，为外资

和赣商“引进来”提供一个双向的综合信息服务平台。

4. 要加大企业“走出去”的扶持力度，提升企业“走出去”的安全感和竞争力

“走出去”是发展外向型经济的必由之路，是当前南昌打造内陆开放高地的必然选择。要让南昌的优势产能如轻工业产品、装备制造业产品、农副产品等快速走出去,就要加大企业“走出去”的扶持力度,提升企业“走出去”的安全感和竞争力。

根据南昌市的现有情况，我们建议从以下几方面引导企业：一是引导本土企业参与东南亚、中东欧等地区的国际经济合作，组织企业对接“走出去”推介活动，着力推进制造业、农业、建筑业、矿业、服务业等五大行业“走出去”，助推实施一批国际产能合作项目和重大基础设施互联互通重大项目。二是重点鼓励扶持具有一定规模实力、品牌优势和市场基础的大型企业集团、行业骨干企业、名牌产品企业、高新技术企业等到境外设立贸易机构、建立生产基地、并购国外公司和开展其他形式的国际经济技术合作。三是加强与央企、省企等对接合作,促进对外承包工程转型升级,巩固非洲市场，拓展东南亚、中东等市场，推动对外承包工程向国际产业链高端延伸，并带动技术、产品、设备和服务走出去。四是组织更多企业加入全省“走出去”企业战略合作联盟，充分利用已在国外成功扎根的企业资源优势，充分发挥赣商平台的力量，推动企业在境外集群式发展，促成更多的海外项目“开花结果”。五是争取政策性金融机构的信贷保险支持，协助寻求法律、会计、税务、咨询等中介服务，为企业“走出去”提升实实在在的安全感。

5. 要在“引进来”上下功夫，提升南昌市的城市竞争力和产业竞争力

南昌对接融入“一带一路”建设，离开产业这个抓手的话，其他的都将是空谈。南昌作为“一带一路”建设中的重要节点城市，除了可以享受到“一带一路”各项政策支持外，还可以搭上“一带一路”这趟顺风车，发挥南昌独特的产业优势，引进南昌急需的产品，如铁矿石、铜矿石等，进一步拉动南昌开放型经济的发展，进一步推动长中游城市群的区域联动一体化发展，避开产业低水平的恶性竞争。对于南昌市来说，对接融入“一

带一路”建设不仅是引导企业“走出去”，而且是要更注重资本、技术和优质企业的“引进来”。在“走出去”和“引进来”上要更加注重“引进来”，因为“引进来”才是决胜城市和产业竞争力的核心。

南昌市市长刘建洋同志曾表示：要充分利用南昌构建开放型经济新体制综合试点的优势，复制推广自贸区先行先试经验，不断完善开放制度体系。要进一步完善外贸扶持政策，缩短贸易类外贸企业出口退税周期，继续深入推进国际贸易“单一窗口”国家标准版推广应用工作。加大招商引资力度，依托重点产业全景图，围绕上下游产业链拓展相关配套产业，加强对重点区域、重点行业、龙头企业、重点客商的精准产业招商。以“一带一路”为重点，促进对外承包工程转型升级，重点支持南昌市建筑业、制造业、农业、矿业和服务业等“五大行业”开展对外投资合作。因此，对于南昌来说，要更加积极主动地对接融入“一带一路”建设，充分利用自身的优势，重塑古丝绸之路上的开放荣光，重点对接上海、武汉等地的临港产业，引导生产要素向南昌积聚，构建承接全国产业转移基地。

未来的竞争，不只是城市与城市之间的竞争，而是城市带与城市带的区块竞争。“一带一路”为中西部城市提供了走在开放前沿的机会，也为这种竞争提供了很好的机遇。南昌、武汉和长沙都是“一带一路”上的重要节点城市，也都是长江中游城市群的成员，南昌应顺势而为，加强区域合作和协同发展，主动对接融入“一带一路”建设，落实南昌市的产业倍增计划，在 2020 年以前以“工业四年倍增”“服务业发展倍增”“现代农业四年提质增效”“招商引资四年倍增”为目标，不断增强整体实力和综合竞争力，切实担当起省会城市的首位使命，努力做大做强做优大南昌都市圈。

新时代背景下九江推进脱贫攻坚路径研究

费从军　刘安炉　黄立群　付小军　黎　凌　李才平　钟国辉

【摘要】脱贫攻坚是一项民生工程，直接关系着全面建成小康社会乃至第一个百年奋斗目标的实现。十八大以来，九江在推进脱贫攻坚中取得一系列成就，同时又面临一系列困难和问题。本文通过调查研究，对照九江面临的脱贫攻坚任务，深入查找九江在推进脱贫攻坚面临的困难和问题，在此基础上提出可行性建议。

党的十九大做出了中国特色社会主义进入新时代的重要论断，明确到2020年我国现行标准下农村贫困人口实现脱贫，贫困县全部摘帽，解决区域性整体贫困。十九大报告进一步指出，要坚决打好防范化解重大风险、精准脱贫、污染防治的攻坚战，使全面建成小康社会得到人民认可、经得起历史检验。可见，打赢脱贫攻坚战直接关系到全面建成小康社会的认可度和“含金量”。中共江西省委十四届六次、中共九江市委十一届六次全会围绕经济实现高质量跨越式发展、人民过上高品质更美好生活，把精准扶贫工作作为补齐民生短板的重要抓手，确保九江同全国、全省同步小康。

一、九江面临的脱贫攻坚任务

九江位于江西省北部、长江中下游南岸，地处赣、鄂、湘、皖4省交界处，北邻湖北省、安徽省，东界上饶市，南接南昌市、宜春市，西毗湖南省。总面积 19507.43 平方公里，境内山地、丘陵、平原、湖泊皆备，其中山地占总面积的 16.4%，丘陵占 44.5%，湖泊占 18%。下辖濂溪区、浔阳区、柴桑区、武宁县、修水县、永修县、德安县、庐山市、都昌县、湖口县、彭泽县、代管瑞昌市、共青城市。全市户籍人口 520.14 万（截至 2017 年底）。

全市有国家级贫困县 1 个，省级贫困县 1 个，贫困村 347 个，贫困人口 7.83 万户，26.37 万人。通过不懈努力，2014 年，全市有 1.23 万人脱贫；2015 年有 2.69 万人脱贫；2016 年，有 95 个贫困村退出，6.57 万人脱贫；2017 年，有 98 个贫困村退出，4.58 万人脱贫。九江市委、市政府在《关于打赢脱贫攻坚战三年行动的实施方案》中提出三年攻坚期（2018—2020 年）的总体目标和年度目标是：到 2020 年，稳定实现农村贫困人口不愁吃、不愁穿，贫困家庭孩子九年义务教育得到有效保障，贫困群众大病和慢性病得到有效救助，基本医疗需求得到切实保障，贫困人口基本居住条件得到保障，确保住上安全房，实现贫困地区人均可支配收入增长幅度高于全省平均水平；贫困地区公共服务设施接近或达到全省、全市平均水平，实现贫困村“五有五通”，即有特色富民产业、有专业合作组织、有标准化卫生室、有综合性文化服务中心、有新村新貌，通硬化路、通安全饮水、通动力电、通广播电视、通宽带网络，贫困地区生产生活面貌得到明显改善，深度贫困地区如期完成全面脱贫任务，确保脱贫攻坚质量和实效位居全省第一方阵。具体而言，2018 年实现 4.1 万人脱贫，108 个贫困村退出，其中完成 11 个深度贫困村退出；2019 年计划实现 5 万人脱贫，46 个贫困村退出，其中完成 13 个深度贫困村，修水、都昌两个贫困县摘帽；剩余贫困人口在 2020 年全部兜底保障脱贫，如期高质量完成脱贫任务，确保现行标准下的农村贫困人口实现脱贫，消除绝对贫困。脱贫攻坚是重要政治任务，还是首要民生工程，尽管通过努力取得一定成效，但仍然存在不少问题。

二、九江推进脱贫攻坚存在的问题

当前，九江在推进脱贫攻坚工作中存在一些问题。既有与全国、全省类似的共性问题，也有九江自身所特有的个性问题。主要有以下几个方面：

（一）精准识别不到位

首先根据精准识别“七步法”，获得帮扶的前提是贫困户需要自己申请，而贫困户申请的前提是知道国家有这样一项政策。在现实生活中，贫困地区信息闭塞，获得信息的渠道十分有限。还有一部分人在外打工无法获取这些信息。许多原因导致贫困户不能及时申请而错过了识别的工作环节，错失了被帮扶的机会。其次，贫困户认定评议机制不完善。在民主评议过程中存在一定的人为因素，农村地区存在非常重视血缘亲缘关系的现象，有的利用血缘或亲缘关系打招呼，占用名额，导致真正需要帮助的人得不到应有的权益。更有甚者，少数村的两委班子成员内定贫困户，民主评议成了走过场。民主评议，本应发挥监督作用，而非加入更多的主观因素。再其次，贫困户精准识别标准单一，并且工作难度较大。判断是否属于贫困户主要依据是其家庭人均收入是否在国家或各省政府规定的贫困线以下。以收入水平刻画和识别贫困程度具有直观、可比性等优势，但是要获取这一信息的工作难度很大，并且具有一定的局限性。当前，我国个人及家庭资产信息平台不完善、家庭微观统计体系不健全，难以准确获取贫困户家庭的准确收入情况。另一方面收入只能反映人类发展和贫困的一个方面，但不能充分反映收入之外其他维度的贫困状况，如能力性贫困，或是因学、因病、因婚导致的支出性贫困。容易导致实质上条件差不多的家庭，有些纳入了贫困户，而有些没有被纳入贫困户，导致不公平现象的发生。

（二）精准帮扶不到位

长期以来，扶贫被简单地理解为给钱给物，以“输血式”扶贫为主，没有从根本上解决贫困问题，这种扶贫模式重眼前而不重长远，是缺乏持续效应的脱贫措施，而且这种扶贫模式的返贫率极高。当前，“输血式”扶贫模式逐渐在向“造血式”扶贫模式转变，但仍然存在一定问题。首先，贫困户致贫原因和家庭情况千差万别，没有一项帮扶措施能够“包治百病”，需要因户施策，抓住贫困户脱贫的主要矛盾，比如，有劳动力的贫困家庭适合就业扶贫和产业扶贫，但是就业扶贫政策在执行过程中被简单地理解为上就业培训课，少有后续的劳动就业介绍直至获取稳定的劳动报酬；产业扶贫政策被简单地理解为政府发放产业补助，发展了产业的贫困户利用这些产业用于家庭自给自足，少有借产业补助进一步扩大规模获取产业经营收入。其次，从总体和长期看，产业扶贫是推进脱贫攻坚的长效手段和措施，但实际上，大部分贫困村缺少脱贫致富的特色产业，或者部分贫困村发展的产业项目还处于起步阶段，特色效益尚未凸显，带动长效致富的能力不强。再其次，部分贫困村存在干部“点菜”，群众“下厨”的现象，群众对扶持项目不感兴趣，参与的积极性不高、产业项目推进落实困难。同时，部分贫困村在发展产业时缺乏市场导向，往往一哄而上，导致价格下降，伤害了贫困户的积极性。

（三）扶贫资金项目监督管理不到位

在资金方面，有的资金长期滞留在账上，没有完全落实到位、使用到位，个别的还有截留、挪用现象。滞留资金最多的县达到数千万元，有多个县滞留资金时间超过2年。还有不少县（市、区）存在涉农扶贫资金整合不到位、资金拨付不规范等问题。在项目方面，部分项目程序管理不严格，扶贫项目招投标存在围标、串标或者分拆不招标的现象；一些项目进度管理不到位，没有按照合同和方案要求及时完成项目应有的时序进度，没有达到预期效果；有的项目建设管理不规范，存在贫困户危房改造和易地搬迁建设面积超标等问题。

（四）精准管理不到位

精准管理问题，主要集中在队伍建设、制度建设、社会管理等问题上。脱贫攻坚能否保质保量完成，关键在于脱贫攻坚干部队伍能否充分发挥干事效率。

1. 部分干部思想懈怠

在脱贫攻坚工作中，驻村工作队的作用和力量不可小视，也不容忽视。但在实际情况中，仍有部分条管的机关事业单位和国有企业驻村工作队把驻村帮扶工作当儿戏、走过场，上面不来督导，就不下村；村干部不联系，就不主动过问村内事务，完全当起了“甩手掌柜”。即使有些驻村工作队吃住在村，也因为各种原因无法也无力为贫困村解决实际困难。同时，部分帮扶干部仅仅只是从迫于任务和压力而帮扶贫困户，象征性送点礼品和慰问金，并没有真正站在贫困户的角度出谋划策、自立脱贫。特别是直接通过赠送礼品和慰问金的方式，容易在贫困户或者非贫困户中，引发新一轮的群体矛盾。

2. 部分工作制度执行难

目前，根据省市组织部门和扶贫部门要求，为每个贫困村配备一支扶贫工作队，每队 3 至 5 人。其中队长 1 人，兼任第一书记，由省、市、县派单位选派中层干部及后备干部担任。要求扶贫工作队必须全脱产，“吃在村、住在村、干在村”，每季度在村工作 50 天以上。实际上仍然存在执行不到位的情况。而且部分贫困村地处偏远，生活条件简陋，驻村扶贫工作队员面临工作、家庭和生活等方面的巨大压力，甚至有部分扶贫干部倒在一线岗位上。此外，组织部门和扶贫部门规定的第一书记和工作队职责，还存在“一问三不知”的情况，更别谈驻村帮扶的工作成效。

3. 干部能力与扶贫需求不完全一致

近年来，组织部门在选派第一书记和扶贫工作队的过程中，注重了因村派人的精准性。但实际上，贫困村对专业扶贫干部的需求和有限的专业扶贫干部之间矛盾，短期内很难解决。往往存在一些没有扶贫工作经验的同志被派到贫困村扶贫，因为语言等各种原因，扶贫效果不甚理想。

4. 扶贫工作程序过于繁杂

影响基层扶贫实效的另一大障碍是软件资料太多且标准易变。第一书记和村社干部被各种繁杂的表格、重复低效的会议和各种检查弄得筋疲力尽。驻村干部每天一日志，每季度一报表，每半年一总结。国扶系统，村档、户档、登记证、明白卡、帮扶干部手册等每种软件资料都要很多人签字盖章。而且往往连夜加班做成的软件资料又会因为上级要求变化而又全部无效，造成基层干部不堪重负和怨声载道。同时，各种各级检查、督查、第三方评估等过于频繁，以至于部分扶贫干部疲于应对上级检查，真正用于扶贫的精力大为减少，看着脱贫攻坚很繁忙，但好像实效并不明显。各方加压，使工作程序更为复杂，大大增加了脱贫攻坚工作的负担，却没有明显提高脱贫攻坚的工作效率。

（五）主体作用发挥不到位

1. 脱贫内生动力缺乏

有很多贫困户将党的优惠政策和干部帮扶当作理所当然的事情。只管享受，不问来源，只知索取，不知感恩。部分贫困户躺在党的扶贫惠民政策里睡大觉，认为老天永远能掉馅饼，认为国家有的是钱，认为穷得光荣，懒得有理。有些贫困户拿着政策补助资金和帮扶干部的帮扶资金喝酒打麻将；有的贫困户农忙时间在家睡大觉；有的贫困户儿女存款几十万，开着豪车，住着洋房，却将两个老人独立出来争当贫困户，将赡养老人的义务和责任转嫁给党和政府，转交给帮扶干部；有的贫困户家庭非常富裕，戴着金银首饰却到处争低保，稍微不遂心就胡搅蛮缠甚至拦车上访。这些贫困户就是不明白自身才是脱贫攻坚的主体，身体健康却好吃懒做，精神正常却昧着良心坐等救助帮扶，成为精准扶贫的一大尴尬。

2. 社会矛盾激化

随着精准扶贫工作的深入开展，贫困户享受到了越来越多的优惠政策。如养老保险、低保五保兜底、残疾补贴、产业发展到户资金、医疗报销、教育补助、财政代缴医疗保险、民政救助、建房补助等等。这些优惠政策让贫困户得到了实惠，也让非贫困户心理失去了平衡，以至于社会矛盾激化，甚至出现了集体上访等现象。部分贫困户与非贫困户本身家庭条件差距就不大，贫困户连续享受到的政策让非贫困户心理严重失衡。农村部分群众本身就喜欢攀比，看重利益及不甘人后的心理造成非贫困户心态失衡。部分地方贫困户识别不精准，且贫困户得了利益后爱显摆，这些加剧了这一群体矛盾。同时，部分贫困户好吃懒做的行为和等靠要的思想让勤劳致富的非贫困户心生怨气。

三、九江推进脱贫攻坚的有效路径

（一）精准识别是基础

要完善更加科学的贫困人口识别体系。首先应科学制定贫困标准。筛选贫困户的标准，应在国家和省制定贫困线的基础上，加入贫困户的资产和能力等内容，制定出切实可行的贫困标准，使之更加接近实质贫困，例如，教育、能力、健康、房产、负债等情况。第二，发挥民主评议监督作用。在贫困人口识别的过程中，民主评议的价值主要体现在信息的公开和群众的监督方面，而不是在整个识别过程中加入更多的主观因素。要坚持客观标准为主、主观评议为辅的原则，防止通过民主评议拉帮结派、优亲厚友，防止“多数即正义”的现象发生；坚持在民主评议中做好贫困识别的信息公开，邀请群众参与民主监督。第三，强化过程监督。发挥各级相关部门的监督作用，对应该被纳入贫困人口标准而未被纳入的，不符合要求而被识别为贫困户的现象，及时追究相关人员责任并纠正。第四，完善贫困动态出入机制。脱贫与返贫同时存在，构建对贫困人口跟踪监测机制，在定期普查动态调整的机制中，适当压缩调整周期，或者构建日常调整机制。

（二）精准帮扶是关键

脱贫攻坚力度大、范围广、强度深，在确保贫困户短期脱贫之后，还必须关注贫困户的返贫问题，需要在脱贫的稳定性机制上继续推进工作。

1. 促进就业

积极鼓励企业录用本地劳动力，政府帮助牵线搭桥，倡导村企挂钩结对，以工扶农帮困，对吸纳安置本地贫困家庭劳动力突出的企业要给予表彰补贴。加强劳务输出组织工作，引导农民通过劳务输出实现跨地区就业。加大贫困人员就业技能培训力度，根据市场人力资源需求，有针对性地开展就业技能培训，转变贫困人员就业观念，提升贫困人员就业能力，提高贫困人员市场就业竞争力。

2. 产业发展

一是精准定位，各县区应找准具有比较优势的产业，形成县域经济发展的支柱产业体系，形成强大的带动效应，推动脱贫产业提档升级和集群式发展。二是引进做强一批龙头企业。为支持龙头企业发展，对与贫困户建立利益联结机制，带动贫困户稳定脱贫的龙头企业，在用地、立项等方面予以重点扶持。三是应推出有针对性的创新性金融产品，重点扶持与贫困户建立利益联结机制的产业发展。

3. 医疗保障

为高效推进健康扶贫工作，切实解决好农村重病家庭、建档立卡贫困人口因病致贫因病返贫问题。一是扩大医保报销目录所包含的范围，把更多的付费项目纳入报销目录，提高贫困户患者实际报销比例。二是规范医院医疗服务行为，杜绝乱开药、乱收费行为，减少不合理使用自费药品和器具，让贫困患者更多地享受医保报销政策。三是增加大病保险额度。对建档立卡贫困户由政府全额资助参加城乡居民医疗保险，政府补助大病医疗保险和补充医疗保险的额度进一步增加，从而提高救助报销额度。四是引导社会救助资金向深度影响贫困户致贫、返贫的贫困家庭倾斜。五是加大慢性病报销力度。在医保报销上，对慢性病出台特殊政策，将贫困家庭慢性病门诊用药纳入医保报销范围，跟住院治疗享受同等报销比例，切实降低慢性病患者自付比例。六是推广贫困家庭在县内住院自费额度封顶制度 。

4. 非贫困户帮扶

把握脱贫攻坚点面关系，改变顶层设计，由点上滴灌适度回归到面上帮扶。除了真正因病、因残、因灾等致贫的极少数真贫困户之外，其实大多数贫困户并不贫困。对因病、因残、因灾等致贫的真正贫困户采取对应的政策兜底帮扶后，应尽量避免为贫困户发放现金补助，而应将钱集中起来用在刀刃上，用于农村水、电、路、网等基础设施建设，用于全村产业经济发展，从而打破农村发展的真正瓶颈，让更多的农民群众共享扶贫攻坚红利。同时，在大力对贫困村开展脱贫攻坚的同时，也要满足非贫困村的建设发展投资，帮扶非贫困村的贫困户和关心非贫困村的非贫困户。

（三）资金投入是保障

1. 加大扶贫资金投入

要如期实现脱贫目标，光有人力的投入是不够的，更需要大量的资金投入。当前，在实际工作既存在扶贫资金长期滞留、使用效率不高的情况，也存在扶贫资金投入不足的情况。一些村争取到了上级扶贫项目，却没有配套资金，要么项目搁浅；要么到处“化缘”求人，先行施工；要么先行实施，最后成了村级负债。贫困村没有扶贫项目的支持和资金的投入，脱贫攻坚的难度可想而知。

2. 强化扶贫资金监管

扶贫资金是老百姓的“救命钱”，安全、规范、高效使用，是底线、红线，要加大监管和审计力度，绝不允许出现挤占、挪用、浪费扶贫资金的情况，凡是敢向扶贫资金伸手的，以零容忍的态度快查严处。要优化完善全市财政专项扶贫资金管理办法，简化、优化资金拨付、使用程序，做到专账管理。要加大结转结余扶贫资金消化力度，该收回的收回，该约谈的约谈。要加大涉农资金整合力度，认真对照省里统筹财政涉农扶贫资金实施意见，制定切实可行的工作方案，健全协调机制，该整合的一定要整合到位。

（四）党建引领是核心

1. 加强对扶贫干部的管理

在脱贫攻坚工作“最后一公里”的领域里，直接推进工作的主要有三类干部：第一书记和扶贫工作队、村两委班子成员、帮扶干部。应充分发挥扶贫干部的积极性和主观能动性。一是强化干部培训教育。一方面从思想上让扶贫干部认识到扶贫工作的紧迫性和使命感，派驻扶贫是组织的一份信任和重托，更是一份荣誉和担当；另一方面，从能力上不断提升扶贫实战水平，组织部门和扶贫部门应加强对扶贫干部的专业培训，准确掌握工作要领、基本方法和纪律要求，明确基本职责任务。依据贫困村实际，有针对性地开展工作。二是优化干部配置。数量上，适度压缩扶贫工作队成员数量，确保“全脱产”，严格执行“吃在村、住在村、干在村”等纪律要求。扶贫工作队，应与贫困村两委班子，理清关系、充分融合、形成合力，充分利用好村两委班子以及村干部的力量。质量上，通过党的人才管理，必须选派出“想干事、能干事、干成事”的扶贫干部，建设一支“留得住、用得上、有文化、懂技术、会经营”的新农村建设和基层服务型党组织建设带头人队伍。同时，还必须通过思想教育、人才配置，强化村两委班子建设，更加充分地发挥村两委班子的脱贫攻坚基层战斗堡垒作用。三是完善干部考核。加强对扶贫工作监督的力度，对表现优秀的扶贫（驻村）干部在评先评优、选树典型上优先考虑，同时给以一定的奖励；对在驻村帮扶工作中落实不力、敷衍塞责的干部，将严肃追究责任，做到从严、从重处罚。

2. 优化扶贫工作程序

市、县扶贫部门应加强业务指导，在软件资料方面形成相对统一的标准，切忌朝令夕改，让各乡、村两级有章可循。同时，在督查和检查中，应少看软件资料，多实地入户看帮扶效果，让帮扶干部有更多时间和精力为贫困户多做实事。提倡联合检查，提倡开综合性会议，避免不必要的单项检查和低效会议，让基层干部多深入群众解决实际的具体问题。

（五）激发内生动力是决定性因素

脱贫攻坚是一项系统工程，需要全社会共同努力，更重要的是需要贫困村、贫困户发挥主体作用，真正从自身做起，把主动性和能动性都充分发挥出来。首先，要理顺帮扶单位和贫困村、帮扶干部和贫困户之间的关系。毫无疑问，贫困村和贫困户是村脱贫和户脱贫的主体，自身努力是决定性因素。同时，帮扶单位和帮扶干部要积极协助贫困村和贫困户脱贫。颠倒这两种关系是不可取的。其次，应通过干部走访沟通、丰富文化活动、加强宣传教育等方式树立贫困户感恩意识、自立意识、调动贫困群众的积极性、主动性、创造性，注重培育贫困群众发展生产和务工经商的基本技能，注重激发贫困地区和贫困群众脱贫致富的内在活力，注重提高贫困地区和贫困群众的自我发展能力。弘扬中华民族传统美德，勤劳致富、勤俭持家，引导贫困户自觉承担家庭责任、树立良好家风，强化家庭成员赡养、扶养老年人的责任意识，促进家庭老少和顺。鼓励劳动、鼓励就业、鼓励靠自己的努力养活家庭，服务社会，贡献国家。改进工作方式方法，改变简单给钱、给物、给牛羊的做法，多采用生产奖补、劳务补助、以工代赈等机制，不大包大揽，不包办代替，教育和引导广大群众用自己的辛勤劳动实现脱贫致富。再其次，对于非贫困户所产生的心理失衡和社会矛盾加深的问题，应加强宣传教育和政策引导，既要让贫困户感恩党和政府，知道珍惜机遇、发奋图强，又要让非贫困户调整心态，明白自己同样共享了脱贫攻坚政策带来的基础设施条件改善等红利，懂得包容理解，抢抓时机加快自我发展。同时，乡、村两级应做好脱贫攻坚公示公开工作，加大透明度，主动邀请非贫困户参与工作监督。建立非贫困户与贫困户之间的帮带机制，邀请非贫困户参与脱贫攻坚，探索扶贫政策共享链，对非贫困户带动贫困户脱贫的，可以适当享受特惠政策，鼓励非贫困户帮带贫困户的积极性。

景德镇陶瓷文化与旅游产业融合发展研究

范明光　冯　涛　王新华　王展飞　杨　璐　罗家为

【摘要】新时代陶瓷文化传承创新发展，须走与其他元素融合发展之路，纯粹单调的发展模式固有其局限性。景德镇陶瓷历史文化底蕴深厚，走与旅游产业融合发展道路，切合新时代发展的脉搏，顺应人民对美好生活多元化的需要。景德镇陶瓷文化与旅游产业融合发展具有坚实的可行性基础。为推动陶瓷文化与旅游产业融合发展，景德镇市须全力整合陶瓷文化旅游资源、奋力打造陶瓷文化旅游示范区、合力规划陶瓷文化旅游产业发展、竭力做好陶瓷文化旅游产业发展服务、大力拓展陶瓷文化旅游市场。

景德镇作为世界瓷都和"最早的工业城市之一"，拥有厚重的历史文化积淀和博大精深的陶瓷文化，有着近两千年的冶陶史、一千年的官窑史、六百年的御窑史，有着丰厚的陶瓷文化遗存。长期以来，景德镇在陶瓷文化保护传承与创新创造方面，都发挥着重要作用，做出了不可磨灭的贡献。景德镇具有璀璨多彩的陶瓷文化，有着技艺特秀的陶瓷创作能力。景德镇陶瓷文化是中国陶瓷文化的典范，也是世界陶瓷文化的杰出代表，享有名副其实的"世界瓷都"美誉。陶瓷文化是中华优秀传统文化的重要组成部分，陶瓷文化传承与创新是时代发展的必然要求。如何使陶瓷文化在新时代熠熠生辉、社会功能多元化？这一时代课题研究具有重要的理论价值和实践意义。

社会是动态向前发展的，复合性、交融性发展是事物发展的必然趋势。新时代陶瓷文化传承、创新发展，必须走与其他元素融合发展之路，纯粹单调的发展模式固有其局限性。景德镇陶瓷历史文化底蕴深厚，走与旅游产业融合发展道路，切合新时代发展的脉搏，顺应人民对美好生活多元化的需要，具有良好的发展前景，有助于推动景德镇市经济社会发展，打造一座与世界对话的国际瓷都，谱写新时代江西物华天宝、人杰地灵新画卷的景德镇华丽篇章。

一、景德镇陶瓷文化资源丰富

（一）景德镇陶瓷文化底蕴深厚

景德镇作为享誉世界的千年瓷都，其陶瓷历史文化博大精深、源远流长且气势恢宏，悠久的制瓷历史和丰富的陶瓷文化遗存是景德镇的宝贵财富。景德镇所产瓷器以“白如玉、薄如纸、明如镜、声如磬”的特色，赢得“中华向号瓷之国，瓷业高峰是此都”的盛誉。景德镇瓷器作为中华文化的杰出代表和象征，自从唐朝以来，就是中国古代海陆丝绸之路上的重要商品，成为中国与世界文化交流的重要使者。《浮梁县志》记载，“新平冶陶，始于汉世”。景德镇从汉朝开始制瓷，距今已有两千多年历史。唐代，所制瓷器有“假玉器”之称，武德年间，入贡朝廷，于是“昌南瓷名天下”。五代时期，景德镇在南方最早烧造出了白瓷，打破了“南青北白”的格局。宋代，景德镇成功烧造影青瓷而著称于世，并跻身于宋代名窑之林，也因瓷器底款以标注宋真宗年号“景德”而更改镇名。元代，景德镇成功烧造出青花瓷和釉里红瓷；1128 年，元世祖忽必烈在此设置“浮梁磁局”，为皇宫监烧和征调瓷器。明代，皇家在此设置御器厂，专门烧造宫廷用瓷，永乐时成功地烧出了玲珑瓷，成化时斗彩工艺开创了我国彩瓷的新时代，景德镇成为全国的制瓷中心。清代，朝廷派出督陶官来到景德镇监督制瓷，在仿制古代名窑瓷器，仿造其他手工业品及制作专供外销的外国形式的“洋器”等方面都获得成功，窑业达到鼎盛。从元代设“浮梁磁局”到清朝覆亡，中国的官窑制度在景德镇延续了 632 年。因此，景德镇拥有的官办瓷厂具有工艺最精湛、规模最大、烧造时间最长的几个特点。自从中华人民共和国成立后，景德镇在原有小作坊的基础上重新组建了“十大瓷厂”，包括建国、人民、光明、艺术、新华、景兴、红旗、红星、为民、宇宙、雕塑、曙光等十几家大型国营瓷厂。这些瓷厂生产的代表性瓷器，都是精品瓷器，可以说是当代瓷器的标杆，具有设计独特、制作精美、做工精良等特征。

（二）景德镇陶瓷文化遗产丰厚

景德镇有“三洲四码头，四山八坞，九条半街，十八条巷，一百〇八条弄”之说。景德镇是全国首批 24 个历史文化名城之一，古城文化肌理保存完好，有御窑厂、高岭古矿、湖田窑等在内的瓷业遗迹 151 处，其中 30 多处陶瓷遗迹属于没有同构型的世界精品级文化资源；有 108 条老里弄、老街区，“十大瓷厂”老厂房，老窑址、老里弄、老街区遍布全城，拥有湖田古瓷窑址、祥集弄民宅、高岭瓷土矿遗址、御窑厂窑址、明园古建筑群、浒崦戏台、瑶里改编旧址、镇窑、丽阳窑址等全国重点文物保护单位 9 处（见表 1）；有国家级、省级文化产业示范基地 13 家、非物质文化遗产生产性保护基地 8 家、非物质文化遗产保护名录 26 项。因为非遗“活态”传承和陶瓷艺术成果显著，景德镇被列为第二批全国非遗保护数字化建设试点城市，且被联合国授予“世界手工艺与民间艺术之都”。联合国人类非物质文化遗产代表候选名录中有“景德镇传统手工制瓷技艺”。

表 1　景德镇市国家级文物保护单位

序号	名称	入选批次	公布时间
1	湖田古瓷窑址	国家级第二批（五代至明）	1982.2
2	祥集弄民宅	国家级第三批（明）	1988.1
3	高岭瓷土矿遗址	国家级第五批	2001.6
4	御窑厂窑址	国家第六批（明至清）	2006.5
5	明园古建筑群	国家级第七批（明）	2013.5
6	浒崦戏台	国家级第七批（清朝）	2013.5
7	瑶里改编旧址	国家级第七批（1938 年）	2013.5
8	镇窑	国家级第七批（清朝）	2013.5
9	丽阳窑址	国家级第七批（元至明）	2013.5

（三）景德镇制瓷技艺卓绝、人才辈出

景德镇具有强有力的制瓷技艺、陶瓷人才、陶瓷资源和陶瓷市场支撑，陶瓷创品遍布全球。景德镇制瓷工艺从开矿到包装有 72 道工序，分工极其细致繁杂。《天工开物》记载："共计一坯工力，过手七十二方克成器，其中微细节目尚不能尽也。"景德镇传统手工艺制瓷工艺永远有着机器无法比拟的优势，是因为在手工制瓷的过程中，始终融入贯穿着人的思想、情感、悟性和个性。千百年来，无数陶瓷工匠从少年学徒开始，一辈子专注其中一道工序，在传承创新、兼收并蓄中，将每道工序都做到极致，趋于完美，并要求各工序操作者之间的通力合作，有"一脚压一脚，毛病不过脚"的操作要求。景德镇四大传统名瓷：青花、玲珑、粉彩、颜色釉，代表了我国制瓷史上的最高艺术成就。景德镇手工制瓷技艺和传统窑炉作坊建造技艺，也成为我国非物质文化遗产宝库中的瑰宝。比如，国家级非遗传承人冯绍兴，十几岁就进入艺术瓷厂学习拉坯，40 多年来，一直只做拉坯这件事，达到了"手随泥走，泥随手变"的境界，所拉的坯无论是形状、大小、厚薄等都与标准化生产无异，创建的愚窑·景德镇市冯绍兴陶瓷有限公司，成为以传统手工制瓷技艺通过 ISO9001 国际标准质量体系认证的企业。景德镇陶瓷文化传承创新人才济济，有非物质文化遗产代表性传承人 68 人、国家级工艺美术大师 37 人、国家级陶瓷艺术大师 43 人，远高于其他产瓷区（见表 2）。另外，景德镇有景德镇陶瓷大学等 4 所高等院校，以及国家日用暨建筑陶瓷工程技术研究中心和国家、省、市三级陶瓷研究所等一批科研机构。景德镇市坚持社会教育和学校教育相结合，发挥高校资源优势，通过设置非遗课程，使非物质文化遗产的传承后继有人。比如说，国家级非物质文化遗产景德镇手工制瓷技艺粉彩代表性传承人李文跃，在江西省工艺美院专门开办非遗粉彩班和墨彩班，培养了一大批年轻的传统技艺传承人。据统计，景德镇市现有高技术陶瓷、日用陶瓷、建筑卫生陶瓷等各类陶瓷企业、陶瓷工作室 6773 家，陶瓷从业人数达 13 万多人。①

---

① 王景萍 . 去年景德镇陶瓷工业总产值 372 亿元 从业人数达 13 万 [N]. 江西日报，2018-12-10.

有3万多“景漂”艺术家和陶瓷爱好者在景德镇创新创业创造，有5000多“洋景漂”在景德镇朝圣寻梦，还有许多成功人士回乡发展，形成了独特的“景漂”“景归”文化现象。

表2　主要产瓷区国家级工艺美术（陶瓷艺术）大师统计表

地　区	醴陵	淄博	德化	宜兴	景德镇
中国工艺美术大师（人）	2	3	1	12	37
中国陶瓷艺术大师（人）	21	10	4	24	43
合 计	23	13	5	36	80

（四）景德镇陶瓷文化传承创新发展有力

改革开放以来，景德镇市秉承“让收藏在禁宫里的文物、陈列在广阔大地上的遗产活起来”的理念，延续陶瓷历史文脉，弘扬中华优秀传统文化，保护好老祖宗留下来的“文化瑰宝”，走出了一条“活态”保护传承创新之路。自从2009年开始，景德镇市相继复烧了宋代龙窑、元代馒头窑、明代葫芦窑、清代镇窑等历代典型瓷窑，相继建设了一批独具特色、充满活力的中国陶瓷博物馆、陶溪川、三宝瓷谷等文化传承保护再现基地，还制作了18集的《匠心冶陶手工制瓷技艺纪录片》等影像资料，给后人留下了完整的可看、可学、可用的技艺资料。

中国陶瓷博物馆坐落在西市区美丽的昌南湖畔，馆内收藏了新石器时代的陶器和汉唐以来各个不同历史时期的陶瓷珍品重器3万余件（其中国家珍贵文物500余件），涵盖了景德镇千年制瓷历史长河中的代表品种。博物馆总占地面积近5.5万平方米，总建筑面积3.2万平方米，由常设展厅、临时展厅、学术交流区、公共活动空间、文创商业区、办公区、多功能互动区、库房区等组成，可以满足收藏、展示、研究、培训和教育等多元化功能需求。

陶溪川陶瓷文化创意园位于景德镇市新厂黄金区位，一轴五片十一厂的布局横跨景德镇两个中心城区，毗邻三院两校，项目总占地面积1300亩，涵盖各类艺术工作室、餐饮、商务酒店会所、休闲剧场、博物馆、特色精品街、主题客栈、百货商场等业态，是整个景德镇乃至中部地区唯一一个比肩世界的多业态特色文化园区，其中核心区域宇宙瓷厂总建筑面积18万平方米，一期建设 12000 平方米，建设有公共休闲广场，其中广场周边为轻餐饮，后厅锯齿厂房改造为学院派艺术工作室，前后厅空间互为交流，外部在保留老厂房原有风格的基础上加入现代设计元素，强烈的对比带有鲜明的时代感，整体和谐统一；整个园区的配套服务设施与文化建设将会逐步完善，最终建成以陶瓷文化为核心的与世界接轨的文化艺术创意交流平台。

景德镇陶瓷工业遗产博物馆位于陶溪川文创街区内，是全国首家具有影响力和示范作用的陶瓷工业遗产（物质和非物质文化）专题博物馆。2017 年 11 月，荣获联合国教科文组织 2017 年度亚太地区文化遗产保护创新奖，列入工信部第一批国家工业遗产名单。该馆利用原宇宙瓷厂内留存的旧窑房，通过修补修复创新，建设“文化脊柱”“文化拱廊”等标志性文化景观建筑，打造出独特、新颖的文化体验空间和客观了解景德镇近现代陶瓷工业变迁发展的文化平台。整个博物馆采用“以物展史”的方式，以时间为序，以场景再现、珍贵实物、图片资料等多种形式，对近现代陶瓷工业的工具、设备、窑炉、工艺流程、产品，500 名工人口述史，6.9 万瓷工“身份档案”进行集中展示。通过“筚路蓝缕、恢复发展”“迂回曲折、起伏跌宕”“改革改造、致力发展”“改制转型、浴火重生”四个展区，按照手工作坊—私营—私私联营—公私联营—国营瓷厂—改制转型的历史脉络，展示了 1904 年至 2015 年，景德镇陶瓷工业经历的百年沧桑和曾经光华，从中可品味到景德镇近现代陶瓷工业发展历史，纵览景德镇陶瓷工业遗产风貌，以及景德镇陶瓷工业的变革历程和灿烂辉煌。该博物馆自 2016 年 10 月开放，深受中外游客的好评。

景德镇三宝国际瓷谷，位于景德镇珠山区，是景德镇市、珠山区两级政府重点打造的文化艺术产业聚集区。在这个制瓷历史悠久、文化底蕴深厚、自然风景优美的山谷里，聚集了来自全世界各地的艺术家、设计师和手工艺人，他们怀揣着对陶瓷、对文化、对美好生活的追求，汇聚到瓷都景德镇，汇聚到三宝国际瓷谷，游学、创作、生活，演绎了一幅新时代的“匠从八方来，器成天下走”画卷。

2012 年，景德镇市开始建设“名坊园”，实现优秀陶瓷工业作坊的集中、集聚，推动陶瓷历史文脉、传统制瓷工艺技术的挖掘和传承，使“名坊园”

成为手工名窑博物馆、手工制瓷集散地和手工技艺“大观园”。6年来，“名坊园”发展较好，有40家传统手工制瓷技艺生产性保护企业入驻，有600多个从事传统手工制瓷生产的传承人。

2017年1月5日，御窑厂遗址成功列入“中国世界文化遗产预备名单”。目前，景德镇市按照申遗OUV（突出普遍价值）体系要求，整体活态复苏1000年陶瓷文化遗迹、600年御窑文化遗址和100年陶瓷工业遗存，着力打造具有“世界风范、古镇风韵、时代风貌”的陶瓷文化遗产样板区。2018年以来，景德镇市委、市政府着力部署创建景德镇国家陶瓷文化传承创新试验区，积极认真做好相关方案、报告、请示等各项工作。2018年10月，国务院批复同意景德镇市设立国家陶瓷文化传承创新试验区。这个以“四地两中心”（国家陶瓷文化保护传承基地、国家陶瓷文化产业创新发展基地、世界陶瓷人才集聚高地、世界著名陶瓷文化旅游目的地，以及国际陶瓷博览交易中心、国际陶瓷文化交流合作中心）为主要内容的陶瓷文化传承创新试验区的创建，将使城市文化遗产、城市生活、城市空间与陶瓷文化产业发展相得益彰，将为景德镇市“打造成冠领中国、代表江西走向世界，世界感知中国、认识江西的国际瓷都”提供了重要载体。

二、景德镇陶瓷文化与旅游产业融合发展的可行性基础

（一）景德镇陶瓷文化旅游资源丰富

景德镇是一座有历史、有文化、有故事的名城，陶瓷文化与旅游产业早已密不可分，融合发展。景德镇陶瓷文化与旅游产业融合发展可行性具有坚实的基础，除了以上文中提到的景德镇陶瓷文化资源丰富外，景德镇旅游资源也相当丰富。景德镇作为中国独有的以陶瓷文化为特色的旅游城市，被国务院列入首批公布的24个历史文化名城和国家旅游局向海外推出的35个景点之一。近年来，景德镇充分挖掘景德镇的历史价值、文化价值和品牌价值，充分发挥其独特的陶瓷文化优势，加快建设旅游名城，还将高品质建设国家全域旅游示范区，按照“城是一幅景，景是一座城，城市景区化”的要求，做足“陶瓷文化+旅游”文章，积极打造“省内融

合、区域合作、国际对接”的大旅游格局，连续多年实现高速增长。目前，景德镇拥有国内唯一一个以陶瓷文化为主题的5A级景区——古窑民俗博览区，还有7个国家4A级景区。

古窑民俗博览区位于景德镇市瓷都大道古窑路1号（伊龙大酒店旁），景区距离机场、高速路口、火车站均不远。古窑是国家文化产业示范基地、国家级非物质文化遗产生产性保护示范基地，集中再现了瓷都景德镇千年制瓷历史，被人们誉为最具中华神韵的陶瓷文化景区。景区清代镇窑是景德镇清代蛋形窑的唯一遗存。2009年重新修复镇窑窑炉，10月份国际瓷博会期间成功复烧，荣获“世界上最大的柴烧瓷窑”的吉尼斯世界纪录。除清代镇窑外，景区用从近及远、寻根溯源的方法，2010—2012年逐年复建并复烧了历代典型瓷窑，包括明代葫芦窑、元代馒头窑和宋代龙窑，2013—2014年复建复烧景德镇明清御窑六式窑（青窑、龙缸窑、风火窑、色窑、爁熿窑和匣窑）。古窑景区清代制瓷作坊群和镇窑窑房，聚集了200多名老艺人进行传统制瓷生产，其传统制瓷工艺在全国非物质文化遗产博览会荣获金奖。古窑景区发挥四大传统瓷器的釉彩和品质特点，创制了各式瓷乐器，由20多名专业演员组成的瓷乐团使用这些瓷乐器可以演奏中外名曲和具有浓郁地方色彩的乐曲。2000年，时任外交部部长钱其琛同志听完瓷乐后，欣然题词“奇瓷神韵”。近年来，瓷乐团先后赴日本、俄罗斯等十几个国家和地区演出，所到之处，均受到热烈欢迎。古窑内历代瓷窑展示区：古代制瓷作坊、世界上最古老制瓷生产作业线、宋代龙窑、元代馒头窑、明代葫芦窑、清代镇窑、明清御窑、风火仙师庙、瓷行等景点，向人们展示了古代瓷业建筑，明清时期景德镇手工制瓷的工艺过程以及传统名瓷精品。古窑的陶瓷民俗展示区，是以十二栋明、清古建筑为中心的民俗景区内有陶瓷民俗陈列、天后宫、祖师庙、瓷碑长廊、水上舞台瓷乐演奏等景观。古窑的瓷生一日艺术休闲区，有昌南问瓷、三闾庙码头、耕且陶焉、前瓷今生、木瓷前缘等瓷文化创意休闲景观。

景德镇御窑厂是明、清两代皇家御用瓷器的专门制造场所，建于明洪武二年（1369），结束于辛亥革命（1911）推翻帝制，为皇帝烧造御瓷长达542年。御窑厂代表了中国古代陶瓷技术和艺术的最高成就，被誉为瓷国皇冠上的明珠。御窑厂遗址位于景德镇老城区中心地带，现存遗址及其背景环境，是研究御窑厂历史沿革、管理制度、烧造工艺的重要依据，也是研究景德镇城市发展脉络的重要基础。据考古调查和研究，景德镇御窑厂遗存埋藏极为丰富，对研究我国陶瓷发展史有着极为重要的意义。2006年，全国重点文物保护单位公布，御窑厂遗址在其中。2013年12月，御窑厂遗址又被国家文物局公布为国家考古遗址公园名录。2013年国家文物局公布《十二五大遗址保护规划》，御窑厂遗址再次列入国家重点大遗址，同时还被纳入全国25处大遗址重点保护展示工程和全国10处大遗址保护展示示范园区。2015年12月被评为国家AAAA级旅游景区。2016年御窑厂遗址被列入国家文物局"国家大遗址保护'十三五'专项规划"。2017年初被列为"中国世界文化遗产预备名录"。

（二）景德镇陶瓷文化旅游新业态发展好

景德镇着力发展"个性定制+参与体验+文化旅游"的陶瓷文化旅游新业态新模式，充分彰显陶瓷文化魅力，打造世界著名陶瓷文化旅游胜地。依托世界手工艺与民间艺术之都和联合国海陆丝绸之路城市联盟、国际友好城市旅游联盟等平台，广泛开展博览会、文化交流、学术研修、游学培训。比如皇窑，皇窑陶瓷文化旅游景区位于景德镇东市区高岭大道，占地210亩，建筑面积约11万平方米，总投资达1.88亿元，是一个集"产、学、研、游、购、娱"为一体的综合性陶瓷文化创意产业园，是一个以全景再现、活态传承、真实演绎历代皇家御窑制瓷技艺为核心内容的皇窑陶瓷文化旅游景区。该景区环境古雅优美，具有皇家庭院和明代江南古典园林相融合的醉人风韵。堪称景德镇御窑《陶冶图》的再现版，瓷都千年制瓷工艺的浓缩版，皇窑陶瓷文化产业化的创新版。园区含4大板块：手工制瓷非物质文化遗产生产性保护示范基地；大专院校学生设计制作实习基地；现代日用和陈设艺术瓷生产基地；陶瓷文化创意交流中心，是国内外陶瓷学者、专家、书画家、陶艺家、收藏家、陶瓷爱好者以及莘莘学子学习考察、切磋创作、动手制作、欣赏购买以及旅游的绝佳去处。景德镇市接待旅游总人数从1980年719人次增加到2017年5454.87万人次，旅游总收入从3万美元增加到528.89亿元，特别是境外游客达到63.65万人，占全省的33.7%；旅游创汇2.85

亿美元，占江西全省的45.24%。据统计，景德镇2013年到2017年五年来旅游总收入情况（见图1）。2018年1—9月，景德镇市共接待国内外游客5281.99万人次，同比增长22.57%；旅游总收入568.68亿元，同比增长34.13%。[①]

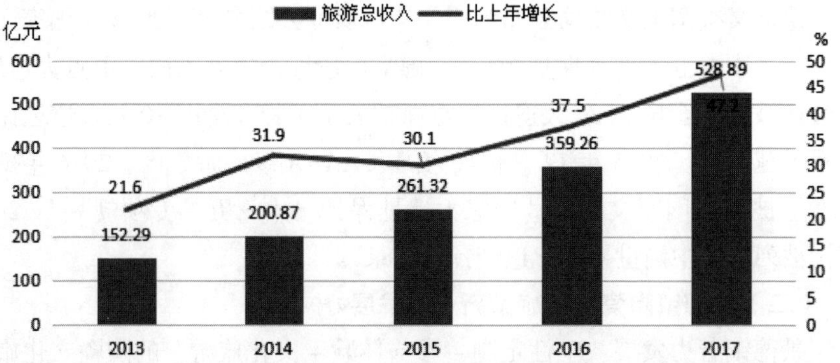

图1　2013—2017年景德镇旅游总收入情况

（三）景德镇陶瓷文化保护传承创新制度化、项目化、活动化

景德镇市建立健全了陶瓷文化遗产保护制度体系。2015年以来，景德镇市委、市政府深入贯彻落实习近平总书记和中央领导关于御窑遗址保护的重要批示精神，把御窑厂的遗址保护工作列为全市的"一号工程"，不遗余力地加以推进。以申报世界文化遗产为切入点，启动新一轮《御窑厂遗址保护规划》修编工作，出台了《景德镇御窑厂遗址保护管理条例》，推进御窑遗址博物馆等重大文化保护项目建设，实施以御窑厂为核心的大遗址保护，御窑厂遗址保护项目成为展现景德镇陶瓷文化传承创新的窗口，御窑厂遗址列入《中国世界文化遗产预备名单》。景德镇保护传承传统手工制瓷技艺、窑房作坊营造技艺，成为全国非物质文化遗产保护数字化建设试点城市。景德镇市着力培育打造了陶溪川文化创意街区、陶源谷艺术景区等创新创意创业孵化基地。景德镇御窑博物馆项目建设，现已基本整

① 喻凡．文化兴 产业强 景德镇对话世界谱新篇[N]．江西日报，2018-10-27.

体完工，具备展陈施工条件。景德镇连续15年成功举办国际陶瓷博览会，成为国际上最有水准和影响力的陶瓷博览会，每届都吸引了数十个国家和地区的近千家团体和企业参加。

改革开放40年来，特别是党的十八大以来，景德镇市强化国际化思维，用世界视野和眼界，以更加开放的姿态思考问题、谋划工作，准确把握世界发展大势，借助国际化的平台，“走出去、请进来”，开展技术、管理和服务创新，广泛开展国际交流与合作，促进文化与国际对话，加强人才与国际交流，从而造就了景德镇市如今“景漂”遍地、“景归”扎堆、“老外”成群的独特景象。著名文化学者王鲁湘，组织团队发起“归来·丝路瓷典”文化项目，从2015年起已陆续从海外回购3000多件精美的外销瓷，把这些远嫁世界各国几百年的“公主”接回娘家景德镇“定居”，并在“一带一路”沿线国家和地区举办《归来·丝路瓷典》景德镇外销瓷全球巡回展，努力推动了景德镇陶瓷文化走向国际舞台。景德镇市每年在国内外举办各类文化交流活动近千场，承办首届驻华外交官“中国文化之旅”交流活动，在德国柏林举办“感知中国·匠心冶陶”、在荷兰代尔夫特举办“蓝色革命”等陶瓷展。景德镇并深化与故宫博物院、中央美院的战略合作关系，加强与国际文化平台的合作交流，建设“世界陶瓷文化零公里”，促进陶瓷文化与世界对话。因此，联合国教科文组织授予景德镇市“全球创意城市网络世界手工艺与民间艺术之都”的美誉。到目前为止，景德镇已连续15年举办的中国景德镇国际陶瓷博览会，促进了世界陶瓷在商贸、文化、技艺等方面的交流与合作。

近年来，无论是我国主场外交活动，还是中国在“一带一路”沿线国家开展的重大对外文化交流都能看到景德镇陶瓷文化靓丽的身影，精彩的展示。2017年4月，为庆祝中荷建交45周年，在荷兰代尔夫特王子纪念馆成功举办“故宫瓷器——皇帝御用”暨“景德镇御窑陶瓷特展”，让荷兰文博界人士亲身感受到代尔夫特蓝陶和中国瓷器长达四个世纪的交流史。2017年5月，“一带一路”国际合作高峰论坛期间，在国家博物馆举办“归来·丝路瓷典”景德镇明清外销瓷展，以中国陶瓷讲述丝绸之路上中西文化交流的中国故事；同时与新华社合作推出“小瓷器联接大世界”

专题，通过中国陶瓷讲好中国故事，推介中国传统文化。2017 年 6 月，被称为“世界第一屏”的美国纽约时代广场纳斯达克大屏幕上，滚动出现一张张中国陶艺家的面孔，向世界展示了古老瓷都景德镇的“国际范儿”。2017 年 7 月,G20 汉堡峰会期间,在德国成功举办“感知中国·匠心冶陶——景德镇陶瓷文化展”，向世界充分展示了中国陶瓷文化传承千年的“工匠精神”。德国窑炉工程师汉斯在展览现场感慨道：“非常感谢你们不远万里给我们带来这些精美的陶瓷，让我们在家门口就能欣赏到景德镇陶瓷的独特魅力，从而能对我们两国之间的陶瓷艺术风格有了比较，这是一场伟大的文化交流活动！”德国资深陶瓷绘画师卡特琳娜在观展后由衷表示，通过这次展览，对博大精深的景德镇陶瓷有了个初步了解，觉得能创造出这些无与伦比的绝世陶瓷的工匠了不起，有机会她一定要来景德镇，亲身了解、学习奥妙无穷的中国制瓷技艺和陶瓷文化。展览期间，在德华文学校师生自发组织前来观展，学生们有序地排队参观展品，兴奋地体验拉坯、画坯等制瓷技艺，近距离感受中华传统文化的博大精深，经历了一场陶瓷文化的洗礼。此外，景德镇还经常组织非遗传承人和传承基地参加东盟博览会、2017 丝绸之路（敦煌）文博会，组织陶瓷企业参加美国拉斯维加斯国际消费品博览会、中东迪拜家居装饰博览会、中国欧洲品牌商品展，充分展示景德镇陶瓷文化。群星女子瓷乐团 2016 年参加米兰世博会展演。2018 年 6 月 1 日，为纪念马克思 200 周年诞辰，在马克思的故乡——德国特里尔举办“遇见中国——系列文化展”上，景德镇的陶瓷和瓷乐成为德国民众认识中国、了解中国的窗口。2018 年 8 月和 11 月，金砖国家峰会与二十国集团领导人峰会将分别在南非、阿根廷举办，其间景德镇将在两地分别举办“感知中国 · 丝路瓷行”陶瓷文化展。

三、景德镇陶瓷文化与旅游产业融合发展的对策建议

景德镇陶瓷文化与旅游产业融合发展是促进陶瓷文化传承创新、旅游产业繁荣发展的有力途径。推动景德镇陶瓷文化与旅游产业融合发展，是新时代赋予景德镇人新的使命和担当，是推动景德镇市新一轮发展的重要

助力。为顺应大众文化旅游时代，放大陶瓷文化品牌优势，推动旅游资源有效整合，促进陶瓷文化与旅游深度融合，打造一批体现和体验陶瓷文化特色的旅游产品和线路，高品质建设国家全域旅游示范区，把景德镇市打造成世界知名、国际一流的文化旅游名城。

（一）全力整合陶瓷文化旅游资源

陶瓷文化旅游资源是一种独特的旅游资源，是指陶瓷文化旅游经营者在经营期间能够持续产生经济效益的现象与事物，这些内容统称为文化旅游资源。[①]景德镇市陶瓷文化资源丰富，既有代表陶瓷历史文化的瓷业古迹和陶瓷博览，也有代表现代陶瓷文化的陶瓷生产工艺、陶瓷制作体验和陶瓷贸易市场。[②]为促使陶瓷文化与旅游产业融合发展，景德镇市须全力整合陶瓷文化旅游资源，以全域旅游为抓手，建设陶阳里、陶溪川、陶源谷、东市区等陶瓷文化景区，打造陶瓷精品旅游线路，实现“个性化定制 + 体验 + 旅游”的发展模式。把分布城市各处的陶瓷文化古迹保护好、打造好，使城市充满陶瓷文化艺术气息，营造浓厚的陶瓷文化艺术氛围，把每一个陶瓷古窑址、陶瓷博物馆、陶瓷公司、陶瓷作坊、陶瓷市场、窑房、瓷石矿、古民居、水运码头等变成旅游观光的景点，可观赏，也可现场陶瓷制作体验、陶瓷购买，充分展示陶瓷文化的无穷魅力，提升陶瓷文化旅游价值。研究景德镇陶瓷传统工艺展示、传习基础设施建设纳入国家“十三五”文化旅游提升工程。

（二）奋力打造陶瓷文化旅游示范区

景德镇市打造陶瓷文化旅游示范区具有深厚的陶瓷历史文化底蕴和当代浓厚的陶瓷艺术氛围优势。景德镇市正在深入推进“三个五”战略行动，推行“国际化思维、全域化规划、项目化推进、景区化建设、一体化发展”的发展思维和举措。以景区化的理念，打造城景一体化的旅游城市，不断完善旅游基础设施和服务功能，优化设计陶瓷文化旅游精品路线，把全市各旅游点串起来，形成城市“大旅游”格局，把景德镇市建设成为一座世

① 叶向舒 . 陶瓷文化与旅游产业的融合途径 [J]. 度假旅游，2018（01）.

② 王伟、章胜晖 . 陶瓷文化与景德镇陶瓷文化旅游 [J]. 北华大学学报（社会科学版）,2014（04）.

界著名的陶瓷文化旅游胜地。

珠山区是景德镇市的主城区和老城区，其制瓷历史悠久、陶瓷遗存丰富、文化积淀厚重，区委、区政府着力打造陶瓷文化旅游示范区。为了把陶瓷文化优势转化为旅游发展的“金字招牌”，珠山区围绕开发传统陶瓷文化旅游，按“修旧如旧”的原则，加大对老城区整体保护、重建、开发力度，使古里弄、古窑址、古作坊、古民居特色进一步凸显。按照5A级景区标准打造了三宝国际瓷谷，整合古陶瓷研修院、湖田民窑博物馆、国际陶艺村、真如堂等，以及140余家陶瓷艺术名家工作室，塑造推广“三宝国际瓷谷”景区品牌，景区规划面积6平方公里、总投资达26亿元，分三期建设，建成后将形成集历史遗存展示、陶瓷研究创作、旅游休闲度假为一体的文化旅游区，成为创业者的热土、艺术家的殿堂、游客的天堂。近年来，景德镇市珠山区立足陶瓷资源丰富和陶瓷大师荟萃的优势，打造以金昌利、国贸、景翰等陶瓷广场为主的陶瓷商贸集聚区，充分发挥“景漂”才能，以一些工业遗存和历史建筑为中心，结合老街区、老厂房修复，推动发展陶溪川、雕塑瓷厂陶瓷文化早市、珠山东市等特色陶瓷文化旅游产业群。①

（三）合力规划陶瓷文化旅游产业发展

英国李约瑟博士说“景德镇是全世界最早的工业城市，在西方工业革命之前，景德镇瓷器已成为世界性的大产业”。景德镇有陶瓷生产企业和作坊6000多家；配套服务能力完善，陶瓷产品丰富，涵盖艺术陶瓷、日用陶瓷、建筑卫生陶瓷、高技术陶瓷等各个领域，尤其是艺术陶瓷、高端日用陶瓷等更是居世界领先水平。景德镇陶瓷文化产业种类多，发展趋势好，能与旅游产业有机结合起来融合发展更有美好前景。

景德镇市整体规划发展陶瓷文化旅游产业，须加强相关各部门、陶瓷企业、陶瓷作坊及相关人员等的沟通与交流，达成共识，形成发展陶瓷文化旅游产业合力。景德镇市发展陶瓷文化旅游产业，应从战略高度，以全域化旅游为抓手，描绘全领域覆盖、可持续发展的陶瓷文化旅游产业版图。

① 王宏、徐黎明、洪紫凝．景德镇市珠山区打造陶瓷文化旅游特区[N]．江西日报，2018-07-25.

建设御窑瓷厂、古窑民俗博览区、陶阳里、陶溪川、陶源谷、东市区、皇窑等陶瓷文化景区，打造陶瓷文化精品旅游线路，实现“个性化定制 + 体验 + 旅游”的发展模式。加强景德镇陶瓷传统工艺展示、传习基础设施建设，建设昌江百里风光带，挖掘乐平市南窑、古戏台和浮梁县瑶里古镇、东埠古街、高岭古矿、古县衙等历史文化资源，促进旅游与文化、生态融合发展。

（四）竭力做好陶瓷文化旅游产业发展服务

景德镇市各级党委政府应加大对陶瓷文化旅游产业服务力度。一是要加强陶瓷文化旅游宣传力度，通过多种媒介立体式、广泛式、全方位宣传，提升景德镇陶瓷文化旅游产业、旅游景区的知名度、美誉度和吸引力。二是要积极支持符合条件的陶瓷文化旅游园区景区申报全国旅游景区质量等级评定评级，做强陶瓷文化旅游产业企业主体，引进国内外知名旅游企业参与旅游资源开发，完善陶瓷文化旅游产业链，协同周边景区景点，优化旅游线路，使各景区景点道路串通起来，方便游客畅通游玩。三是要加强旅游立体交通网、旅游服务设施网、“智慧智能”旅游互联网等配套建设，完善住宿、娱乐等基础设施，加强旅行社和导游队伍专业化服务建设，完善旅游综合服务功能，全面提升陶瓷文化旅游产业服务能力和水平，让游客留下极深的美好印象，甚至流连忘返，使景德镇陶瓷文化旅游产业更有魅力、更有前景。

（五）大力拓展陶瓷文化旅游市场

景德镇陶瓷文化与旅游产业融合发展需要大力拓展陶瓷文化旅游市场。只有拓展陶瓷文化旅游市场，才能促使陶瓷文化与旅游产业深度融合、有效融合。拓展陶瓷文化旅游市场，要着力培育陶瓷文化旅游新业态，发展陶瓷文化创意体验和研学旅行，通过陶艺制作、陶瓷购物、创意设计、虚拟现实、文化娱乐等体验活动，吸引国内外游客。要加大景德镇陶瓷文化旅游推介力度，进行静态宣传策划和动态宣传策划相结合，广泛组织和参与陶瓷文化博览会展、陶瓷文化国际交流等活动，融入联合国海陆丝绸之路城市联盟、国际友好城市旅游联盟、中国旅游海外体验中心、世界陶瓷城市联合会等平台，打造国际旅游名城，全方位展示景德镇独特的陶瓷文化旅游形象。

去产能大背景下百年老矿可持续发展路径探索

——以安源煤矿为例

龙　萍　晏计生　晏海涛　金艳红　李　倩　彭朝莲

【摘要】在去产能大背景下，随着经济增速放缓、发展质量提升、环保日益严峻、能源改革深化，煤炭的需求大幅下降，总量过剩已成为常态，供需失衡也日益严重。煤炭企业只有积极主动改革创新转型，才能适应当前经济发展新形势、找准新方位，才能实现可持续发展。文章以百年老矿安源煤矿为例，从安源煤矿的发展现状出发，分析了安源煤矿发展困惑，通过转型成功的开滦煤矿、焦作煤矿经验借鉴，对安源煤矿可持续发展提出了相应的对策建议，供上级部门决策参考。

一、百年老矿安源煤矿的发展现状

（一）安源煤矿的发展历史

1. 历史文化悠久

安源煤矿不单单是指安源矿，而是因为萍乡等处煤矿总局——萍乡矿务局地处安源地区，故称“安源煤矿”，后改制为萍乡矿业集团。安源煤矿是洋务运动的产物，创办于 1898 年，迄今已有 120 多年的历史，创造了中国工业史上诸多第一，为中国革命事业、社会主义建设事业和改革开放事业做出了不可磨灭的巨大贡献，在中国煤炭发展史和中国近代工业发展史上占据了重要地位，是中国近代工业的发源地之一。历史上，安源煤矿是中国近代工业“十大厂矿”之一，曾有“北有开滦，南有萍乡”之说，萍乡也因此被称为“江南煤都”。1898 年 3 月，最初是为解决当时汉阳铁厂燃料急需的问题，张之洞、盛宣怀合奏清廷批准，在江西萍乡安源开办了安源煤矿。安源煤矿一经开办，规模就非常大，有 13000 多工人，生产了大量优质煤炭、焦煤，不仅解决了汉阳铁厂的燃料问题，还有不少剩余可供出口海外，最高时年产达 111.5 万吨。之后，1908 年，盛宣怀为解决资金不足问题，申请将汉阳铁厂，大冶铁矿和萍乡煤矿合并组成汉冶萍煤铁厂矿有限公司。安源煤矿于是成了中国近代史上第一家跨省、跨行业的大型企业和亚洲最大的钢铁联合企业——汉冶萍公司的重要组成部分。1928 年 11 月，萍乡矿务局脱离汉冶萍公司，由江西省政府接管。1939 年，因抗战需要，为了不使煤炭资源落入日寇之手，根据国民政府指令拆迁关闭，安源煤矿关闭生产长达 15 年之久，直到 1954 年才开始正式复矿，至今仍在生产。历经三个世纪的 120 多年沧桑岁月，安源煤矿为我们留下了总平巷、谈判大楼、公务总局等众多历史悠久的以安源煤矿为主体的近代工业文化遗存。

2. 红色底蕴深厚

安源煤矿具有深厚的红色文化基因和历史底蕴，使得红色安源成为了中国革命运动的重要策源地，为中国民主革命和解放事业立下了不朽功勋。安源煤矿 120 多年的历史长河，就是一部爱国图强、敢为人先的创业史，一部不屈不挠、义无反顾的革命史，一部锐意进取、改革创新的发展史，记录了一代代安源煤矿人团结奋进、自强不息的光辉历程。在安源煤矿 120 多年的历史中，不少早期中国共产党领导人在此从事革命活动，安源工人们在此积极投身于革命事业当中。毛泽东同志曾八次来安源视察和指导工作，刘少奇、李立三、蒋先云、毛泽民等党的干部也曾常驻安源工作过，一大批革命烈士为了党的革命事业英勇献身。安源煤矿走出了杨得志、韩伟、王耀南、吴烈、唐延杰等 12 位工人将军，成为闻名全国的“将军矿”；培养出了吴运铎、孔原等 12 位党的高级干部，培养出了一代代优秀矿工代表，朱少连、朱锦棠、胡德荣和张来清等 7 位党代表光荣出席中国共产党全国代表大会。安源煤矿先后经历了晚清、国民政府和共和国三个时期，具体发动了萍浏醴起义、安源路矿工人运动和秋收起义三次重大革命活动。

（1）萍浏醴起义。从 1901 年开始，安源煤矿工人们积极投身于反帝反封建的革命斗争，特别是 1906 年 12 月，6000 多名安源煤矿工人参加了由孙中山、黄兴在江西萍乡、湖南浏阳、醴陵组织发动的萍浏醴起义，成了萍浏醴起义的中坚力量。但是由于起义仓促，组织发动不力，起义最终失败。起义虽然未取得显著效果，但是却震动中外，沉重地打击了清朝的反动统治，成为辛亥革命的一次重大预演，为辛亥革命的成功推翻帝制奠定了基础。

（2）安源路矿工人运动。从 1921 年秋开始，毛泽东、刘少奇、李立三等老一辈无产阶级革命家，先后来到安源进行实地调研考察，并领导开展了安源路矿工人运动。1922 年 9 月 14 日凌晨，震惊中外的安源路矿工人大罢工爆发，并取得“未伤一人，未败一事”的绝无仅有之胜利。大罢工的胜利成果得到持续发展，创造了中国革命史上 16 个之最：成立了中国共产党第一个产业工人支部——安源路矿工人支部，将马列主义的传播很好地与工人运动结合起来；开办了中共最早的地方党校和中共历史上的第一所党校——安源党校；创办了全国第一个工人消费合作社——安源路矿工人消费合作社，这是党领导下的最早经济组织和经济实体，发行的铜圆票和纸币是党领导的革命运动中最早发行的货币，发行的股票是我党历史上第一支红色股票，是党领导金融事业的最初尝试；创建了第一个中国少年儿童团组织——安源儿童团，开了少年儿童运动的先河，成为中国少年先锋队诞生的摇篮；成立了安源路矿工人俱乐部，修建了全国工会第一座最大最豪华大厦——安源路矿工人俱乐部大厦等等[①]。2018 年 11 月 23 日，习近平总书记在纪念刘少奇同志诞辰 120 周年会上指出：“1922 年春天，刘少奇同志根据党的指示回国，参与领导闻名全国的安源路矿工人大罢工，

---

① 安源煤矿简介 – 煤矿企业简介 – 企业简介 – 走进萍矿 – 萍乡矿业集团 http://www.pxcoal.com/readnews.

这是中国共产党第一次独立领导并取得完全胜利的工人斗争，提高了党组织在工人群众中的威信。他组织领导的安源路矿工人俱乐部和汉冶萍总工会是当时全国最大的产业工会组织，成为激励全国工人运动的一面旗帜。[①]”安源煤矿工人爱党爱国，敢为人先，为中国社会主义建设做出了重要贡献。

（3）秋收起义。1927 年 9 月初，毛泽东以中共中央特派员和前敌委员会书记身份来到安源张家湾召开了秋收起义军事会议，部署了整个秋收暴动。以安源煤矿工人纠察队、矿警队和萍乡等地农民自卫军编为二团，训练有素的安源工人为主组成的红二团成为秋收起义主力。1927 年 12 月，中共中央给湖南省委的复信中明确指出：“秋暴颇具声色，还是安源工人的作用。”井冈山革命斗争时期，三次来安源招收工人加入红军，累计有 5000 多工人跟着上了井冈山开辟武装斗争。可以说，安源是秋收起义的策源地和主要爆发地之一，也是毛泽东同志最早组织和指挥革命军队的地方，同时又是中共党史上最早举起“工农革命军”旗帜的地方。

（二）安源煤矿发展现状

萍乡矿业集团（安源煤矿）是由原萍乡矿务局改制而成，现有高坑矿、青山矿、巨源矿、杨桥矿、黄冲矿、安源矿和白源矿 7 对矿井，浮法玻璃厂、萍矿机械厂、工厂公司、安源管道公司、电力公司、高坑发电厂、安源发电厂、物资供应公司、同济建管公司、城市综合服务公司、湘雅萍矿合作医院、环保节能、江西高雅颐养公司和武功山休闲旅游公司等 14 家企业。萍乡矿业集团现有在册职工 12800 多人，其中在岗 7900 多人，下岗职工 4900 多人，煤炭企业职工 4134 人，占萍矿公司在岗总人数的 52.32%。安源矿现有职工 2763 人，23 个党支部，642 名党员，职工人均年收入 39093 元。白源矿现有职工 1371 人，16 个党支部，255 名党员。

自 2001 年起，高坑、青山、巨源、杨桥、白源、黄冲 6 对矿井先后实施了政策性破产。随后，通过“老墟复采”“补勘找煤”等方式，白源矿井服务年限得以延长。7 对矿井中，目前只有安源矿和白源矿还处于生

① 习近平 . 在纪念刘少奇同志诞辰 120 周年座谈会上讲话，2018-11-23.

产状态，其他5对矿井均关闭。安源矿目前探明煤储存量还有600多万吨，不到1000万吨的储量，目前年产65万吨左右，预计还能维持10多年。白源矿属于小型煤矿，目前探明煤储存量还有100多万吨，目前年产25万吨左右，预计还能维持5年左右。在120多年的历史中，萍乡煤矿资源储量正逐渐走向枯竭。

2012年开始，持续了近十年的“一煤难求”盛况成为历史，煤企随之陷入供过于求危机，煤价开始一路下滑，煤炭行业“一夜入冬”，萍乡矿业集团自此逐步陷入亏损困境。面对困境，萍乡矿业集团审时度势，主动出击，坚持“一企一策，综合施策”，做到改革、调整、管理并重。一方面，在挖潜增效、止血减亏的同时，全方位、全领域进行大讨论、大宣传、大教育，凝聚全员救危求存、扭亏脱困共识；另一方面，着力开启产业转型升级通道，加快培育和壮大支柱产业，走以煤电气为主，以生产、生活、医养、旅游四大服务业为支撑，各业协调发展的新路子。至2017年，湘雅萍矿合作医院成功晋级“三甲”;同济建管成功挂牌新三板，品牌影响力、市场业务量大幅提升；城市服务公司业务量不断攀升，成为安置富余人员的重要渠道；光伏发电项目当期发电当期见效，实现利润545万元；医养产业收入同比增加820万元[①]。2018年萍乡煤炭产值5.41亿元，占集团公司年总产值49.35%。

近年来，安源煤矿相继申报成功“安源国家矿山公园”“安源国家绿色矿山”，获得国家旅游局公布的国家工业遗产旅游基地以及获得工信部公布的首批国家工业级遗产。2018年6月，国家人力资源社会保障部、中国煤炭工业协会联合授予安源煤矿“全国煤炭工业先进集体”称号。当然，目前萍乡矿业集团面临困难依然巨大，经济基础极为脆弱，转型之路举步维艰，企业经不起半点风浪，仍处于救危求存的紧要关口。

① 谢红英：撤退坚守突围 破题闯关夺隘 萍矿集团“加减并重”促转型谋突破，http://www.pxcoal.com/ReadNews，2018-12-14.

二、目前安源煤矿发展困惑及其原因分析

（一）安源煤矿发展困惑

安源煤矿自开采至今已经有 120 多年，煤炭资源枯竭使得安源煤矿面临着重重的转型压力，目前，安源煤矿在转型的过程中出现了一系列困惑，主要表现如下：

1. 煤矿因资源枯竭而相继关停

在我国，大多数的国有煤矿都建设于五六十年代，大部分煤矿开采历史已有百年，逐渐步入开采的瓶颈期。目前，安源矿的煤炭储备量在 600 万吨至 1000 万吨左右，预计可持续开采的时间大概为 10 年。目前，萍矿下高坑矿、青山矿、巨源矿、杨桥矿、黄冲矿因为资源已经枯竭宣告关闭，只有安源矿和白源矿还处于生产经营状态，安源矿作为萍乡矿务局 7 对矿井中最大的煤矿，目前每个月煤炭生产量在 5 万吨至 6 万吨，年产值在 65 万吨左右，因为煤炭赋存条件特殊性，安源矿煤炭开采属于深井开采模式，随着地表开采逐渐向下延伸，可利用的有效煤炭逐渐减少。另外，白源煤矿属于小型煤矿，目前每个月的生产值约 2 万吨，年产 25 万吨，已申报资源枯竭煤矿，预计将在未来的 5 年内宣告关闭。

2. 煤矿劳动力老龄化高

安源煤矿历经 120 多年的沧桑风雨历程，仍然保持着传统的开采模式，需要人工垂直下沉到地表水平下 400 至 500 米进行人工开采，随着矿工老龄化程度增高，从事井下开采的劳动力数量逐渐减少。目前，安源矿拥有职工人 2763 人，真正从事井下一线开采的 35 岁以下的年轻矿工少之又少，由于时代和就业观念的转变，年轻劳动力人多数都不愿意从事井下开采工作。不仅如此，老矿区由于长期开采资源，城市环境、周边的基础设施都遭受到一定程度的破坏，矿区的综合品质和服务设施逐渐不能满足周边人口的生活，高素质、高技术的人才流失到新型公司和技术性公司。

3. 旁支企业效益不佳，企业负担偏重

萍矿集团下只有两个煤矿处于生产营业中，5 家煤矿的关闭停止生产带来大量矿工失业。而在萍乡矿业集团旗下的非煤炭其他企业，大多数处

于亏损状态，目前，盈利的企业要负担所有亏损企业的日常开销和人工工资，基数庞大，平摊在每个职工上的工资较低，不仅如此，整个萍矿退休职工基数很大，后续承担的养老费用压力也重。由于之前煤炭市场低迷，效益不佳，企业还承担的社会服务职责，负担教育、医疗等社会服务机构的费用。随着国家对煤炭供给侧政策倾斜，政府对煤炭产业补贴率降低，安源煤矿本属于产业单一企业，对外投资吸引力不高。

4. 粗放的开采模式，导致生态环境日益严峻

长期煤炭开采带来经济效益的同时，也带来了严重的生态环境破坏。如土壤污染、绿化植被污染、地下水污染和空气污染等。因为生产的煤质含硫黄偏多，需要通过洗煤厂用水洗方式减少煤质中硫黄的含量，这一道生产工序导致大面积河流污染。长期的地下开采使得地表下陷，位于安源老城区的住房已出现房屋外墙开裂情况。不仅如此，凡在井下工作十年以上的矿工，均患有不同程度的关节炎、肺结核等职业病，最近几年，职工职业病发病率呈不断上升趋势。

（二）安源煤矿发展困惑产生的原因

1. 煤炭储存量逐年降低

煤炭属于不可再生资源，随着开采年限越久，储备量将逐年减少。一方面，在早期的开采过程中，因缺乏科学的开采技术和合理的规划，有效资源开采率低，挖掘面大；另一方面，在市场经济中，安源煤矿的煤炭价格会受市场供求、价值规律的影响，在煤炭行业低迷时段，市场对煤炭的消费力不够，煤炭储藏量过剩，不仅影响企业效益，同时也带来大面积有效煤炭资源浪费。

2. 推行煤炭产业供给侧改革政策倾向

2015 年底，中央经济工作会议重点部署了供给侧结构性改革，将“去产能、去库存、去杠杆、降成本、补短板”列为五大重点任务。煤炭行业作为传统产能的代表，2016 年初，国务院及发改委等相关部委陆续出台相应的去产能政策，打响了煤炭供给侧改革的第一枪。2017 年国家政策继续加码，以国家能源局和发改委为代表的国家机构，针对煤炭行业化解过剩产能、保障煤炭需求，控制煤炭能源消费总量需求的基础上减少污染排

放为目标出台一系列产能调整政策。从过去两年看，我国已经化解煤炭过剩产能 5.4 亿吨，5 年累计退出煤炭产能 8 亿吨。为响应国家政策，目前，安源煤矿严格按照国家对煤炭产业的产量控制标准，每月生产量在 5 万吨左右，因为 2016 年至 2017 年煤炭价格上涨，企业收益有所提高，但是资金的支撑力和挖掘成本的提高使得资产负债率维持在相对稳定水平。

3. 煤炭开采率较低

在中国经济制度的影响下，煤炭开采技术呈现出多元化状态，机械化、半自动化、全自动化已经广泛地运用于煤炭开采领域。在不同地区，因为地理因素、环境因素、经济因素的不同，所选用的开采技术结构也有所不同。例如在山西大同煤矿，因地面开阔，自动化开采技术、全机器化开采技术运用已经相当成熟。但安源煤矿位处南方丘陵地带，一直沿用的是人工深井开采技术。早期，安源煤矿的开采是以浅煤层为主，随着开采年限的延伸，浅煤层资源开采殆尽，深井开采已成开采主要方式，但深井开采弊端在于煤炭的运输成本和矿工的安全成本高，产品价格无法在市场竞争中取胜。

4. 新清洁能源时代带来的产业冲击

消费是生产的目的，煤炭开采的最终目的在于用于社会化大生产。2013 年至 2015 年，国内煤炭市场一直处于低迷状态，煤炭的产能远远高于市场需求量，煤炭价格低迷不能覆盖生产成本，随着国家推行供给侧的改革，目的性控制煤炭的产量，煤炭的价格才有所回暖，在整个煤炭市场低迷的情况下，未能有效地合理规划地控制产量，造成煤炭资源浪费是不可避免的。2018 年国务院政府报告中将污染防治作为三大攻坚战之一，党的十八大也提出建设美丽中国的发展战略，党的十九大中也对生态环境做出了新的要求、新的部署。顺应时代需求，传统老工业因为污染问题也逐渐被市场淘汰，国务院发布的《大气污染防治行动计划》中要求，到 2017 年，煤炭占能源消费总量的比重降到 65% 以下，面对国家对消费能源结构的调整，企业和消费者总是尽可能地选择清洁能源来代替传统能源。清洁能源产业的蓬勃发展，无疑对传统工业造成一定冲击，如果煤矿企业未能及时调整产业结构，提高生产创新技术，煤炭企业往后的发展道路将会存在更多的阻碍。

5. 非煤炭企业资金支撑力度薄弱

萍乡矿业集团非煤企业起步较早，20 世纪 50 年代就开始陆续建立了一批工厂，主要是解决煤矿生产的配套所需。60 年代前后还移交了水泥厂、电厂、机械厂、造纸厂。改革开放后，为了谋划煤矿资源枯竭后的产业衔接，开始大规模发展非煤企业，例如，机械制造、电力、建材、轻化、现代服务等企业。现存企业有浮法玻璃厂、安源焦化厂、湘雅萍矿合作医院、安源发电厂、安源管道等 14 个下属企业。

三、转型成功的煤矿案例经验借鉴

开滦煤矿和焦作煤矿同安源煤矿一样都具有 100 多年的历史，都是百年老矿。借鉴开滦煤矿和焦作煤矿成功转型的经验，对安源煤矿改革创新转型发展具有非常重要的意义。

（一）开滦煤矿：主动转型升级和打造工业旅游名片

开滦煤矿创办于 1878 年，始于 1876 年筹建的开平煤矿，是中国大陆开发最早的大型近代煤矿，至今已有 140 多年的历史，享有“中国煤炭工业源头”和“北方民族工业的摇篮”的盛誉，在中国煤炭发展历史上曾有“北有开滦，南有萍乡”之说。在去产能大背景下，煤炭行业暴露的结构不合理、低效产能多、盈利能力和抗风险能力不强、负债率高等一系列问题，煤炭企业只有积极主动转型，才能适应新形势、找准新方位，实现可持续发展，开滦煤矿也不例外。面对如此严峻形势，开滦煤矿主动转型升级，已形成“一基三柱”产业发展新格局，通过融合新兴业态和特色文化要素，打造了工业旅游名片。

1. 推进产业转型升级

在去产能大背景下，开滦集团通过内提质、外抗压，着力于深化改革、创新驱动、强化管理，进一步优化产业结构，形成了“一基三柱”产业发展新格局。“一基”指煤炭产业。通过进一步强化矿井资源挖潜和改造升级，推进优势产能集约高效发展，提高建设安全高效矿井水平。“三柱”指的是煤化工产业、现代服务业、热电产业。煤化工产业以煤炭为基础，发展非煤支柱产业，充分发挥产业链优势，优化煤焦化产品结构，通过工艺创新和市场开拓，构建资源共享新模式，降低生产成本。现代服务业主要包括物流产业、生产服务业、金融产业、文化旅游产业和生活服务业等。热电产业是开滦集团战略新兴产业的组成部分，按照建设“煤—电—热—网—园”的发展思路，着力构建热电联产、煤电联营、绿色循环发电、电力产业服务和电力购销等五大板块。

2. 打造工业旅游名片

建设开滦国家矿山公园，打造工业旅游名片就是开滦煤矿转型的结晶。开滦国家矿山公园以开滦博物馆主馆、井下探秘游、中国第一佳矿 1878、电力纪元 1906、蒸汽机车观光园、中国铁路源头博物馆等一系列展馆和景区为主，充分展示煤矿历史、采煤过程和煤矿罢工运动等事迹，成为了解煤炭的采集知识和历史的好地方，成了极具特色的工业旅游、研学旅游的名片。目前工业旅游重点景区主要有两大块：一是开滦博物馆，主要以翔实的史料、丰富的展品、新颖的展陈形式，展示了煤的生成、由来，记载了开滦煤矿和中国路矿之源的光辉历史遗踪，重现了因煤而兴的城市文化记忆。二是井下探秘游，让游客到井下 60 米的地下参观，体验开采煤矿的真实生活。开滦矿山公园这个曾经被业内戏称为“最佳小配角”的工业旅游，正在发展中转变，不再只是以简单的参观游览为主，而是正在通过融合新兴业态、加入文化要素、借助新技术等增加内涵与互动体验，打造工业旅游“升级版”。

（二）焦作煤矿：以旅游业为突破口，调优产业结构

焦作煤矿创办于 1898 年 6 月，距今已有 120 多年的历史。1949 年以后，焦作的煤炭工业迅速发展，成为全国重要的优质无烟煤生产基地。2008 年，焦作作为国家资源型城市转型试点，在资源还没有枯竭时就开始积极主动去寻找转型升级发展之路，这是焦作转型成功非常重要的经验。20 世纪 90 年代，焦作就已经意识到依靠资源铺摊子和坐等国家来投资发展的路子是行不通了，只有主动地进行工业结构调整和转型。从 1999 年开始，焦作就已经做出了通过依靠技术进步创新，调整和优化产业结构来提高经济增长的质量和效益的重大转型战略决策。这一战略注重突出产业结构这条主线，着力调优第一产业，强调第二产业，大力发展第三产业。在转型的过程中采取了“制定一个科学规划、用项目落实规划，靠项目支撑发展、用科技推动，推进自主创新、实施开放带动战略”等一系列措施来推动转型发展。以旅游业作为转型突破口，大力加快发展第三产业是焦作在推进转型中非常重要的一环。在资源利用上，焦作注重从地下向地上，从矿产资源转向山水资源转变，提出以山水为主打，人文、自然、社会景观相融合的思路，重点开发太行山一线以云台山、青天河、神农山、青龙峡、峰林峡5大景区为主的自然山水景观。在筹措资金上，焦作采取的是市场机制，需求机制突破，大力引进社会资本，通过争取国家政策性资金和推动小额担保贷款等金融业务的开展。在矿山修复利用上，焦作进行二次利用，把已经稳定的采煤沦陷区，修复为工业集聚区，既有利于修复矿山环境，又能缓解建设用地的紧张局面，进行充分的二次利用。焦作煤炭在实现转型跨越的过程中，通过改进技术，促进生产方式由粗放型向集约型转变，并通过诸如加装高温防护罩等新方法的运用，对废弃能源进行再利用，走出了一条集约、绿色、低碳的发展之路。

（三）经验启示：转型需抓早抢主动，而模式主要有两种可借鉴

开滦煤矿、焦作煤矿的成功转型之路，得出两点启示：

1. 转型需抓早抢主动

煤炭企业转型要在资源尚未完全枯竭时就开始未雨绸缪，积极寻求转型升级之路。寻求转型之路，要求领导具有较强忧患意识和发展意识，具有转型发展的前瞻性，具有改革的勇气和决心。煤炭资源终究是要走向枯竭的，那种“靠资源、铺摊子、坐等国家政府投资求发展”的路子已经行不通了，人才、管理、技术、品牌和遗址等其他资源才是实现转型的宝贵资源，须要认清煤炭形势和产能，尽早积极主动去寻找转型之路。

2. 转型模式主要有两种可借鉴

从开滦煤矿、焦作煤矿转型及其他煤矿转型升级发展的经验来看，转型的模式无非就是两种：一是主动寻求产业转型升级之路，主动融入区域发展，并与区域产业关联起来，调整工业结构和城市转型，由煤矿产业向非煤产业转型，改变对煤炭的过度依赖，着力调优第一产业，强调第二产业，发展第三产业。比如培育和壮大现代服务业、热电产业、农业等产业。二是大力发展旅游业。百年老矿都有一定的遗址，通过对矿山资源及当地的资源进行充分挖掘利用，发展特色旅游路线，修建国家矿山公园，充分展示了煤矿历史、采煤过程和历史上的煤矿罢工运动等事迹，并通过融合新兴业态、加入文化要素、借助新技术等方式来增加内涵与互动体验，打造工业旅游特色。

四、去产能大背景下百年老矿安源煤矿可持续发展路径探究

2015 年，中央经济工作会议提出五大任务，其中去产能居于首位。2017 年，党的十九大报告再次明确提出，要坚持去产能、去库存、去杠杆、降成本、补短板，优化存量资源配置，扩大优质增量供给，实现供需动态平衡。从政策看，政府对煤炭转型有着明确的概念，并且认识到转型是一个长期发展的过程，能源的储备和利用关乎社会的稳定和国家经济的可持续发展，既要优化成本结构，同时又要保证能满足市场对煤炭的需求。[①] 所以，去产能是深化供给侧结构性改革取得成功的关键一环，是实现我国经济持续稳定增长的关键所在。我国能源行业一直就存在传统能源产能过剩的问题，特别是煤炭行业过剩尤为明显。2016 年以来，我国已累计完成煤炭去产能 5 亿吨以上，在这样的大背景下，已矗立百年的安源煤矿如何能以自我革新的勇气、壮士断腕的决心，开启“自我救赎”“破茧成蝶”之路，实现可持续发展，助推萍乡城市转型升级，成为对萍乡而言最为急切、最为紧迫、最为关键的课题。

（一）积极推进煤炭供给侧改革，退出落后产能，加快转型步伐

1. 提前树立“早转早主动”的意识，努力塑造时代资源枯竭老矿转型发展“安源煤矿”样板

截至 2018 年，萍乡矿业集团就已关闭退出煤矿 5 处，退出产能 40 万吨，超额完成目标。顺势而下，走以煤电气为主，以生产、生活、医养、旅游

① 张复明 . 资源型经济与转型发展研究 [M]. 经济科学出版社，2011.

四大服务业为支撑，各业协调发展的新路子，提前规划、合理布局、整合资源，抓住城市转型的重大机遇，不仅如此，煤炭作为能源的供给主体，距离能源结构清洁化还存在差距，因此煤炭产业供给侧结构性改革应特别关注产品的清洁性，通过加大投入、提高产品质量，加快煤矿结构优化，进一步调整产业结构升级，以煤炭资源开发为源头，发展循环经济，科学利用与煤伴生的资源，加快煤层气开发利用，培育以绿色低碳为特征的新的经济增长点。

2. 理清发展思路，树立以效益为中心的理念，积极对接国家“一带一路”战略，全面深化企业改革

2019 年安源煤矿的发展仍然困难重重，安全、稳定、经营、资金、转型“五大风险”和产业空心化、思想僵化、队伍老化、体制固化“四大问题”日趋严重，经济基础极为脆弱。面对如此严峻的形势，安源煤矿就要大力推行风险责任经营、三项制度改革和混合所有制改革，坚持市场化、契约化经营，坚决纠正用工多、效率低等顽疾。同时深挖内潜提质增效，抓好煤矿生产经营管理的同时，全面改进非煤企业生产经营管理，对标行业标杆，做市场、做规模、做业绩、做品牌。着力加快重点项目实施进度，大力搭建印尼煤炭发展平台，加快推进玻璃焦化搬迁升级，整合做强管道产业，大力培育医疗养老、现代服务等产业。

（二）立足煤矿实际，强化安全管理、深挖生产潜力，合理规划产量

1. 以强化安全管理为先导，夯实矿井安全基础

安全是企业改革发展的第一保障，随着国家安全法律法规的不断完善，对煤矿企业的安全管理更加严格，要求更高。为此，安源煤矿应着力提高各级干部的安全思想认识，增强安全责任意识，要求矿区两级干部认真执行领导干部下井带班、“三个第一，一个最后”、班前安全评估、作业点责任包岗等制度，做到重心前移、责任前置，现场落实安全措施，现场解决安全问题。全面构建安全风险分级管控预防机制，坚决做到“风险真辨识、真管控”，将风险管控挺在隐患排查治理的前面，将隐患排查挺在事故发生的前面。加强安全生产标准化建设，把重点放在采掘工作面，严格标准要求，严把工程质量关，严格生产现场考核评估，实现安全生产标准化由点、

线、面达标向全过程、全方位动态达标的提升。

2. 以科技为依托，深挖生产潜力

针对矿井资源枯竭、原生煤层减少、严重制约生产的现状，一方面充分发挥生产技术人员的聪明才智，着力开展技术攻关，优化生产布局，全面提升矿井集中生产能力。同时合理安排采掘接替，在建立采掘接替预警分析机制，有效掌控各采面地质变化情况的同时，加强地质构造分析，安排适量工程不断补勘找煤，为稳定矿井生产打下基础。另一方面大力推进机械化、自动化、信息化、智能化“四化”建设，加强外出考察学习，力争实施机械化采煤，真正做到机械化减人、智能化替人，切实减轻工人劳动强度，提高生产效率。[①]

3. 以提高经济效益为目标，深化企业内部改革

深化改革是企业稳定发展的必由之路，安源煤矿需继续按照上级工作要求，坚持问题导向和市场导向，深入推进体制机制改革，全面激发内生动力和活力，向预警管理、成本管控、节支降耗、煤质增收和劳动力管理要效益。着力深化内部三项制度改革，全方位推进定员定岗定编，坚决纠正用人多、效率低等顽疾。推行以成本控制为中心的全面预警管理，建立成本预警制度，严控超预算和预算外支出。扎实开展“节支降耗”活动，加强设备、配品配件以旧换新、回收复用、修旧利废管理，努力降低成本支出。扎实抓好洗煤工艺流程升级改造，提升精煤回收率。加强销售管理，主动出击加强与用户联系，建立销售信息网络，全面掌握市场动态，确保销售畅通，努力实现效益最大化目标。

（三）搭建平台，寻找国外煤矿劳务、技术输出合作伙伴，缓解安置压力

从国外煤矿转型的经验看，濒临倒闭的煤矿缓解矿工就业压力都会选择劳务输出方式。劳务输出不仅可以解决失业人口就业问题，同时也能将开采挖掘技术与国外挖掘技术相融合。矿井的逐渐关闭，使得安源煤矿矿

① 李成伟，谢红英，钟江波．危机中求生存 逆境中谋发展——集团公司扎实推进扭亏脱困、转型发展工作纪实 http://www.pxcoal.com/ReadNews.asp?NewsID=12207

工面临失业生产压力，但是安源煤矿百年的开采历史，所沉淀的开采技术、勘探技术、挖掘技术、运输技术依然非常具有借鉴性，劳务输出将会成为缓解就业压力的有效途径。

在转型的过程中，安源煤矿可寻求与国外煤矿进行合作，搭建平台进行劳务输出和技术输出，缓解资源枯竭为企业带来的安置压力。例如，在技术方面的合作，勘探、开发到深加工的技术和装备的合作；在资源开发布局的合作，通过资产并购、控股，获得勘探权和开采权；资本运营方面的合作，包括投融资和股权买卖的资本运营，实现资源优化配置，还有股权融合和业务合作。在产业链方面，合作从绿色开发到清洁利用，全产业链一体化规模化相关企业一起“走出去”。同时，设置矿工工人技能培训班，更好地服务于安源煤矿及红色安源城市转型的发展需求，帮助矿工树立正确的择业观，努力提高服务技能，提前规划，为城市转型的职业变更做好铺垫。

（四）深度挖掘红色旅游资源，把文化旅游产业作为资源型城市转型的重要突破口，形成红色、生态、娱乐、矿业并驾齐驱的格局

安源是中国革命圣地之一，中国共产党成立后，安源煤矿成为我党活动的重点地区。毛泽东从 1921 年到 1930 年曾 9 次来萍乡、8 次来安源，组织领导工人运动和武装斗争。1922 年 9 月在毛泽东、刘少奇、李立三领导下，成功地发动安源路矿工人大罢工，安源路矿工人大罢工史称全国第一次罢工高潮中“绝无而仅有”的成功范例。1927 年“八七”会议后，毛泽东来到安源部署和领导秋收起义。在安源，党的早期许多著名活动家和重要干部如毛泽东、李立三、刘少奇、陈潭秋、蔡和森、毛泽民、萧劲光、夏明翰、恽代英、李维汉、黄静源等都在这里从事过革命活动，并且从这里走出了 12 位共和国的将军。所以安源不仅是重要的老工业城市，也是红色资源丰富的旅游城市，例如：总平巷、八方井 44 号、安源路矿工人补习夜校，安源公务总汇大楼、孔原故居、安源路矿工人消费合作社，安源路矿工人运动纪念馆等，这些红色资源都为红色教育提供丰富的教育素材。

安源煤矿应以红色资源为依托，通过群众“查”、影像“存”、政府“保”、专家“研”等多种方式，切实加强红色资源的保护开发和宣传教育。塑造精品红色教育路线，通过引进VR技术，电子触摸屏和幻影成像技术，开展安全体验式教学与实地煤炭开采观摩体验式教学相结合，打造学习+体验模式一体化的红色教育基地。保留古色运输设备和开采设备，整合、保存、修复历史建筑，还原红色安源城市原本面貌，复原重要的历史细节，提升视觉观赏体验。营造浓厚的人文气氛，邀请老矿工、历史人物后代开展面对面教学，加大资金投入，安装先进的安全监控设备，完善周边旅游基础设施，完成了润达国际、安源翡翠城等文化旅游综合体建设，完善了城市功能；发挥“旅游+”功能，加强旅游业与乡村、农业融合发展，形成都市生态观光农业区和乡村休闲农业带，打造了安源、五陂、城郊等特色旅游小镇，提高城市森林覆盖率，重点打造旅游品牌，打造城市全域旅游核心景区。坚持规划引领，不断优化发展路径，以高标准谋划大格局，着力构建旅游发展蓝图，按照5A景区的标准完成《安源路矿旅游景区总体规划》《安源路矿旅游景区修建性详细规划》的设计编制工作，启动《安源区国家全域旅游示范区规划》编制，重点打造以安源红色文化为主的红色游、安源国家矿山公园为主的工业游、安源红领巾纪念馆为主的科普游、乡村生态游等。同时，加强地域联系，推动湘赣红色资源整合，进一步加快湘赣边区域旅游资源开放合作，实现区域联动发展，全力打造“穿越湘赣边界、重走秋收起义之路”的精品教育路线，将旅游经济增加动力成为城市经济增长的引擎力量。

（五）争取政策支持，修复矿山环境，力促矿业城市可持续发展

从目前国家经济发展状况来看，煤炭行业的绿色转型问题是我国发展的重点，也是新时代经济转型的关键点，煤炭整体行业发展，需要一段时间进行改革，并需要和其他行业的改革相辅相成，才能做到高效清洁，对环境友好。不能否认煤炭为安源经济社会发展做出了一定贡献，但由于早期缺少合理的开发规划，粗放的开采方式严重毁坏了当地地质环境，影响当地居民的生活。恶劣的环境对于城市后续转型必将产生严重阻力，所以优化破损生态环境也是迫在眉睫的重点项目之一。作为城市转型的安源，应抓住安源5A景区为契机，一方面全力推进矿山环境治理，继续推进废弃矿山复绿工作，各地因地制宜，通过削方、平整、覆土等措施，对露天采场周边、废渣堆、矸石堆及暂时无利用价值的场地进行复绿，使昔日凹凸不平的秃头山重披“绿衣衫”，有效解决地灾隐患，提高区域水土保持能力。另一方面活化安源厚重工矿文化，积极修复灯盏窝、跃进矿等片区，打造出目鱼岭、老虎坡等红色连片景点，留住城市味道，唤醒矿区红色历史记忆，为城市转型为红色旅游城市添风助力。[①]

① 吴杰，杨奔．安源：百年煤矿话沧桑 [J]. 国企，2012（01）.

打造新型智慧城市，提升城市现代化水平

——以新余市为例

干华明　王乾生　胡慧明　刘小青　王 佳　王 希　张笑宇

【摘要】新型智慧城市建设是新时代顺应人民对美好生活的要求，顺应新一代信息技术快速发展的趋势，提升城市现代化水平，实现城市高质量发展的重大战略举措和必然选择。新余从 2012 年开始探索，到 2016 年新型智慧城市建设取得重大进展，智慧城市框架体系基本形成，在全省处于领先地位。新余新型智慧城市建设存在顶层设计滞后，信息基础设施发展滞后，资金供求矛盾突出，数据孤岛等一系列问题，需从优先顶层设计、夯实智慧城市基础、优化发展路径、多方筹集资金、发展大数据产业等方面寻求突破，推动新型智慧城市建设的高质量和可持续。

一、新余市新型智慧城市发展的现状

新余市自 2012 年开始着力打造智慧城市，以政务管理为切入点、以信息惠民为落脚点，围绕“让信息多跑路，让群众少跑腿”这一核心，加速推进智慧城市行政服务体系建设，让市民共享信息化带来的便利，并取得了一定实效。新余市先后被列入国家智慧城市、信息惠民、信息消费、宽带中国、“互联网 + 政务服务”等试点城市，连续五届荣获亚太地区“中

国信息化 50 强”称号，仅 2016 年至 2017 年，就先后荣获中国智慧城市领军城市、新型智慧城市评价标杆城市、中国新型智慧城市创新 50 强、“互联网 + 政务服务”优秀案例 50 强、智慧城市创新奖等荣誉，“智慧新余”已成为新余市新的城市名片和品牌。

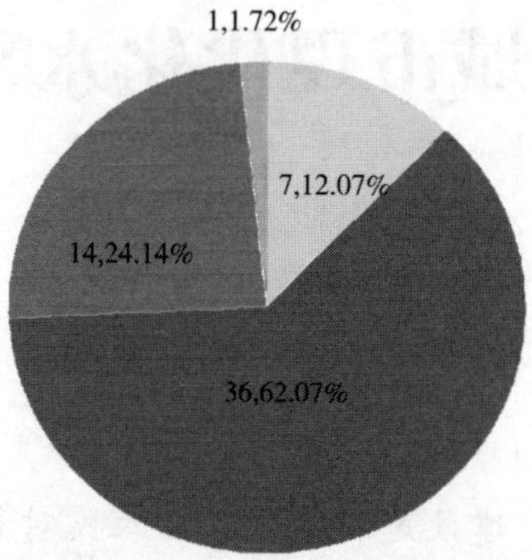

2018 年，新余新型智慧城市服务体系建设分 13 大工程共 58 个项目，与去年相比新增 4 个项目。基本形成了以信息惠民（惠民）、基础设施建设（汇融）、社会综合治理（慧治）、产业融合发展（荟商）为主线的智慧城市发展路线，已投资超过 9.11 亿元。

（一）以人为根本，信息惠民应用体系成效卓著

1. 行政审批便民高效

新余市正在不断推进基层公务服务体系建设，着力通过缩小城乡、区域差距来促进公平、便民、高效的民生服务体系的形成。2017 年，新余市将 869 项便民服务事项延伸至 13 个街道（乡镇）、60 个社区和 100 个村委，同步建立网上办事大厅，居民通过身份证、企业通过统一信用代码证就可以实现“一号”申请；在各级行政服务大厅实行“统一收件、分类审批、统一出件”的“一窗式”政务服务模式，将受理、审批分离，“一窗式”统一受理，后台各职能部门分类审批，最后“一窗式”统一出件；大力开展"减证便民"行动，对涉及的各类证明和盖章环节进行全面清理，凡没有法律法规依据的一律取消，简化证明材料，优化流程环节，提供更加便捷高效的服务，切实增强群众的改革获得感，有力推动"减证便民"服务落地见效。2018 年 4 月，新余市取消了市发改委、市住建委等 20 个部门的 115 项行政许可事项证明材料。截至目前，新余市本级已梳理出 63 项首批"一次不跑"政务服务事项清单，即将予以发布，同时，部署了第二、三批"一次不跑"或"只跑一次"政务服务事项的梳理，做到成熟一批，公布一批，力争在 2018 年底前基本实现 80% 政务服务事项"一次不跑"或"只跑一次"。

2. 社保医疗便民亲民

新余市完成全市城乡居民整合，实现信息系统在医院"一站式"结算，完善了基本养老保险关系转移，实现了享受失业保险待遇人口信息化率 100%。网上"人脸识别身份认证系统"和手机视频认证占全部老人生存认定比率达 80% 以上。新余市与省人社厅签订协议，启动新余市社保数据共享工程，2018 年社会保障卡累计发放 87.5 万张，覆盖率达 90.7%，成为全省第一；建成居民家庭经济状况核查系统，将贫困群体 100% 建档，新余市通过该系统来实现精准扶贫，走在全省前列；"健康一卡通"卡片设计工作已经完成，并与投资银行签订了合作协议；新余市民可通过网站、手机 APP、微信、电话等多种方式在"健康新余"微信公众号上实现新余市内二级（以上）医疗机构的预约，后期就诊时可通过"健康新余"微信公众号上的相关记录，调阅本人的就诊和住院记录以及检查化验结果，避免患者重复检查；建成市人口健康信息综合管理平台，居民电子健康档案建档人数 105.97 万，建档率 86.62%，交换数据量达 1.8 亿条，二级以上医疗机构的电子病历建档率为 100%。

3. 交通出行智慧高效

一是安装公交电子站牌方便出行。目前，新余市有公交线路 36 条，共安装了 100 座电子站牌实行实时预报。下一步，将实现公交线路站台安装电子站牌实时预报达到 100%，主城区站点实现电子站牌率达 80%，并提供通过网络、手机等方式提供公共汽车实时行驶或到站信息服务。二是开展智能交通运行指挥平台建设。加快智能交通建设，实现交通信号灯及道路信息的信息化、智能化，实现主要道路和重点停车场的交通引导。三是创新校车管理模式。2016 年以来，新余市应用物联网、大数据等高科技成果，建立了校车“全程录像、动态监控、定时查询、轨迹回放”智能管理模式,实现了“日常监管”“部门联动”“应急防范”的“三合一”。目前，渝水区 105 辆校车已全部纳入智慧校车指挥平台管理，全市范围内的 226 辆校车也已完成升级改造，统一配备了视频监控安全系统，并组网纳入该平台管理，智慧校车模式已经在全省推广。四是推行城市一卡通便捷高效。2018 年 4 月，新余市大力推出新余城市一卡通，居民持卡可乘坐上百个城市的公共交通，预计到 2018 年底，实现互联互通的地级以上城市还将增加到 220 多个。

（二）以技术为基础，基础设施建设和共享水平稳步提升

1. 通过“宽带中国”打造光网城市

遵照国家“宽带中国”建设要求,新余市结合市情,以打造全光网城市,提高数据传输效率为目标，规划从 2014 年到 2020 年分三个阶段完成信息基础设施建设工作。从 2014—2015 年初步建成适应智慧城市发展需要的信息基础设施，从 2016—2018 年实现信息产业带动经济升级转型，互联网战略取得显著成效，从 2019—2020 年实现宽带网络全面覆盖城乡，宽带应用深入融入生活。其内容由电信信息基础设施建设及三网融合，数字电视互联网 NGB、移动宽带网络建设构成。

新余市 2008 年、2010 年、2012 年、2014 年和 2016 年连续五届荣获中国城市信息化 50 强。2015 年，率先在全国实现了主城区通信基站统一规划、统一审批、共建共享；2016 年，在全省率先实现“全光网”城市，光纤和 4G 信号覆盖城区、县区、乡镇、行政村和自然村；2017 年全面达到国家“宽带中国”试点城市验收指标。截至 2018 年 6 月，新余市已经完成移动基站建设 2751 个，其中 1251 个为新余铁塔公司规划建设，新余移动、新余电信和新余联通三家共享使用；完成 NB-IoT 站点 1812 个，其中新余移动 911 个，新余电信 456 个，新余联通 445 个，网络已经覆盖全市城区、县区、乡镇和 64% 的行政村。

2. 依靠“云计算中心”实现数据资源整合

新余市在市政务云计算中心建设的基础上，建设了人口、法人、自然资源和空间地理等基础数据库，为深入推进数据资源的整合提供了数据支撑。新余市在全省率先发布市级政务信息资源共享目录，目前全市共40家单位提交共享数据282项，共享率为95%。基础数据库数据量及鲜活程度有所提高，人口信息共享数据库达3807万条数据，法人单位基础数据库达68.18万条数据，信用信息数据库达46.72万组数据，空间地理数据库中1∶500影像大比例尺地形图100%覆盖74平方公里主城区，且100%完成数据更新，目前正在升级建设国家试点智慧时空信息云平台，将空间地理数据向时间纬度延展。大数据平台汇聚户籍、婚姻、房产、公积金等181大类、数据31149.7万条。全面的数据资源整合，为“互联网+政务服务”夯实了数据共享的基础支撑。

（三）以治理为手段，综合管理应用体系广泛应用

1. 协同办公广泛应用

“互联网+政务服务”提高行政办公效率。城市公共服务普惠化和便捷化是新型智慧城市建设的目标，新余市通过推动基层公共服务建设来实现缩小城乡、区域差距，促进便民服务体系的形成。新余市持续推进现代信息技术在行政办公方面的应用，2013年1月1日数字化综合办公平台正式运行，该平台覆盖新余党政机关、群团组织、两院、军分区等组织，并探索性地实现市、县区、乡镇、社区四级无纸化协同办公，目前已接入办公单位515家、收发文达110万份。“互联网+办公平台”的建设使得干部办文办会摆脱时空限制，极大地解放了干部的思想，从而提高行政效率，同时节约政府经费，去年通过新余市“互联网+办公平台”的使用节约了经费2700多万元。

2. 信用体系加速健全

2016年4月，新余市按照“每个企业有一个信用等级、每个机关事业单位有一个信用报告、每个公职人员有一个信用档案”的工作思路，初步建立了信用建设体系“一库、三平台”（信用信息资源库、数据采集处理平台、信用应用平台和信用展示平台）——“信用新余”，完成了新余市企业、机关事业单位和公职人员的信用信息征集工作，并全部进行了信用评级。“信用新余”这一信用体系建设受到中组部和国家发改委关注，该体系的正式上线率先迈出了社会信用体系建设的关键一步。2017 年，新余市机关、公职人员、企业和社会组织四大主体的信用评级和信用档案的建立已经完成，其中包含机关事业单位 693 家、公职人员 2.77 万人，涉及企业 2.6 万家、企业信用信息 41.52 万组，单位及个人信用数据 5.2 万组。新余市将信用体系所收集的信用数据运用于干部选拔、人大政协代表提名等工作。

3. 社会治理协同融合

为了提升城市管理水平和人民群众安全感和满意度，新余市委、市政府加快推动包括视频资源在内的全社会数据的统一采集共享，实现城市从“分散管理”向“综合治理”的转型。一是织密城区公共部分视频网络。公共部分视频监控建设达到 1700 余个，覆盖到了车站、广场、学校门口及周边、人员密集地、水、电、气等重要场所，并且在全省率先在高铁地区建设了 48 个高清摄像头，加强了高铁地区的治安防控。二是启动乡镇天网高清改造。为加强乡镇治安防控体系建设，2017 年以来，新余市的分宜县、渝水区、高新区先后完成了乡镇的天网系统高清改造建设，仙女湖区目前正在实施中。三是整合交通管理视频资源。建设了以电子警察为基础的城内防控圈、以货车进城卡口为基础的主城区防控圈、以出城卡口为基础的城郊防控圈以及以城际卡口为基础的边际防控圈，真正形成了“城内跟得住、城郊卡得住，城际包得住”的全方位、立体式的治安防控体系。新余市已实现重点领域高清摄像头 100% 覆盖，564 个网格覆盖全市城区和中心镇社区，数字城管有效处置率达 93.7%。

4. 军民融合创新发展

新余市依托城市大数据平台来贯彻落实市委议军会议精神，通过与新余军分区的紧密合作来践行习总书记“军民融合、富国强军”的发展理念。智慧动员“新余点火、江西升温、全国燎原”，已经列入全军网络信息与安全、网信动员两个“十三五”规划。通过“互联网 + 国防动员”，打造国防潜力转换新链条。国防动员潜力数据增长迅速，从 2 万条增长至 180 万条；

国防动员指令耗时及物资调控时间极大地缩短，分别从 3 个小时缩短到 5 分钟、从 5 个小时缩短至 5 分钟。新余市政府已经与中科院下属公司联合成立江西新云公司，将智慧动员从江西省向全国推广，并逐步向战区和全军推广，预计江西新云公司 2018 年主营业务收入实现 1000 万元以上。智慧动员将成为智慧新余 13 大工程所诞生的第一个将知识产权转化为生产力的智慧经济产业。目前，“智慧动员”项目在全省的推广和普及工作已经被列入了 2018 年江西省军民融合的重点工程。

（四）以产业为动力，智慧经济创新发展持续深入

1. 举办首届江西智慧城市发展论坛

新余市近年来不断转换增长动力，以智慧产业为代表的新服务业正极大地促进经济融合创新发展，使新余成为江西省经济转型升级的标杆。2016 年 6 月 18 日，新余市召开了以“数创新余，智汇江西”为主题的首届江西智慧城市发展论坛，参会者来自国家、省、市以及新余浪潮、讯飞等智慧城市建设领域的著名专家学者，他们在会上为江西智慧城市的发展建言献策，其中新余智慧城市建设经验成了诸多经验中的典型。近几年，新余市先后与华为、泰豪、浪潮、科大讯飞、北京亚信等知名互联网公司签订战略合作协议。

2. 创办大数据产业园

新余市于 2017 年 2 月开始规划建设大数据产业园，6 月 22 日揭牌试运行，总投资 2.68 亿元。大数据产业园包括新余市云计算中心和“互联网 +”双创基地。其中大数据产业企业联盟是由新余市支点众创空间打造，拟将科大讯飞公司智能语音国家新一代人工智能开放创新平台、浪潮集团大数据流通与交易技术国家工程实验室等国家级科研机构、实验室的分支机构落户新余。截至 2018 年 6 月，新余市已经将 3.47 亿条政务大数据和浪潮集团的 52PB 互联网大数据及科大讯飞、泰豪集团等上市公司的分公司接入产业园；北京锐软、合肥万户、智慧动员建设公司等企业即将入驻；此外，还有十余家新余本土软件开发企业正在力争进驻产业园。新余市计划用 2~3 年的时间，实现入驻企业数量达到 50 余家，产值实现 300 亿元。

二、新余市新型智慧城市建设存在的问题

新余新型智慧城市建设通过创新探索，形成了较为完整的框架体系，在全省处于领先地位，但近年来，多年积累的一些深层次问题逐渐显现和爆发，发展后劲不足，一些做得好的地市已在多方面超越了新余。新余新型智慧城市建设主要存在以下问题。

（一）顶层设计有待完善

智慧新余建设从 2012 年开始试点实施，之后全面推进项目建设，到 2016 年智慧新余框架基本形成。智慧新余一开始就注重顶层设计，依据《关于开展智慧城市标准体系和评价指标体系建设及应用实施的指导意见》《新型智慧城市评价指标》等文件，结合新余实际，规划智慧新余建设项目，到目前累计有 58 个项目。市委市政府先后出台了《关于加快推进智慧新余建设的意见》《新余市信息惠民工程顶层设计规划》《新余市市级财政性投资信息化项目考核管理办法》《新余市新型智慧城市建设责任分工》《新余市政务信息资源共享管理办法》《促进新余市大数据发展的实施方案》等政策来规范和推进新余新型智慧城市建设。从 58 个项目结构来看，新余新型智慧城市建设顶层设计有不足之处。第一，与城市经济发展融合不足。“工小美”是新余特点和特色，也是城市发展战略。新型智慧城市如何与城市经济发展相融合缺乏深入研究，促进新型智慧城市与城市发展融合平台少，荟商项目 1 个，仅占全部项目的 1.72%。第二，新型智慧城市框架体系有待完善。新型智慧城市建设是一个生态体系，包括基础层、分析层、应用层等众多环节，其中智慧产业是非常重要的内容，对新型智慧城市建设起着支撑和推动作用。新余智慧产业非常薄弱，智慧产业发展不足。新余市重点软件和信息技术服务企业仅有 30 家，参与 03 专项的企业仅有江西新余国科科技股份有限公司、江西浪潮创投云计算有限公司新余分公司、新余美天车联网科技公司、江西八达电子有限公司、新余讯飞信息科技有限公司、江西泰恒智城公司、新余美天科技有限公司、江西川谷通讯科技有限公司、江西省千里眼物联网应用发展有限公司、新余顺风尔物联网科技发展有限公司等少数企业。

（二）信息基础设施建设有待夯实

智慧新余规划了电信信息基础设施建设及三网融合、移动信息基础设施建设及三网融合、联通信息基础设施建设及三网融合、广电城域网建设及三网融合等项目，项目进展顺利，成效显著，新余4G网络基础设施处于全省领先水平。随着03专项在全省试点，并全面实施，新余信息基础设施建设已经滞后。一是新一代移动信息技术基础设施建设在全省落后。03专项以鹰潭为标杆的核心示范区，南昌、景德镇、赣州、宜春、上饶、赣江新区为拓展区，新余仅处于辐射区位置；NB-IoT仅完成了基站的建设；“四大工程”建设全面落后，有的根本还未开展。二是城市基础设施智能化水平不高。市政管网管线智能化项目刚刚开始，交通等智能化水平有待全面提升。

（三）资金供求矛盾有待破解

资金供求矛盾突出一直是新余新型智慧城市建设的难题。从资金需求来说，智慧新余项目建设需要巨额的资金投入，例如，智慧新余时空信息云平台项目市财政已完成3800多万元投入，并要追加预算400万元，智慧规划、智慧管网管线项目预算均在1000万元以上。新余市新型智慧城市建设现投入的9.11亿元，除去四大运营商自建自营项目不需要政府投入资金外，大部分项目都是政府刚性支出。一部分项目虽然是企业在运营，但是政府购买服务支出压力也不小，例如智慧天网项目政府支付给企业的维护运营费用每年达1000多万元。另外，有些项目虽有上级政府支持，但要求地方配套资金的数额也较大。国家林业局批复给新余市的两期森林重点火险区综合治理项目，总预算是890万元，要求地方配套资金按6∶4的比例来落实，地方配套资金所占比例较大，达356万元。而从新余市财政状况来看，从2011年至2017年，由于转型升级等各种因素影响，市财政总收入总量不足，且增长缓慢。如表1所示：

表 1　2011—2017 年全市财政收入情况表

单位：亿元

年份＼指标	财政总收入	增幅	一般公共预算收入	增幅
2011	111.3	38.0%	69.4	38.9%
2012	116.9	5.1%	83.2	19.9%
2013	119.8	2.5%	84.5	2.1%
2014	126.4	5.4%	89.9	6.4%
2015	132.8	5.1%	98.8	9.9%
2016	137.2	3.3%	95.7	–3.1%
2017	144.2	5.1%	92.6	–3.2%

与此同时，全市可用财力有限，2017 年可用财力 51.8 亿元，仅占财政总收入的 35.9%。可用财力增长缓慢。如表 2 所示：

表 2　2011—2017 年全市可用财力情况表

单位：亿元

年份	可用财力	增幅
2011	44.6	16.5%
2012	45.3	1.7%
2013	46.8	3.3%
2014	50.2	7.3%
2015	48.5	–3.4%
2016	50.0	3.1%
2017	51.8	3.5%

一方面资金需求量大，另外一方面资金供给不足，导致供需矛盾突出，资金缺口较大。数据表明，2016 年除去通信运营商、企业投资以及财政已安排资金外，尚有 3.8 亿元的建设经费未落实，仅靠地方财政投入，建设经费存在很大缺口。目前，新余新型智慧城市的总投资仍面临 2 亿左右的资金缺口需要解决。

（四）“数据孤岛”“数据烟囱”有待打破

数据是新型智慧城市的核心。“数据孤岛”“数据烟囱”是新余智慧城市建设中的痛点、难点。它从根本上制约着每个项目的效果和新型智慧城市建设的整体效果。

一是垂直部门管理造成“数据孤岛”“数据烟囱”。垂直部门管理及其“十二金”工程，形成了多个相对独立的信息系统，这些信息系统形成了大量的数据分散在各个部门和行业之中，由于受利益等各种因素的制约和影响，数据难以共享和整合，形成了“数据孤岛”“数据烟囱”。例如水利系统的城市排水防涝数字化管控平台、两期森林重点火险区综合治理项目均未能实现全市共享共用。

二是技术标准不一造成“数据孤岛”。由于各个信息系统的标准不一，数据不能对接和共享。例如在乡镇（街道）、村（社区）都有接入的公安、民政、计生等信息系统，但是它们的数据之间没有对接，也无法共享。以新余市社区综合服务平台为例，其建设规划本是打造一套融合网上办事、公共服务、政府监督、社会管理等多项业务功能的便民服务系统。但在实际运用中，由于社区平台所承载的各子平台均接入相关职能部门的自建系统，于是形成了整个社区综合服务平台无法达到互联共通、信息共享的局面。居民来社区办事，从单一事务来看，确实起到了让“群众少跑路，数据多跑路”的效果，但各个系统之间无法形成数据共享，市民可能需要重复提交相关数据与材料，社区工作人员也需要在不同系统之间重复性劳动，反而给社区工作徒增任务，给市民办事造成不便。

三是由于部门利益及安全、管理等原因导致数据不能共享融合。部分市级部门的业务数据尤其是元数据或相关数据库等，往往以涉密或敏感为理由，拒绝交互共享，转而将这些数据“据为已有”，以此成为自家单位利益的工具，导致“数据孤岛”。时空信息云平台项目已基本建成并试运行，目前向平台推送数据的只有市政务信息平台，而使用平台数据的只有市社区数字化综合服务管理平台、市能源与环境监测管理中心综合管理平台、工业能耗监管系统、建筑能耗监管系统、新能源与可再生能源监管系统、城市照明能耗监管系统、安全生产应急管理平台、市住房保障信息管理平台、数字城管平台等十二个平台。

（五）大数据产业发展有待发力

大数据产业作为一种通过对其他行业在制造、流通、销售、服务等环节的海量数据进行收集分析，从而引导各行各业在生产与销售等方面不断优化改造的新业态，是促进智慧产业发展的重要支柱。新余市 2016 年开始尝试“金矿变土壤”的思路，着力转化智慧新余建设成果，大力发展新余市大数据产业。就新余大数据产业园的情况来看，新的企业入驻很少，在孵企业基本没有，大数据产业园发展情况不容乐观。大数据产业发展不足，急需再发力。

一是产业规模的“含金量”不足。从统计上看，2017 年新余大数据产业主营业务收入虽然有 3899953 万元，但新引进的大型 IT 企业数量（12 家）和主营业务收入很小，2017 年产值 4812 万元，仅占比千分之一点二。本土互联网产值 24115 万元，占比 5.49%。如表 3 所示：

表 3　新余市大数据企业近三年主营业务收入

单位：万元

大数据产业企业	2015 年	2016 年	2017 年
传统通信运营商（4 家）	170622	275171	207276
新引进的大型 IT 企业（12 家）	0	2280	4812
本土互联网企业（900+）	123912	187341	214115
电子商务（电商 200+，网店 6000+）	1615740	2571500	3473750
合计	1910274	3036292	3899953

大数据产业企业缺乏专业的采集和处理环节，目前数据采集和加工仅集中在少数行业和企业，如电信、金融和电子商务行业以及科研领域，而从事数据收集分析应用，提供软件与信息技术服务的企业注册资本合计约 63.09 亿元，占比不足 15%。大数据产业发展还只是处于起步阶段。

二是大数据产业总量偏小。相对大数据产业发展较好的地方，比如贵州贵阳市 2017 年大数据产值总量达到 1300 亿元，与之相比新余差距不小。从发展趋势上看新余面临的压力也不小。鹰潭市借助 NB-IoT 的先发优势，大力发展物联网产业，设立规模 1 亿元的物联网产业引导资金和 50 亿元的物联网产业发展基金，计划到 2020 年，物联网产业规模达到 300 亿元。

上饶市围绕“江西省数字经济示范区”，以大数据重点项目建设为抓手，大力实施“2251”工程。目前，上饶大数据产业建设进展顺利，平台建设方面，7100 亩数字经济小镇的一期规划 2000 亩大数据创新应用园区，中科数创园、大数据孵化中心等重点项目正在抓紧建设；企业引进方面，已引进大数据企业及关联企业 640 余家，其中规上企业 30 余家。宜春市围绕建设“省内领先、全国知名”的大数据产业强市目标，出台“33 政策”，从用地保障、人才培养、税收征返、科技创新等方面给予大数据产业发展全方位支持。规划万亩以大数据为核心的智慧经济产业特色小镇。华为大数据中心、天立国际教育集团、蚂蚁金服、中国网库等项目相继落户。我省大数据产业发展已呈现你追我赶，千帆竞发的态势，发展慢了也是落后。

三、打造新型智慧城市建设的对策与建议

（一）优先顶层设计，提升新型智慧城市整体效率

顶层设计是智慧城市的纲。应把新型智慧城市的创新探索和顶层设计有机结合起来，优先顶层设计，充分发挥顶层设计的龙头作用，以顶层设计引领新型智慧城市建设的生态构建，统筹协调推进新型智慧城市建设，提升智慧城市整体效率。

1. 明确顶层设计的主体

丰富、拓展、深化新余市新型智慧城市建设工作领导小组的职能职责，明确其为新型智慧城市顶层设计的主体。新型智慧城市建设工作领导小组要明确责任分工，切实履行事前规划设计、事中协调推进、事后督查反馈的职责。新余信息化服务中心是新余新型智慧牵头、协调、推进单位。配强配优新余信息化服务中心，使其职责与能力相匹配，切实改变“小牛拉大车”的现状。从新余新型智慧建设的现实需求出发适当增加信息化中心编制职数，积极引进优秀人才，特别是要引进懂技术、精业务、通管理，勇于开拓创新的各类复合型人才。要扩大新型智慧城市顶层设计的主体范围，依托新型智慧城市研究中心江西分中心落户新余的优势，引进新型智慧城市研究专家参与新型智慧城市顶层设计，同时要引入企业家代表、市

民代表、承建单位代表、社区代表等社会各界代表参与新型智慧城市顶层设计，使新型智慧城市顶层设计更加科学合理，充分全面反映城市需求，体现城市特色、发展方向和发展规律。

2. 明确发展方向和重点

新余新型智慧城市建设要以党的十九大精神和习近平新时代中国特色社会主义思想为指导，从更高层次上贯彻落实习近平总书记对江西工作的重要要求，按照市委八届六次全会的部署，以新发展理念为引领，坚持问题导向，发挥特色优势，补齐短板弱项，着力打造新型智慧城市建设生态。围绕打造全国领先，特色鲜明的新型智慧城市的建设目标，以服务民生为核心，以智慧应用为突破口，以数据融合、共享为重点，以产业融合为发展方向，统筹协调推进新型智慧城市建设。

3. 明确创新完善新型智慧城市建设的框架体系的方向和途径

围绕"工、小、美"的城市定位、发展目标以及打造"五个高地"的城市发展战略，着力推进创新创业，着力推进智慧产业的发展，着力推进产城融合发展，着力打造以智慧产业为原动力的新型智慧城市建设的框架体系，促进新型智慧城市的可持续健康发展。2017 年的《创建新型智慧城市建设工作任务一览表》所规划的一批项目最晚完成的时间是 2019 年。因此要根据新的新型智慧城市建设框架体系，规划设计一批 2019—2023 年五年规划发展项目。

（二）夯实智慧城市基础，推进新型智慧城市可持续发展

城市基础设施是新型智慧城市的基础保障。要随着信息技术的创新和深度运用，夯实新型智慧城市基础设施建设，推进新型智慧城市可持续发展。

1. 加快 4G 网络建设和深度覆盖

加快推进 4G 网络建设和升级改造，提升 4G 网络质量，实现全市乡镇行政村 4G 网络深度覆盖。实现城市家庭用户宽带网络接入能力 100 兆以上、农村家庭用户宽带网络接入能力 50 兆以上。城市家庭固定宽带接入用户普及率 99%，固定宽带光纤接入用户渗透率 99%，城市常住人口 3G 制式及以上移动宽带用户普及率 90%。

2. 加快推进 NB-IOT / eMTC 网络部署

进一步优化 NB-IOT，提升 NB-IOT 网络覆盖深度和广度，实现全市 NB-IOT 网络全覆盖。加强 5G 调研的前期准备工作，争取国家、省各项政策支持，积极筹划推进第五代移动通信（5G）建设。

3. 加快推进共享数据云平台、数据交换平台、安全管理平台、地理信息共享平台、大数据共享平台五大基础平台建设

提升完善五大基础平台功能，推进基础平台与其他应用之间的对接，积极推进标准化工作，促进数据的共建、共享和融合。

4. 加快推进城市基础设施智能化改造

推动地下管网、交通、水电、环保设施等智能改造，发展智能管网、智能交通、智能电网、智能水网、智能环境监测等。打牢基础，提升城市运行管理智能化水平。

5. 加快推进移动互联网、物联网、云计算、大数据、人工智能等新一代信息技术的创新运用

加强基于移动物联网的感知设施规划布局，结合市政设施、网络设施及行业建设，同步部署复合传感器节点等各类感知设施。建立城市级物联网接入管理与数据汇集平台，推动感知设备统一接入、集中管理和数据共享利用。

（三）深化改革开放，破解新型智慧城市痛点、难点

"数据孤岛""数据烟囱"，数据不能共享融合，是新型智慧城市建设的痛点、难点，要深化改革开放，破解痛点、难点。

1. 深化各部门的职能改革

应结合本轮机构改革，优化、整合相关部门职能，探索建立全市统一的大数据管理局。系统规划、统筹协调，总体部署和整体推进，统一整合加强市、县（区）的新型智慧城市建设管理机构职能，成立具有行政管理职能的大数据管理局，作为各地新型智慧城市建设管理的常设部门，负责本地区数据共享融合和网络、数据安全发展战略、宏观规划和重大政策的贯彻落实和执行。建立数据开放机制，制定政府数据开放目录，推进数据资源向社会开放，鼓励和引导企业、行业协会等开放和交易数据资源，深

化政府数据和社会数据的融合。推动本地新型智慧城市建设和智慧产业融合发展，发挥主导与协调作用，打破部门利益壁垒，形成新型智慧城市建设合力。

2. 从更高层面推进数据的共建、共享和融合

从省级层面打破条块分割和部门隔阂，整合政务信息资源，严格按照统一的技术标准和业务规范建设应用系统，防止产生新的“信息孤岛”。第一，建立完善的信息资源管理体制，打破条管部门利益壁垒，理顺各部门的数据信息，实现对信息资源的共享和开发利用。第二，建立科学合理的信息管理制度和标准体系，扎实贯彻国家和省里制定的数据共享文件，对信息资源进行整体规划和统一部署，消除信息孤岛的产生。第三，将省级层面共享的数据，向各地市共享开放。在省级层面打通发改、公安、人社、卫生、税务等行业的信息化系统，向各设区市提供标准统一、互联互通、可共享利用的数据接口，让群众要办、想办的事，真正实现“一网”通办。

（四）多方筹集资金，打破新型智慧城市发展瓶颈

资金是新型智慧城市建设的血液。只有充裕的资金支持，才能保证新型智慧城市建设的连续性。

1. 继续争取上级资金支持

新余新型智慧城市建设框架体系较为完整，基础较好，要加强宣传，主动对接国家、各部委和省委省政府，争取成为更多的试点示范地或单位，根据城市需求，积极申报项目，争取各类项目获得国家、省委省政府的资金支持。

2. 充分发挥财政资金的杠杆作用

新型智慧城市建设重点项目的资金要列入财政预算，严格执行《新余市市级财政性投资信息化项目考核管理办法》，明确各部门项目必须由信息化主管部门把关，对项目建设资金进行统筹，提高资金使用效率。

制定科学合理的政策，引导各类资本参与新型智慧城市建设。对于同基础性、公益性、服务类、收益性、产业类等不同类型项目，采取不同投入投资运营模式。探索商业运营模式，采取国有控股、民营实施、服务外包、特许经营、完全市场化等多元模式有效吸引社会投资。积极探索实践

"公私合营合作制"，即政府和社会资本组成项目公司，针对特定项目或资产签订特许经营合同，并负责项目设计、融资、建设、运营。

（五）优化发展路径，突出新型智慧城市特色

新型智慧城市建设要突出城市特色。围绕新余城市特点、城市发展战略、城市需求，打造全国领先，特色鲜明的新型智慧城市。

1. 放大"智慧动员"品牌效应，深度普及推广智慧动员项目

新余创建"智慧动员"的"江西模式",是新余市新型智慧城市的亮点，对于新余以至全省全国都有示范和标杆作用。深入总结、深度挖掘 、深情推广"智慧动员"经验成果,丰富和拓展其内涵,将其打造成叫得响、过得硬、传得远的品牌。

（1）打造军民融合品牌。积极推动新余国科等军工企业树立信息慧民理念，融入和助力地方经济发展。积极开展企业信息化、智能化的转型升级和新产品研发。以参加"新一代宽带移动通信网"成果转化试点示范应用成果展为契机，在移动物联网领域新产品、新技术示范应用中展现新作为，发挥引领示范作用。

（2）打造知识产权产业化品牌。鼓励自主创新，发挥创新引领第一动力的战略作用。鼓励企业、大学、科研院所在移动物联网领域新产品、新技术中聚焦原始创新、集成创新，创造一大批原创成果。进一步推动开放创新，加强与企业、大学、科研院所的深度合作，联合研究院、实验室，建立新型研究机构，实行市场化的运作和管理，推动知识产权的生产和运用。新余市政府已经与中科院下属公司联合成立江西新云公司，是智慧新余 13 大工程所诞生的第一个知识产权转化生产力的智慧经济产业项目。要推广这种经验模式，形成知识产权井喷增长，知识产权产业化有序推进的大好局面。要在市场开放、政府采购、金融支持、政务服务等方面对知识产权产业化项目提供全方位的政策支持，让科技创新实实在在引领新型智慧城市建设。

（3）打造政府与社会资本合作（PPP）品牌。"智慧动员"是新余政府与民营资本合作的成功典范。推动政府与社会资本合作（PPP），首先建立利益共享机制。项目要立足于长期合作，注重利益共享、风险共担，确保

项目的长期运营，为社会资本带来稳定的预期收益，实现政府和社会资本的双赢。其次，要为发展新型智慧城市合作项目投融资、项目运作、风险管理等方面提供优质服务和政策支持。

2. 紧扣“五大高地”决策部署，深入推进新型智慧城市重点项目建设

打造“五大高地”，新余再铸新时代“工小美”新辉煌，实现高质量发展、跨越式发展的重大战略，是新型智慧建设与城市融合发展的主攻方向，是打造特色新型智慧城市的发展途径。

（1）围绕打造改革高地，推进智慧政务项目建设。推动改革不断深化，着力打造“五型”政府、“四最”营商环境，以“群众少跑腿，数据多跑路”为目标，全面提升服务水平和质量，实行“联合办、延伸办、网上办、全通办、特别办”，深入推进新型智慧政务项目建设。

（2）围绕打造民生高地，推进智慧民生项目建设。服务民生，让城市生活更加美好是新型智慧城市的根本。推进新型智慧城市建设要注重城市居民的需求，关注居民的痛点、难点、焦点，体现居民诉求。要加大宣传力度，让更多的市民知晓、参与、融入新余市的智慧城市建设，不断提升满意度。要加强终端建设，提升市民体验。围绕居民关注的智慧生活设施、医疗系统、民生服务、生态环境等方面统筹推进新型智慧城市建设。

（3）围绕打造传统产业高地，推进传统产业和新一代信息技术的融合发展。以新钢集团公司升级改造工程为契机，大力推进传统产业信息化改造升级项目。以电子商务推动企业营销渠道的信息化，打造产供销一体化、金融物流为增值服务的电商平台，推动互联网、大数据、人工智能在产品设计、生产制造、经营管理、销售服务、节能低碳、安全环保等全流程、全产业链、全方位的综合集成应用，推进制造过程的数字化和智能化。

（4）围绕打造新动能高地，推进新一代信息技术创新运用和产业化。以江西沃格光电 ERP MES 优化及信息化应用项目、江西盛泰光学 2017 年江西新一代信息技术产业项目（高端摄像模组产业化项目）、江西木林森光电 2017 年申报制造业“双创”平台试点示范项目（木林森“双创”平台试点示范项目）等项目为示范和引领，推动新一代信息技术在光电信息产业、新能源产业、装备制造业等领域创新运用。实施“互联网 + 制造”

工程。推动互联网和制造业深度融合，大力推动制造业的数字化、个性化、智能化。

（5）围绕打造党建高地，推进智慧党建工程。新余是全省第一个、目前也是唯一个全面推进创建“共产党员示范市”的城市。共产党员示范市是新余党建工作的创新，是新余贯彻落实党的十九大精神的鲜活实践，得到省委、省政府的充分肯定，是新余党建工作的品牌，是新余文明城市重要标志，更是促进新余经济社会发展的根本保证和强大动力。要积极推进智慧党建工程，建设智慧党建数据库，动态感知、收集共产党员示范市数据状态，及时分析处理反馈，全面提升共产党员示范市的力度和成效。

（六）大力发展大数据产业，促进智慧城市建设与经济发展融合

大数据产业是新型智慧城市建设的核心内容，也是促进新型智慧城市建设与城市经济融合发展的桥梁和纽带。

1. 优化大数据产业发展环境，形成大数据产业发展的浓厚氛围

一是打造贴心的人才环境。将引进人才与引进项目相结合，强化人才管理，实行人才分类及动态管理，及时掌握各类人才信息，优先引进带项目的人才，瞄准移动通信网络技术关键环节和核心领域，引进高端人才、科技领军人才和行业紧缺人才。对符合需求的领军人才和有突出贡献的优秀人才给予奖励或补贴。切实解决人才所关心的配偶就业、子女上学、职务待遇以及创业启动资金等问题，解决他们的后顾之忧。二是打造暖心的政策环境。对于大数据和相关产业项目要在用地保障、项目规划、劳动用工等方面优先安排，在税收、金融、公共服务等方面提供高质量服务。尤其要从战略上提高对新余大数据产业园重要性的认识，完善各种配套服务，降低企业创业成本。

2. 大力培育大数据产业市场，扩大市场总规模

（1）抓住新宜吉六县跨行政区转型合作试验区建设的契机，扩大市场总规模。抓住新宜吉六县跨行政区转型合作试验区建设的契机，积极推进智慧城市建设一体化进程，加强顶层设计，坚持利益共享、风险共担的原则，从实际出发，起航智慧城市，扩大应用市场总规模，提升新余对周边地区企业的吸引力。

（2）政府示范引领培育市场，推动产业发展迈向新水平。政府部门和公用事业单位的大数据应用项目向本着公开、公平、透明的原则，向外公开招标，以实实在在的市场、实实在在的项目、实实在在的态度吸引全国各地的优秀企业和人才。鼓励企业、行业有条件地开放大数据应用市场。建立大数据交易平台，为企业提供优质公共服务，打造特色突出的大数据应用产业链。

3. 搭建大数据产业发展平台，提升大数据产业发展后劲

（1）加强大数据产业园的建设，夯实大数据产业基础。要积极提升大数据产业配套服务水平，引进风险资本、银行等各类金融机构，努力破解资金短缺难题。争取产业园成为国家、省级重点项目，争取更多的政策支持和资源优势。

（2）利用现有的新余支点创新创业孵化器、渝郎返乡、电商、创业大学等平台，形成大数据产业发展的井喷之势。结合双创活动和平台引导更多的企业和创业者进入大数据领域发展。对他们提供用地、用电、办证等便利，提供创业指导和培训。要探索成立政府主导的大数据产业基金，为大数据企业和创业者提供更多的金融服务和资金支持。

（3）建设大数据产业科技创新平台，激发大数据产业发展的原动力。鼓励企业、科研院所建立大数据研发中心，开展关键技术和共性技术研究，加快推进科研成果转化，形成具有知识产权的大数据产品和产业。支持联合创新、开放创新，对大中小企业的科技创新提供一定的财政补贴，支持大中小企业联合创新，包括大数据相关理论研究、技术研发、数据共享、应用推广等，形成开发合作、协同发展的大数据技术、产业和应用生态体系。

4. 培育大数据产业发展主体，完善大数据产业链

（1）吸引国内知名 IT 公司及产业链中下游企业植根新余。加大对国内大数据领域知名企业的招商力度，吸引其在新余设立分公司，政府在政策层面给予更多支持，分公司向集团公司申请更多的技术及资金资源，带动更多中下游企业落地新余。争取在五年内吸引大型企业 5 家，引流或培育本地中下游企业转型 35 家以上，达到 45 亿元规模。

（2）吸引各类 SAAS（软件即服务）、DAAS（数据即服务）云落地新

余。突出特色和优势，新余市可将招商和发展重点集中在附加值更高的大数据应用和服务上，吸引国内领先及行业排名靠前的工业云、物流云、普惠金融云、商旅云等行业云服务提供商落地新余，政府给予更多的政策支持和试点示范的土壤，并帮助其在全省、全国推广，引导其把行业云总部设在新余，将云服务流通过程中产生的数据流、信息流、资金流留在新余，形成产城效应，成就大数据经济，努力打造新余的大数据“独角兽”企业，争取在五年内吸引、培育云服务提供商 10 家以上，达到 80 亿元规模。

附录

智慧城市重点项目建设情况一览表

一、已经建成的重点项目：36 个

市统一电子政务外网、市人民政府门户网站（“中国 · 新余”）、政务网共享数据云平台、统一数据交换平台、数字化综合办公平台、市政务服务网、“一窗式”综合服务平台、市人口共享基础数据库、智慧动员平台、市社区数字化综合服务管理平台、智慧天网、市居民家庭经济状况核查系统、12345 服务热线、公共交通电子支付、“多险合一”系统、新余市运营车辆指挥中心、市能源与环境监测管理中心综合管理平台、工业能耗监管系统、建筑能耗监管系统、新能源与可再生能源监管系统、交通运输能耗监管系统、城市照明能耗监管系统、智慧环保平台、社会保障卡“一卡通”平台、安全生产应急管理平台、食品药品安全应急平台、数字文化网、市住房保障信息管理平台、电子政务统一监察系统、数字城管平台、市绩效考核系统、电子政务统一监察系统、市科技创新服务平台、排水水质监测管理系统、城市排水防涝数字化管控平台、智慧物流平台、农村土地承包经营权流转信息平台

二、在建的重点项目：16 个

电信信息基础设施建设及三网融合、移动信息基础设施建设及三网融合、联通信息基础设施建设及三网融合、广电城域网建设及三网融合、智

慧城市时空信息云平台、自然资源与空间地理基础数据库、法人单位基础数据库、“信用新余”社会信用平台、全民健康卫生计生综合管理信息系统、公安智能交通运行指挥平台、智慧旅游平台、公共法律服务平台、教育资源公共服务平台、市住房公积金综合服务平台、新余市出租汽车行业监管系统、新余市云计算大数据中心

三、筹建的重点项目：6 个

市政务数据共享开放平台、市政务大数据资源中心、政务大数据普惠金融试点工程、市政管网管线智能化监测系统、城市一卡通平台、24 小时政务服务自助区

以 NB—IOT 为特色推进鹰潭新型智慧城市建设

祝春明　黄建影

摘　要：建设智慧城市，是提升政府行政效率的必然选择，是打造富裕美丽幸福鹰潭的重要内涵，是推动经济转型升级的重要引擎。近年来，鹰潭市新建、包装一大批项目，整合一大批资源，打造国内极具特色的物联网产业集聚区，全方位地实现城市的智慧化，新理念引领和新技术的支撑，带来了管理新手段、产业新业态、百姓新体验，赋予整个城市全新的智慧和内涵。鹰潭市先后被列为国家智慧试点城市、国家信息惠民试点城市、国家电信普遍服务试点城市、国家窄带物联网试点城市，鹰潭市建设“智慧互联、普惠共赢”的智慧城市由此迈开了坚实的步伐。

智慧城市是运用物联网、云计算、大数据、空间地理信息等新一代信息技术，促进城市规划、建设、管理和服务智慧化的新理念和新模式。建设智慧城市，对加快工业化、信息化、城镇化、农业现代化融合，提升城市可持续发展能力具有重要意义。实践证明，经济增长速度放缓之时，正是信息化加快发展之机。

一、鹰潭新型智慧城市建设的宏观背景

（一）新一轮信息技术革命到来

当前，学科交叉融合加速，新兴学科不断涌现，前沿领域不断延伸，

新一代信息技术创新异常活跃，技术融合步伐不断加快，催生出一系列新产品、新应用和新模式，其正处于跨界集成和群体式突破爆发期，数据采集的传感技术、数据传输的网络宽带技术、云计算技术、数据存储技术、数据共享的云平台技术、大数据、云计算、人工智能、移动物联网等技术发展突飞猛进，大数据深刻改变高端存储发展方向，云计算深度变革高性能计算发展模式。人工智能全面提升感知能力，软件定义推动通信网络加速向智能化演进，大数据、物联网、云计算、人工智能等信息技术与经济社会各领域、各行业的融合和跨界融合，推动城市治理模式、产业经济发展路径不断创新，为鹰潭新时代进程中实现后发赶超提供了可能性。

（二）智慧城市纳入国家战略

当前中国智慧城市产业进入一个全新的发展阶段：由国家层面引导的“新型智慧城市”建设开始起航，2014 年，国家出台《关于促进智慧城市健康发展的指导意见》，智慧城市建设首次上升到国家战略高度。此后，又陆续出台一系列技术、产业、标准、人才等相关政策，体系化推动智慧城市全面发展。2016 年，国家网信办在全面调查和摸清全国智慧城市建设情况的基础上，面对智慧城市建设遇到的新挑战和新要求，提出了新型智慧城市的概念，并且牵头组织国家发改委等 26 个部委联合推动新型智慧城市建设。制定新型智慧城市评价指标体系，以评促建引导新型智慧城市健康规范发展。网信办提出了以点带面的建设思路，确定深圳、福州、嘉兴三个城市为新型智慧城市标杆市。12 月，国务院发布《“十三五”国家信息化规划》，明确提出到 2018 年要分级分类建设 100 个新型示范性智慧城市，由此正式拉开了国内新型智慧城市建设的序幕。

（三）国内智慧城市建设模式众多

早在 2012 年，住建部就率先推动了智慧城市的试点，我国多个智慧城市试点已经建成了自己的特色模式，包括上海、银川、杭州、深圳、重庆等在内的城市智慧应用亮点繁多，不但拥有全国可效仿的优秀案例，其模式被海外城市作为样板学习。

上海将智慧城市建设作为城市创新转型的重要支撑，推动实施了两个“三年行动计划”。上海着力深化信息化与经济社会各领域深度融合，围绕民生诉求“补短板”，着力打造智慧城市五大“新地标”：智慧社区、智慧商圈、智慧村庄、智慧园区、智慧新城。智慧银川在解决交通拥堵、环境恶化等城市病功能的基础上又增加四项功能，最终形成了五大功能：化解城市病、市民的精细化服务、驱动产业衍生与发展、创新城市管理模式和促进行政审批体制改革；杭州不仅是全球最大的移动支付之城，也是“新型智慧城市”的标杆。杭州市民通过支付宝城市服务，可以享受政务、车主、医疗等领域60多项便民服务。重庆提出要以生态环境、卫生服务、医疗保健、社会保障等为重点建设智慧城市，提高市民的健康水平和生活质量，打造“健康重庆”。

（四）省级强化智慧新城引导和支撑

江西省高度重视智慧城市建设，多措并举不断加强智慧城市发展顶层规划指引和实施路径规范。省住建厅、发改委、工信委2014年联合发布《关于推进我省智慧城市建设的指导意见》，明确江西省智慧城市建设的四大任务十六项工程。积极组织各地市、区县启动智慧城市建设，萍乡市、鹰潭市、吉安市、新余市、南昌市红谷滩新区、婺源县等十一个地市区县先后成功入围国家级智慧城市建设试点。2015年，江西省在全国率先制定和发布《智慧城市建设基本指导目录（试行）》，围绕城市管理、公共服务等重点领域，推出智慧城市建设内容指标体系，包括4个一级目录、43个二级目录，涵盖信息化基础设施、产业发展、城市管理、公共服务等重点领域，建设内容按照轻重缓急分为“必选”和“可选”两大类，供各地市在智慧城市建设实践中参照执行。此外，省政府积极与市场展开对接，与中国联通签署江西“智慧城市”建设战略合作协议，积极探索智慧江西市场化建设和长效化发展机制。省级各项战略举措为鹰潭智慧城市建设提供了强有力的宏观发展指引和机制保障。

二、鹰潭新型智慧城市建设中要避免的认识误区

当前鹰潭市抢抓国家智慧城市试点、国家信息惠民城市浅试点和电信普遍服务试点机遇，围绕用新理念引领，用新技术支撑，产业发展有新业态，

政府管理有新服务，百姓生活有新体验来推动智慧城市建设，为更好地推进智慧城市建设，应避免以下认识误区。

误区一：一次性的速成论

有人认为智慧城市创建可以在较短时间内完成，通过设置大量的项目，希望通过完成这些项目快速建成智慧城市，甚至还有人认为智慧城市是一次性工程、交钥匙工程，项目交给信息技术厂商就万事大吉。

这些认识都是片面的，智慧城市建设是一项长期任务，只有开始没有结束。这是因为，一，信息技术日新月异，新技术必将给智慧城市建设带来新手段、新办法；二，智慧城市的智慧不是仅仅停留在系统和平台的建设，更核心的是数据的汇集、存储、处理和应用，智慧的体现是一个动态的、长久的过程；三，人们追求美好生活的愿望和要求不会停止，在智慧城市建设中城市新的痛点会不断出现，需要不断优化和创新。

误区二：信息技术主导论

有人认为智慧城市建设是信息产业部门的事，属于信息技术范畴的事，参考信息技术厂商的方案就可以基本实现智慧城市建设；还有人认为智慧城市建设就是数字化、信息化的过程，只要找一个好的信息技术支撑公司就可以实现。

这是错误的认识，在智慧城市建设中，信息技术只是解决城市问题的手段和支撑，智慧城市建设离不开信息技术，但智慧城市建设不局限于互联网物联网云计算和大数据，还要推进技术融合、业务融合数据融合，实现跨层级、跨系统、跨部门、跨业务的协同管理和服务，重塑城市治理体系与治理能力。因而，要由城市问题专家、政府管理部门参与甚至主导智慧城市设计，IT 企业提供技术支撑，几方长期协调，才能避免智慧城市建设成为以技术为风向标的建设，让技术牵了智慧城市建设的鼻子，落入技术导向误区，避免智慧城市变成花架子、高大上的面子工程。

误区三：单纯依赖政府投入论

有人认为，智慧城市建设是政府的事情，主要是政府投入，企业进入智慧城市建设就应该是传统的“接单式”商业模式，这种由政府独自投入资金的模式，很难满足智慧城市建设资金需要，很有可能导致智慧城市建设难以为继。

在智慧城市建设的过程中，更应该广开投融资渠道，创新投融资模式，充分发挥资本市场作用，逐步建立以政府投入为导向、企业投入为主体、社会投入为重要渠道的多元化投融资体系，以政府扶持资金带动更多的社会资金投入建设。

可根据项目特点，公益性的按公益的处理，商业性的完全可以按照商业的模式去处理，对于政务型、涉密要求高、投资规模不大、运营维护成本较低的建设运营项目，政府可以独立投资；对于投资规模大、公益性质强的建设运营项目，建议采用政府向建设运营企业购买服务方式或 PPP 方式；对于涉密要求不高、投资规模灵活、运营维护要求中等、直接面向公众、应用内容丰富的建设运营项目，可纯粹通过市场化方式运作。唯有此才能使智慧城市建设顺利推进。

三、鹰潭新型智慧城市建设的现状

（一）基础建设日趋完善

1. 信息基础设施能级进一步提升

近年来，鹰潭市在“宽带中国”的总体战略部署下，不断加大宽带基础设施投入，持续推进宽带网络基础设施建设和升级步伐，现已形成了覆盖全市各县（市、区），集 IP 化、宽带化、融合化为一体的城市光纤宽带网络。宽带接入速率逐步由以 4-8Mbps 主转变为以 8-20Mbps 为主。新建小区和核心城区全部实现光纤接入，最高接入带宽达到 100Mbps，城区其他地方也积极推进光进铜退、光纤化改造工程。鹰潭市固定宽带网络设施的快速发展为智慧城市建设和应用提供了基础。

通过推进“无线城市”建设，大大提高了无线网络的覆盖能力，已实现城区及县城 2G/3G 网络 100% 覆盖，热点区域 WLAN 覆盖，建成有线无线一体化的高速宽带网络，提供无处不在、无缝覆盖的宽带服务。

鹰潭实现了 NB－IoT（窄带物联网，Narrow Band Internet of Things）网络全覆盖，同步实现了 NB－IoT 业务终端与物联网业务平台的双向数据传输，鹰潭的 NB – IoT 网络不仅建成了网络，而且还具备了业务的实用功能。

2. 建设基础数据库

全市完成了人口、法人、宏观经济、地理信息四大基础数据库和数字鹰潭统一门户管理系统、信息资源目录管理系统等 14 个重点应用系统的设计开发。在四大基础数据库中，地理信息基础数据库结合目前全市“三规合一”工作，在原来的基础上进一步升级，建成了一库一平台和五个典型应用系统，人口数据库支撑社区管理系统。

3. 建设政务外网，建成市、县、乡三级的电子政务网络

全市 169 个市直部门、6 个县（市、区）、60 个乡镇 100% 接入政务外网,非涉密委办局均实现基础信息资源共享的网络连通,实现全市“一张网”互联互通。

4. 建设了市级公共信息平台，实现 10 家部门接入

鹰潭市按照国家住建部《智慧城市公共信息平台建设指南（试行）》标准要求，基于政府公开数据搭建了面向全社会的公共信息平台，实现市人社局、市国土局、市市场监管局等 10 家部门接入，数据资源目录 88 个，指标总数达 1950 条，并进行数据对接，实现数据实时同步，资源交换总条数 42 万条。实现系统层数据对接，达到数据实时同步。

5. 建设云数据中心

按照网络整合、设备整合、机房整合的集约化理念，建成全市统一的 600 平方米的 B 级数据中心机房，大楼所有党政机关的机房全部整合到数据中心机房，不再单独另建机房。依托华为的云平台技术，搭建了 768 核 CPU、4864G 内存、65T 存储容量的智慧鹰潭政务云,为鹰潭市公共信息平台、鹰潭市电子政务综合办公平台、公共资源交易系统等 10 多个系统提供了 IAAS 基础硬件服务。

（二）智慧应用逐步推进

1. 打造“腾讯 + 鹰潭城市服务”平台

市政府与腾讯公司开展深度合作，将交通出行、医疗、社保、教育、户政等 24 项惠民服务事项，整合到腾讯公司微信公众平台，为广大民众

提供更便捷的城市公共服务。2016 年 4 月，“互联网 +”鹰潭发布会暨智慧鹰潭服务平台、腾讯城市服务正式上线运行。

2. 综合办公“一平台”

2015 年 10 月建成市、县、乡三级的全市统一电子政务综合办公平台，公务处理不再受时间和地点限制，极大提高了办事效率。一年多来，市本级 145 个单位通过市级办公平台签发文件 6055 件，签收文件 198995 件，处理文件 1156560 件；县（市、区）281 个单位通过县级办公平台签发文件 219 件，签收文件 996 件，处理文件 6632 件，节约办公经费约 1000 万元。

3. 网上审批“一网通”

完成网上审批系统升级改造，建成并联审批系统，固化 9 个大项 105 个小项联审联批项目，实现建设项目、企业注册并联审，企业注册登记审批时限由 35 个工作日缩减为 14 个工作日，建设项目累计审批时限从 140 多个工作日缩减为 30 个工作日。

4. 便民查询“一号通”

推进“拨通 12345、1 个号码找政府”，整合优化各职能部门的咨询、投诉、举报平台功能，建立统一的电话呼叫中心、网络受理中心、政务微博微信互动中心受理平台。除 110、119、120 等应急电话外，首批 22 个部门的服务热线全部整合到 12345 政务综合服务热线，相关咨询和诉求一号受理，后台批转督办，市民不再费力记多个号码，办事时间平均缩短至 1.6 个工作日，提速超过 90%。

5. 创新“互联网 + 社区服务”

在全省第一个建成联通共享的城乡社区网格化服务管理信息平台，将空间地理信息系统与人口信息管理系统有机结合，实现了“人—房—网格—地址”动态关联，形成了“市、区、街、社区、网格”五级联动的运行模式。

6. 推进“互联网 + 健康”

全省第一个实现“多险合一”，居民免费发放社保卡覆盖率超过 96%，实现养老、医疗、工伤、生育、失业五个险种统一征缴、参保人员社会保险“同人同城同库”管理、省内异地就医和一卡通用，持卡居民享受社会保险缴费、查询、待遇领取、诊疗挂号、诊费结算、异地就医和小额支付等便捷服务。建成区域卫生信息化平台和“阳光医药”试点，形成了被全省推广的“鹰潭模式”。居民电子健康档案覆盖率超过95%，全市所有基层医疗机构、42个乡镇卫生院和2个三级医院整体接入“阳光医药”系统，方便了居民查询检查记录、就诊治疗。

7. 推进“互联网+旅游”

建成龙虎山智慧旅游体验中心，改善和丰富了游客的旅游体验。推出龙虎山景区官方微信平台，推介旅游全要素信息和旅游资讯，“导航、导览、导游、导购”的智慧服务体系日趋成熟，是全省首个提供免费无线上网服务的景区。2015年智慧龙虎山被评为中国智慧旅游创新项目TOP10。

8. 探索“互联网+交通”

在全省率先建成校车运行信息化监测平台，对学生乘车、校车超载、超速、改变行驶路线和事故等进行动态监测与智能提示，帮助家长和教育部门实时掌握学生上下学的安全情况。采取市场化运作建成45台智能电子公交站牌，可提供公交到站预报、信息发布等智能便民服务，让乘客随时查看实时到站信息，2018年年底市区实现智能电子站牌全覆盖。

9. 打造“互联网+农业”

建成农村集体“三资”电子监管平台，对全市3727个村小组集体资产、资金、资源实行规范化代管，是全省第一个将农村集体“三资”管理延伸到村小组的设区市。建成市、县、乡、村全市统一的农村承包土地流转信息平台，探索为农民方便流转、放心流转、不吃亏流转、按政策流转、自愿流转、有保障流转新模式。

（三）智慧经济已经起步

实施“三表合一”工程。在全省率先建成“三表合一”数据采集平台，达到电、水、气表数据集抄的目的，实现跨行业用能信息资源共享，方便市民一键查询数据或交费。中国电信、华为、中兴、浪潮等一批行业领军企业也纷至沓来，与鹰潭签订了战略合作协议，积极推进智能抄表、智慧停车、智能环保等一大批应用项目落地，大力推广NB-IoT在公共服务领域的应用，推进NB-IoT技术在智能家居、可穿戴设备、儿童及老人照看、宠物追踪及消费电子等产品中的应用。探索NB-IoT在工业制造领域的应用，三川智慧研发的 NB-IoT 智能水表顺利通过华为 NB-IoT 智能水务场景互联互通认证并量产、美纳途箱包公司世界首款 NB-IoT 智能箱包全球发布并量产，渥泰环保科技有限公司 NB-IoT 智能净水机全球首发，美的贵雅照明有限公司 NB-IoT 智慧路灯产品研发成功。信息产业初步形成聚集效应。

（四）工作机制运行有效

规范了全市信息化工作管理。健全完善信息化领导小组工作机制，出台《鹰潭市信息化项目管理暂行办法》和《鹰潭市政务信息资源共享管理暂行办法实施细则》，从管理体制、信息规划、资源整合、项目管理、信息安全、保障机制等方面规范全市信息化工作。

四、鹰潭打造中国物联网样板，形成以 NB-IoT 为特色的智慧城市建设模式

窄带物联网（Narrow Band Internet of Things, NB-IoT）正在开启一个前所未有的广阔市场，对于电信运营商而言，车联网、智慧医疗、智能家居等物联网应用将产生连接，远远超过人与人之间的通信需求。NB-IoT 以低功耗、低成本、大连接、大覆盖、大企业引领的优势克服了传统物联网碎片化问题，成为全球的共识，也是 5G 的前奏和基础。

（一）鹰潭市物联网建设全国领跑

鹰潭市紧抓变革时机，战略性提出“智慧新城”发展战略，自 2016 年 10 月首次提出窄带物联网概念，经过 2 年多的发展，鹰潭市已经取得了不菲的成果。

在 NB-IoT 网络建设方面，三大运营商已在鹰潭建成 962 个 NB-IoT 基站，是全国唯一一个拥有三张 NB-IoT 网联全域覆盖的城市，网络覆盖率、覆盖效果全国最高；实现鹰潭城区、县城、乡镇全域覆盖，大型自然村覆盖率达 100%；鹰潭市是全国唯一两次通过了中国信通院检测并对外发布测试结果的城市。

鹰潭在公共服务平台建设方面全国领先，在鹰潭建立了鹰潭移动物联网产业园，设立了中国信通院泰尔物联网研究中心、国家物联网通信产品

质量监督检验中心、华为鹰潭服务中心、浪潮大数据双创中心、移动物联网双创孵化基地、智慧新城产品应用展示中心以及 3 个开放实验室；移动物联网产业联盟集聚了国内 160 家物联网龙头企业、科研机构。

鹰潭也是全国 NB-IoT 创新应用先行城市，实际试点应用场景达 15 个之多，NB-IoT 终端连接数近 5 万个，在全国目前处于领先地位。目前，鹰潭已完成 4 万块 NB-IoT 水表安装，打造全国首个全域应用智能抄表城市。尤其值得一提的是，2018 年 10 月 12 日，鹰潭 10 万个 NB-IoT 智能水表商用上线，成为全球首个万量级窄带物联网商用项目，为物联网和智慧城市建设找到了一个实实在在的切入口。其他场景包括智慧路灯、智慧停车、烟感报警器、井盖、垃圾桶等城市部件的 NB-IoT 规模化应用。

（二）"鹰潭样板"叫响物联网产业界

物联网的飞速发展大大提升了鹰潭的"硬件"及"软件"实力。

1. 传统产业转型升级成效凸显

比如三川智慧光电直读远传水表、中轻智能植保无人机、智慧科技的智能鞋垫、美纳途的智能箱包等达到了产品智能化。凯顺科技的物联网智能铜材加工成套装备、泰来科技工业缝纫机智能电机等实现了企业生产自动化。

2. 物联网产业集聚效应凸显

鹰潭产业布局迅速展开，华为、中兴通讯、浪潮集团、欧非光、软通动力、上海移远等一批通信行业巨头纷纷签约落户鹰潭。随之而来的是投资项目的纷纷落户，截至目前，鹰潭全市已引进物联网产业项目 51 个，投资总额 80 多亿元。鹰潭市本地物联网企业达 16 家，其中生产企业 11 家；新引进物联网企业 21 家，其中生产企业 7 家。

3. 孵化和探索了一批试点应用

与中国邮政速递物流正在组建联合实验室，孵化物流定位终端设备。3 大 NB-IoT 开放实验室联合天行智慧公司、新科聚合、微能科技等物联网企业正在研发和孵化智能电子标签、地下水位监测仪、宠物跟踪项圈、智能电子锁和智能菜篮等五款应用产品。联合公安部第三研究所、九江银行携手打造全新的互联网身份认证"eID+ 银行卡"模式，以密码技术为基础、以智能安全芯片为载体颁发网络电子身份标识。

4. 鹰潭软实力得到提升，样板品牌凸显

鹰潭陆续举办了第十四届中国信息港论坛、移动物联网产业联盟成立大会、中日“智慧生活·点亮未来”研讨会等多场有影响力的行业活动，“鹰潭样板”叫响了整个物联网产业界。

五、推进智慧城市建设对策与建议

（一）推进的总体谋划

1. 目标定位

要立足“全省产业转型升级先行者、美丽中国‘江西样板’排头兵”发展定位，着眼于以新理念引领、新技术驱动，以推动产业发展新业态、政府管理新手段、百姓生活新体验为目标导向把鹰潭打造成为江西省智慧管理、智慧服务、智慧人文、智慧生活和智慧产业突破引领的先行典范，我国中南部中小型城市智慧城市应用创新发展的标杆城市，国家级移动物联网产业战略高地和核心枢纽。

2. 推进思路

充分发挥政府规划引导和规制标准的调控导向作用，充分调动市场主体积极性并发挥其主力军作用，以公共信息资源整合与应用、电子政务功能完善、信息惠民服务效能全面提升和窄带物联网应用及产业发展为核心，以创新城市管理新手段、丰富百姓生活新体验、培育产业发展新业态为智慧城市建设的“三条实施主线”，以营造良好的行政生态、社会生态和产业生态为动力支撑，加快资金、人才、产业要素向鹰潭全方位集聚，按照问题导向，需求驱动，顶层设计，项目载体，分步实施的操作流程推进智慧城市建设。实现鹰潭基础设施智能化、政府治理智慧化、民生服务普惠化、公共服务便捷化、两化融合纵深化、产业体系现代化。

3. 推进路径

以“平台先行、行业跟进、统规分建、集中服务”为路径，加快推进鹰潭市智慧城市建设。

平台先行。一是先行建设鹰潭全域一体的公共信息云平台，建设“云端鹰潭”，数据云中心；二是依托 NB-IoT 试点，实现城市感知体系统一建设和集约化管理，为智能应用提供实时、精准的感知信息，实现“感知鹰潭”，从而发挥其引领作用。

行业跟进。选择医疗、交通、环保、城管等部门和社保、教育、养老、就业等需求强烈的行业实时跟进，确保各方协调一致。

统规分建。统一规划，市级部门各司其职，按职能分工开展本行业全域一体的智慧专项规划设计，市级各部门，各县市区按规划承担相应建设任务。

集中服务。建设成果逐步实现集中化管理，实现城乡智慧化公共服务体系立体化延伸，城市数字治理体系精细精准高效。

4. 实施步骤

方向明确、问题聚焦、任务具体、路径清晰，防止“一哄而起”，避免在需求上考虑不深、不细、不具体，没有充足的需求来引导设计、调整设计，陷入低水平的重复建设的怪圈。

按照“互联网 +”的思维方式，以集约化、协同化、融合化、绿色化为基本实施理念，明确政府在智慧城市建设中的角色定位，处理好政府引导与市场主导的关系，强化企业的市场主体地位，并通过价格杠杆、自由竞争等手段来创造多样化、个性化的智慧应用，并培育市场前景广阔的新兴业态；要避免技术上一味求新，大量使用市场上还不很成熟的技术，把城市智慧建设变成试验场，增大风险；要避免以行政建制的县、区、市来画地为牢，盲目实施，必须结合市内各区县、街镇基础情况和资源禀赋，有所为有所不为，推动智慧城市各项工作在空间维度的合理分配部署。

充分发挥余江区、贵溪市农业、矿产、旅游等资源富集优势，推动智慧旅游、智慧农业、智能制造等应用试点建设。依托信江新区、高新区等新开发园区载体，推动信息产业、智能终端等高附加值、低污染、低能耗产业集聚发展，培育产业集群，提升鹰潭产业价值链地位。着力推动月湖区城市治理、公共服务体系化发展，推动城市综合治理网络、城乡一体化公共服务网络全面向周边区县、街镇、社区村下沉延伸，以全域一体化理念全面优化城市环境，提升居民生活体验，构建宜居宜游的绿色生态城市。

（二）推进原则

问题导向，有的放矢，智慧城市不是一次性工程；智慧城市不是“交钥匙工程”；智慧城市应当在政府提供智慧城市“公共品”的基础上，再从问题导向，由市场主体无数次叠加更多的智慧商务品；要注重智慧城市的不断转型，创新升级。政府仅需将精力集中在“公共品”建设上，而由城市问题专家主导智慧城市设计，IT 提供技术支撑，双方长期协调，才能“有的放矢”。

以人为本，注重体验。鹰潭智慧城市建设要坚持为群众提供广覆盖、多层次、差异化、高品质服务为工作出发点和落脚点，以应用发展成效和群众获得感为标准，着力推进信息技术和模式创新在民生服务、城市治理、产业转型等方面的深度应用，切实增强城市服务的有效供给能力，提高城市运行管理水平，提升政府行政履职效率，让智慧城市建设成果惠及全民。

示范引领、以点带面。紧密把握窄带物联网、科技成果转化基地、互联网 + 健康扶贫、信息经济示范区等一批国家级重大试点工程落地鹰潭的重大战略机遇，重点选择几个领域，建设一批具有示范作用和效果明显的项目，以试点建设为牵引，积累经验，稳步推进智慧城市建设。

应用驱动，突出特色。鹰潭智慧城市建设需紧密结合各不同阶段定位，聚焦当前城市发展与民生诉求最为迫切的领域，统筹部署一批最核心、最关键、最重要的智慧化应用服务，逐步充实和丰富智慧新城发展内涵。要注重特色化、差异化布局，以互联网和新一代信息技术为核心手段，充分放大和突出鹰潭优势资源禀赋，形成独具鹰潭特色的智慧城市新名片和新优势。

各方联动、加强协调。信息化建设是一个庞大的系统工程，涉及方方面面。充分发挥政府宏观把控和统筹管理作用，统一顶层设计，要不断强化对各部门信息化建设的协调管理，确保进度统一，运转正常，并发挥应有的成效。推动社会力量及产业资源积极参与建设，构建政府主导、部门协同、社会参与、合作共赢的格局。

（三）推进重点

1. 构建数据治理体系

按照 2018 年 9 月 21 日召开的"智慧新城"建设工作调度会议纪要精神，成立鹰潭大数据治理委员会，组建鹰潭大数据中心，建立信息化运营平台，制定大数据系列标准规范，努力推动政府数据管理、公共数据开放、大数据产业发展的体制机制和政策体系基本形成，构建全市大数据治理体系，打造数字政府。

2. 建设完善城市智慧中枢

继续深入打造智慧新城的决策指挥中心，深入推进数据整合、应用融合、业务聚合，推动城管、环保、市场监管、公安、交管等多部门的数据、应用、业务汇聚指挥中心，实现城市业务、城市管理的统一指挥和协调联动；以鹰潭市大数据平台、物联网平台为支撑，推动政务和产业数据治理；以城市安全运行和应急管理流程为主线，实现集城市运行监测监控、突发事件预测预警、应急指挥综合调度、智能分析辅助决策于一体的智慧城市应急指挥平台。

3. 坚持做深做精，推进一批新试点示范应用

持续探索 NB-IoT 场景下的智慧桥梁、建筑、畜牧养殖、智能家居等领域的示范应用；完善 eMTC 网络质量并通过专业机构测试认证，拓展 eMTC 网络在智能穿戴、车辆管理和电子广告屏等领域应用；推动 5G 网络建设，推动 5G 试点基站建设，做好 5G 环境下的应用场景策划和打造。深化智慧教育、医疗的建设内涵，围绕群众需求迫切的关注点进行项目内容规划，增强群众在教育、医疗上的体验感和获得感。

4. 坚持聚焦产业，做大做强物联网产业

一是助推"一核两翼"产业发展格局。推动鹰潭高新区智联小镇规划设计、技术方案的完成和落地。贵溪市的创新创业产业园，余江区的电子信息产业园、智能穿戴产业园建设。通过数字资源的整合、归集、共享推动数字的产业化，以数字的产业化带动和引进一批大数据挖掘运用、物联网、人工智能等领域的新经济体，助推产业加快发展。二是加大应用牵引企业落地力度。围绕核心应用、关键产业链、关联环节做好协同发展，招

大引强聚集发展。三是推动企业数字化转型升级发展，助力企业信息化应用、设备和产品等上云上平台，协同开放平台资源，实现互联互通、协同发展。

（四）推进措施

1. 要高效推动

智慧城市建设知易行难，把方向看准容易，把事情办好很难。推进中涉及部门与部门、单位与单位、行业与地区等多方面利益和责任，假如没有领导强力推进，往往很难抓到位。

一是建立“有效统筹、高位推动”的组织体系，健全跨部门协商决策、共同管理的领导推进机制。首先，建立顶层、专管、超脱、强力的领导和协调机构；其次，建立指挥决策、督促检查、工作运行和技术支撑四大工作体系和“大处着眼，节点着力，由易而难，水到渠成”和“先立规矩后付诸行动”的工作原则。

二是建立督促检查机制。制定统一的智慧城市评价指标体系，探索智慧城市重大项目监督听证制度和问责制度，研究将智慧城市建设成效纳入政府绩效考核体系。以督查或依托第三方评估机构等方式，对任务完成情况进行督促检查，并定期公布智慧城市建设重点任务完成情况。

2. 要强化保障

智慧城市建设需要人才、资金等要素保障，也需要适应集约化发展的体制机制创新。

一是强化人才队伍培养。加强鹰潭市智慧城市建设专业人才队伍建设，鼓励和支持江西师范高等专科学校、鹰潭职业技术学院等市内高校开设相关专业，培养复合型专业人才，扩大学位点布局和人才培养规模。鼓励企业与高等院校、科研院所等联合培养紧缺专业人才。完善人才使用和激励机制，积极引进海内外高层次人才，对掌握核心技术的高端人才及复合型人才在住房、子女教育、职业规划等方面给予支持。

二是建设资金保障。政府资金支持方面，积极研究和吸纳多方资金投入为我所用，推动智慧城市建设资金配套保障多元化、体系化发展。研究和不断加大市级政府年度信息化专项资金预算，积极申请省直单位各类专项经费，争取国家及各部委智慧城市、电信普遍服务、信息消费、信息经济等各类专项扶持政策、税费政策支持，丰富政府资金来源，提高智慧城市建设资金流稳定性。社会资金方面，利用 PPP+ 资本市场的模式，把智慧城市建设与资本市场结合起来。可以与企业合作成立合资公司，通过购买信息服务的方式，形成项目公司的稳定现金流，并根据收益法折现估值，将项目公司装入上市公司。

三是政策保障。银川是全国第一个对智慧城市进行立法的城市。这是全国首部推进智慧城市建设的地方性法规，它使智慧城市建设和大数据开放共享有法可依。我们可以效仿银川，建立政策保障机制。研究出台鹰潭市智慧城市建设条例等政策法规，制定包括财政扶持、政府采购、人才培养等方面的扶持政策，对纳入本方案的基础性、公益性重大工程项目优先给予支持。

四是专业监管创新。成立专职监管机构，制订大数据发展规划、大数据安全规范（系统安全、隐私安全、商业机密安全）和大数据标准（共享、开放、交易），统筹协调信息资源的互联、互通和共享，对大数据集中监管并挖掘分析，让数据产生价值，实现精准监管和服务优化。

3. 要推动创新

一要技术架构创新。智慧城市建设的前提条件是顶层设计，顶层设计的重中之重是技术架构。鹰潭应尽快完成智慧城市的顶层设计，建立起一个当期可应用支撑、未来可扩展延伸的智慧生态系统。

二要加大创新支持力度。切实加强智慧城市高新技术研发、专利申报、标准制定等工作，对鹰潭市重要发明专利和参与国际标准、国家标准、行业标准制定做出突出贡献者给予奖励，大力支持有条件的单位设立市级智慧城市工程（技术）研究中心、工程实验室等创新平台，鼓励企业、高校、科研院加强合作，积极参与移动物联网技术体制研究和核心基础标准研制。鼓励支持鹰潭企业主导或参与移动物联网地方、行业、国家和国际标准的制定，争取移动物联网行业话语权。

三要管理模式创新。建设智慧城市，如果在管理执行层面不下决心突破,还会陷入智慧城市“不智慧”的怪圈。首先要以城市为单位做顶层设计，全面整合各类城市信息资源，大力推进互联互通、数据融合、信息共享和业务协同。除垂直管理部门外，对市属所有委办局的数据做整合，归集到智慧鹰潭大数据中心，实现数据归集、资源共享，解决信息共享难的问题。其次在项目审批上，为杜绝新的信息孤岛的形成，对各部门新建信息化项目全面归集到信息办，由信息办组织专家从资源共享、技术先进可行、全域一体等方面把关审批，信息办不通过的项目，发改委不予立项，财政部门不予拨款。

基于生态优质供给到位的赣南“田园综合体”发展路径研究

孙声荣 欧阳兵 胡宗洪 欧阳春香

【摘要】本课题立足于妥善处理好三对关系（即保护与利用的关系、用地与人气的关系、发展与治理的关系）来探讨作为乡村振兴系统工程重要一环的“田园综合体”发展路径。在处理好保护与利用的关系上，亮明了“高水平的利用，本身就是保护；精细化的保护，不排除利用”的观点，提出了编织山水林田湖综合保护网、打通绿水青山变成金山银山通道、树立让生态妥善“变现”的新理念（在生态绿色上只做“加法”、不做“减法”的理念、朴门永续理念、“被动式”构造理念、“低技术”理念）等思路。在处理用地与人气的关系上，既回应了建设“田园综合体”应解决用地方面“三个怎么办”（土地利用整体规划与用地性质难认定怎么办？遇到基本农田怎么办？面对当前农地细碎化怎么办？）的问题，又回答了所涉及人气方面需要解决的“三对关系”（即统一布局打造与分户入驻经营的关系、设法炒热与持续做旺的关系、营造景观与厚实文化的关系）。在处理发展与治理的关系上，强调要始终贯穿好“以人民为中心”的立场坚守，真正处理好“田园综合体”打造与群众工作的关系、群众权益保护与合作化组织化的关系，进而落实到处理好生态保护利用的一体化与人民群众认可并参与的关系。在处理群众权益保护与合作化组织化关系方面，尤其要处理好农民与土地、农民与市场的关系，要通过引导“农地折股入社”“承包权股份化”来化解田园综合体建设中遇到的种种难题。

党的十九大做出了实施乡村振兴战略的重大部署。"田园综合体"建设，是乡村振兴系统工程的重要一环。打造"田园综合体",对于推进乡村振兴、提高乡村发展与治理的水平，意义非同一般。

按照实施乡村振兴战略的新站位来谋划打造"田园综合体"，在抓落实的实际运作中，赣南必须以超前的眼光、先进的理念、独到的策划、一流的设计、精致的营造、科学的运营,将乡村"生态优势"转变为现实优势，将高水平的群众工作贯穿于"田园综合体"打造的全过程，主动占领创造性工作的制高点，从而将"田园综合体打造工程"提升为赣南乡村振兴的示范工程、探路工程,让赣南真正成为借助"田园综合体"建设有效推进乡村振兴的"领跑者"。

今后谋划打造"田园综合体"，对于赣南要发挥的优势和可体现的特色，必须首先有个清醒的认识。绿色生态，是赣南最值钱的要素；绿色生态，是赣南谋发展、图善治、加快振兴的最大底气！赣南打好山水田园好生态这张牌，必将潜力无限、可以亮点纷呈，而且有条件成为今后开拓新路子的"领跑者"。今后赣南赶超先进地区的最大潜力，就在于绿色生态；谋划未来赣南、实现老苏区振兴的最可依靠的自然资源，就是绿色生态。

为此，本课题组对基于生态优质供给到位的生态田园综合体发展新路径进行了认真的思考与调研，提出按全新要求打造"田园综合体"、妥善处理好三对关系（即保护与利用的关系、用地与人气的关系、发展与治理的关系）推进赣南乡村振兴的思路。

一、处理好保护与利用的关系

省委省政府高度重视全面推行林长制，抓落实的态度尤为坚决。省委书记刘奇同志亲自出席省级总林长第一次会议，发表了重要讲话。作为推进生态文明建设的重大制度创新，作为事关人民群众生态福祉、事关长远发展与子孙后代根本利益的大事，林长制推行所展示的鲜明导向，就是林业治理全面从严、生态保护刻不容缓。

在从严治林、生态优先提到了又一个新高度的大背景下，生态环境保护与经济社会发展是否相矛盾，护绿与致富能否同行同兴，“不砍树、能致富”的初衷能否实现，肯定是摆在我们面前必须解决好的一个大问题。推进赣南的振兴发展，将着重点放在生态环境保护与经济社会发展相统一上，非常必要。俗话说“以前曾经值钱的，是城里的土地；今后将会值钱的，将是乡村的空气”！谋划未来赣南、实现苏区振兴的最可依靠的自然资源，就是绿色生态。

绿色生态，是吸引人的第一要素。发挥赣南优势、实施“田园综合体”打造，必须秉承“大绿色”“大生态”的建设理念。必须以生态优质供给到位为垫底石，实现生态、生产、生活“三生”融合，实现供给与需求的高度契合。这既因为绿色生态在赣南的优势十分明显，又因为实现生态、生产、生活“三生”融合才能更好地提升“田园综合体”的品位。

在绿色生态问题上，过去一般人的看法是“保护”就难以“利用”，“利用”了就难以“保护”。我们经过认真调研发现，处理好保护与利用的关系并非不可能，而且大有文章可做。在生态环境保护与加快发展相一致的理念上，我们必须跟上新时代的步伐，为抓住发展机遇、推进赣南振兴发展提前谋划到位、抓紧实操到位。

山水林田湖所拥有的第一资源就是绿色生态。而山水林田湖拥有的这个资源，需要加以一体化保护与利用。为此，我们提出的观点是——高水平的利用，本身就是保护；精细化的保护，不排除利用；处理好保护与利用的关系，是做好山水林田湖一体化保护与利用文章的重点。

保护接纳利用，利用实现保护，需要的是十分珍惜、更加小心。拥有了绿色及优质生态这个“金饭碗”，保护必不可少；“金饭碗”里如不盛上东西，它本身咬不动，因此利用势在必行。在山水林田湖一体化保护与利用上，完全可以让“金饭碗”里盛上应盛的东西。在“金饭碗”里盛上东西，肯定不能乱来、不能造次，操作起来务必科学合理、符合自然规律。

一是要编织好一张山水林田湖综合保护网。这张综合保护网，需要鲜明的导向、一致的执法、共同的守护。既要不断强化保护为先、保护为要的自觉，又要让利用运作始终在严格的保护之下。同一座山，理念不同，保护实操的运作不同；同一片林，定位不同，保护到位的效果不同。传统的生态保护实操与运作，已经很难达到山水林田湖一体化保护的初衷、很难满足综合保护所指望的预期。因此，应该考虑从靠单一责任主体、单个责任垂直化落实及与之相对应的传统管理老路中走出来，闯出一条新型的编织综合保护网的新路。我们编织的这张山水林田湖综合保护网，尤其是要突出做到"几个不"，即不兴"土木"、不建永久固定房（搭建新型材质可拆的临时建筑除外）、不乱砍树木（按规划更换树种、砍杂除外），不在高坎边搞切坡建设、不留下地质灾害隐患。

二是要打通绿水青山变成金山银山的通道。赣南的振兴发展，需要不断激发绿色生态的新活力。在坚持山水林田湖一体化保护与利用中高品质打造连山傍水的"田园综合体"，必须在"田园综合体"建设中运作供给侧发力、及时完成依托山林生态品牌价值的"优质供给"到位。尤其是别致地点缀适度规模的林下经济（不光是林下种植养殖，还有林下颐养——养老养生），由此走出一条"生态＋人气"的路子，满足人们的游憩康养、田园聚会、休闲放松、亲子活动、宠物领养、健体热身、新婚摄影、特色小吃与平价热饮等需求，也可以吸引城乡居民参与入园造林、观察林业试验，现场体验难得的农耕参与（如营造"纪念林"等），从而让整个互动式的体验平台更具综合效益，以加快绿色兴市、绿色兴农、绿色兴村。做到石坎竹廊，错落有致；凹槽水帘，赏心悦目；转角落差，曲径通幽；园外有园，天外有天。

三是必须树立让生态妥善"变现"的新理念。在绿色生态"保护网"所覆盖的区域内建设"田园综合体"，既要勇于大胆创新，又要解决好难以回避的种种问题，这样才能做到"妥善变现"。采用新的理念，综合利用大生态、大绿色的多种资源，走综合开发之路，让种树、栽竹、育藤与发展"林下经济"结合到一起，定位于打造立体式、生态型"林区乐园"，突出农林耕作的互动体验色彩和"森林康养"功能，有意识地添加上林下休闲与回归自然的新功能，以形成赣南生态田园综合体建设一大新特色。通过打造"田园综合体"实现绿色生态"妥善变现"，应该大力推广以下理念：

1. 在生态绿色上只做"加法"、不做"减法"的理念

田园综合体建设中涉及绿水青山，必须十分珍视山上水边现有的林竹，

尺度宜紧不宜宽。

（1）要守住不许砍伐有冠林竹、不让挖掘机上山开挖成片山地这条底线。不砍有冠林木（疫木、火烧木经批准采伐的除外）的“树冠”如何把握、如何认定？批准清砍的绿植究竟属树属灌，其径级如何区分、如何划线？不让挖掘机上山成片开挖的“片”究竟控制在多大面积之内？在“有冠林木”下进行难以避开的“林下清理”应该遵守哪些规矩？都应在项目实施前由相关责任主体根据生态保护需要逐一加以框定。

（2）严格把好林下清杂、林下修路关，做到十分小心。一般只允许新修林下人行步道或电瓶车道，行车主干道应与原林区道路（或防火隔离道）重叠。修路过程中遇到较大径级的“有冠林木”也要按弯路保树的原则处理。因项目实施的特殊需要进行林下清杂（即清除杂藤、杂草、杂灌），不能以此为借口砍伐树木。

（3）要坚持生态多样性法则，推广“复合绿植”。在项目实施中大力补种各种品相好、景观效果好的绿色植物（如打造“竹海”、常绿阔叶林“林海”和独具风味的“紫藤棚”等）。

2. 朴门永续理念

在设计环节起步，直到实施全过程，均以朴门永续理念建立起林间一套新的场景和生活系统，用于满足林区所有生命的生存权，在策略、选材、构建和技术路径上遵循万物皆有用和更照顾（照顾地球、照顾人、照顾当下一切）的法则，以实现共存共荣、公平分享，将此落实到田园综合体建设时时事事的细节处理上。

3.“被动式”构造理念

林下项目为的是吸引人，势必要考虑适度扩大田园综合体来客旅居的合理容量，适度确保旅居容量唯有在处理好“林”与“房”的关系中找到出路。为此，林下项目实施过程中涉及综合体内旅居房的建造，我们认为应慎重考虑选取摆放式、搭建式、临时装配式等为筑屋的主要导向，聘请“被动房研究所（PHI）”或其他国内知名的被动房设计团队，采用最新的“被动式”构造、搭建“被动房”的理念进行策划设计，如搭造一些布局合理、错落有致、带有“被动式”建筑特征的林下“集装箱院落”或塑木低矮房，形成对本地有示范效应的“被动式建筑示范园”。

在选材上，将选用塑木、钛（铝）合金、新型钢（含优质不锈钢）、竹木等材质，不允许用钢筋水泥浇筑，借此完成林间（岩下）摆放、搭建和临时装配，从而避免在新增用地、规划许可、立项报建等环节给国土执法、规划执法出难题。有心人将会发现，当下赣南是“此处有绿海、难见被动房”，这既是空白点，又是好机遇。在茫茫林海中大力推广构建和改造“被动房”，肯定是农村经济社会发展和供给侧发力的一篇独具优势的文章。

4.“低技术”理念

生态田园综合体建设施工中，可以模仿新石器时代的穴居人，依着土与木亲近人的特性，回归到让人与大地更安乐，采用经严格培训的“非技术施工”，在林下利用土层自然落差、利用土团的可塑性、土袋的可堆性以及泥土的聚合力，精心点缀少量的霍比特小屋、土袋屋、树屋、竹木亭等。

在“低技术”理念贯彻落实的实践中，既可以让外来旅居人经过短期培训亲自参与其中，又可以增强参与人护绿第一、爱树如命的情怀。“低技术”构造能够控制在最小区域、最少占地却发挥最大效应，可以真正找到保护与利用挺巧妙的结合点。

二、处理好用地与人气的关系

本课题组对基于生态优质供给到位的生态田园综合体发展新路径进行了深入研究发现，田园综合体建设实操过程中遇到的敏感而棘手问题，“用地”与“人气”两个方面不能回避。

将用地问题解决好，田园综合体赖于立足的基础有了答案，谋发展上项目就有了依托。解决土地所涉及的问题，具体表现为“三个怎么办”，即土地利用整体规划与用地性质难认定怎么办？遇到基本农田怎么办？面对当前农地（山地与田地）细碎化怎么办？这“三个怎么办”必须有明确的答案。

将人气问题解决好，田园综合体存在与发展的理由和价值才会真正显示出来。缺少应有的人气，势必影响到田园综合体的综合效益与应有回报，造成它对当地经济社会发展的拉动作用明显不如预期，这样的田园综合体存在的理由和价值何在？解决田园综合体的人气问题，将涉及的“三对关系”妥善处理好。这“三对关系”是统一布局打造与分户入驻经营的关系、设法炒热与持续做旺的关系、营造景观与厚实文化的关系。

其实，田园综合体的用地与人气问题，都与其思路定位、规划定位、建设定位、经营定位紧紧联系在一起。

（一）解决用地问题，是田园综合体建设的先导性工作

田园综合体用地如何做到依法依规，这是大前提。从实操层面看，切实解决好土地利用整体规划与用地性质难认定怎么办、遇到基本农田怎么办、面对当前农地（山地与田地）细碎化怎么办等问题，显得非常重要。这三个“怎么办”，都是在实操层面必须妥善加以解决的问题。

1. 土地利用整体规划与用地性质难认定，怎么办？

解决这个问题，许多人首先想到的是抓紧调整土地利用整体规划，首先想到的是多争取一些建设用地指标。这个想法实现起来其实并不容易（如赣州市土地利用整体规划的下一轮修编，就要等到两年之后）。而田园综合体在赣南，很有必要下好“先手棋”。动手迟了，要将我们的生态特色与独特品位打响，难度无形中加大。如果硬是要走调整土地利用整体规划、争取新增建设用地指标的路子，要做的事情就可能耽搁下来，那将悔之晚矣。因此，我们应事先弄清楚，田园综合体用地究竟属于什么性质的用地，运作中有没有改变“农业用地”的性质用途。深究起来，田园综合体所用土地的大多数，其实并没有改变农业用地的性质用途。因此，建设田园综合体不要强求争取过多的建设用地指标，可以尽量做到不在土地利用整体规划调整和增加建设用地指标上做文章，尽量做到不新增“批量建设用地”，而主要考虑如何用好项目所在地的“存量建设用地”，如当地现成的农村经营性建设用地、集体公益性建设用地和农户老宅基地。赣南搞田园综合体，主要是搞成“生态休闲颐养综合体”，不宜走“农业 + 文旅 + 地产”的路子。这个大原则明确了，那就很主动了，工作的指向性和底气就更足了，后面几个“怎么办”解决起来也容易多了。

2. 田园综合体建设遇到基本农田怎么办?

条件比较优越、地形地势均适合建田园综合体的地段，不属于早已划定的“有条件建设区”，有时正好遇到了基本农田，这个问题如何面对、如何解套，非常考验人。许多同志首先想到的是运作调整基本农田的保护范围，将这个地段的基本农田进行同等面积置换，将保护地块挪到其他地方。对列入一般保护的地块，这算是一种办法，但对已列入永久保护的地块，这又是不现实的。为此，既需要我们进一步开拓思路，又要坚守原则立场不退步。尤其是对基本农田的利用，“坚决保护”这条底线务必守住。守住“坚决保护”这条底线，就需要做到“六个不”，即保住既有的耕地面积不因建了田园综合体而缩水、农田的耕作层和原有的灌溉系统不因此受到破坏（可以改进提升）、土地用于耕种作物的既定用途不出现大的改变（可以用作“市民农园”继续栽种作物）、不允许占田挖塘、农田保护的整体水平不至于下降、严格保护的状态不会稍微放松。做到了“六个不”，田园综合体区域内遇到了基本农田，也可以不避嫌。一些农田曾经实施过土地整理、整治补充、地力恢复、农田水利、坡耕地水土流失综合治理等项目，田园综合体建设要防止以往项目实施的成果受损。至于地段内各户承包地既有的界址，可以在农户同意后因项目实施而调整；地段内的机耕道路和适合规模化、机械化、智能化耕作的各种设施（包括建临时大棚和安装滴灌喷灌设施），可以因建设推进而完善；项目区内的旱地、开荒地、自留地、门坪与晒谷场用地、已退耕的改厕改栏地甚至水塘、旧房宅占地，都统筹加以利用将占用基本农田的压力尽量释放掉。

3. 田园综合体建设遇到农地细碎化怎么办?

目前农地（田地山地）细碎化，是既成事实。不少同志将农地细碎化看成是田园综合体建设的障碍，认为纯粹是坏事。殊不知，农地细碎化对田园综合体建设来说，既是挑战，也是机遇。就看我们有没有真本事做通群众工作。为何说是机遇呢?因为农民群众对细碎化也是不满意的，也是不希望这种现状持续下去。但他们在对田地山地东一块、西一片不满的同时，又下意识固守农地原有的界址。这是不是很矛盾?要看到，他们守住现有界址，是出于莫名的担心，是担心自家的地会因打乱界址变少。解决“农地细碎化怎么办”的问题，涉及大量的群众工作，我们将在下面讨论处理好发展与治理关系时进一步探讨。

（二）提前考虑和妥善解决好人气问题，是事关田园综合体建设定位的核心问题

人气从哪里来？没有标准答案。我们相信这样一句话“供给出新，需求就跟着出新”。未来生态田园综合体提供的“优质供给”必将激发出新一轮旺盛需求。来了的，都想再来;知道的，跟着要来;没来的，计划早来。这些效果，不会从天上掉下来。关键在于，靠最优的体验取胜。

最优的体验从哪里来？可以肯定的是，到乡村去建设那种低水平的农旅项目（如单纯建农家乐或民宿），已经在一些地方产生了一定程度的“产能过剩”。本课题组认为，处理好与之相关的下列三对关系，可以为解决人气问题奠定基础、找准定位。

1. 处理好统一布局打造与分户入驻经营的关系

田园综合体，大多是一二三产融合体。其中一产是基础，二产做提升，三产乃关键。田园综合体一二三产的入驻经营主体，是独家包打天下好，还是多样化好，这个问题应该在我们的头脑里抓紧形成清晰明确的认识。当然，多个经营主体入驻，有利于解决有吃、有住、有养、有医、有学、有研（示范启迪）、可游、可购、可聚、可耕、可娱等项目配套，有利于各显神通、各显其长。但是，并不能忽视统一规划布局和集中打造的重要性。通过统一规划布局和集中打造，来确保田园综合体建设利用好一切可利用的优质资源，从而体现出不同田园综合体各自鲜明的风格和独有的品味。统一规划布局和集中打造达到预期、有效防止低水平的农旅项目重复建设之后，再允许林下颐养（含养老、养生）经营主体、创业集训营、市民农园（智能农业）、农特产品经营店、咖啡屋（酒吧）、手工艺坊、乡间垂钓承包人、苗圃花卉经营人、香精纯露提炼坊、石磨坊、炒茶坊、特色美食制作坊、民间鼓乐队等不同经营主体入驻；在此基础上，如果确实有必要引进农家乐或民宿，再考虑还不迟。而那些非己所长的项目，不必全由综合体的创办方出面经营，甚至综合体的创办方只负责创办和田园物业管理，并不涉足某项经营，也是值得提倡的。通俗地讲，“平台是计划好的，经营是听市场的”，这样解决田园综合体“人气”问题，就有了更坚实的基础。

2. 处理好设法炒热与持续做旺的关系

将田园综合体炒热，让它更吸引眼球，拉动更多的人来观赏游玩，让人们的乡村游在田园综合体里找到新去处，这肯定是对的。但过分追求一炮打响、将关注点放在设法炒热上，也容易走偏。因为注重“吸睛因素”，希望吸引大批量人流进园，就肯定要搞一些高大上与新奇特的东西。这样一来高投入造景是少不了的，就无形中提高了创建的门槛。这也是一些人在这一领域曾经招致招资风险留下的值得汲取的教训。因此，过多地注重高大上与新奇特，热衷于设法炒热，不一定适宜赣南地区。追求的效果是，既要一定数量的随机客、游览观光客甚至过路客，更要有稳定的留驻客、回头客甚至定点长住客。尤其是不轻易让来客大多变为匆匆过客，不满足于打造“观光游览类”中低端综合体，就必须在增添田园综合体的“稳人因素”上做足文章。田园综合体确实是个不一般的新平台。因其不一般，则可以在“做旺平时”上下一番苦功夫，引人入胜、令人惊异的东西可以有一些，而耐人寻味、留人驻足的东西需要重点加强。尤其要明确的是，在吃、住、游、购、娱、学、养、耕中，最能稳住人、最容易实现持续做旺的，不是吃、住、游，而正是培训、颐养（含养老养生）和农耕体验等三项。实践证明，民宿、农家乐及各种猎奇式游玩，到如今已在一些地方出现了不同程度的产能过剩，反而是精心策划、用心料理、令人难以忘怀的旅居安养（养老养生）、创业集训和市民下乡进行农耕体验，目前尚处于起步阶段，仍然拥有巨大的市场空间和发展潜力。尤其是林下养老、森林康养、田园疗养，近年来方兴未艾。由此看来，赣南田园综合体运营，选择主打旅居安养（养老养生）、创业集训、农耕体验三项，将会持续旺盛、风光无限。在村庄品位大大提高、人气一直旺盛的前提下，村里的合作社可以逐步脱离某项产业经营，只扮演“田园乡村物业管理者”的角色。主要精力是吸引村民中的当家理财能人和县城里的多个经营主体入驻，让他们自主经营，来解决村里有吃、有住、有养、有医、有学、有训、可游、可购、可聚、可耕、可娱等项目配套，让入驻者各显神通、各显其长。具体操作办法上，可以每年举办“火龙果采摘节”“农家鸡”和乡村蛋集中交易节、春季苦笋节、秋季锥板栗柚子节各1次，坚持“以节会友”“以节带客”。

3. 处理好营造景观与厚实文化的关系

田园综合体最能打动人的，是文化。追求景观取胜，擅长此招的人比较多；而厚实文化底蕴，则不一定人人能行，其间确需要花一番非同寻常的苦功夫。本课题组负责人曾经专程去过韩国济州岛成范永先生创办的“思索之苑”和山东烟台徐箴言先生创办的“艾维农园”，在那里的田园中所弥漫的文化氛围和发人深省的创业故事，是不断吸引大批来客流连忘返最迷人的东西。相信经历了艰难创业的每一处田园综合体的打造过程，都会留下不少感人至深的故事与掌故，这都应作为综合体最宝贵的资源加以保存，并注意在每一批来访者中间传播，让大家感慨万千、念念不忘。成功的田园综合体，在突出景观的同时，都能将本园独特的文化符号加以突出，都有一定的文化蕴含与文创韵味充盈其间。有的是“孝慈文化”处处可见，有的是“合作精神”荡漾其间，有的是“福寿堂”（养老）最显目，有的是“弘农堂”（培训）最有名。尤其是田园综合体的创业故事和创客精神的用心弘扬，以本园固有的创立及运营经历拿来现身说法，则能彰显“此园本身就是创业示范集训营”的效果，完全可以为今后的田园综合体不断增添人气做足“加法”。可以在田园综合体中布局返乡创业辅导中心、森林康养研究会、中小学研学旅行基地建设联谊会（教育部教基2016年8号文件）、户外露营爱好者协会、“亲子活动”训练营、攀岩指导员协会等等；还可以发起设立“农村一二三产融合论坛”现身说法。同时，还可以联手中心城区的旅行社和影楼，让已经签约的旅行社为本田园综合体每天提供相对稳定的“大巴车”客源，让大家都知道本田园综合体有个“婚纱摄影”最佳目的地。

三、处理好发展与治理的关系

推进“田园综合体”建设，既涉及生态保护与利用的关系，也涉及当地发展与治理的关系。因此“田园综合体”打造，既是一个发展话题，又是一个治理话题。

我们处理好发展与治理的关系，主要是应处理好“田园综合体”打造与基层群众工作的关系、群众权益保护与合作化组织化的关系，进而落实到处理好生态保护利用的一体化与人民群众认可并参与的关系。

落实好处理好生态保护利用的一体化与人民群众认可并参与的关系，是一个全新课题。各级党政组织都应承担起“当然责任人”职责，带领基层社会各方面不断提升基层治理水平，努力实现自治、法治、德治相结合。今后做好基层工作尤其是生态保护利用工作，既要鼓励“放权”，但又不能“放责”，不能按照官僚主义思路去对接那些敏感问题。既要把保护权益和参与机会有效地“放”给群众，又要将人民群众办不了、办不好、办起来很吃力的事，紧紧抓在党政组织手上，以体现党组织在群众中的带动力和感召力。在引导生态保护与利用领域的自治、法治、德治结合上，既要注意避免出现由上至下层级之间干预过多的“全能主义”（totalism）倾向，又要防止从一个极端走向另一个极端，变成无能为力的“去组织化”；既要实现生态保护与利用领域的治理重点环节“于法有据”，又不能过多否定“当政方”与基层组织在群众面前应该发挥好的主观能动作用，要让组织本该有的功能和作用在促进“法治”中得到充分体现；既要切中生态保护与利用领域治理的要害，又要着重解决好所涉及的最核心问题，即真正处理好党政组织同群众相互间的关系。

真正处理好党政组织同群众相互间的关系，需要始终贯穿好“以人民为中心”的立场坚守。在这个问题上，坚持以人民为中心、坚守群众优先，顺应人民期待、呼应群众意愿，才是最有意义的，才是我们应该始终追求的。生态保护与利用领域的治理实操，应该始终为了人民、始终依靠人民群众。始终关切人民期盼、以人民为中心来审视谋划生态保护与利用领域的治理实操，需要特别关注这些年在解决发展问题上成绩比较突出、生态环境面貌改变比较明显的那些地方，人民群众对生态保护与利用治理给予高评价与满意度的地方。要在生态保护与利用上立足于始终感动群众、赢得群众来增强党的政治领导力、思想引领力、群众组织力、社会号召力。要将始终感动群众、赢得群众作为发挥生态保护与利用领域治理领导作用的重要方面。要善于将群众真正“组织起来”，找到能将群众“组织起来”谋发展、图善治的有效途径，应注重把基层社会各类民间组织（如理事会、协会、各种民间文体队伍）的活跃分子都“组织起来”，在生态保护与利用领域治理中发挥好积极作用，要搭建好各种平台和各类舞台让他们唱主角。要引导人民群众选择好各种合适的组织载体，来保持生态保护与利用领域治理常态化的活跃状态，尤其是要让功能到位的基层社会组织和民间组织在生态保护与利用领域治理中发挥好应有的不可替代的作用。这其中，尤为重要的，是在生态保护与利用领域治理中妥善处理好农民与土地、农民与市场的关系，并且真正落实在基层的具体实操中。

比如前面谈到，农民在“农地细碎化”面前出现的担心，消除这种担心的最好办法，是处理好农民与土地的关系。解决存在的问题，不是靠归大堆、垒大户，不是热衷于土地批量、长期转租，好办法之一是引导群众一起来参与田园综合体建设。让大家公平地确认各户农地的面积而不再看重农地的界址，通过强化“股份意识”来淡化“界址意识”，这就要借助充分到位的群众工作。

推进生态田园综合体建设中，处理好农民与市场的关系，就是要引导农民群众大胆尝试“农地折股、以股入社”，实现“承包权股份化”“户有股权合作化”。有了这个契机，就可以将田园综合体建设与提升农民合作化水平、与扶贫攻坚结合起来，将田园综合体打造的过程变成新型合作组织培育与“合作共有联合体”催生的过程，变成创新赣州市扶贫方式的过程。

目前有些基层组织、有些同志老是抱着先入为主、杞人忧天的顾虑，认为在田园综合体建设过程中处理好农民与土地、农民与市场的关系是非常难的，认为发动普通群众参与、组建农民合作社，是自找麻烦，会将事情复杂化，不如引进“能人”独家操作就能够省事省心。这其实是害怕做群众工作、缺少将群众“组织起来”起码信心的表现。通过田园综合体建设提升农民合作化、组织化水平，是赣州市今后三农工作的一篇大文章。引导农民群众趁着田园综合体建设的机会，参与“带地入社”和“带资入社”，在土地合作、资金互助的基础上开展生产合作、供销合作、信用合作等“三位一体”合作，在“地租保底 + 盈利分红”的制度设计下赢得广大群众信任，发展“田园综合体社员”，使新打造的田园综合体演变为“合作共有联合体”并使之更具生命力和凝聚力，这是我们的当然责任。

在田园综合体建设过程中处理好农民与土地、农民与市场的关系，尤其是通过引导“农地折股入社”“承包权股份化”来化解田园综合体建设中遇到的种种难题，基层落实到操作上，我们需要妥善解决好以下几个节点问题：

一是要理顺社会资本投入与农户资产评估认定的关系。尤其是要动员干部群众（包括理事会）一道共同厘清当地地租水平，引导农户入股应实行“地租保底 + 后期收益分成”。这样做，既可以调动农户参与的积极性，又可以让社会资本投入吃下定心丸，同时也体现了公开透明、公平公正。

二是要精心挑选好能起主心骨作用、善做群众工作、善经营会管理的牵头人。田园综合体建设成功与否，许多同志特别看重地段地势和立体条件，加上过分相信“大佬”独家操作而将物色合格的群众牵头人的要事给疏忽了。挑选这类牵头人，究竟是从公益心公德心强的社会资本投资人当中产生，还是从农村合作组织牵头人当中遴选，或是其他渠道发现（如考虑退休乡贤参与），要根据具体情况而定，并在事先有周密考虑。否则，田园综合体即使建起来了，也只能热闹一阵子。

三是对融资筹资、综合体运作与收益回报方式等，必须有周密明晰的约定与敲定。这项工作，不能闭门造车，不能单纯由领导决定，而是要在拿出大框架、总蓝本的基础上，发动所有的参与人集思广益。要引导大家珍惜已有的好政策、选到的好地方、抓到的好机遇，做到心要齐、志要坚。要通过田园综合体建设，进一步取信于民，进一步密切党群干群关系，增添基层干部带领群众齐心协力谋发展的正能量。

四是要妥善及时解决好建设田园综合体、化解农地细碎化、引导群众共参与过程中遇到的意外和个案问题。作为一种新生事物，作为一项系统工程，操作过程中遇到种种稀奇古怪、闻所未闻的问题，这是很正常的。问题越怪异，越有典型性。在不违反大原则、不引起攀比的前提下，针对特殊困难、特殊情况，慎重尝试一户一策、特殊对待。但这种“特殊”，肯定要能摆在台面上、能够引导群众形成正确的“舆论场”从而取得多数群众的认可和大家的谅解，而不能由此落下口舌、陷于被动。

总之，着力推进生态田园综合体建设促进乡村振兴，我们必须进一步增强创新意识与进取意识，力争成为全国乡村振兴与新时代“田园乡村”建设真正的领跑者。这是赣南的历史担当。

关于宜春建设区域中心城市的调研报告

金文玲　周晓红　岳远云　杨晓雯　端　木　玉　芳　叶超群

【摘要】赣西区域三市宜春、新余、萍乡地理同域、文化同源，历史上多次同属一个行政区域，宜春有着建设区域中心城市得天独厚的条件。建设区域中心城市是宜春肩负的历史责任和崇高使命，重点要推进建设区域性经济中心、科技创新中心、金融服务中心、文体教育中心、休闲旅游度假商贸中心、医疗健康养生中心、综合交通枢纽和开放高地，不断提升宜春创新力、竞争力、辐射力和影响力。宜春建设区域中心城市必须抢抓机遇，加紧谋划部署，尽快组织实施。

2017年12月27日闭幕的省委十四届五次全体会议审议通过了《中共江西省委关于深入学习贯彻党的十九大精神奋力谱写新时代中国特色社会主义江西篇章的决定》，会议提出了“支持宜春建设赣西区域性中心城市”的目标任务，江西省委十四届六次全会对全省区域发展又进行了谋篇布局、重新定义，提出打造“一圈引领、两轴驱动、三区协同”的区域发展新格局，对宜春建设区域中心城市进一步给予了充分肯定，提出要“加快建设宜春区域中心城市，带动区域整合和同城化步伐”。

如何将宜春建设成区域中心城市成为宜春市一个亟待研究解决的课题。根据市委主要领导指示，由市政府领导同志牵头，从包括宜春市委党校在内的市直相关部门抽调人员组成调研组，调研组成员通过查阅相关资料、向社会公开征求意见建议、征求相关县市区和市直有关部门意见，赴赣州、梅州、襄阳等地考察学习等形式，开展了宜春建设区域中心城市专题调查研究。宜春市委党校区域中心城市课题组在上述一同调研的基础上，进一步对课题进行了调查研究，课题组认为，宜春建设区域中心城市大有可为，必须把握发展大势，凝聚发展共识，抢抓发展机遇，加紧谋划部署，尽快组织实施。

一、建设区域中心城市是把宜春推向新高度、新境界的历史使命和时代担当

近年来，国内许多城市纷纷提出建设“区域性中心城市”发展目标，对于城市而言，被确定为区域性中心城市，意味着自身潜力、优势和发展前景得到省级乃至更高层面的认可。贴上这个标签，就可能获得更多的政策倾斜，仿佛一个巨大的磁场，把政策、资金、人才等资源不断吸引过来。简单来说，区域性中心城市是指经济区域中经济最发达、功能最完善、在政治和文化生活中起着关键作用，能够渗透和带动周边区域经济发展的行政社会组织和经济组织的统一体。

（一）宜春建设区域中心城市的历史方位

宜春，自古以来多次成为具有重要影响的区域性中心，2200 多年的城市发展史，镌刻着先辈们创造过的辉煌，启迪和激励着后代人生生不息地创造和追求。

新中国成立以来，一代又一代的宜春人不懈奋斗，不断把宜春的现代化事业推向前进。从 20 世纪 80 年代初，实行“家庭联产承包责任制”农村改革、发展工业经济“乡镇企业三分天下有其二”等宜春经验享誉全国，至 2000 年撤地设市，先后多轮实施“工业强攻战、旅游升温战、城镇扩张战”三大战役和“工业、农业、旅游服务业”三升级战略，到市委四届三次全会推行“产业兴市、工业强市”战略，宜春从一个传统农业地区逐步向新兴工业城市转变，奠定了建设现代化区域性中心城市的基础。

中共江西省委十四届五次全会《决定》明确提出，“支持宜春建设区域中心城市”，唤起了宜春儿女传承历史、开创未来的自觉、自信与自豪，

宜春从此掀开了建设区域中心城市的新篇章，精心谋划好区域中心城市建设，展现宜春未来发展的美好愿景，激发全市人民创造美好生活的激情。当前的宜春，正处在宏观环境机遇凸显、内生动能加速释放、综合实力蓄势突破、城市发展转型升级的重要关口，站在了一个新的历史起点上。

省委明确宜春区域中心城市地位，赋予宜春更大责任、寄予宜春更高期望。宜春建设区域中心城市，构建促进中部地区崛起重要战略支点，是宜春肩负的历史责任和崇高使命。宜春必须对标一流城市，拉升发展定位，突破自我、超越旧我，立志赶超、率先跨越，创造无愧于人民、无愧于历史、无愧于时代的业绩。

宜春建设区域中心城市，是顺应时代发展潮流，在更高竞争层面配置资源的必然选择。我国正处在工业化中期向后期过渡的阶段，新型工业化、信息化、新型城镇化、农业现代化深入发展，以加快转型升级为重点的新一轮区域竞争日趋激烈，区域发展格局正在发生重大而深刻的变化，城市群迅速崛起成为城市化进程中的主体形态，大都市区、大都市圈成为当代城市竞争的基本空间单元。宜春必须顺应时代发展潮流，在新的区域发展格局中找准坐标，对接“一带一路”、长江经济带、苏区振兴、赣西转型升级和赣湘边合作、中部城市群、长三角、珠三角、海西经济区，在更大范围、更高层面聚集资源、人才和市场，推动赶超发展、跨越发展，奋力打造中部地区具有重要影响力的现代化区域性中心城市。

（二）宜春建设区域中心城市的重要意义

宜春建设区域中心城市，具有十分重要的历史意义和现实意义。宜春建设区域中心城市，有助于宜春进一步明晰发展目标，统一全市思想认识，激发全市人民团结奋斗、赶超发展的干劲，全面增强宜春在政策、人才、技术、资金、市场等方面的吸引力，推动产业转型升级发展，完善城市功能，建设区域性综合交通枢纽，促进生态文明建设和加强环境治理保护，不断提升宜春创新力、竞争力、辐射带动力和影响力，将宜春跻身于江西省域副中心城市、全国重要节点城市。

（三）宜春建设区域中心城市的基础条件

1. 宜春建设区域中心城市的有利条件

赣西区域宜春、新余、萍乡三市山水相连，人文相亲，历史相融，宜春建设区域中心城市条件得天独厚。

（1）地理位置最佳。宜春市东邻新余，西毗萍乡，赣西区域三市地理同域、文化同源，历史上多次同属一个行政区域。宜春，自公元前201年立县，自古就是赣西地区的政治、文化和商贸中心。宜春中心城区是赣西区域三个设区市的地理中心，宜春市区与新余、萍乡两市市区均相距六十公里左右，宜春明月山机场是赣西区域唯一的支线机场，有利于赣西三市同城化发展，有利于形成赣西区域一小时经济圈，有利于促进以宜春为中心的赣西城市群建设。

（2）综合实力最强。宜春市土地面积、人口数量和经济总量位列赣西三市首位。据江西省统计局官网数据显示，2016年末，宜春、新余、萍乡国土面积分别为18669平方公里、3178平方公里、3823平方公里；人口数量分别为553.25万人、117.37万人、191.42万人；生产总值分别为1781.95亿元、1036.19亿元、1001.42亿元；实现财政总收入分别为320.92亿元、137.19亿元、135.64亿元；规模以上工业增加值增幅分别为9.2%、9.0%、8.5%；完成固定资产投资分别为1821.43亿元、921.32亿元、1162.86亿元。

（3）生态环境最好。宜春以丘陵、山地为主，气候温和，雨量充沛，特别是中心城区青山环抱、秀江相依，生态环境优美。宜春是全国第一批生态试点城市，先后荣获“国家卫生城市”“中国优秀旅游城市”“全国十佳宜居城市”“全国最具幸福感城市”等称号，宜春“宜人、宜居、宜业、宜游”。新余和萍乡由于长期过度依赖能源资源消耗发展工业，先后被认定为资源枯竭城市。

2. 宜春建设区域中心城市的任务紧迫而艰巨

进入新时代，面向新目标，我们的工作还存在不少差距，我们的任务紧迫而艰巨。突出表现在：宜春尤其是中心城区综合实力、城市功能与区域中心城市的地位作用有差距，做大经济规模，做强中心城区实力，提升城市功能，推动赶超发展，任务紧迫而艰巨；发展方式与生态文明建设的新要求有差距，转变发展方式，提高发展质量，节约资源能源，保护生态环境，任务紧迫而艰巨；行政管理体制机制与市场经济发展趋势有差距，改革管理体制机制，加强经济工作领导，创新社会管理体制机制，任务紧迫而艰巨；党员干部思想作风、履职能力与新形势新要求有差距，深入解放思想，切实转变作风，增强发展本领，真心服务群众，任务紧迫而艰巨。我们务必正视这些问题，增强危机感、责任感、使命感，不为传统模式所缚，不为惯性思维所困，不为已有经验所累，进一步解放思想，创新机制体制，做大经济规模，提高发展质量，提升城市功能，保护生态环境，推动赶超发展。尽管省委已经提出“支持宜春建设区域中心城市”，但这种认可只是一张蓝图，未来能否成为名副其实的中心，还要靠我们自身的努力，用实力说话。宜春建设区域性中心城市绝不是轻轻松松、敲锣打鼓就能实现的，而是需要我们付出更多的艰辛、更大的努力才能实现的。

二、建设区域中心城市，是宜春人民努力奋斗和不懈追求的阶段性目标任务

（一）宜春建设区域中心城市的总体构想

宜春建设区域中心城市，是遵循区域经济社会发展规律的必然要求，是在新的历史起点上的战略选择，更是全市人民的热切期盼。

宜春建设区域中心城市的总体构想是：以习近平新时代中国特色社会主义思想为指导，全面贯彻落实党的十九大精神，把发展作为解决宜春一切问题的基础和关键，把培养特色产业、做大经济总量作为主攻方向，把完善城市功能、提高城市核心竞争力作为重要支撑，把改革开放、创新发展作为不竭动力，把推进区域协调发展、优化城乡发展格局作为内在要求，把加强生态建设、打造“美丽宜春”样板作为重要抓手，把保障和改善民生、增加百姓获得感和幸福感作为出发点和落脚点，把加强坚持和加强党的全面领导作为根本保证，推进宜春建设区域性经济中心、科技创新中心、金融服务中心、文体教育中心、休闲旅游度假商贸中心、医疗健康养生中心、

综合交通枢纽和开放高地，不断提升宜春创新力、竞争力、辐射力和影响力，将宜春跻身于江西省域副中心城市、全国重要节点城市。

（二）宜春建设区域中心城市的战略任务

努力建设经济、文化、教育、科技、卫生、金融、商贸旅游、物流等中心聚集体，走出一条符合时代特征、区域特色、宜春特点的现代化中心城市发展之路。

1. 区域经济中心

扩大经济总量、优化经济结构、提升发展效益、增强辐射功能、提高综合竞争力，赶超发展走在全省前列，构建具有宜春特色的现代化经济体系。锂电新能源、中医药、电子信息、先进装备制造四大战略性新兴产业成为先导支柱产业，建材、食品、化工、纺织四大传统产业焕发蓬勃生机，建设一批千亿园区、千亿产业和百亿企业，形成赣西区域性先进制造业基地。

2. 科技创新中心

统筹科技创新平台建设，构建多层次区域性科技创新服务支撑体系，推进人才、科技等创新要素集聚，培育一批院士工作站、博士后工作站、国家级和省级工程技术研究中心、工业设计中心，打造区域性科技研发及成果转化基地、区域性政产学研合作示范基地。

3. 金融服务中心

社会信用体系逐步完善，产业引导基金作用发挥明显，宜春银行成立营业，形成以银行、保险、证券为主体，财务公司、金融租赁、小贷公司、融资担保、典当、期货等为补充的多层次、多元化金融组织体系，创建区域性资本要素交易市场。支持、吸引各类监管服务机构到 宜春开办分支机构，建设赣西区域性金融监管服务中心。

4. 文体教育中心

公共文化服务水平居全省前列，宜春历史文化得到传承和利用，群众体育发展有声有色，竞技体育赛事承办能力、辐射力、影响力和认同度进一步提升，成为赣西高端演艺中心、历史文化展示中心、图书交易中心、体育赛事中心，基础教育名校名师等品牌效应凸显，高等教育院校数量和一流学科建设有重大突破，成为赣西地区文化体育教育人才聚集地，成为发展领跑者，交流活动组织者，历史文化渊源传承者。

5. 休闲旅游度假商贸中心

打造旅游景区景点，改善旅游交通，完善旅游网络，优化旅游服务，构建赣西旅游目的地，以旅游产业带动促进休闲度假和商业贸易发展，建设城市综合体，发展电子商务和会展经济，促进商贸体系进一步完备，将宜春打造成集商、旅、文为一体的赣西休闲旅游度假商贸中心。

6. 医疗健康养生中心

建设全方位、立体式的医疗卫生服务体系，中医药医疗和预防保健服务体系比较完善，智慧医疗系统基本建立。卫生人才队伍建设取得重大进展，重点学科建设显著加强，优质资源大幅增加。“生态 + 大健康”产业发展迅猛，生物医药、医疗服务、康体旅游、健康食品、养生养老、健康管理六大产业独具特色、形成规模。

7. 综合交通枢纽

加快推进市域内高铁、城际铁路、高速公路规划建设，尤其要推进经过宜春中心城区南北纵向高速铁路和高速公路建设，宜春火车站升为一等站；推进赣江现代航运体系建设，规划建设宜春港，实现与长江航运体系一体化发展；加快推进宜春明月山机场改造，建成区域性门户机场，规划建设通用航空机场和直升机起降点，全力打造全国区域性综合交通枢纽、赣西区域核心交通枢纽。

8. 对外开放高地

推进大通道、大通关、大平台建设，发挥万载公路口岸、高安铁路口岸、樟树水运口岸作业区作用，争取建设保税物流中心、赣西综合保税区，争取设立江西自贸区宜春片区，积极融入“一带一路”，形成赣西区域性对外开放高地。

（三）宜春建设区域中心城市的具体目标

建设区域中心城市是一项系统工程，重点在宜春中心城、关键在宜春中心城，中心城强宜春才算真正强。今后一段时期，要坚持“产业兴市、工业强市”战略、做大中心城区做强市本级、促进各具特色的县域经济发展，全力推动奋斗目标实现。

1. 到 2020 年，宜春建设区域中心城市初见成效

经济结构进一步优化，发展效益进一步提升，生态环境进一步优化，民生保障进一步加强，与全国全省同步实现全面小康。“三中心一基地”形成雏形，金融业在赣西地区领先，全市地区生产总值占全省比重达到12%左右，宜春中心城区经济总量和新余、萍乡中心城区基本持平，中心城区建成区面积 75 平方公里，常住人口 70 万。

2. 到 2025 年，宜春基本建成区域中心城市

宜春赣西区域性“中心”地位凸显，成为赣西经济、文体教育、休闲旅游度假商贸、医疗健康养生、金融服务和科技创新中心，区域性先进制造业基地、对外开放高地和交通枢纽。全市地区生产总值占全省比重达到15%左右，中心城区经济总量超过新余、萍乡中心城区，中心城区建成区面积 100 平方公里，常住人口 100 万。

3. 到 2035 年，宜春基本建成省域副中心城市

宜春特色现代化经济体系基本形成，居民安居乐业，生态环境优越，社会和谐稳定，文化事业繁荣发展，城市功能更加完善，综合承载能力显著提升，辐射带动作用更加明显。全市地区生产总值占全省六分之一左右，中心城区建成区面积 150 平方公里，常住人口超过 150 万。

三、建设区域中心城市，需要我们统筹谋划、精准发力、持续付出巨大的艰辛和努力

（一）把培养特色产业、做大经济总量作为建设区域中心城市的主攻方向

1. 推进“产业兴市、工业强市”战略

产业是经济发展的支撑，产业强则经济强。要打造区域中心城市，首先就要做强产业，做大经济总量，构建具有宜春特色的现代化经济体系。

（1）打造新材料、新能源、电子信息、医药器械先进制造业基地。紧盯“四年翻一番决战工业八千亿”目标，实施三升级行动计划，以科技创

新促进产业迈向中高端。发展锂电新能源首位产业、发展中医药主导产业，发展战略性新兴产业，推进工业化和信息化深度融合。支持中小企业发展，壮大特色产业集群，提升产业聚集度、关联度和竞争力，促进产业集聚集群发展。

（2）加快壮大现代服务业。发展全域旅游，整合县（市、区）旅游资源，打造品牌旅游线路，继续推进明月山创建国家级旅游度假区、温汤创建国家温泉旅游名镇工作，加快靖安三爪仑创建国家5A级旅游景区步伐，推进“旅游+”融合发展，加快旅游公共服务设施建设，发展电商物流业，打造宜春现代化综合型物流基地及高安汽运物流等产业集群，打造彬江铁路综合物流园区等物流园区。加快通用航空产业发展。

（3）建设现代农业强市。加快构建现代农业产业体系、生产体系、经营体系，完善农业支持保护制度，发展多种形式适度规模经营，培育新型农业经营主体，健全农业社会化服务体系，实现农业经营主体和现代农业发展有机衔接。大力发展设施农业，推进万载等地现代农业示范区建设。继续发展绿色有机、富硒、油茶、肉牛、中药材和休闲农业等特色农业，打造农产品特色品牌，加快高标准农田建设，开展农产品精深加工，促进农业与二三产融合发展。

2. 发展新经济培育新动能

新经济新动能是产业转型升级的突破口，是经济增长的重要途径。落实全市贯彻新理念发展新经济培育新动能政策举措，突出发展新制造经济、新服务经济、绿色经济、智慧经济和分享经济，培育发展新技术、新业态、新模式。

（1）建设区域性金融服务中心。参照赣州、梅州等地经验，组建宜春市金融发展服务管理局，有效地管理、服务、促进全市金融业发展，打造赣西地区有影响力的资本市场。设立宜春银行，在萍乡和新余中心城区和各县市区设立分支机构，收集金融全牌照，逐步做大做强，走向全省乃至全国。引进银行、保险、产业投资基金、风险投资基金、金融租赁公司、信托公司、财务公司以及证券、期货等金融机构到宜春及各县市区设立分支机构，依托江西省股权交易中心的平台和支持，设立覆盖赣西地区企业的股权交易中心。引进金融监管机构协会到宜春设立片区机构。引导和支持企业上市，拓宽融资渠道。深化政府投融资企业改革，构建“1+N”制度框架，积极推进“1+5”平台进行转型升级，变融资平台为实业公司。

（2）大力发展生态 + 大健康产业。打造医疗健康养生区、医药健康食品集聚区、生态休闲康养区，构建“一核两区”的生态 + 大健康发展格局。“一核”，即医疗健康养生区，主要是袁州区、宜春经济技术开发区、宜阳新区、明月山温泉风景名胜区，围绕“三中心、一基地”发展定位，以创建国家健康城市为契机，以提升健康服务水平为导向，打造医疗服务、温泉养生、医药工业及信息等三大产业集群。“两区”中的南区是医药健康食品集聚区，主要是丰城、樟树、高安、上高等县市，重点打造中医药工贸、健康食品、道地药材种植三大产业集群。北区是生态休闲康养区，主要是万载、靖安、奉新、宜丰、铜鼓等县，重点发展康体养生、户外运动、有机食品三大产业集群。

（3）打造大数据主导产业。建设中关村大数据产业联盟（宜春）创新基地，打造宜春云数据中心，建设智慧城市和智慧经济产业特色小镇，加快“云上宜春”示范应用。将大数据与锂电新能源、中医药健康、建筑陶瓷、工业智能制造、现代农业、现代服务业深度融合，形成一批服务经济社会民生的大数据融合发展新业态。

3. 打造产业发展平台

开发区（工业园区）是工业经济的主战场，需要不断改革创新，打造工业经济集团军。

（1）编制开发区（工业园区）发展规划。明确功能定位、发展方向和管理层级。统一规划布局全市开发区（工业园区）功能，突出首位产业，主攻主导产业，实施错位发展、互补发展，推动各区之间资源共享、产业对接。

（2）开展开发区（工业园区）扩区调区工作。组织开展开发区（工业园区）扩区调区申报工作，制定开发区全链赋权清单，赋予各级开发区相应经济管理权限。支持铜鼓、靖安、奉新、宜丰等山区生态县市打破县域行政区划界限，异地发展“飞地经济”。做好上高等县（市）省级工业园区的扩区调区工作，支持铜鼓县、袁州区设立省级产业园，支持丰城高新区申报国家高新区。

（二）把完善城市功能、提高城市核心竞争力作为建设区域中心城市的重要支撑

1. 着力提升城市功能

城市是一个互相联系、布局合理的有机整体，必须按照高标准、高质量的原则，推进宜春市中心城区建设。抓好宜春市城乡总体规划修编暨“多规合一”工作。完善中心城、宜万经济走廊、宜春到明月山旅游带“一心两带”空间布局，推进宜万同城、揽山入城。启动《宜春市城乡规划条例》地方立法工作，健全各类城市专项规划目录工作台账，统筹教育、养老、文化、体育、医疗、旅游等功能设施规划布局，有序推进道路规划建设、新区建设、旧城改造、河道治理、轨道交通、地下空间开发和人防工程等基础设施建设工程，巩固和提升生态资源优势，明确环境发展底线，做靓宜居城市名片。推进海绵城市建设，完善城镇污水处理系统，全面推行垃圾分类制度。

2. 加速人口聚集

人口是社会经济活动的主体，人流是物流、商流、资金流和信息流的基础。落实户籍制度改革政策，全力推进人口城市化进程，吸引外来人口定居宜春，扩大城镇人口规模。完善住房供应体系，严控中心城区房价，规划高、中、低档住宅建设，满足不同人员购房需求；实行租售同权，在就学、就业、社会保障等方面配套相关政策，让进城务工人员与城市居民享有同等待遇。加快中心城区规划区范围内撤乡镇建街道步伐，完善中心城区市、区、街道三级管理体制，加快城区周边人口向中心城区集聚。

3. 建设赣西区域性交通枢纽

宜春境内建有赣西地区唯一的民航机场，东西走向有铁路、高铁和多条高速公路，但南北走向的交通不太方便，打通宜春南北纵向通道是今后工作的重点，促进宜春实现由交通节点城市向全国区域性综合交通枢纽城市、赣西区域核心交通枢纽城市的转变。

（1）规划建设以中心城区为枢纽的铁路交通运输体系。宜春中心城区南北纵向铁路咸宁—宜春—吉安高铁线路规划取得突破性进展，尽快动工建设，推进昌修城际、宜春至吉安城际、南昌至高安城际铁路经上高万载延伸至中心城区城际铁路规划建设，推进九江至长沙、浏阳至宜丰至南昌铁路规划建设，宜春火车站升级为一等站，适时开展中心城区轨道交通前期研究论证工作。

（2）规划建设以中心城区为枢纽的公路交通运输体系。规划建设江西西部纵向通道高速公路铜鼓至通山段、宜春经井冈山至遂川段，规划建设宜万同城快速路工程、奉新（靖安）—高安—樟树高速公路、宜春中心城区环城高速公路，规划建设宜春中心城区到分宜、上栗、芦溪、安福等地便捷通道。打造城乡快捷公交系统，连通机场、汽车站、火车站。

（3）规划建设宜春港。推进赣江现代航运体系建设，规划建设宜春港，实现与长江航运体系一体化发展。

（4）规划建设以中心城区为枢纽的民用航空运输体系。推进宜春明月山机场改造，优化新增航线，规划建设靖安、高安、樟树、上高、万载、奉新、宜丰、丰城等通用机场和明月山等直升机起降点，形成区域航线网络。

4. 打造文体教育中心

宜春自古以来就是赣西地区的文化教育中心，具有深厚的历史积淀，应充分发挥文教优势，打造文体教育中心。

（1）建设文化强市。加强文化平台建设，打造高端演艺中心。以宜春保利剧院为平台，打造高雅艺术平台。组建宜春文化演艺公司，引进国内外高端演艺进宜春，丰富赣西地区文化生活。新建宜春采茶戏剧院，支持宜春采茶歌舞剧院创新、创作，推送更多优秀采茶戏剧目走出赣西，走向全国。创建宜春中医名人文化园，打造袁州文化产业园。争取月亮文化节、宜春采茶戏、花炮文化节等活动列为国家、省级节庆活动，打造文化品牌。引进文化龙头企业，推进宋城·明月千古情等项目建设尽快正式上演，培育文化创意、数字出版、动漫游戏等新型文化业态。加强传统文化挖掘和传承，做好历史文化街区规划、修复和重建工作。

（2）建设体育强市。完善体育基础设施。新建宜春市水上运动基地暨市民体育中心、靖安体育中心等项目，建设智慧型体育主题公园、恒温游泳馆、水上休闲运动中心、健身俱乐部，建设环城自行车骑行道。打造体育特色小镇。发展徒步、攀岩、定向越野、露营、水上运动、山地自行车、汽摩等项目，引进房车营地、帐篷酒店、木屋酒店等旅游休闲项目，将渥江、洪江打造成具有江南独特魅力的体育特色小镇。打造区域品牌赛事。推进农耕健身园项目基地建设，全力培育和打造全国农耕健身大赛。

（3）建设教育强市。育名师。实施教育领军人才培养计划，培养一批赣西地区享有盛誉的学科领军人物、名师、名校长和教育管理专家。建名校。建设宜春教体新区，组建现代职业教育集团。宜春学院更名为宜春大学，宜春职业技术学院建成国家级优质高职院校，将各县（市）的职业学校转为市职院的预校。办好老年大学，发展老年教育。强学科。引进国内知名院校来宜办学，办精锂电能源、中医药材、电子装备等对接产业的新兴专业，开展高校校际学科联盟建设，培育创建一批一流学科。

5. 打造休闲旅游度假商贸中心

宜春旅游资源丰富，农副产品、建材、医药等贸易规模较大，有利于打造赣西地区休闲旅游度假商贸中心。

（1）建设区域休闲旅游度假目的地。发展全域旅游，强化核心景区的品牌带动力，推进明月山温汤国家级旅游度假区、国家温泉旅游名镇创建工作，争创禅博园—花博园、万载古城两个5A级景区，整合明月山、三爪仑景区、万载恒晖艺术农业景区等优质旅游资源，打造若干精品旅游线路。深化赣西三市旅游联动发展，推出赣西精粹旅游线路，建设赣西旅游中心。开通赣西旅游卫视，强化宜春旅游品牌宣传。实施“旅游+”工程，开发文娱演艺旅游产品，鼓励旅游商品创新，规划旅游商业街。

（2）建设赣西区域商贸物流中心。建设一批城市综合体项目，逐步引导建材市场、赣西汽车服务广场等专业市场退城进郊，推进农产品、锂电新能源等消费品专业市场建设，打造全省知名汽车服务市场，建造二手车交易综合体，拉动汽车消费。打造全省一流物流园区，争创全国物流标准化试点城市。做大做强电商基地，打造赣西地区电商培训中心。

6. 打造医疗健康养生中心

发展医疗健康产业是推动转型发展的一条重要渠道，宜春优异独特的旅游资源，吸引着越来越多的人来度假、养生，发展医疗健康产业正当其时。

（1）创建一流诊疗机构。优化中心城区医疗资源布局，做强宜春市人民医院，建立健全中医药医疗健康服务体系，做大宜春市中医院。与市外先进医疗机构合作，引进设立分支机构，创建一流特色专科医疗中心。推进智慧医疗建设，提高医疗卫生服务水平，提升城市竞争力。

（2）建设健康城市。全面实施“营造健康环境、构建健康社会、优化健康服务、培育健康人群、发展健康文化、打造健康产业”六大健康工程，创评健康细胞样板。依托明月山、富硒温泉等旅游养生资源，发起国际养老产业论坛，将中医药养生保健特色服务理念融入旅游休闲、疗养度假、养老保健等产业中，建立完善具有中医药特色的医养结合健康服务体系。

（3）打造特色专业。依托宜春学院、宜春职业技术学院等高校，组建宜春本地高校附属医院，开设中医类课程，设置中医针灸推拿康复、整形美容等特色专业。

（三）把改革开放、创新发展作为建设区域中心城市的不竭动力

1. 推动行政区划改革

行政区划设置得是否合理，对于行政区域的经济发展、资源的合理配置有着至关重要的作用，宜春中心城区现有区划不适合建设区域中心城市的发展需要，必须推动行政区划调整。

（1）袁州区分设一县一区（或两个区）。参照原宜春行署下辖的宜春市、宜春县两个县级行政区划设置,将现有袁州区分设为一县一区（或两个区），适时推进万载撤县设区。

（2）完善市、区管理体制。按照“大稳定、小调整”的思路，遵循开发经营权与行政管辖权统一、事权与支出责任权相匹配原则，对宜春中心城区各区开发经营权与行政管辖权、事权与支出责任进行适当调整，充分发挥各区积极性，促进共同发展、竞相发展。

（3）调整中心城区行政区域功能。袁州区作为中心城区主体，聚力城市建设和产业发展，推动中心城区做大做强。宜春经济技术开发区是发展工业经济的主战场，兼顾城市工业新区建设。宜阳新区定位新经济产业片区，着力发展智慧经济小镇，形成以大数据为主导产业的新经济产业片区，探索推进“26 平方公里 + 飞地”模式建设。明月山温泉风景名胜区的重点

是发展现代旅游服务业。

2. 深化行政服务体制改革

深化行政审批制度改革，是繁荣社会主义市场经济的必然需求，也是适应对外开放的内在要求和转变政府职能的重要内容。

（1）一枚印章管审批。深入推进相对集中行政许可权改革试点工作，在组建市行政审批局的基础上，各县（市、区）组建行政审批局，实现在线审批“一张网”，优化审批流程，推行“最多跑一次”事项办理，提高行政审批效率，打造一流的政务环境。加强与省厅部门协调对接，争取形成审批结果在各省厅局互认机制。

（2）一个部门管市场。整合工商、质检、食品药品监督管理局等部门职能，成立市场监督管理局，构建起一个覆盖生产、流通、消费全过程的监管体系。进一步推进监管重心下移，最大限度地减少监管“盲区”，切实提升市场秩序。

（3）一支队伍管执法。将城建、规划、城管、交警、文化等现有执法队伍进行整合，划转执法职能，组建市综合执法局，统一城市管理。健全执法制度，建立有效的内外监督制约机制、奖励举报机制、重大风险监测防控机制、监管绩效评估机制等执法监管机制。严格限制自由裁量权，提升管理服务水平。

3. 打造开放发展格局

发展开放型经济对于破解内陆地区经济发展难题，积极探索发展新路，具有重要作用。

（1）理顺口岸办职能。借鉴赣州、襄阳等地经验，理顺口岸办职能，牵头负责对外开放相关工作。

（2）争取设立江西自贸区宜春片区。预先规划自贸区，先期建设保税物流中心，进一步建设综合保税区，争取省政府支持江西采取“1+X”的模式申报自贸区，设立江西自贸区宜春片区。

（2）构建海陆空口岸对外开放体系。推进高安铁路口岸、万载公路口岸查验区建设，加快推进樟树水运口岸作业区建设，建立宜春航空口岸，推进宜春航空物流园建设，建设九江烟花爆竹出口运输通道，开通宜春至上海或宁波快速班列，适时开通亚欧班列。

（4）加大招商引资力度。积极对接“一带一路”建设，鼓励企业“走出去”。创新招商模式,实施“宜商回归”工程,开展以商招商,产业链招商,引进一批大项目、好项目。

4. 实施创新驱动战略

创新可以全面提升经济增长的质量和效益，有力推动经济发展方式转变。

（1）打造科技创新中心。实施“大众创业、万众创新”活动，加大科技投入，发挥企业创新主体作用，引导企业与高校、科研院所合作，创建一批院士工作站、博士后科研工作站、国家地方联合工程研究中心等高端研发平台。实施“互联网 + 科技成果转化”工程，创新科技成果转化推广应用机制，建设创业孵化基地，促进科研成果转化。落实好高新技术企业税收优惠、研发费用加计扣除税收优惠。

（2）实施人才强市战略。开展“宜商返乡创业，人才返乡创新”行动，创新人才引进机制，实施产业创新人才培养计划，引进一批国内外知名的行业领军人才和高端创新创业团队。建设宜春市人力资源服务产业园，营造人才发展良好环境，促进创新驱动发展。

（四）把推进区域协调发展、优化城乡发展格局作为建设区域中心城市的内在要求

1. 推进国家和省重大区域战略实施

政策是抢抓机遇的重要抓手，宜春建设区域中心城市需要争取更多政策推动和保障。

（1）加快苏区振兴发展。加强对接，争取国家进一步支持苏区振兴发展政策。落实省、市苏区振兴发展工作要点，推进一批重大基础设施项目和重点产业发展。

（2）加强赣西合作交流。加强与新余、萍乡合作，促进赣西三市合作交流，在设施共建、产业布局、文化交流、市场共享、资源互换、无障碍旅游、人员互动等方面加强合作，再推进一批合作项目。

（3）积极融入南昌大都市区，鼓励丰城、樟树、高安、靖安、奉新等县市主动对接南昌，在交通基础设施、产业承接等方面积极融入南昌，提升发展水平。围绕沪昆高铁谋划经济布局，推进高铁试验区、高铁新城建设。

2. 推进宜万同城建设

万载是宜春所辖又毗邻中心城区的唯一县，受中心城区辐射影响最强。要加强规划引导，将万载县纳入宜春市区总体规划范围，打造宜万经济走廊，推动宜春中心城区与万载县城市建设、产业发展、社会保障一体布局，同城发展。实施 320 国道万载段改造，加大黄茅、株潭等乡镇与袁州区慈化镇的乡镇公路网的改造对接。将万载工业园设立为宜春经开区的分园，实行工业园区同城待遇。统筹公共服务设施建设，促进万载市民在教育、医疗等民生政策上和宜春市民享受同等待遇。

3. 打造特色县域经济

县域经济一直是宜春优势，在打造区域中心城市过程中，坚持县域经济与城区经济“两轮驱动”，完善县域经济考核办法，激励各地发挥优势，培育特色支柱产业，打造个性彰显、活力十足、竞相发展的特色县域经济。

4. 建设新型城镇

新型城镇化是产业结构升级、农村人口向城市转移、生产方式由乡村型向城镇型转化的综合过程。贯彻落实《宜春市新型城镇化规划（2015—2020）》，推进樟树市、靖安县新型城镇化综合试点，提高城镇建设水平。新增一批特色小镇，加快温汤、阁山、三兴、华林、宝峰、温泉、梅林等特色小城镇建设，完善公共服务设施，推进樟树岐黄小镇、高安华林山特色小镇等重大项目建设，提高集镇承载能力和服务水平，加快人口集聚。

5. 促进乡村振兴

实施乡村振兴战略，是党的十九大做出的一项重大战略，是新时代“三农”工作的总抓手。推动资源要素配置向“三农”倾斜，推进“一乡一业，一村一品”工作，促进乡村建设与产业融合发展。探索乡村产权改革，盘活农村资产资源，扩宽农村集体经济收入渠道。加快农村危房改造，抓好乡镇集镇污水处理设施及配套管网、村组公路、农村电网等基础设施建设，推进公共服务、农村环境、乡风文明等综合整治，建设赣西特色乡村。

（五）把加强生态建设、打造“美丽宜春”样板作为建设区域中心城市的重要抓手

1. 抓好生态文明制度创新

制度创新是生态文明建设的有力保障，是宜春独具特色的生态文明成果。加强生态保护，划定生态红线，制定实施重点生态功能区产业准入负面清单。继续推进生态 + 大健康产业发展、生活垃圾分类、自然资源资产负债表编制、靖安农村环境整治政府购买服务、高安全国水资源使用权确权登记、上高“碳交换”“生态云”和“生态 +”等试点建设，形成可推广可复制的经验。推进河湖管护、自然资源资产管理等体制机制改革，做好领导干部自然资源资产离任审计工作。

2. 抓好生态提升工程

实施森林质量提升、湿地保护和耕地休养生息工程，加强自然保护区、风景名胜区、森林公园、重要水源保护地等生态功能区域的保护，推动形成生态廊道和生物多样性保护网络。落实主体功能区规划，细化生产、生活、生态空间。落实市域空间规划，推进市县“多规合一”。落实生态保护红线、永久基本农田、城镇开发边界管控要求。争取省政府加大对宜春市全省流域生态保护补偿力度，扩大生态公益林和天然林补偿范围。实施好长江经济带重大生态修复、昌铜高速生态经济带建设和森林质量精准提升工程，加强重点区域山水林田湖综合治理和国家重点湿地保护。推进重点城镇环境治理、昌铜百里生态风光带、矿山环境恢复治理等生态修复工程，加快国家生态文明示范县建设。

3. 抓好生态环境综合治理

正确处理好经济与环境的关系，加大生态环境治理和保护，促进经济可持续发展。抓好工业园区污染治理、施工扬尘整治、秸秆焚烧等污染防控，淘汰燃煤小锅炉，抓好机动车尾气达标排放。加强重点流域系统保护和综合治理，加强饮用水水源保护，全面消除劣Ⅴ类水，建立覆盖全流域重点污染源、排污口在线监测系统。加强土壤污染监测监管和风险管控，出台土壤污染治理修复规划。加快农业面源污染防治，推进化肥、农药减量使用，加大畜禽养殖废弃物和农作物秸秆综合利用。加强固体废弃物、危险

废弃物处理。加快建立生活垃圾无害化处理系统，推进垃圾分类和无害化处理。大力推进“整洁美丽，和谐宜居”新农村建设，开展农村生活污水处理、生活垃圾处理、饮用水源地保护专项行动。

（六）把保障和改善民生、增加百姓获得感和幸福感作为建设区域中心城市的出发点和落脚点

发展社会事业和改善民生保障，是深入贯彻落实习近平新时代中国特色社会主义思想的重要任务，是全面建成小康社会的迫切要求。

1. 扎实推进脱贫攻坚

深入实施产业扶贫全覆盖、健康扶贫再提升、易地扶贫搬迁再精准、教育扶贫再对接、贫困村庄整治再推进五大工程，推动贫困村发展“一村一品”特色产业，完善专项扶贫、行业扶贫、社会扶贫“三位一体”大扶贫格局，确保建档立卡贫困人口、省定贫困村和市定贫困村如期退出，全面小康做到“一个都不能少”。

2. 加快发展社会民生事业

扩充普惠性学前教育资源，推进城乡义务教育一体化发展，推动发展特色普通高中，完善职业教育和培训体系。引进文化龙头企业，提升文化品牌，创建国家文明城市。推动老龄事业发展，继续实施敬老院改造提升工程。建立完善多层次社会保障体系，提高群众获得感、幸福感。

3. 全力维护社会和谐稳定

全面推进安全生产领域改革发展，落实“党政同责、一岗双责、齐抓共管、失职追责”和“三管三必须”要求，督促企业严格履行安全生产主体责任。加强应急体系建设，提升防灾减灾救灾能力，实施食品安全战略，巩固平安宜春、法治宜春建设成果，依法打击各类违法犯罪行为。加强精神文明建设，打造“好人之城”，提高城乡居民的文明素质。

四、建设区域中心城市，必须坚持和加强党的全面领导，提供坚强的组织保障

（一）加强舆论宣传，统一思想认识

宜春建设区域中心城市，上天不会恩赐，上级不会册封，绝不是轻轻松松、敲锣打鼓就能实现的，而是需要六百多万宜春人民付出更多的艰辛、不懈的努力才能实现的。我们必须克服盲目乐观和畏难畏缩情绪，摒弃“事不关已高高挂起”的旁观思想，加强舆论宣传，统一思想认识。充分利用广播电视、报纸杂志、网络客服端等渠道，采取在市委党校举办专题研讨班、向全社会广泛征求意见等形式，在全市范围内，形成“心往一处想、劲往一处使”的共识共为，掀起建设区域中心城市的热潮。

（二）强化组织领导，凝聚各方合力

坚持和加强党的全面领导，成立宜春市加快建设区域中心城市工作领导小组，市委、市政府主要领导任组长，各县市区、市直部门、中央省属驻宜有关单位主要领导为成员，从市直有关单位抽调得力干部组建办公室，负责区域中心城市建设日常工作。充分发挥人大、政协、工青妇、各民主党派、工商联、无党派人士以及各群众性团体的积极性，形成共同建设区域中心城市的强大合力。

（三）科学规划引领，顶层设计先行

市委市政府在广泛征求意见的基础上，研究制定宜春建设区域中心城市总体目标。聘请专业规划设计团队编制《宜春市建设区域中心城市规划》，并编制出相应的产业发展、教育、医疗卫生、城市建设、公共服务等专项规划，由宜春市政府颁布实施。制定实施《宜春市委市政府关于建设区域中心城市的实施意见》，一届接着一届干，让规划蓝图真正变成现实。

（四）坚持上下联动，争取政策支持

市委市政府向省委省政府争取出台《江西省委省人民政府关于支持宜春建设区域中心城市的若干意见》，争取省级层面建立协调机制，指导推进宜春建设区域中心城市。各成员单位全力争取省厅和国家部委政策、项目、资金、用地等支持，形成建设区域中心城市的强大动力。重点是用足

用活现有一带一路、原中央苏区等支持政策，在调整行政区划、理顺中心城区管理体制，建立保税物流中心、保税区、江西自由贸易区宜春片区，省直相关部门审批权限下放或委托给宜春市、扩大宜春市级管理权限，加大对宜春财政转移支付力度等方面争取省委、省政府支持。

（五）建立奖惩机制，严格督查考核

按照项目化管理的方式，推进建设区域中心城市的各项工作，明确目标任务，制定时间表，落实责任人。制定奖惩并举的激励考核机制，由市委书记督查室定期调度、督导工作推进情况，增强执行力、操作力，严格追责问责，严格目标考核。对任务完成好、工作进度快的单位和个人给予表彰、重用，对工作推进不力、进展缓慢的予以通报、约谈。

上饶市乡风文明建设研究

张 宁 刘志高 刘兰星

【摘要】实施乡村振兴战略，是党的十九大做出的重大决策部署。乡风文明是乡村振兴的“灵魂”，如何抓好乡风文明建设推进乡村振兴，是当前一项十分重要而紧迫的工作任务。本课题以习近平新时代中国特色社会主义思想和党的十九大、省委十四届六次、七次全会精神为指导，深入学习中央一号文件《中共中央国务院关于实施乡村振兴战略的意见》，进而围绕上饶市乡风文明建设的主要做法及成效开展调研，在调研的基础上，立足上饶实际，探索新时代上饶市进一步推进乡风文明建设的可行性路径。

实施乡村振兴战略，是党的十九大做出的重大决策部署，如何抓好乡风文明建设助推乡村振兴，是当前一项十分重要而紧迫的工作任务。加强乡风文明建设也是贯彻落实江西省委十四届六次、七次全会精神的重要体现。刘奇书记在中共江西省委十四届六次全体（扩大）会议中指出：“绿色崛起是江西发展的最佳路径。良好生态是江西最为宝贵的财富、最具竞争力的品牌，必须在生态优先、绿色发展上有率先之举、务实之效。”[①] 同时，刘奇书记在中共江西省委十四届七次全体（扩大）会议中全面阐述了2019年经济工作五项重点工作中，在阐述要全面提升城乡治理水平时指出要“紧扣农民需求大力实施乡村振兴战略，满怀真情办好民生‘关键小事’，

---

① 刘奇在省委十四届六次全体（扩大）会议上强调共绘新时代江西人杰地灵新画卷[EB/OL] .http://jndsb.jxnews.com.cn/system/2018/07/31/017043012.shtml.

让人民群众在城市生活更美好、在农村生活更惬意”。[1] 乡风，就是民风民俗。“乡风文明”即“文明化”的乡风，“乡风文明”即指使一个地区村落的“乡风”向更加现代、健康、文明、高级的方向发展，具体一点，就是使农民的行为和生活方式更加文明化、现代化，使农民呈现积极、健康、向上的精神面貌和生活态度，形成、拥有积极向上的、符合时代要求的文化形态。乡风文明建设其要义是培养新的乡村精神，就是农村民俗民风的文明化，为乡村振兴提供思想保证、精神动力和智力支持。乡风文明是乡村振兴的“灵魂”，从根本上解决农民群众的思想问题，是乡村振兴战略中最基本、最深沉、最持久的力量。

一、新时代乡风文明建设的重要意义

（一）乡风文明建设是实施乡村振兴战略题中应有之义

新世纪以来，为缩小城乡差距，促进“三农”发展。党的十六届五中全会提出要建设“生产发展、生活宽裕、乡风文明、村容整洁、管理民主”的社会主义新农村。党的十九大立足“全面建成小康社会难点和重点在农村”的实际，第一次提出要在全国农村实施乡村振兴战略，总结以往的新农村建设、建设美丽乡村的经验教训之后提炼出“产业兴旺、生态宜居、乡风文明、治理有效、生活富裕”二十字总要求，相比之前，各个方面要求更高，唯一不变的就是“乡风文明”。这表明建设乡风文明极其重要。同时，针对乡风文明建设，党的十九大报告还明确提出：“要开展移风易俗、弘扬时代新风行动，抵制腐朽落后文化侵蚀。”2018 年中央一号文件《中共中央国务院关于实施乡村振兴战略的意见》对实施乡村振兴战略做出了具体指导，其中第五部分中着重强调了“繁荣兴盛农村文化，焕发乡风文明新气象”，从思想保证、精神动力、智力支持三方面系统论述了乡风文明

① 刘奇在省委十四届七次全体（扩大）会议上强调为同步全面小康收官打下决定性基础 [EB/OL] .http://jndsb.jxnews.com.cn/system/2018/12/28/017295707.shtml.

建设对实施乡村振兴战略的重要作用。[①] 因此，乡风文明建设是实施乡村振兴战略题中应有之义。

（二）乡风文明建设是全面建成小康社会的必然要求

当前全面建成小康社会难点和重点在农村，农村发展不平衡不充分的特点尤为突出。党的十九大报告提出，中国特色社会主义进入新时代，我国社会主要矛盾已经转化为人民日益增长的美好生活需要和不平衡不充分的发展之间的矛盾。[②] 要满足人民日益增长的美好生活需要，那么，推进乡风文明建设就势在必行。一是乡风文明建设有助于提高农民整体文化素养。乡风文明建设是一项旨在全面提高农民综合素质的工程，乡风文明建设有利于提高农民知识文化素养、科技生产水平等，而且能使社会主义核心价值观的理念深入人心，净化社会风气，促进农村地区的社会风气更加文明。二是乡风文明建设有助于提高农民生活质量。乡风文明建设过程中，通过乡风文明建设可以实现移风易俗，通过对广大农民群众生活习惯的教育，改变农村地区落后的风俗习惯，树立良好的卫生观念和环境观念，有助于改善农村居住环境，通过倡导文明科学的思维思想，从精神层面提升农村地区的生活环境；也可以发展农村文化事业以及促进当地文化产业的发展，既满足农民日益增长的精神文化生活需求，又能促进当地文化产业发展，增强农民的幸福指数和获得感。进而从整体上提高农民生活质量，整体提高农民生活水平。

（三）乡风文明建设有利于维持农村地区社会稳定

农村地区社会稳定事关国家长治久安，也是农村地区全面发展的前提。目前我国农村地区仍然存在一些打架斗殴、小偷、抢劫、封建迷信、邪教活动以及“黄赌毒”等社会丑恶现象，这些给农村带来较为严重的社会治安问题，严重影响了农村地区的社会稳定和健康发展。如果任由这些问题

---

① 中共中央国务院关于实施乡村振兴战略的意见 [EB/OL] .http://www.moa.gov.cn/ztzl/yhwj2018/zxgz/201802/t20180205_6136444.htm.

② 习近平：决胜全面建成小康社会 夺取新时代中国特色社会主义伟大胜利——在中国共产党第十九次全国代表大会上的报告 [EB/OL] . http://news.xinhuanet.com/2017-10/27/c_1121867529.htm.

蔓延，将会对社会稳定、国家长治久安带来危害。因此，加强乡风文明建设，以习近平新时代中国特色社会主义思想武装头脑，按照党的十九大精神要求，高质量抓好乡风文明建设，可以不断提高农民群众的思想、文化、道德水平，形成崇尚科学、健康向上的社会风气，为农村社会的稳定和发展创造和谐的公共空间。

二、上饶市农村乡风文明建设的主要做法及成效

2016年以来，江西省上饶市按照“乡风民风、人居环境、文化生活三个美起来”的目标要求，出实招改变全市农村落后的思想观念、不良的风俗习惯、不文明的行为方式，直接带动了村容村貌的改变、产业的发展和村民素质的提升。

党的十九大报告强调，要弘扬科学精神，普及科学知识，开展移风易俗、弘扬时代新风行动，抵制腐朽落后文化侵蚀。上饶市全面深入贯彻落实党的十九大精神，紧紧围绕“乡村振兴”战略，坚持把“推动移风易俗树立乡风文明”贯穿创建过程始终，努力实现“物的新农村”和“人的新农村”有机结合，呈现出“新村有新业、新村有新貌、新村有新风”的良好局面。主要做法如下：

（一）坚持高位推动，凝聚工作合力

上饶市委市政府高度重视农村精神文明建设和移风易俗工作，坚持高位推动。市委书记马承祖2018年4月2日至3日在德兴召开的全市农村工作会议暨绿色殡葬现场推进会上强调，乡风文明是乡村振兴的保障，要促进农村文化教育、医疗卫生、体育健康等事业发展，推进移风易俗、文明进步，弘扬农耕文明和优良传统。市委副书记、市长谢来发在讲话中指出，实施乡村振兴战略，要做好五篇文章。其中之一，要让乡风好起来，坚持弘扬社会主义核心价值观，积极创新乡村治理体系，大力培育文明乡风、

良好家风、淳朴民风。[①] 市本级先后制定下发了《上饶市农村“推动移风易俗、促进乡风文明”行动方案》《上饶市农村移风易俗工作联席会议制度》《关于加强农村红白理事会建设进一步推进移风易俗工作的实施方案》《关于党员干部带头移风易俗简办婚丧喜庆事宜的若干意见》《上饶市关于移风易俗“六个”全覆盖的通知》等文件，形成了严密的工作体系。同时，我们召开了 2 次市农村移风易俗工作联席会，组织省市新闻媒体到上饶县、横峰县、婺源县集中采访，加强统筹协调，形成“统起来抓、分开去做”的工作格局。

（二）创新工作方式，助推移风易俗

第一，强化示范引领，助推移风易俗“上行下效”。全市各地注重示范引领、典型带动，引导群众推进移风易俗、树立文明乡风。一是“关键少数”带头。横峰县四套班子带头践行文明新风，带头遏制陈规陋习，带头参加“打击非法婚姻、杜绝天价彩礼、反对大操大办、树立乡风文明”签名活动；县委常委带头挂点 1 个移风易俗示范村，重点打造葛源镇溪畈村、龙门畈乡钱家村、姚家乡姚家村、王家村等 12 个首批示范村。二是“党员干部”示范。村看村，户看户，群众看干部。广大党员干部以身作则、率先垂范，从自身做起，坚决做到带头不烧香拜佛，不搞封建迷信活动，并严格约束家人，婚丧嫁娶一律从简，坚决抵制封建迷信活动，争做婚事新办、丧事简办、喜事廉办、文明卫生的表率。横峰县姚家乡琯山村老党员张宗火今年女儿订婚，带头“零彩礼”，在当地起到良好的示范引领作用。三是“正面典型”激励。积极实施了村庄亮村史、家族亮家规、好人亮风尚、干部亮承诺、党员亮身份、村民亮梦想、团队亮风采、百姓亮技艺、能人亮事业、学生亮成绩等“十大亮相工程”，开展了十大最美系列人物评选活动，培育一批百姓身边的具体典型，将他们的故事进行传播，扩大示范效应，用身边榜样的正向激励作用，引导群众见贤思齐，积极向善向好。

第二，强化综合治理，助推移风易俗“遍地开花”。推进移风易俗，

① 马承祖出席全市农村工作会议暨绿色殡葬现场推进会并讲话 [EB/OL] .http://www.srzc.com/news/ldxx/machengzu/huodongbaodao/2018/0404/2474571.html.

既要培育文明乡风，也要加强专项整治。一是开展“彩礼治理”，倡导社会新风尚。以推行“婚事新办、喜事俭办”为切入点，扎实开展“高价彩礼”治理活动，倡导社会新风尚。规定党员、干部和公职人员不能参加收受高额彩礼的婚宴，要求党员干部做出承诺或签订责任状，坚决做到带头抵制高价彩礼，尽快扭转讲排场、比阔气、拼面子的不良婚嫁之风。严厉打击非法婚姻行为，重拳打击“媒婆”在助推天价彩礼中谋求暴利的非法行为。同时，鼓励群众积极举报违法违规行为，一旦查实，将依法依规严肃处理。二是开展“环境治理”，展现乡村新面貌。如横峰县掀起了史无前例的大规模农村环境革命热潮，创造性地在全县开展拆违章房、废弃房、危旧房、围墙、钢棚和清垃圾、清污泥、清杂物、清路障、清杂草“五拆五清”行动，对所有拆除实行“零补偿”，实现“要我拆”变身“我要拆”。实施“厕所革命”，以改善小厕所带动大民生。去年以来，全市高标准推进了 3933 个秀美乡村点的建设，设立“垃圾兑换银行”322 家，全年进行徽派风格房屋改造 11.8 万栋，打造 3A 级以上乡村旅游点 98 个。重点打造了一批基础设施好、公共服务好、生态环境好、产业发展好、乡风民俗好、社区治理好的“六好”秀美乡村，取得了生态、经济、社会效益相协调。

第三，强化宣传教育，助推移风易俗“入脑入心”。2016 年下半年，贴近农村生产生活实际、贴近农民群众思想实际，着力解决目前农村在婚丧嫁娶事宜方面大操大办、铺张浪费和封建迷信等问题，上饶发出了《推进移风易俗、建设美丽乡风》倡议书，要求村民从我着眼、从细处着手、从小事做起，让勤俭节约、文明高尚的生活方式成为热点。同时，在各村成立红白理事会，由红白理事会管理和引导村民红白喜事文明节俭操办。通过采取广泛动员、宣传造势、教育引导，夯实思想基础，为推进移风易俗工作营造了良好氛围。铅山县在推进绿色殡葬工作前期，扎扎实实做好群众思想教育工作，随时掌握第一手信息。铅山县在各乡镇（中心）成立了宣传员队伍，每个乡镇（中心）组建了一支 10 人左右的宣传队，上门入户做好绿色殡葬的意义、政策、举措等宣传工作。在全县范围内铺天盖地进行殡葬改革政策宣传，做到宣传教育全覆盖、全天候、全过程，不漏一人，不漏一户，通过开展宣传教育，讲透政策，造好声势，使殡葬改革工作深入人心，将政府行为转化成群众自觉行为。

（三）突出绿色殡葬，倡导厚养薄葬

上饶市上下高度重视绿色殡葬改革，按照“书记挂帅、民政牵头、部门协作、社会参与”的工作机制，成立了由市、县、乡、村党组织负责人为组长的殡葬改革领导小组，统筹领导殡葬改革工作，全市形成了市、县、乡、村四级书记挂帅抓殡葬工作的新格局。各地由民政牵头，联合国土、林业、规划、城管、水利、公安等部门，组成执法大队，依法依规保障常态化和应急性执法监管。全市各地出台了一系列惠民殡葬政策，对遗体接运、遗体火化、骨灰寄存等殡葬基本服务实行免费，对群众在规定时限内自愿上交的棺木和自愿拆除的空心坟给予补偿，有效落实惠民政策，让群众有更多获得感。一是治理殡葬乱象，打造生态宜居新环境。为解决上饶市目前基本殡葬建设相对滞后的问题，上饶市加快建设公益性公墓和骨灰堂，截至 2018 年 8 月 15 日共规划建设公益性墓地 2966 个，已完成选址 2946 个，已建成 1034 个，未建成的确保今年内全部建成。全市新建扩建殡仪馆 6 个，新增殡葬用车 36 辆。为有效开展专项整治。全面摸清“三沿六区”的坟墓底数，登记造册，分类处置，加快消化存量，坚决杜绝增量。全面清理棺木，禁止乱埋乱葬。目前，全市“三沿六区”已登记的乱埋乱葬坟墓数量为 136858 座，其中大墓、豪华墓、活人墓 23300 座，已整治搬迁 23398 余座。坚持党员干部带头，在群众基础好、条件具备的县（市、区）率先启动殡葬改革，做到条件成熟一个启动一个，确保全市按要求 2020 年之前火化率达到 100%。目前已有德兴、婺源、弋阳、信州、铅山、余干 6 个县（市、区）实现该目标，其他县（市、区）正在紧锣密鼓做群众思想发动工作，有望在年内全面启动殡葬改革。二是引领殡葬文明，营造和谐共享新乡风。充分利用广播、电视、报纸、网络等媒体，深入宣传殡葬改革政策法规及其重要意义，营造推进殡葬改革的社会氛围，赢得群众的理解和支持。同时加强文明引导。大力倡导厚养薄葬，弘扬孝道文化。弋阳县漆工镇 97 岁老红军宣立新主动上交自己保存了 30 多年的棺木，在他的带领下，许多村民纷纷主动上交棺木，形成文明节俭的丧葬之风。大力倡导文明殡葬，保护绿色生态环境，推动生态文明建设。婺源、德兴和三清山打造最美乡村，把秀美乡村和绿色殡葬相结合，签订责任承诺书。如婺源县党员干部签订绿色殡葬“承诺书”。大力倡导文明新风，推进移风易俗，形成人人讲究文明、人人崇尚新风的良好氛围。目前，上饶市社情民意平稳，殡葬改革稳步推进。推行文明祭扫，以献鲜花、植新树、网络放视频等方式寄托怀念之情。有效刹住了重立坟头之风，消除了封建陋习，剔除腐朽观念，传播积极向上的价值观念。

（四）整理家风家训，培育文明新风

我们把家风家训作为农村开展移风易俗工作的突破口，传承好家风好家训，倡导文明生活理念，培育农村文明社会新风尚，使社会主义核心价值观在农村落细落小落实。全市各地广泛开展了家训家风征集活动，挖掘、整理、提炼出一大批通俗易懂有地域特色的好家风好家训。如《饶州府洪氏世训》、婺源县《詹氏族谱家约垂训》等。婺源县组织开展了晒微家训活动，微信劝家风，村民议家风，大力弘扬家庭美德、传承清廉家风，[①] 以“小家”文明构筑“大家”风尚。严田村通过“微家训”建设活动，成了“无刑事案件、无重大治安案件、无村民犯罪和无村民越级上访”的“四无村”。目前，“微家训”活动已遍布全县 172 个行政村。在乡风文明建设工作的推进中，婺源不仅切实重视各村村规民约的建设，还注重运用好，发挥其独特的“以德育人”功能，助推乡村治理工作。大力宣讲村规民约，注重以德育人推动乡村治理。以不同的形式在活动中向村民们渗透遵守村规民约、践行优秀家风家训的重要性，来提升全县村民思想道德水平和文明素质。

横峰县姚家乡百家村王家自然村村民们秉承祖训，制定完善《治村规约》，并在每年初一全村村民集中学习，历经 30 多年，已经成为全体村民的自觉行为。横峰县好客王家成为“推动移风易俗，促进乡风文明”的标杆村，吸引了人民日报、央视新闻联播、光明日报等多家主流媒体的竞相报道，该村村民理事会负责人“好人”王寒入选 6 月中国好人榜。上饶县举办“移风易俗 上饶青年在行动”集体婚礼，大力倡导婚事新办、婚事简

① 本刊特别报道组. 文明乡风挺起乡村精气神——上饶市“整洁美丽，和谐宜居”新农村建设报道二 [J]. 当代江西，2018（02）.

办的做法也得到了省文明委领导的高度肯定。

（五）创建文明村镇，拓展平台空间

我们把文明村镇作为农村开展乡风文明工作的重要载体，充分发挥文明村镇创建在农村精神文明建设方面的示范和辐射带动作用，调动各地创建积极性，扩大活动覆盖面。上饶县发挥文明村镇的指挥棒作用，围绕“一堵文化墙、一处大讲堂、一块光荣榜、一个志愿服务队和一个移风易俗理事会”为主要工作内容进行重点打造，把移风易俗的要求贯穿全过程和各方面，形成鲜明导向。婺源县不断深化星级文明信用户评选活动，完善充实星级文明信用户、文明家庭评选的内容、标准和内涵，制定科学的评价体系和激励机制，做到创评标准、申报、评议、挂牌“四到户”，创评标准、评议结果、星级标牌“三上墙”，加强相关政策支持，让星级文明信用户、文明家庭享受信贷、就业、教育、福利等各种优惠待遇，吸引群众热情参与、积极争创，成为全国首个信用农户小额贷款试点，有效地促进了诚信精神在基层落地开花。广丰县坚持文化传承在社区。围绕搭建传承平台、弘扬传统文化，由党群服务中心、老年人协会、老年人体育协会、老年大学牵头，依托老祠堂，老戏台及新建文化娱乐中心，长廊、文化广场等场所，组织社区打造生动活泼的文化阵地，如壶峤华家源夏布织造，丰溪街道三都农业观光园，东阳乡龙溪祠堂书院、枧底上畈荷花乡村游等等，都是当地新建且反响很好的文化娱乐重大项目。不但有很强的文化传承基因，更是改革开放40年的重大成果展现。各社区普遍建立图书阅览室，科普文化栏，组织了形形色色的秧歌队，舞蹈队，拳剑队，开展了有声有色的社区文娱活动。有的社区还组成了“道德讲堂”，宣传中华民族传统优秀文化，展示“仁、义、礼、智、信、恕、忠、孝、悌”等文化精华；有的社区之间或本社区内举办“邻里节”,宣传邻里情,塑造邻里亲,让辖区居民走出家门,敞开心怀，亮出笑容，融入社区大家庭。

（六）注重教育引导，提升文明素质

上饶市把提升农民文明素质作为农村开展乡风文明工作的落脚点，加强教育引导，培育新型农民。在全市城乡大力推进文化墙建设，将移风易俗内容一条条通俗化图像化，命名为美德墙、新风墙、科普墙、民约墙等，将一座座墙体变成了传播文明的载体、教育群众的阵地、美化家园的景观。全市各地普遍加强了红白理事会、道德评议会、村民议事会等村民自治组织建设，提高农民自我教育、自我规范、自我约束水平，有效扼制了农村红白事大操大办等现象。上饶县充分发挥道德讲堂的导向、平台、辐射作用，全县依托会议室、乡村文化站、休闲广场、老祠堂设立了56个道德讲堂，覆盖全县各镇（乡、街道）、机关、学校和企事业单位，讲孝老爱亲，讲爱岗敬业，引导群众逐步养成勤俭节约、文明高尚的生活方式，形成了单位有讲堂、月月有活动、人人受教育的良好态势，发挥正能量。上饶县皂头镇发挥理事会作用，通过村“两委”班子兼任、党员群众推选等方式，全镇12个村（场）普遍成立了由老党员、退休教师、家族理事长等组成的红白理事会，为事主提供全过程管理、“一条龙”服务，加强督导考核，推进婚事新办丧事简办。5月份上饶县皂头镇三联村举行了青年集体婚礼，成为一时美谈。玉山县清明节发动党员干部带头，做好移风易俗、文明祭祀、绿色清明的引领者，在全社会营造了良好氛围。万年县创办的“民心讲堂”，通过组建县、乡、村三级宣讲队伍，通过身边人讲身边事，增强说服力，开展多种群众喜闻乐见的说、唱、演等活动。自去年4月开展各类宣讲2000余场，受益群众20万人。横峰县以乡镇为单位，印发了《全县推动移风易俗、树立文明新风倡议书》，编写《移风易俗“七字歌”》，组织人员编排一批反映婚事新办简办、讴歌时代主旋律的文艺节目，以广场舞、三句半、串堂帮等群众喜闻乐见的形式，通过文艺演出、送戏下乡，深入农村开展巡回展演，教育引导村民养成良好的道德情操和行为习惯。

三、上饶市农村乡风文明建设存在的困境及原因分析

（一）当前上饶市农村存在的主要不良乡风及其危害

在看到成绩的同时，我们也清醒地认识到，上饶市在乡风文明建设工作中还存在许多薄弱环节和不足。当前，一些不良乡风仍然在农村中存在。

1. 封建迷信余毒犹存

封建迷信在我国广大农村仍在一定程度上存在。一些村民面对现实力不能及的处境，就会去寺庙求神拜佛或盲目信教，出现盲目信仰或崇拜鬼神的迷信思想和行为，错误认为只要信奉神灵，就会得到安慰和庇护，尤其在子女入学、结婚配生辰八字、选坟地看风水、生病有灾、求子等事件中，请神婆，求先生（算命、风水），迷术士，表现较为突出。现在迷信活动还掺入了新的花样，由于大部分中老年群体的思想觉悟和文化水平较低，他们对部分教义的异化理解会导致迷信活动的泛化，破坏了原本淳朴的民风，危及乡风。还会造成一些钱财浪费，加重了农民负担。

2. 天价彩礼和婚丧大操大办之风还未杜绝

天价彩礼和婚丧大操大办给农民造成较大经济压力以及资源浪费。大操大办、讲排场、比阔气的奢靡风气在上饶部分农村还仍然存在。据调研，农村婚嫁彩礼平均在 15 万元左右，寿宴费用平均 2 万余元，丧葬费用平均 3 万 ~4 万元，随礼平均 300~500 元左右，三大费用相加平均在 20 万元。农村农民负担不堪承受，提倡婚丧嫁娶从简办理刻不容缓。还有在人情礼俗消费中盛行攀比之风。人情礼俗消费属于一种礼尚往来的传统和根深蒂固的思想。但是伴随着农村收入的提高，村民在人情礼俗上的消费支出也水涨船高，并且人情礼俗消费的范围不断扩大。导致物质浪费、破坏节俭风尚，滋长陈规陋习，污染农村社会中淳朴的民风，影响了乡情，人情越来越薄，给人们带来经济负担、精神压力，也给家庭和谐、社会稳定埋下了不稳定因素，最终不利于文明乡风的形成。

3. 赌博现象依然存在

近几年来，赌博现象未有效控制，屡禁不止，花样不断翻新，赌博场地增多，并有多人观赌，有时还导致打架斗殴现象发生，已经对农村地区产生了深刻的影响。特别是打牌赌博，有些地方村民在农闲时期和逢年过节以打牌娱乐为名，行赌博之实，并且有些地方赌资越赌越大，一局麻将几百甚至几千的赌局屡见不鲜，部分人还赌得更大。一些人因为沉迷于赌博，整天游手好闲、好吃懒做，进而寻衅滋事，打架斗殴。甚至有些农民因为赌博输光积蓄欠下不少外债，给家庭带来负担和矛盾，给农村社会的和谐稳定埋下隐患。

（二）上饶市农村乡风文明建设存在困境的原因分析

1. 村民综合素质偏低，乡风文明建设缺少智力支持

总体来讲，当前上饶农村村民科学文化水平偏低，文化程度普遍不高，大专以及大学以上的村民比较少，大部分村民都是初中和高中毕业，还有少部分小学毕业甚至是小学都没有毕业的。此外，由于农村职业教育的缺失，村民科技素质参差不齐，大部分处于初级水平，拥有一技之长的人较少。这不利于村民接收和理解科学文化知识，不利于为乡风文明建设提供智力支持，不利于其明辨是非和自觉抵制不良风气的诱惑和侵蚀。

2. 文娱活动形式不多，乡风文明建设缺少载体

农民文化生活水平是反映一个地区乡风文明建设状况的显著指标。与物质生活水平相比较，当前农民文化生活一方面比较单调、低俗。农民文化生活主要集中在上网、追剧、休闲娱乐、打牌打麻将、广场舞等，而对参加公共文化娱乐活动、阅读科学文化书籍、学习农业技术知识等，却不太感兴趣。另一方面大部分文娱基础设施的增设以及文娱活动的开展地点较为固定，主要集中在某一活动中心，因此，只有生活在活动中心周围的村民经常参加文娱活动，而有的村民由于距离活动中心比较远，只能偶尔去参与或者放弃参与机会。还有就是大部分农村在开展农村文娱活动中没有注重接受群体的层次性以及需求的差异性，没有相应的针对性和层次性，也没有专门人员讲解等，这些都降低了农民参与该村文娱活动的热情以及频率。

3. 专业人才匮乏，乡风文明建设缺少人才保障

人才是一切事业顺利开展的核心。开展乡风文明建设，需要各方面人才，但从调研与座谈中发现，目前上饶市农村地区乡风文明建设专业人才较为匮乏，尤其是文化人才和教育人才，缺乏专业的人才队伍是乡风文明建设的硬伤。一是由于缺少相应师资力量，农村教育发展滞后，农村当前教育整体水平总体还不是很高，且农村地区条件落后，工作待遇不高以及发展空间较小，很难留得住优秀人才扎根农村，导致具有较高科学文化素质以及管理能力的人才很匮乏。二是由于缺乏较为系统的管理和培育，一

些技艺精湛的乡村文化艺人在利用先进的、现代化的方式方法进行文化的传播和传承方面存在困境，同时也出现“后继无人”的现象，出现很多技艺失传，非常可惜。

四、新时代上饶市推进农村乡风文明建设的路径选择

（一）夯实基层党组织，以党建引领乡风文明建设

加强乡风文明建设，重心在基层。农村基层党组织是党在农村全部工作和战斗力的基础，加强农村基层党组织建设，充分发挥基层党组织主心骨作用，可以为乡风文明建设提供坚实的政治保证。

一是要充分发挥党员带头作用。省委书记刘奇在中共江西省委十四届七次全体（扩大）会议中强调“要打造全面过硬的干部队伍”，“充分激励广大干部新时代新担当新作为”。加强农村基层党组织的作风建设，基层党组织要坚持把纪律挺在前面，坚决扭转农村社会的陈规陋习和不良风气，把“移风易俗树新风”作为基层党支部主题党日活动主题。促使党员干部从自身做起、遵纪守规、率先垂范，抵制陈规陋习，弘扬正气，以“关键少数”引领绝大多数，以党风带政风促民风。官气正则民风清。党员干部要以自身实际行动引导群众弘扬传统美德，积极营造健康文明的社会风气，做乡村振兴的践行者。

二是要与基层群众融为一体，坚持点对点精准帮扶措施，坚持做好乡村风俗文明行动的宣传员、指导员、服务员和调解员，上门入户做好思想工作，带动群众主动摒弃歪风邪气和陈规陋习，让党的群众工作优势和思想政治工作优势在每家每户生根发芽，引导广大群众转变思想观念、自觉抵制陈规陋习，大力开展精神文明建设活动，推动移风易俗，促进乡风文明。

（二）加大财力支持，以硬件保障乡风文明建设

随着人民生活水平的不断提高，农民对文化生活的需求也在不断提高，当前文化设施不能满足人民群众对文化生活的需求。所以，新时代政府必须投入专项财政资金用于农村文化设施的建设，充足的资金保证农村文化事业的发展。要进一步拓宽政府财政投入融资渠道，建立健全投资和融资

机制，放宽农村投资市场的准入，以及在政策鼓励、扶持企业积极参与文化基础设施建设，为农村文化设施建设提供更多资金支持，从而不断丰富和完善农村文化基础设施。同时不断提高现有文化基础设施的利用率。由于农村村民文化修养不高，往往对一些打麻将、赌博等比较感兴趣，难以认识到农村公共文化设施的价值和意义，漠视文化活动，造成农村文化设施的闲置和浪费。因此，政府在进行农村文化设施的建设时，也要注重农村文化资源的有效整合，科学合理地建立综合的农村文化服务基地，利用农村公益文化设施引导农民开展健康有益的文化生活，注重因地制宜结合当地农村农民的生活实际、风俗习惯开展积极向上的文化休闲娱乐活动，如丰收节、劳动能手、能工巧匠大赛、京剧戏曲表演等形式多样的活动。让农民朋友们切实感受到文化生活的精神动力以及趣味、享受，引导农民积极参加丰富多彩的文化生活，自觉融入文化生活中，提高文化资源的利用率，丰富农民的文化生活。

（三）发展壮大队伍，以人才支撑乡风文明建设

当前农村乡风文明建设人才数量不足、管理水平不高，这些在不同程度上制约农村乡风文明建设的开展。因此，发展壮大乡风文明建设人才队伍迫在眉睫。

一是要挖掘农村当地的人才。可以从年轻农民、高学历农民和城市返乡农民中挖掘农村当地的人才，充分发挥“乡贤”群体的作用，将他们充实到农村管理人才队伍中。乡贤群体是相对农民群体更有才能和见识的人群，且了解认识农村发展现状，在本土乡村具有一定的威望。并且，为增强农村管理队伍在农民群众中的号召力，可以根据本地的乡贤群体特点，将农村宗族中德高望重的人纳入农村管理人才队伍当中。

二是培养农村传统文化传承人。对农村传统文化的传承是对优良农村乡风民风的继承和弘扬，也是对文化的保护和发展。农村传统文化是文化的源头和宝藏，农村传统文化也是传统道德、传统民风的载体。但由于没有得到相应的重视和保护，许多农村传统文化发展面临一系列如人为破坏、萎缩、绝迹等现象，后继无人是重要原因之一。因此，大力培养农村传统文化传承人是保护农村传统文化、发挥传统文化对乡风文明建设积极作用的重要途径。可以通过举办农村传统文化课堂、民间技能培训班等，为农村传统文化或乡间技艺现有传承人创造和提供传承条件，培养更多的传承人。

三是加强农民职业教育，培育新型农民。掌握现代科学文化技术的新型农民是乡风文明建设的重要保障。因此要建立和完善适应当前农村农民的教育模式，提高村民文化素质，使村民尊重知识、崇尚文明，形成农村良好的社会风气。职业教育是现代教育与社会经济的结合，一方面既传授职业技能，提高村民的科技水平；另一方面把现代化的文化、规范融入职业道德养成中，养成良好的职业道德。因此，在中国特色社会主义进入新时代，政府应当更加重视农民再教育，在农民再教育方面加大资金投入，用于增设农民培训中心，扩充建设学习场所，开展形式多样有效的教育活动。通过对农民不断进行再教育，切实有效地提高农民群众的科学文化素质，同时也注重选拔并培养一批有思想、有能力、有担当的农民群众，引导其成为农村建设的领路人，特别是优秀青年农民干部，充实农村建设的后备力量。

（四）净化社会风气，以乡风营造文明社会风尚

乡风文明是社会主义新农村建设的思想保证和精神动力，培育乡风文明，要从思想上高度重视，积极引导广大群众自觉进行观念转变，使群众的行为和生活方式更加文明化、现代化。

一是以社会主义核心价值观为引领，树立正确的价值观。将社会主义核心价值观与乡村百姓的生活融为一体。在农村地区广泛宣传社会主义核心价值观。如可在农村文化墙上书写通俗易懂的核心价值观标语以及开展书籍下乡等活动，使农民群众正确理解社会主义核心价值观的科学内涵，引导形成正确的价值观，不断提高自身文明程度，自觉践行新时代的主旋律和社会正气，共同营造新农村高尚的社会风尚。

二是弘扬传统美德，树立先进典范。弘扬传统美德可以树立社会风尚。弘扬传统美德要紧扣群众思想脉搏、贴近实际、贴近生活，最大限度地吸引群众广泛参与，引起群众共鸣，实现自我教育。如可以结合农村实际情况，举行各种各样的文明比拼，比如“道德模范”“文化能人”“能手巧匠”“最美劳动星”“最美创业星”“最美儿媳”等。榜样的力量是巨大的，树立先进典型，发挥引领作用，以其优秀的品格来影响更多的农民学习，从而推动良好的农村社会风尚的形成。也可以在农村地区大力倡导营造传统节日气氛，借助于传统节日中的“礼节规矩”重塑农村传统美德及弘扬中华民族优秀传统美德，自觉提升道德境界。

三是大力倡导健康生活方式，树立文明生活观。现代文明的生活方式是农村现代化和乡风文明建设成效的具体表现。当前，上饶市广大农村地区农民群众的科学文化素质以及文明程度明显提高，但依旧有一些落后的陈规陋习存在。要实现农村现代化，重要举措就是倡导农村文明生活方式，这也是乡风文明建设的重要内容。倡导农村文明生活就要向农民宣传现代文明先进的生活理念，真正让干净整洁成为习惯，让习惯成为自然，让自然成为风景，引导农民崇尚文明科学，从生产生活、消费娱乐生活方式等方面学习先进文明，远离陈规陋习。

四是强化依法治理，树立新风正气。上饶市目前一些歪风恶习依旧存在，且在一些农村出现死灰复燃或抬头之势，如果不能对这些歪风恶习进行有效的惩治，将会影响乡风文明建设的推进，不利于营造良好的社会氛围。要根据实际情况分类对待惩治歪风恶习。对待如小农思想、攀比之风等对农村社会危害较轻的不良风气，应以引导和管理为主，通过宣传教育引导农民形成科学理性的思维和行为习惯。重点打击对社会造成严重影响的歪风恶习，充分利用法律法规的威慑作用和村规的约束警戒作用。严格执行 2018 年 1 月中共中央国务院发出的《关于开展扫黑除恶专项斗争的通知》的各项要求，对待聚众赌博、打架斗殴等严重影响农村乡风文明建设的恶劣行为要进行严厉打击，并组织专门的人力进行动态监管，及时打压农村地区歪风恶习的复燃之势，在农村社会形成惩治歪风恶习的鲜明态度。同时还要加强农村的法治建设，提高农民的法治意识。广泛开展普法教育。积极开展法律咨询服务，逐步在乡镇设立普法站，在农村志愿服务站内开设普法点，将普法教育长期化、制度化，使农民懂法，懂得用法律武器保护自身权益。

（五）建立长效机制，以机制规范乡风文明建设

乡风文明建设是一个多元的、长期的社会系统工程，不是一朝一夕的事情，而是一个长期渐进的过程，更不是一劳永逸、一成不变的，它应随着时间推移和社会的发展而不断地发展和完善。要因地制宜建立起一套可实行、可操作、可检查、可考核的科学管理、动态管理的长效机制，才能保障乡风文明建设工作有章可循，实现乡风文明建设的科学化、规范化。

一是建立统筹协调机制。众所周知，乡风文明建设需要充分调动党政各部门、社会各方面积极参与，是一项长期的复杂的系统工程。因此，乡风文明建设需形成"党委统一领导、党政群齐抓共管、文明委组织协调、有关部门各司其职、各负其责、全社会积极参与"的工作格局，提升不同部门之间沟通合作的工作效率，充分重视和支持乡风文明建设工作，协同合作，行动一致，消除各部门之间的工作堡垒壁垒，彻底清除"没人问、无人管"的死角。

二是健全考评激励机制。健全乡风文明建设的考评激励机制，要立足上饶实际情况，以党中央的政策为依据，立足上饶实际科学合理地制定乡风文明建设考评工作的原则、标准和方式。由于乡风文明建设覆盖范围以及涉及范围之广，这增加了考核评价难度，许多因素难以或者无法通过量化方式来进行考评。因此，考评时就要把"看得见"的政绩建设与反映乡风文明建设中的软指标相结合，如农民的参与度、满意度等也是考核评价内容之一。考评机制还要坚持因地制宜，结合当地实际情况、坚持原则和灵活性相结合，不断完善乡风文明建设的常规程序，在不断总结经验中充分调动广大乡风文明建设工作者的积极性、主动性和创造性。

习近平总书记生态扶贫思想及其在江西省的实践探析

贺志公 王仕国 彭小文 谢乾丰

【**摘要**】生态扶贫思想，是习近平总书记关于精准扶贫、精准脱贫工作思想体系的重要组成部分，也是各地区各部门如何科学开展生态扶贫工作的重要遵循。目前，生态扶贫已成为我国各省（市、自治区）为打赢脱贫攻坚战而采取的一种重要的扶贫模式，为如期实现“两个确保”目标以及全面建成小康社会，发挥了重要作用。全面梳理和阐析习近平总书记关于生态扶贫的思想内涵，有利于各地区各部门更科学地研究、部署和开展生态扶贫工作，以实现脱贫攻坚与保护生态的双赢目标。

引言

走绿色发展之路，是我国经济社会发展的根本之道与根本之策。在打赢脱贫攻坚战的伟大历史征程中，全面贯彻落实绿色发展的理念与要求，因地制宜创新和实施生态扶贫工作模式，是助推我国经济社会全面步入绿色发展轨道，以及有效助推决胜脱贫攻坚战的题中应有之义，也是深入学习和全面贯彻落实习近平总书记关于生态扶贫思想的必然要求。

一、习近平总书记生态扶贫思想简析

关于怎样科学开展扶贫或脱贫工作的方式方法，习近平总书记有着一系列的重要讲话与指示精神。在这一系列重要讲话和指示精神当中，也蕴含着丰富的关于生态扶贫的思想和要求。深入学习与全面贯彻落实习近平总书记关于生态扶贫的思想，是各地区各部门做好生态扶贫工作的重要遵循和根本要求。

（一）习近平总书记生态扶贫思想梳理

习近平总书记关于生态扶贫的思想，内容十分丰富，体系非常完善，渊源非常流长，是其长期地方工作经验的总结，以及作为党的总书记对扶贫工作各种重要指示精神的理论升华。

1. 习近平在地方工作期间关于生态扶贫的思考与实践

在梁家河插队期间，由于经济的贫困以及买煤拉煤的路途遥远，当地老百姓大量砍伐树木烧火做饭和取暖，造成了严重的土地流失。作为大队党支部书记的习近平，在看到四川省大力建造沼气池的消息后，立即向县里请示汇报，并到四川实地调查学习，从而建成了陕西省第一口沼气池，为当地生态环境的恢复和发展奠定了坚实基础。

在正定县工作期间，习近平根据当地经济社会发展的现实情况和生态环境实际现状，强调“人类从水土流失、肥力下降、土壤沙化、环境污染、海洋毒化、气候变坏、灾害频繁的严重后果中，越来越认识到生态问题的重要，农业经济早已超出自为一体的范围，只有在生态系统协调的基础上，才有可能获得稳定而迅速的发展”①，提出要把正定县建设成为“一个具有多种生产门类，能满足多种目标要求，物质循环和能量转化效率高，生态和经济都呈良性循环，商品经济占主导地位，开放式的农业生态——经济系统”②。随后，在他主持下，正定县委在1985年制订的《正定县经济、技术、

① 40多年来，习近平始终对这件事很上心！_新闻频道_中国青年网 http://news.youth.cn/sz/201805/t20180518_11623948.htm

② 40多年来，习近平始终对这件事很上心！_新闻频道_中国青年网 http://news.youth.cn/sz/201805/t20180518_11623948.htm

社会发展总体规划》中特别强调：宁肯不要钱，也不要污染，严格防止污染搬家、污染下乡[①]。

1989 年 1 月，习近平在谈及闽东经济发展时强调指出："在闽东这样一个贫困地区，山林资源是一个重要的资源。'什么时候闽东的山都绿了，什么时候闽东就富裕了。'闽东经济发展的潜力在于山林，兴旺在于山林。怎样正确认识这个发展战略问题呢？我认为，从一般的意义上强调，林业有很高的生态效益和社会效益，比如森林能够美化环境，涵养水源，保持水土，防风固沙，调节气候，实现生态环境良性循环等。从特殊的意义上强调，发展林业是闽东脱贫致富的主要途径。林业是闽东财政收入的重要来源之一，是地方农业、工业和乡镇企业发展的重要依托，是出口创汇的重要基础。森林是水库、钱库、粮库，这样说并不过分。"[②]

在浙江省工作期间，习近平对生态环境的保护与发展，以及生态文明建设与经济社会发展之间的关系等重要问题，有着多方面的重要论述。

例如，习近平提出：不重视生态的政府是不清醒的政府，不重视生态的领导是不称职的领导，不重视生态的企业是没有希望的企业，不重视生态的公民不能算是具备现代文明意识的公民[③]。

又如，习近平认为：如果人口资源环境出现了严重的偏差，还有谁能够安居乐业，和谐社会又从何谈起？人都难以生存了，其他方面的成绩还有什么意义？环境保护和生态建设，早抓事半功倍，晚抓事倍功半，越晚越被动。那种要钱不要命的发展，那种先污染后治理、先破坏后恢复的发展，再也不能继续下去了[④]。

再如，习近平强调：搞生态省建设，好比我们在治理一种社会生态病，

① 40 多年来，习近平始终对这件事很上心！_新闻频道_中国青年网 http://news.youth.cn/sz/201805/t20180518_11623948.htm

② 习近平 . 闽东的振兴在于"林"——试谈闽东经济发展的一个战略问题 [A]. 习近平 . 摆脱贫困 [M]. 福州：福建人民出版社 ,1992:83.

③ 40 多年来，习近平始终对这件事很上心！_新闻频道_中国青年网 http://news.youth.cn/sz/201805/t20180518_11623948.htm

④ 40 多年来，习近平始终对这件事很上心！_新闻频道_中国青年网 http://news.youth.cn/sz/201805/t20180518_11623948.htm

这种病是一种综合征，病源很复杂，有的来自不合理的经济结构，有的来自传统的生产方式，有的来自不良的生活习惯等，其表现形式也多种多样，既有环境污染带来的“外伤”，又有生态系统被破坏造成的“神经性症状”，还有资源过度开发带来的“体力透支”①。

以上所有这些关于某一地区生态环境保护的理念、做法和要求，以及关于保护生态环境和经济社会发展的辩证关系，构成了习近平总书记关于生态文明建设和实施生态扶贫工作理念的重要思想和理论渊源。

2. 十八大以来习近平总书记关于生态扶贫的思考和设计

党的十八大以来，以习近平总书记为核心的党中央，围绕中国特色社会主义事业“五位一体”总体布局和全面建成小康社会宏伟目标，就如何在打赢脱贫攻坚战中贯彻好实施好绿色发展理念以及如何实施生态扶贫等具体问题，做出了一系列重要论述。

2015 年 1 月，习近平总书记在考察云南大理白族自治州大理市湾桥镇古生村村民增收和古村保护工作情况时强调，“新农村建设一定要走符合农村实际的路子，遵循乡村自身发展规律，充分体现农村特点，注意乡土味道，保留乡村风貌，留得住青山绿水，记得住乡愁”。在洱海边听取洱海保护工作情况时强调，“经济要发展，但不能以破坏生态环境为代价。生态环境保护是一个长期任务，要久久为功。一定要把洱海保护好，让‘苍山不墨千秋画，洱海无弦万古琴’的自然美景永驻人间”。在听取云南省委省政府工作汇报时，习近平强调，要把生态环境保护放在更加突出位置，像保护眼睛一样保护生态环境，像对待生命一样对待生态环境，在生态环境保护上一定要算大账、算长远账、算整体账、算综合账，不能因小失大、顾此失彼、寅吃卯粮、急功近利②。

2015 年 10 月 16 日在“北京减贫与发展高层论坛”上，习近平总书记发表主旨演讲时强调，“我们坚持分类施策，因人因地施策，因贫困原因

① 40 多年来，习近平始终对这件事很上心！ _ 新闻频道 _ 中国青年网 http://news.youth.cn/sz/201805/t20180518_11623948.htm

② 在云南调研考察时的讲话〔EB/OL〕.2015 全国两会 ,http://www.china.com.cn/lianghui/fangtan/2016-02/26/content_37882868.htm.

施策，因贫困类型施策，通过扶持生产和就业发展一批，通过异地搬迁安置一批，通过生态保护脱贫一批，通过教育扶贫脱贫一批，通过低保政策兜底一批”[①]。

2015 年 11 月 27—28 日，在中央扶贫开发工作会议上，习近平总书记强调，要按照贫困地区和贫困人口的具体情况，实施“五个一批”工程，其中明确要求“异地搬迁脱贫一批”，贫困人口很难实现就地脱贫的要实施异地搬迁，按规划、分年度，有计划组织实施，确保搬得出，稳得住，能致富；明确要求“生态补偿脱贫一批”，要加大贫困地区生态保护修复力度，增加重点生态功能区转移支付，扩大政策实施范围，让有劳动能力的贫困人口就地转成护林员等生态保护人员[②]。

2016 年 1 月，习近平总书记在重庆考察期间召开的推动长江经济带发展座谈会上强调指出：推动长江经济带发展必须从中华民族长远利益考虑，走生态优先、绿色发展之路，使绿水青山产生巨大生态效益、经济效益、社会效益[③]。

（二）习近平总书记生态扶贫思想简析

1. 以一切为了人民福祉为中心的民生思想

中国特色社会主义事业的不断建设与发展，其最终目的就在于让广大百姓过上幸福的日子。作为部分还处于贫困线以下的百姓而言，其最大的梦想就是能与其他百姓一样同步迈入小康社会。习近平总书记强调：“小康不小康，关键看老乡。”作为心中最为牵念的一部分，让广大贫困户与其他群众一道走上小康之路，是以习近平总书记为核心的党中央坚决打赢脱贫攻坚战、全面建成小康社会的第一要旨。生态扶贫，作为扶贫工作中的一种重要方式方法与工作模式，其出发点和落脚点也是为了助推广大贫

① 2015 减贫与发展论坛今日举行 习近平发表主旨演讲（全文）〔EB/OL〕. 时政 -- 人民网 ,http://politics.people.com.cn/n/2015/1016/c1001-27706189-2.html.

② 习近平出席中央扶贫开发工作会议并作重要讲话〔EB/OL〕. 网易新闻中心 ,http://news.163.com/15/1129/07/B9IPTLMJ00014JB5.html.

③ 习近平在重庆召开长江经济带座谈会 | 发展 | 永葆〔EB/OL〕. 凤凰资讯 ,http://news.ifeng.com/a/20160107/46978823_0.shtml.

困户顺利脱贫致富奔小康，因为没有广大老百姓的小康，就不能算是真正的全面小康。

2. 以发展社会生产力为中心的发展思想

生产力是决定经济社会发展的关键性因素。面对资源约束趋紧、环境污染严重、生态系统退化的严峻发展环境，在党的十八大报告中，党中央审时度势，毅然决然地把生态文明建设纳入中国特色社会主义事业建设总体布局当中，从而形成了我国经济社会发展"五位一体"总体布局的发展格局。作为生态文明建设的重要组成部分和重要手段，生态扶贫这种扶贫模式和理念，通过把生态文明建设的理念贯彻到扶贫工作的全过程和每一环节，不仅扶出了经济效益，更重要的是为我国生态文明建设探索了道路、贡献了力量，为我国经济社会又好又快发展注入了新的强大的活力，是推动中国特色社会主义事业科学发展的重要生产力。

3. 以保护生态环境为中心的管护思想

发展经济与保护环境，在人类经济社会发展的每一个历史阶段，曾经被视作一种难以调和的矛盾。西方国家在工业化的进程中，走的是一条先发展经济后治理环境的路子，结果是代价高昂的环境治理，极大地消解了经济发展所带来的社会红利。毋庸讳言，我国经济社会的发展，走的也是与西方早期工业化发展历程一样的老路，结果同样造成了较为严重的环境污染问题。生态扶贫，通过发展和扶持生态型产业，全面贯彻和落实绿色发展理念，既为贫困户、贫困地区的发展带来了可观的可持续性的经济效益，同时也对当地生态环境的保护和发展做出了重要贡献，较好地解决了发展经济与保护环境之间的矛盾。

4. 以绿色发展理念为中心的建设思想

绿色发展，是当今世界经济社会发展的大趋势大潮流。中共十八届五中全会强调，实现"十三五"时期发展目标，破解发展难题，厚植发展优势，必须牢固树立并贯彻创新、协调、绿色、开放、共享的发展理念[①]。作为我

① 授权发布：中国共产党第十八届中央委员会第五次全体会议公报〔EB/OL〕. 新华网 ,http://news.xinhuanet.com/politics/2015-10/29/c_1116983078.htm.

国当前经济社会发展的重要任务之一，通过探索与实施多种形式和途径的扶贫措施，并把绿色发展理念贯彻于其中，确保贫困户脱贫、贫困村贫困县脱贫摘帽，确保 2020 年全面建成小康社会，是当前各级党委政府所着力思考的重要现实问题。生态扶贫，通过构建一种生态型的产业发展格局，以绿色发展理念为核心，既确保扶贫或脱贫产业绿色化，亦确保生产生活绿色化，是生态扶贫的题中应有之义，也是全面贯彻与落实绿色发展理念的必然要求，以及我国经济社会发展的根本要求。

二、江西省生态扶贫工作研究

自开展和实施扶贫工作以来，江西省委、省政府深入学习和全面贯彻落实习近平总书记关于生态扶贫思想的重要指示精神，并结合江西省独有的生态优势，因地制宜，大胆探索，勇于创新，构建了多种生动鲜活的生态扶贫模式，有力助推了全省决胜脱贫攻坚战的步伐以及扶贫脱贫成果。

（一）生态扶贫模式

江西省各县（市、区）在探索与创新生态扶贫的过程中，主要是以“生态 +”为核心理念，再结合各地区经济社会发展实际及其生态环境资源状况而实施生态扶贫工作。

1. 生态扶贫 + 产业[①]

产业是扶贫与脱贫之本。只有让贫困户依附于某一项产业，才能确保贫困户能脱贫快脱贫。江西省各县（市、区）在探索和实施“生态 + 产业”的扶贫过程中，以吉安为例，主要有以下几种典型的模式。

（1）+“四个一”工程。即一户一亩井冈蜜柚。把井冈蜜柚“千村万户老乡工程”当作“富民强县工程”来抓，打造万亩井冈蜜柚种植加工基地，确保贫困户户均一亩。一户一亩横江葡萄。以横江葡萄专业合作社为依托，通过“合作社 + 社员 + 贫困户”方式，打造万亩横江葡萄种植加工

① 中共吉安市委党校课题组 . 因地制宜创新方式方法，百花齐放助推脱贫攻坚——关于吉安市脱贫攻坚工作模式的调研报告 [J]. 领导论坛，2016（16）.

基地。一户一个鸡棚。依托农业龙头企业，采用“公司 + 农户 + 贫困户”模式，大力发展肉鸡养殖业。一户一人进园务工。通过智力扶贫、移民扶贫与劳务扶贫相结合，确保每户贫困户中有一人到园区务工，实现“一人务工，全家脱贫”目标。

（2）+“四统一分全覆盖”。以打造“千村万户老乡工程”为契机，以种植井冈蜜柚为主抓手，按照支部牵头、干部引领、群众参与的工作思路，采取“统一流转、统一规划、统一种植、统一管理，按股分红，所有贫困户全覆盖”的“四统一分全覆盖”产业脱贫模式，建设“井冈蜜柚产业扶贫基地”，引领群众走上脱贫致富路。

（3）+“五统一分”。立足本地发展种植业的优势资源，成立由贫困户组成的“穷人合作社”，贫困户用山场或果园入股，由合作社统一供应种苗、统一供应肥料，统一技术指导、统一管理和统一销售，贫困户分户经营。这种经营模式，使产业化零为整，有效降地低了生产成本和风险，确保贫困户有相对稳定的收入。

（4）+“五统一保”。依托本地良好的农业优势和生态优势，采取“合作社集中供养，贫困户领养”的运营模式，积极吸纳贫困户加盟，大力发展绿色养殖业。建立“五统一保”机制（即统一购买种畜、统一销售产品、统一防疫疾病、统一进行配种、统一购买保险；一保，即保底收益），激发贫困户发展绿色养殖业的积极性。

（5）+“三金创收”。依托龙头企业，流转农户土地，农户不承担任何风险，可获得土地租金；土地流转后，引导当地农民到基地打工，成为名副其实的“产业工人”，可获得薪金；鼓励农民和贫困户通过土地、林地等资源入股，贫困户还可用帮扶资金入股，政府也可注入资金，以集体名义入股，通过“股金”分红增加贫困户和集体收入。

2. 生态扶贫 + 旅游[①]

（1）+ 红色旅游。充分利用各地区丰厚的红色基因，加大红色旅游开

---

① 中共吉安市委党校课题组 . 因地制宜创新方式方法，百花齐放助推脱贫攻坚——关于吉安市脱贫攻坚工作模式的调研报告 [J]. 领导论坛，2016（16）.

发力度，让红色基因为旅游开发注入活力，创新以红色培训为主的各类体验式红色旅游项目和模式，大力开发红色旅游产品，全面带动旅游周边产业集聚性发展，让广大群众特别是贫困户在红色旅游中获得红利。同时，积极与周边自然生态景区、田园式农家乐经济示范区强强联合，形成红色教育生态观光一体化的分时度假旅游模式，以红带绿，以绿配红，共同打造江西省红色旅游品牌。

（2）+ 乡村旅游。紧紧抓住国家旅游扶贫开发新机遇，以农业增效、农民增收为抓手，以提高农民生活质量为目标，围绕美丽乡村建设、特色产业发展，结合交通基础设施建设、农村环境综合整治、历史文化名村等一系列惠民项目建设，加强相关资源和产品的整合。以发展葡萄、火龙果和井冈蜜柚等特色产业为主，带动发展餐饮、住宿、农家乐服务，以及采摘（观光）节等旅游产业和旅游项目，全力打造乡村旅游品牌，并使之成为全市旅游提质增效的重要支撑，农民脱贫致富的重要途径，实现了经济效益、社会效益和生态效益相统一。

（3）+ 生态旅游。依托各地良好的自然生态资源，打造诸如集人文历史和自然风光为一体的风光带、都市田园休闲观光带等各具特色的生态旅游景区景点，以绿色生态为主基调，辅以红色、古色点缀其中，充分展示各地区绿色生态之美。同时，立足各生态旅游景区景点周边生态资源优势，按照“政府主导、市场运作、群众参与、农民受益”的原则，深入开展产业招商，引进农业龙头企业，走“基地 + 合作社 + 农户”的发展模式，大力发展绿色农产品，推进高效生态农业示范区蓬勃发展，做实做好“农”“旅”相互融合文章，使生态旅游真正变成助力群众脱贫致富的“真金白银”。

（4）+ 农家乐合作社。按照政府主导、群众参与的原则，采取统一规划、统一设计、统一建设、统一管理的运营模式，高标准建设和打造独具地方风情的集观光、住宿、餐饮为一体的农家乐生态经济综合体。成员组成上以吸纳移民搬迁户和贫困户为主，并成立合作社；管理上经民主选举成立理事会，所有接待性事务均有理事会统一部署安排，从根本上保障了合作社成员经济利益的均衡。既有效地解决了移民搬迁户和贫困户的安居问题，也有效地加快了合作社成员脱贫致富的步伐，同时也有效地带动了周边旅游业的发展。

3. 生态扶贫 + 移民

2015 年 10 月 16 日，国家主席习近平在“北京减贫与发展高层论坛”上首次提出“五个一批”的脱贫措施，即发展生产脱贫一批、易地搬迁脱贫一批、生态补偿脱贫一批、发展教育脱贫一批、社会保障脱贫一批，并写入《中共中央、国务院关于打赢脱贫攻坚战的决定》。这里的“易地搬迁脱贫一批”，包括两方面的含义：一是由于当地是重要的生态资源功能保护区域，例如自然保护区、城市水源地等，为保护当地自然生态环境，需要把原先世代居住于此地的群众搬迁出去。二是由于当地的自然生态环境脆弱甚至正逐步恶化，如果继续加以人类生产生活的影响，就会导致更为严重的生态后果，例如土地荒漠化、水土流失等等，因此需要把居住于此区域的群众搬迁至更适宜于人们进行生产生活的区域。不论是那种含义，其出发点都是为了进一步保护当地的自然生态环境。江西省各县（市、区）在打赢脱贫攻坚战的过程中，紧密结合当地自然生态环境的实际情况，因地制宜地进行“生态扶贫 + 移民”这一精准扶贫模式，既有力地助推了广大贫困户脱贫致富，也有效保护和发展了当地的自然生态环境。例如宜春市的靖安县，鄱阳湖生态经济区的余干、鄱阳、都昌、星子等县，吉安市的遂川、万安等县，是实施“生态扶贫 + 移民”的典型地区。

4. 生态扶贫 + 补偿

开展“易地搬迁脱贫一批”扶贫工作之后，要让搬迁出来的群众（包括贫困户）能够搬得出、富得了，是确保“易地搬迁脱贫一批”这一脱贫措施得以顺利实施的关键。作为“生态扶贫 + 移民”政策与工作模式的有益补充和完善，江西省各县（市、区）在成功开展“生态扶贫 + 移民”的过程中，全面实施“生态扶贫 + 补偿”政策与工作模式，确保广大群众（包括贫困户）能够真正脱贫，能够真正致富：一是根据国家相关政策，给予这一部分群众（包括贫困户）相应的货币补偿，确保其经济利益不受损，而且让他们有了一定的发展致富产业的启动资金。二是根据国家相关政策要求，给予这一部分群众（包括贫困户）相应的政策补偿、项目补偿、智力补偿等，确保这一部分群众（包括贫困户）能够又好又快地发展产业并脱贫致富。三是贯彻落实国家林业局、财政部、国务院扶贫办《关于开展建档立卡贫困人口生态护林员选聘工作的通知》精神要求，科学地把当地的林业管护工程与生态扶贫工作密切结合起来，经过严格的选聘程序，遴选一批建档立卡贫困人口作为当地林业管护工程的护林员，进而一方面有效地管护好了当地的自然生态环境，另一方面也有效地助推了建档立卡贫困户的快速脱贫，实现了生态保护与助推贫困户脱贫致富的双赢。2017 年，江西省首批 7000 名生态护林员全部上岗并实现就业脱贫。

（二）存在的问题

江西省各县（市、区）在大力实施与推进生态扶贫的过程中，由于对生态扶贫的思想内涵理解得还不够透彻，所以在具体的实施过程当中，仍然存在一些较为突出的问题。

1. 对于什么是生态扶贫的概念还存在模糊认识

就目前江西省各县（市、区）已经实施的生态扶贫工作来看，尽管生态扶贫这一理念与思想得到了不断的强调与重视，但是，对于什么是生态扶贫，如何进行生态扶贫等核心问题，仍然不十分清楚，结果造成了许多冠以“生态扶贫”之名的扶贫工作，究其实质，其实并非真正严格意义上的生态扶贫或者说是生态扶贫工作，而是把在扶贫工作过程中因为贯彻了“保护生态”的理念或“绿色发展”的理念，而称其为“生态扶贫”，例如部分县（市、区）已经实施或正在实施的光伏扶贫，其实并非一种实质性的生态扶贫。当然，之所以会产生上述概念不清的问题，一是因为有关政府及其职能部门对党中央、国务院及其相关部委办的文件精神学习得还不深还不透，因此贯彻执行起来就产生了诸如此类张冠李戴的问题；二是因为关于生态扶贫的正式文件直至 2018 年 1 月才制定印发，所以之前江西省各县（市、区）乃至于全国其他省（市、区）关于生态扶贫工作的理念及其具体工作，都存在不少名不副实的现象或问题。2018 年 1 月 18 日，国家发展改革委、国家林业局、财政部、农业部、国务院扶贫办联合制定并印发了《关于生态扶贫工作方案》（发改农经〔2018〕124 号）[①]。在这个

① 发展改革委关于印发《生态扶贫工作方案》的通知 _ 部门政务 _ 中国政府网 http://www.gov.cn/xinwen/2018-01/24/content_5260157.htm

方案中，对于什么是生态扶贫、在哪些地方实施生态扶贫、生态扶贫包括哪些具体的方式方法等实际问题，都有明确的规定和说明，是指导目前以及下一个阶段开展和实施生态扶贫工作的纲领性文件与主要依据。

2. 生态扶贫产业的集约化程度还不高不强

就江西省部分县（市、区）已经开展实施的生态扶贫产业的效果而言，尽管它为贫困户脱贫致富、贫困村贫困县脱贫摘帽，发挥了重要作用，但是由于这些产业多属于短平快式的致富产业，技术含量不高，产品品质不佳，再加上各地所打造的生态扶贫产业大都雷同，不仅不同的县（市、区）产业与产品竞争激烈，就是同一地区同一产业和产品的竞争也十分激烈，结果往往产生丰产不丰收的严峻问题。究其实质，关键在于这些脱贫产业的集约化、现代化和科技化的程度不高，不论是竞争优势还是后发优势都不强劲。因此，生态扶贫产业的做大做强做优以及走差异化的发展道路，是这些县（市、区）真正搞好生态扶贫产业所应解决的突出问题。

三、讨论与结语

毋庸讳言，在《关于生态扶贫工作方案》（发改农经〔2018〕124 号）文件正式出台之前，不论是学术界还是有关政府职能部门，对于什么是生态扶贫，怎样开展与实施生态扶贫工作等现实问题，都存在不同程度的误解与误读。

（一）什么是生态扶贫？

关于什么是生态扶贫？学术界有过不少探索和研究，但至今仍未形成一种较为统一的且为人们普遍认同的概念。根据《生态扶贫工作方案》精神，所谓生态扶贫，是一种让特定贫困地区的贫困人口参与系列重大生态保护、生态修复工程建设，以及发展生态产业，确保其收入水平明显提升、生产生活条件明显改善的扶贫模式。这种扶贫模式的根本目的在于“推动贫困地区扶贫开发与生态保护相协调、脱贫致富与可持续发展相促进，使贫困人口从生态保护与修复中得到更多实惠,实现脱贫攻坚与生态文明建设‘双赢’”[①]。

关于实施生态扶贫的贫困地区,《生态扶贫工作方案》有明确规定：精确瞄准 14 个集中连片特困地区的片区县、片区外国家扶贫开发工作重点县和建档立卡贫困户,突出深度贫困地区[②]。这其实意味着生态扶贫工作主要是在某些特定的贫困地区加以实施。

由此可见,在《生态扶贫工作方案》中,关于在哪些地区实施生态扶贫、怎样实施生态扶贫等问题，都有具体的规定和要求。这也就充分厘清了学术界关于“什么是生态扶贫”以及“怎样实施生态扶贫”等现实问题。

（二）怎样开展生态扶贫?

关于怎样实施生态扶贫？《生态扶贫工作方案》中明确了四种途径[③]：

1. 通过参与工程建设获取劳务报酬

贫困地区在实施系列重大生态工程建设时，必须吸纳一定比例且具有劳动能力的贫困人口参与工程建设，通过支付贫困人口合理劳务报酬的方式，以增加他们的收入。这些重大生态工程建设包括退耕还林还草工程、退牧还草工程、青海三江源生态保护和建设二期工程、京津风沙源治理工程、天然林资源保护工程、三北等防护林体系建设工程、水土保持重点工程、石漠化综合治理工程、沙化土地封禁保护区建设工程、湿地保护与恢复工程以及农牧交错带已垦草原综合治理工程等。由此可见，上述所有这些生态修复、治理和保护工程，都位于我国特定的区域，都属于国家级的生态建设工程。

2. 通过生态公益性岗位得到稳定的工资性收入

贫困县要以森林、草原、湿地、沙化土地管护等作为本区域内生态管护工作的重点，通过设置生态管护员工作岗位，吸纳能胜任岗位要求的贫

① 发展改革委关于印发《生态扶贫工作方案》的通知 _ 部门政务 _ 中国政府网 http://www.gov.cn/xinwen/2018-01/24/content_5260157.htm

② 发展改革委关于印发《生态扶贫工作方案》的通知 _ 部门政务 _ 中国政府网 http://www.gov.cn/xinwen/2018-01/24/content_5260157.htm

③ 发展改革委关于印发《生态扶贫工作方案》的通知 _ 部门政务 _ 中国政府网 http://www.gov.cn/xinwen/2018-01/24/content_5260157.htm

困人口参加生态管护工作。同时，贫困县区域内的国家公园、自然保护区、森林公园和湿地公园等，也需要优先安排有劳动能力的贫困人口参与服务和管理，以确保贫困人口拥有较为稳定的工资性收入，确保他们在家门口就能脱贫。

3. 通过生态产业发展增加经营性收入和财产性收入

产业是脱贫之本。在保护自然生态环境的前提下，根据当地的资源环境优势，结合区域范围内的重点生态建设和管护工程，大力发展生态旅游、特色林产业、特色种养业等生态产业，在同等质量标准条件下，优先采购建档立卡户的产品，增加他们的经营性收入。同时，通过土地流转、入股分红、合作经营、劳动就业、自主创业等方式方法，建立稳健的利益联结机制，完善收益分配制度，拓宽贫困人口的增收渠道，增加他们的资产收益。

4. 通过生态保护补偿等政策增加转移性收入

中央和地方财政在安排诸如退耕还林还草补助、草原生态保护等补助资金时，要优先支持有需求、符合条件的贫困人口，确保他们获得各项政策性补助收入。具体而言，生态保护补偿包括重点生态功能区转移支付、森林生态效益补偿、新一轮草原生态保护补助与奖励、生态综合补助等方面的政策性补助。目的是不断完善国家和地方财政的转移支付制度，探索建立多元化生态保护补偿机制，扩大贫困地区和贫困人口生态补偿的受益程度。

结语

生态扶贫，不仅仅是助推全国各地区各部门如期打赢脱贫攻坚战的重要利器，而且是践行绿色发展理念的重要途径。就江西省而言，全面实施生态扶贫政策，科学开展生态扶贫工作，既是深入贯彻落实习近平总书记对江西工作提出的“新的希望、三个着力、四个坚持”重要指示与要求的郑重实践，也是贯彻落实省委十四届六次全会提出的“二十四字”工作方针的必然要求，是实现“富裕美丽幸福现代化江西”奋斗目标的题中应有之义。

农业产业化联合体促进抚州乡村振兴对策研究

邹志坚 李 娟 姚金海 章临婧

【摘要】我国改革是从农村开始的，改革开放40年来，我国农业经营体制经历了不断演变的过程，农业经营组织形式也在不断地创新。当前，我国农业农村发展进入新阶段，为适应新型农业经营主体蓬勃发展的要求和实现小农户与现代农业的有效衔接，各地探索创新农业经营组织形式——农业产业化联合体，是实现乡村振兴的有效途径。抚州积极培育发展一批带农作用突出、综合竞争力强、稳定可持续发展的农业产业化联合体，成为引领抚州农村一二三产业融合和现代农业建设的重要力量，促进抚州乡村振兴。

改革开放40年来我国农业经营体制在不断地变革，经历了从“农业生产责任制”到“双层经营体制”、再到“农业经营体制创新”的演变，同时农业经营组织形式也从个体分散经营——人民公社时期的高度集中统一经营——家庭联产承包责任制下的农户自主经营——巩固和完善农村基本经营制度下的多种形式适度规模经营。党的十九大报告提出实施乡村振兴战略，其中产业兴旺是根本，创新农业经营组织形式是实现产业兴旺的有效途径。2018年中央一号文件指出，巩固和完善农村基本经营制度：实施新型农业经营主体培育工程，培育发展家庭农场、合作社、龙头企业、社会化服务组织和农业产业化联合体，发展多种形式适度规模经营。

2017 年 10 月，农业部、国家发改委、财政部等六部门联合印发《关于促进农业产业化联合体发展的指导意见》(以下简称《意见》),《意见》要求积极培育一批带农作用突出、综合竞争力强、稳定可持续发展的农业产业化联合体。2018 年 7 月，江西农业厅、发改委、财政厅等六部门联合印发《关于促进农业产业化联合体发展的实施意见》,《意见》要求到 2020 年，江西力争培育一批农业产业化联合体，打通从农业生产向加工、流通、销售、旅游等连接;实现各经营主体优势互补，产业、要素和利益连接紧密;农业产业化经营进一步深化，带动能力进一步增强。

抚州是传统农业大市，与农业强市相比在经营规模、标准化生产水平、农产品销售等方面仍有不小差距。这就要求抚州市必须创新农业产业化发展模式，按照中央、省委关于促进农业产业化联合体发展的意见和要求，积极培育发展一批带农作用突出、综合竞争力强、稳定可持续发展的农业产业化联合体。农业产业化联合体是实现乡村产业振兴和脱贫攻坚的有效途径，也是抚州市实施“两特一游”产业发展工程推进农业结构调整的重要载体。

一、抚州发展农业产业化联合体促进乡村振兴

农业产业化联合体是由一家龙头企业牵头，多个农民合作社和家庭农场参与，用服务和收益联成一体的联合体形态。发展农业产业化联合体是实现乡村产业兴旺的主要途径，乡村产业兴旺又是乡村振兴的关键，因此抚州发展农业产业化联合体是促进乡村振兴的有效措施。

(一)实现农村一二三产业融合的有效途径

农业产业化联合体包含了农业一二三产业的各个主体，打通了农业从生产—加工—流通—销售等环节的连接，使产业分工更加专业化，经营更加集约化，实现了产业内部纵向融合、拓宽了产业发展空间。抚州发展农业产业化联合体，通过引导联合体的龙头企业大力发展农产品精深加工，健全农产品物流体系，联合农民合作社和家庭农场完善大米、蔬菜、中药材等主导产业的产业链，实现农村一二三产业融合发展。

（二）促进农业规模化经营的重要举措

农业产业化联合体通过三大新型农业经营主体的抱团发展，建立紧密的利益联结机制，实行一体化发展，能够促进土地流转型、服务带动型等多种形式规模经营协调发展。[①] 如江西万年贡米集团通过建立联合体，有效地推动了生产基地建设，扩大了经营规模。2017 年优质稻种植面积大 18 万亩，比联合体成立前提高了 55%。

（三）提高农民收益的现实途径

发展农业产业化联合体，引导农民以入股、分红等方式参与联合体利益共享；一方面通过降低农资采购、农机服务等方面的成本，提高了生产效率，确保了农民经营领域的收入稳步提升；[②] 另一方面龙头企业以高于市场的价格和稳定的数量来收购农民的原材料，提高了农民的收入水平。如抚州万年贡米集团成立联合体之后，农户户均增收 2000 至 2500 元，效益进步 30% 以上。

二、抚州农业产业化联合体的发展现状

2018 年初，抚州以南丰龟鳖产业进行农业产业化联合体试点。此联合体由江西添鹏生态农业有限公司牵头，联合 5 家专业合作社、8 个家庭农场、16 户养殖大户组建而成，联合体总人数 152 名。联合体通过倒逼的方式从甲鱼蛋的销售联合合作社和农户，规定统一的市场价避免恶性压价，先取得合作社和农户等成员的信任，再从全产业链进行联合，进而不断完善联合体内部章程、日常管理等，逐步实现联合体内部利益共享、风险共担、共同发展。经过运行，预计 2018 年销售额将首次突破 12 亿元，比成立联合体之前的效益实现了产值翻倍。

在总结经验的基础上抚州的农业产业化联合体培育工作已逐步铺开，

① 农业部 国家发展改革委 财政部 国土资源部 人民银行 税务总局关于促进农业产业化联合体发展的指导意见 [Z].2017-10-13.

② 王乐君. 加快培育农业产业化联合体促进农村产业深度融合发展 [J]. 农村经营管理，2018（3）：10-12.

目前已在中药材类,竹笋类,特色水产（龟鳖）类,白莲类,麻鸡（家禽）类,绿色、有机稻米类，蜜橘（特色果业）类，蔬菜类，食用菌类，白茶类等10个农业产业以种、养、加工类龙头企业为核心引导成立联合体，并于2018年11月认定广昌县白莲产业化联合体等21个联合体为市级农业产业化联合体。这些联合体的成立和发展对抚州培育农业大产业、大企业、大品牌,促进农民增收、提高产品质量、拓宽销售渠道等提供了有力支撑。

虽然抚州已在全市布局发展农业产业化联合体，各县区在发展中也取得了一些成绩，但是在发展中仍然面临着许多困难和问题。

（一）产业链条相对较短，拓展产业功能较弱

抚州农产品加工水平较低，精深加工资源利用不足，大多处于农业一产和初级加工环节，产业链条较短，在农业产业功能拓展方面发展较缓慢。

一是精加工水平较低。抚州加工企业大多规模较小，加工水平较低，产品附加值不高，如南丰有一些把蜜橘加工成果醋和果汁的加工企业，但是产品附加值和品牌效应大多不高；同时由于抚州农产品加工业发展滞后，农产品的储藏、保鲜、包装、分等分级和处理能力不足，导致每年农产品的损失不少。

二是服务环节发展滞后。为农民生产后所需要的信息服务、销售服务等较薄弱，使得农民应对市场变化的能力仍然较弱，如在调研中发现不少地方的农民种养的产品更新较慢,与市场需求脱节，出现销售难问题，个别农民甚至连新式肥料的使用都不会。

三是功能拓展不够。近年来，抚州在农业功能拓展上进行了有力尝试，以现代农业示范园为代表的休闲旅游农业发展取得重大进展，但当前大多数现代农业产业示范园尚在建设期，少数已建立的示范园还大多停留在低层次的体验和观光游，对更高层次的项目开发力度不够，类似临川仙盖山景区能集体验、康养、文化、教育等为一体的项目还不多。

（二）经营主体联合较少，利益联结机制较弱

抚州通过培育壮大龙头企业，发展农民专业合作社和家庭农场等新型经营主体，农业生产专业化、规模化、标准化得到了着力提升，农业产业化发展取得显著成效。但调研中发现，当前抚州新型经营主体在产业发展的各个环节中联合得不是很紧密，如农业的产前农资供应、产中种植或养殖技术服务及深加工缺乏有效的产业链整合，出现生产、加工等环节相互脱节，特别是供需脱节，利益联结机制也没有有效建立起来，各方面的优势未得到充分发挥。

一是龙头企业规模较小。抚州龙头企业相比全国、全省的农业龙头企业竞争力还是较小，全市 415 家龙头企业中，年销售过 10 亿的只有 1 家，年销售过 5 亿的只有 2 家，年销售过亿的只有 8 家。能带动一个产业、一批基地并具有较强辐射带动能力的企业较少。因此在农业产业化联合体发展过程中龙头引领作用较弱。

二是农民合作社不规范。截至 2018 年 6 月，全市共有农民合作社 7670 户，其中生产型合作社占大多数，服务型合作社较少，其中部分合作社发挥了服务中介、联结纽带作用。但在调研中发现相当部分合作社管理不规范，甚至一些合作社成立的目的就是为了获得奖补，实际上没有发挥任何合作社的作用。因此，在农业产业化联合体发展过程中合作社纽带作用名不副实。

三是农民契约精神缺失。调研中发现，当前抚州农民仍存在文化程度较低，综合素质较差，小农思想根深蒂固，参与市场竞争的意识和能力较差的问题。部分农民眼光短浅，只看到眼前利益，只愿享受收益，不愿承担责任、义务，不愿共担风险，导致在合作中不遵守与企业、合作社等其他经营主体签订的协议和承诺，随意违约。如南丰县果贸城果业专业合作社联合社与农民签订收购协议，并给予有机肥补贴、技术指导等，但是在种植过程中农民不按协议标准来种植，致使合作联社无法收购到符合标准的高品质蜜橘。

（三）生产要素供给不足，发展水平相对落后

1. 土地流转难度较大

一方面是由于农民惜地情节严重，特别是没有出去务工的农民对土地的眷恋很深，担心流转出去之后将来自己就没有地，宁愿把土地荒废在那里也不流转出去；另一方面在土地流转过程中有些问题还有待完善，如流转流程不规范：农民土地流转的租金没有及时发放、流转后的就业保障落实不够等，尤其是远离城镇的乡村土地流转不是很顺畅。

2. 农业技术人才缺乏

一是农业科技人才供给总量不足。[①]一方面是抚州农业高校较少，为农业产业化发展输送的新时代农业科技人才就少了；另一方面是部分农业院校毕业的专业人才不从事与农业相关的工作，浪费了专业才能。二是农业科技人才供给结构失衡。抚州高校与其他部门也为农业发展输送了部分农业科技人才，但部分农业科技人才不适应农业生产，在农业发展中的作用不明显。三是传统农民接受及技术能力较低。大部分传统农民都还是依靠传统的耕作技术进行生产，学习新的耕作技术和模式积极性不高，同时接受新技术、新模式的能力普遍较低，因此在农民中推广新技术难度较大，不利于优良品种的推广和农业规模生产。

3. 资金短缺问题严重

大部分新型农业经营主体都存在资金短缺的问题，严重阻碍了农业发展。金融机构往往是锦上添花，而很少做到雪中送炭。一方面由于农业产业发展周期长、回报慢、利润低等因素的影响，另一方面大部分新型农业经营主体在银行没有授信额度，信誉度也较差，同时抵押资产也较少，因此金融机构大多不放贷或放额度小的贷款给这类群体。抚州发展农业产业化联合体亟须解决资金短缺的问题，联合体内各经营主体需要提高装备水平、建设生产设施、各类农资等需要大量的资金，如果资金问题无法解决，联合体就难以发展壮大。

（四）涉农政策整合不够，政策落实效率不高

近年来，抚州出台了一系列支农惠农政策，也有针对新型农业经营主体的强农惠农政策，如补助制度健全、管理规范、带动力强的国家农民合作社和家庭农场约 30 万元和 8 万元等财政补贴、项目支持等各种形式的奖补政策，但涉农政策的整合不够，导致部分政策落实效率不高，或者落实不到位。相关政府部门都会有很多支农政策，存在涉农资金多头管理、使用分散等现象，同时大多涉农政策程序非常复杂，如需要招标，准备大

① 胡春晓 . 推动乡村振兴战略 加快农业农村现代化 [N]. 江西日报 ,2018-01-28.

量的材料，耗费大量的时间、人力和财力，导致农业经营主体疲于应对，不愿意获得相关的政策补贴。

四、抚州发展农业产业化联合体的对策

基于上述分析，课题组认为要推进抚州农业产业化联合体健康发展，就要紧盯产业发展这个核心、强化要素供给这个基础、建立紧密的利益联结机制这个关键、发挥政府引导这个方向舵作用。因此抚州重点应从以下四方面破解农业产业化联合体发展面临的问题：

（一）加强产业横纵拓延

一是加强产业横向拓宽。农业产业横向拓宽主要是指通过拓展农业和农村功能，实现其生产、生活、生态功能的有机结合。抚州要大力挖掘联合体内的产业价值，形成农业多功能拓展型产业，培育多种模式的乡村旅游（观光旅游、体验式旅游、研学式旅游等），深度挖掘产业的多重功能价值（休闲观光、农事体验、养生养老等），如培育以橘乡游和莲乡游为重点的昌厦沿线品牌农业精品线路，以自然生态、古村、林下经济为重点的 316 国道生态农业精品线路，以种养加贸游为重点的东临沿线一、二、三产业融合精品线路，以中药材和特色农林资源为重点的抚吉高速现代农业精品线路等 4 条休闲农业与乡村旅游精品线路。

二是加强产业纵向延伸。首先，龙头企业要发挥带动引领作用。在拓展产业销售渠道、提高深精加工水平、培育高端品牌的同时，要制定农产品生产、服务和加工标准，示范引导农民合作社和家庭农场从事标准化生产。如南丰县蜜橘产业化联合体的龙头企业要在肥料的使用、种植技术等方面对合作社和家庭农场提供标准，由此提升收购蜜橘的质量，为培育高端蜜橘打下基础；在搭建销售渠道方面要推广利用互联网现代科技助力蜜橘销售，建立一套高效、灵活的蜜橘销售网络。其次，农民合作社要发挥中介服务作用。农民合作社要围绕产前、产中、产后环节从事生产经营和服务，发挥龙头企业和家庭农场之间的桥梁作用，按照龙头企业的生产标准引导农户和家庭农场进行标准化生产。在农产品销售方面，合作社要发

挥整合作用，农户将产品运送到联合体内的合作社仓库，合作社再将产品整合销售，这样集中销售在市场上更具竞争力。再其次，家庭农场要发挥生产基础作用。家庭农场一方面要发展适度规模经营，提高经营管理水平；另一方面要加强与龙头企业和农民合作社开展产品对接、要素联结和服务衔接，提高家庭农场的生产能力。通过将农业的产前、产中、产后等多个经营主体连为一体，实现种养加、产供销、农工商纵向一体化经营，不断将产业向纵向延伸。

（二）建立利益联结机制

抚州培育农业产业化联合体必须强化三大新型农业经营主体的联合，充分发挥各主体的优势，同时通过建立合同契约、生产要素（资金、技术、信息、资产、品牌、劳动力等）、成员互助三大利益联结机制，形成联合体的一体化经营格局，结成利益共同体。课题组认为政府要加强对龙头企业管理者倡导和宣传企业家精神，如无私奉献、公平公正、大局意识等特质，同时加强农民保护自身利益的宣传教育，引导农民加入联合体，通过劳务活动和入股分红等方式获得收益，只有这样联合体才能形成紧密的利益关系，从而不断发展壮大。如安徽省宿州市灵璧县林家禽产业化联合体内各成员之间以合同契约等形式建立了紧密的利益联结机制，通过公司（林汇家禽育种有限公司）带动、创新驱动、市场牵动、服务推动等方式，实现了快速良性发展，联合体内家庭农场由最初的17个壮大到目前的117个，年存栏蛋鸡数200万只（产值4亿元，利润3000万元），带动周边农户3万户10万人走上了养鸡致富之路。建议抚州相关部门组织联合体的成员赴安徽宿州学习他们联合体成功的经验，尤其是联合体内的三大新型农业经营主体如何通过合同、章程、契约等建立并做实“互惠互利”的紧密利益联结机制，实现联合体的规范运营和各方共赢。

1. 大力培育龙头企业

龙头企业是联合体的核心，具有资金、人才、品牌等多方面的优势，龙头企业的强弱直接影响联合体的发展，因此抚州培育农业产业化联合体必须抓住龙头企业这个关键，发挥其引领联合作用。一是坚持扶强育大。重点发展一批基础好、有发展潜力、有实力和愿意发展联合体的龙头企业，给予资金、项目等多种形式的支持政策，同时在政策许可范围内尽可能地满足龙头企业的需求。农业管理部门动态的监测龙头企业的经营情况，根据不同的发展阶段和经营情况提供有针对性的支持和指导。二是抓好平台建设。一方面打造产业集聚区，发展优势产业；另一方面以建设高标准的现代农业产业园，推动农业龙头企业集聚，并鼓励和引导龙头企业运营产业园，发展设施农业、精深加工、现代营销。三是倡导企业家精神。政府要加强对龙头企业管理者倡导和宣传企业家精神，发挥其引领联合作用。联合体内的龙头企业管理者须要有企业家精神，如公平公正、大局意识等特质，只有这样联合体内部才能形成紧密的利益关系，从而不断地发展壮大。

2. 发展规范化合作社

联合体的发展须要有一批发展规范和成熟的合作社做支撑，合作社在联合体内发挥纽带作用，规范化的合作社是联合体有效运营的助推器，因此抚州要规范发展合作社，提高其服务功能。一是规范管理制度。规范的内部管理制度是合作社规范发展的基础。合作社章程的设定需要符合本社的产业发展和人员组成等的实际，在运行的过程中合作社各成员要严格按照章程执行各项生产和服务工作。二是建立淘汰机制。抚州对各类合作社要建立淘汰机制，重点肃清虚假运营、经营不善者、管理混乱无序、作用缺失的合作社，防止这些合作社占用政府扶持政策和各类资源。对规范运行的合作社要加强指导和服务，不断提升并发挥其服务功能。

3. 加强农民教育培训

农民在联合体的发展中发挥着重要的作用，联合体的生产和土地流转都与农民息息相关，因此抚州要加强对农民的教育培训，引导农民支持并参与联合体的发展。一是建立健全管理机制。抚州各级政府要建立政府主导、农业行政部门主管、有关部门协作的农民教育培训管理工作机制。尤其是各级农业行政部门要做好监督管理工作，确保农民教育培训工作落到实处。二是科学设置培训内容。注重契约精神教育。加强农民的契约精神教育，树立自觉遵守职业道德、文明道德等良好品格，强化农民在市场合作中遵守契约规定的意识，同时也教育农民在市场合作中保护自己的合法权益，提高农民与其他新型农业经营主体的合作成功率。加强合作意识教育。多宣传一些农户积极参与市场合作成功的典型案例，不断使广大农民充分认识到市场经济的重要性，让他们积极与联合体内成员进行合作，提高农民的合作意识。强化科学技术教育。随着大量的农业科技推广及应用，农民的科学技术教育须要同步发展，强化农民的科学技术教育，使他们意识到运用农业科学技术进行生产的好处，并自觉地接受教育，提高自身的生产能力。

（三）提升要素供给效率

1. 强化土地流转服务

联合体的发展对土地的需求较大，抚州各基层政府及村级组织要加强对农村土地流转的服务指导。一是健全服务管理体系。抚州需进一步完善土地流转服务中心的职能、提高工作人员的服务水平，及时汇总、保存、上报和发布本地的土地流转信息，使供求双方形成有效对接。二是健全土地流转制度。加强流转合同管理。抚州要研究制定示范合同文本，并探索建立土地流转合同网签管理制度。加强土地流转价格监测和指导。开展农村土地流转价格的调查研究，了解掌握各种流转方式的价格差异和变化情况，根据当地的经济发展水平、农资价格变动情况等综合因素，每年定期制定并发布当地土地流转指导价格，规范流转市场的同时确保农民土地流转收益。三是加大规模流转力度。加大扶持力度。对土地流转达到一定规模的龙头企业、合作社、种粮大户等经营主体优先安排农业综合开发项目，优先享受各级基建类和专项补助等项目。完善设施规模流转。抚州各乡镇要对本地集中起来的土地进行提升改造，完善相关基础设施，为将来规模流转打下基础。鼓励村委会委托流转。各村委会要积极组织农民进行土地流转，实行整村、整组土地流转，对达到一定流转规模和流转期限的给予适当奖励。

2. 加强人才队伍建设

一是强化农业院校培养高层次的农业人才。农业院校要有针对性的培养掌握现代农业技术的科技人才、生产管理和营销人才，并能够适应农业产业化发展的人才。二是加强对农业人才的技术指导。鼓励农业科研院所和大专院校专家到联合体进行技术指导，开展“院企共建”等人才支持。开展以龙头企业、合作社和家庭农场经营管理、农业技术应用等为主要内容的培训，提高联合体的经营管理能力。三是建立农业科技人才选拔制度。抚州是农业大市，需要更多的优秀农业科技人才投身于农业发展之中。政府通过给平台、给待遇、给环境，吸引农业科技人才来抚州发展，助推抚州农业产业化联合体的发展壮大。

3. 拓宽资金来源渠道

第一，发挥各类涉农资金的扶持、引导作用。抚州要对农业产业化专项资金和各级各类涉农财政支持资金重点向联合体倾斜，对联合体内的项目建设给予重点支持，同时给予联合体成员的直接补贴和奖励性资金要简化审批程序。第二，创新金融机制。抚州要探索联合体的产业链金融，降低成员融资门槛和偿贷风险，来破解资金瓶颈。如银川贺兰有机水稻产业化联合体探索设立融资担保风险基金和股权投资基金，按照“政府基金 + 联合体基金 + 银行配比性放贷”的运作模式，政府和联合体共同出资 400 万元设立产业发展基金，与银行合作放大 10 倍，可贷款 4000 万元，向成员发放无抵押贷款。因此，抚州可以借鉴以上运作模式，“政府 + 联合体 + 银行”三大主体联合做大联合体的资金总量，同时银行对联合体统一核定授信额度，实行分户使用、随用随借、按期归还并简化贷款手续、降低贷款利息。第三，加大招商引资力度。抚州要围绕“两特一游”产业工程积极组织农业招商活动，有针对性地招引一批层次高、带动强的企业进入抚州，通过外来资本的注入拓宽联合体的资金来源渠道。第四，充分发挥投融资机制。2018 年，江西省实施企业上市“映山红行动”，将从政府引导培育、企业自主谋划、中介机构合力推动等方面多措并举，加快推进企业上市步伐。为贯彻落实全省企业上市“映山红”行动，抚州于 11 月出台了《抚州市人民政府关于加快推进企业上市（挂牌）的实施意见》，激励和引导一批大型农业产业化龙头企业挂牌上市，利用资本市场直接融资。

（四）发挥政府引导作用

农业产业化联合体是一项新生事物，在创建初期尤其需要政府有关部门的推动和引导，并给予政策支持，因此本课题组建议抚州建立一个强有力的领导机构，对全市农业产业化联合体的发展进行全面指导和统筹协调。

一是选优产业。重点围绕“两特一游”产业发展工程引导全市具有特色、优势和竞争力的产业成立联合体，如优质稻米、蜜橘、竹笋、蔬菜、白莲、中草药等产业，以市场为导向、企业为主体、政府搭台的发展思路，统筹各县同类产业抱团发展，做专做精做强抚州特色优势产业，形成“一县一业”产业格局。

二是找强企业。由市联合体领导机构引导综合实力强、涉及范围广、带动能力强并有意愿成立联合体的企业发挥引领带动作用，加大宣传力度，使其充分发挥典型引路示范带动效应。龙头企业具有资金、技术、信息、人才、品牌、营销、管理等多方面优势，在联合体内居于核心主导地位，“龙头强则联合体强”。如南丰县龟鳖产业化联合体是由江西添鹏生态农业有限公司牵头，在该企业的带动下南丰甲鱼蛋的售价稳定在2.4元左右，改变了原来恶性竞争的现象，同时比成立联合体之前的效益实现了产值翻倍。

三是配好政策。建议由市联合体领导机构制定抚州关于农业产业化联合体建设的试点方案及相关配套文件，落实指导服务，制定对联合体内新型农业经营主体的扶持政策，包括财政、金融、保险、设施生产、农机装备、信息化建设等方面。同时梳理相关部门的涉农政策和项目，增强各项政策之间的衔接性、灵活性、时效性，整合涉农项目和资金向联合体倾斜，提高政策落实效率。优先安排抚州试点联合体及成员相关项目，重点用于联合体改善基础设施建设和提高机械化水平。在涉农补贴项目上，优先向联合体内成员倾斜。对联合体招商引资实施的重大项目给予重点帮扶和相关优惠政策。如宿州市出台了《宿州市现代农业产业联合体建设试点方案》，对参加联合体的经营主体给予政策支持，对于农机合作社新建机库棚300平方米、拥有农机30台（套）以上的给予10万元补贴等，通过各项具体的支持政策，充分调动了他们参加联合体的积极性。

后记

党的十九大以来，中共江西省委党校紧密结合江西经济社会发展实际，坚持以习近平新时代中国特色社会主义思想为指导，大力推进新时代党校智库建设，着眼于围绕中心服务大局，坚持用学术讲政治，突出理论研究、强化决策咨询，在更好发挥党校思想库、智囊团作用上展现新气象新作为。2018 年，我们通过组织省情省策课题、全省党校系统协作调研课题，重点加强对事关全省经济社会发展重大现实问题及江西体制机制创新等方面的研究，经过各课题组教研人员的辛勤耕耘和不懈努力，产生了一批对策性研究成果。本书择优收录了该批研究成果，是全省党校系统广大教研人员智慧的结晶。科研管理部徐祖荣、邓爱秀、杨和明、柳臻、元勋、黄云等参与编校。由于我们掌握的原始资料较为有限，对省情的把握也可能不太全面，因此报告中的数据可能有遗漏，提出的建议对策可能存在片面性，欠妥与不足之处在所难免，在此深表歉意。欢迎批评指正。

编者

2019 年 4 月